Maria Emmerich

DIETA KETOGENICZNA

Szybkie i łatwe do przygotowania posiłki (również dla wegetarian), szczupła sylwetka oraz poprawa stanu zdrowia

Tytuł oryginalny: *Quick & Easy Ketogenic Cooking: Time-Saving Paleo Recipes and Meal Plans to Improve Your Health and Help You Lose Weight*

Przekład: Robert Oliwa

Redakcja: Magda Bitner

Projekt okładki: Michał Duława

Skład: TYPO 2 Jolanta Ugorowska

Zdjęcie na okładce: nadianb | Fotolia.com

First Published in 2016 by Victory Belt Publishing, Inc.

Interior Design by Yordan Terziev and Boryana Yordanova

Meal Plans by Craig Emmerich

ISBN 978-83-65717-08-5

Oficyna Wydawnicza ABA Sp. z o.o.
00-790 Warszawa, ul. Willowa 8/10 lok. 43
tel. (22) 885 26 09, 208 19 07
e-mail: sekretariat@oficynaaba.pl
www.oficynaaba.pl

Dystrybucja:
DICTUM Sp. z o.o.
01-942 Warszawa, ul. Kabaretowa 21
tel./fax (22) 663 98 12, 663 98 13
e-mail: dystrybucja@dictum.pl
www.dictum.pl

Druk i oprawa: Drukarnia Wydawnicza im. W.L. Anczyca S.A.

Autorka nie jest lekarzem, pracownikiem służby zdrowia ani nie posiada żadnych podobnych kwalifikacji. W związku z tym nie stawia diagnoz, nie udziela porad, nie proponuje żadnej formy leczenia ani nie zajmuje się doradztwem medycznym. Informacje zawarte w niniejszej książce nie zostały poddane ocenie Agencji Żywności i Leków. Celem niniejszej publikacji nie jest diagnozowanie, leczenie ani zapobieganie chorobom. Przed rozpoczęciem jakiejkolwiek diety, programu ćwiczeń, zmianą sposobu odżywiania lub stylu życia należy skonsultować się z lekarzem.

Autorka i wydawca nie ponoszą odpowiedzialności względem jakichkolwiek osób lub podmiotów za straty lub szkody spowodowane lub rzekomo spowodowane, pośrednio lub bezpośrednio, w wyniku użycia, zastosowania lub interpretacji informacji zawartych w niniejszej książce.

Adresy internetowe zamieszczone w książce były aktualne w chwili oddania do druku oryginalnej wersji językowej.

SPIS TREŚCI

List
DO CZYTELNIKÓW

Jeżeli czujecie się przytłoczeni pracą, życiem, rodziną i obowiązkami, a gotowanie brzmi dla was jak kolejny etat, musicie wiedzieć, że ja również muszę pogodzić pracę z wychowaniem dzieci. Zanim pojawiły się one w moim życiu, nie rozumiałam, jak trudno będzie znaleźć czas na przygotowanie ketogenicznych posiłków, a gdy osoby korzystające z moich porad w zakresie dietetyki narzekały, że nie mają czasu na przyrządzanie zdrowych posiłków, myślałam: „Przecież to łatwe, ja gotuję codziennie". Teraz jednak wiem, jak bardzo może się to okazać trudne.

16 listopada 2011 roku moje życie nagle się skomplikowało. Mój mąż Craig i ja otrzymaliśmy e-mail z informacją, że możemy w końcu adoptować dwóch chłopców z Etiopii. Trzy dni później wsiedliśmy do samolotu, a nasze życie już nigdy później nie było takie samo. Wróciliśmy do Stanów Zjednoczonych na dzień przed Świętem Dziękczynienia i powiem tylko, że znacznie odbiegało ono od tradycji (film z naszej podróży jest dostępny pod adresem http://mariamindbodyhealth.com/adoption-first-video-of-our-family/).

Był to jednocześnie najwspanialszy i najtrudniejszy okres w moim życiu. Nagle stałam się odpowiedzialna za roczne dziecko oraz niemowlę, które bały się absolutnie wszystkiego, co było dla nich nowe – a tego nie brakowało. Pamiętam, jak chłopcy płakali, kiedy pierwszy raz postanowiłam ich wykąpać. Mogę sobie wyobrazić, co musieli sobie pomyśleć: „Dlaczego ta kobieta wsadziła mnie do dziury i napełnia ją wodą?". W sierocińcu nie znali takiego wynalazku.

Ponieważ wszystko było dla nich nowe, przez cały czas nosiłam Kaia w nosidełku i trzymałam Micaha za rękę. Spróbujcie kiedyś coś tak ugotować. A tak właśnie musiałam robić, ale chłopcy nigdy wcześniej nie znali poczucia bezpieczeństwa i musiałam im to jakoś wynagrodzić.

Nie żebym narzekała – wiele bym oddała, żeby wrócić do tego czasu – ale doświadczenie to otworzyło mi oczy na trudności, jakie sprawia przygotowanie zdrowych posiłków przy jednoczesnym dbaniu o rodzinę. Nie jest to łatwe, ale da się zrobić. Ja dałam radę nawet za pomocą jednej ręki, nosząc niemowlę w nosidełku. I jeszcze prowadziłam własną firmę. To kolejny powód, dla którego uwielbiam tę książkę: wiele opisanych w niej posiłków można przygotować jedną ręką!

Kocham gotować. Nie znam lepszego sposobu na spędzenie deszczowego dnia niż praca w kuchni i słuchanie radia. Mówię „deszczowy dzień", bo w słoneczne wolę spędzać czas na dworze, pływając kajakiem lub jeżdżąc na rowerze. W takim przypadku w ruch idzie mój wolnowar (w tej książce znajdziecie mnóstwo przepisów z jego wykorzystaniem!). Rozumiem jednak, że każdy ma inne pasje i właśnie dlatego wymyśliłam wszystkie te przepisy! Nawet nowicjusz nie będzie miał z nimi problemów. A jeśli wolicie spędzać czas na zewnątrz tak jak ja, na pewno spodoba się wam dodatkowy rozdział o wędzeniu!

Miałam jeden cel: zebrać przepisy na szybkie i łatwe potrawy, które będzie mógł przygotować każdy bez względu na poziom kulinarnych umiejętności, dostępny czas, a także zamiłowanie do gotowania lub jego brak. Jednak przede wszystkim chciałam podzielić się pomysłami na zdrowe i pożywne dania, które pozwolą wam wejść w stan ketozy i poprawić stan zdrowia.

Maria

Moja HISTORIA

Przed rozpoczęciem drugiej klasy liceum nigdy nie przejmowałam się specjalnie swoją wagą. Zmieniło się to pewnego dnia, kiedy postanowiłam przymierzyć śliczną kurtkę mojej koleżanki, myśląc, że nosimy podobny rozmiar. Szybko zdałam sobie sprawę, że była na mnie za mała. Wtedy ktoś zaczął głośno śpiewać: „Grubaska w małym płaszczyku", parodiując scenę z kultowego filmu *Tomcio Grubasek*. Wszyscy wokół wybuchnęli śmiechem, a ja najchętniej zapadłabym się pod ziemię.

Wydarzenie to zainspirowało mnie do wprowadzenia zmian i poprawienia swojego stanu zdrowia. Zaczęłam ćwiczyć i jeść to, co uważałam za zdrową żywność zgodnie z piramidą żywienia i oficjalnymi wytycznymi, czyli duże ilości węglowodanów i pełnych zbóż. Na studiach zaczęłam uczyć się o ćwiczeniach i żywieniu. Czułam dumę z powodu faktu, że wszystko robię tak, jak trzeba, a raczej tak, jak myślałam, że trzeba.

Zaraz po ukończeniu studiów nabawiłam się zespołu jelita drażliwego i refluksu. Nie mogłam się nawet napić wody, żeby nie dostać zgagi. Mój lekarz zaproponował mi środki na pozbycie się objawów, ale ja chciałam prawdziwego rozwiązania. Potem przypomniało mi się, jak jeszcze w czasach licealnych zabrałam mojego psa Tevę do weterynarza. Moja pupilka gubiła sierść wielkimi płatami, a pierwsze pytanie, jakie mi zadano, brzmiało: „Czym ją pani karmi?".

Ani jeden z lekarzy, u których byłam, nie zapytał mnie o dietę. Zaczęłam się zastanawiać nad powodem. Dlaczego prawie wszyscy przedkładają terapię lekami nad zmianę zwyczajów żywieniowych? Zaczęłam dokładniej badać tę sprawę i w końcu wzięłam na warsztat dietę niskowęglowodanową. Zdecydowałam się zrezygnować z większości węglowodanów i wszelkich zbóż, a moje objawy zaczęły ustępować prawie natychmiast. Był to mój pierwszy krok na drodze do diety ketogenicznej, ale następny zrobiłam dopiero wiele lat później i wymagał on ode mnie pokonania wielu trudności.

W 2007 roku pracowałam jako instruktor wspinaczki. To była moja pasja. Niestety wtedy zaskoczył nas kryzys gospodarczy. Mój mąż, Craig, został zwolniony z pracy, przez co straciliśmy nasze główne źródło dochodów. W efekcie musieliśmy odłożyć marzenie o adopcji. Byliśmy zdruzgotani, nie mieliśmy pieniędzy ani ubezpieczenia, a ciężar, który na nas spadł, nadwyrężył nasz związek bardziej, niż moglibyśmy przypuszczać.

Ale jedną z rzeczy, które najbardziej kocham u mojego męża, jest jego wytrwałość. To zresztą nasza wspólna cecha. Postanowiliśmy działać. Zdecydowałam, że zostanę dietetyczką i zaczęłam pracować na własny rachunek. Na początku nie miałam wielu klientów, więc zaczęłam własnym sumptem wydawać książki, aby podreperować nasz budżet. Zacisnęliśmy również nieco pasa, na przykład zamiast iść na randkę na miasto zostawaliśmy w domu i oglądaliśmy filmy. Podjęte przez nas kroki oraz wytrwałość ocaliły nasze finanse i małżeństwo. Sytuacja zaczęła się poprawiać, Craig znalazł inną pracę, a do mnie zaczęło zgłaszać się więcej klientów. Uwielbiałam pomagać ludziom we wprowadzaniu diety skutkującej poprawą stanu zdrowia, czyli w czymś, czego – jak zdałam sobie sprawę – żaden lekarz nawet nie brał pod uwagę.

Jednak podczas pracy z ludźmi cierpiącymi na ostry zespół metaboliczny i cukrzycę odkryłam, że pomimo ograniczenia ilości cukru i innych węglowodanów spadek poziomu glukozy we krwi nie był zadowalający. Ze studiów pamiętałam, że ponieważ organizm nie przechowuje białek, zamienia ich nadmiar w cukry, tak więc zdecydowałam, że nadeszła pora na ograniczenie nie tylko węglowodanów, lecz także białka. Innymi słowy, trafiłam na dietę ketogeniczną – ubogą w węglowodany i białka, ale bogatą w tłuszcze – która odmieniła zarówno moje życie, jak i życie moich klientów.

Teraz, po przystosowaniu się do takiego sposobu odżywiania, kiedy mój organizm w celu pozyskania energii spala tłuszcz, nie cukier, moje zdrowie i samopoczucie są w lepszym stanie niż kiedykolwiek. Moja kondycja i poziom energii są niesamowite i czuję się naprawdę szczęśliwa. Mimo że w dzieciństwie nigdy nie byłam specjalnie wysportowana, teraz jestem aktywniejsza niż większość społeczeństwa. Mam 35 lat i biegam codziennie rano, ale nie dlatego, że muszę, tylko dlatego, że kocham to robić. Nie trenuję do żadnych zawodów ani nie staram się schudnąć. Po prostu to uwielbiam! Wiem, że to dziwne, ale taka już jestem.

Odżywianie się zgodnie z dietą ketogeniczną nie zmieniło mojego zamiłowania do jedzenia – zawsze kochałam jeść i zawsze będę. Jednak od pewnego dnia w listopadzie 2011 roku, gdy adoptowaliśmy dwóch wspaniałych chłopców, musiałam zmienić sposób gotowania. Szybkie i łatwe potrawy, zwłaszcza takie, które można przygotować, pilnując dwojga pełnych energii dzieci, stały się dla mnie priorytetem. Planowanie posiłków było ważniejsze niż kiedykolwiek, żebym nie musiała codziennie po pracy kombinować, co zrobić na obiad. No i oczywiście moja kuchnia musiała smakować nie tylko mnie i Craigowi, lecz także naszym synom.

Z biegiem lat odkryłam sposoby na tworzenie ketogenicznych wersji klasycznych dań. Jako nastolatka często gotowałam i piekłam dla swojej rodziny, a moim popisowym daniem była lazania. Teraz moi chłopcy ją uwielbiają (przepis na s. 266). Rodzina może w dalszym ciągu cieszyć się daniami, które pamiętam z młodości, tyle tylko że zmodyfikowanymi tak, by były zdrowsze i prostsze w przygotowaniu.

Wiem, że podobne priorytety ma bardzo wielu rodziców, którzy potrzebują szybkich, prostych i zdrowych posiłków. Świadomość ta doprowadziła do powstania niniejszej książki. Chciałabym, żebyście mogli cieszyć się pysznym jedzeniem, które idealnie wpasowuje się w niskowęglowodanowy, ketogeniczny sposób żywienia oparty na nieprzetworzonych produktach. Poprawi to stan waszego zdrowia w sposób, jakiego nawet się nie spodziewacie.

Jak korzystać
Z NINIEJSZEJ KSIĄŻKI

Poza stu siedemdziesięcioma szybkimi, prostymi i pysznymi przepisami przedstawionymi w rozdziałach od 5 do 15 oraz w dodatkowej części o wędzeniu niniejsza książka zawiera mnóstwo wskazówek, które mogą okazać się przydatne na drodze do ketogenicznego stylu życia.

Osobom, które po raz pierwszy zetknęły się z tym sposobem żywienia, polecam zacząć od przeczytania poniższego wprowadzenia. Należy jednak pamiętać, że to tylko książka kucharska i jeżeli szukacie dokładniejszych informacji o podstawach naukowych diety ketogenicznej oraz sposobach jej przystosowania do indywidualnych potrzeb, zajrzyjcie do Źródeł, zamieściłam tam listę przydatnych książek.

Część 1. Kuchnia ketogeniczna

W części 1. znajdziecie wiele przydatnych informacji i porad dla ketogenicznych kucharzy, zarówno tych, którzy lubią spędzać czas w kuchni, jak i tych, którzy woleliby robić wszystko, tylko nie gotować. W rozdziale 1. opisuję najważniejsze składniki, w tym zdrowe tłuszcze i naturalne słodziki, a także podpowiadam, o jakie produkty uzupełnić lodówkę, zamrażarkę i spiżarnię. W rozdziale 2. znajdziecie listę gadżetów kuchennych, które uważam za absolutnie niezbędne oraz kilka, których zakup można rozważyć. Rozdział 3 pomoże wam poruszać się w świecie ketogenicznego jedzenia. Zamieściłam w nim porady, jak oszczędzić czas w kuchni, planować posiłki z wyprzedzeniem oraz zamawiać jedzenie w restauracjach.

Wiem, że dla wielu osób planowanie menu może stanowić problem. Aby pomóc we wprowadzeniu diety ketogenicznej albo w powrocie na prostą, w rozdziale 4. zamieściłam plany posiłków: niektóre są pomocne w utracie wagi i leczeniu, a inne pozwalają na utrzymanie uzyskanych już efektów. Towarzyszą im listy produktów potrzebnych do przygotowania zdrowych potraw przez cały tydzień. Jeżeli szukacie posiłków niezawierających nabiału, dwa z trzydziestu dwóch planów skomponowałam właśnie w taki sposób.

Część 2. Proste przepisy ketogeniczne

Aby ułatwić poruszanie się po książce, posługuję się kilkoma pomocnymi oznaczeniami.

Ikony

Poniższymi ikonami opatrzyłam przepisy niezawierające jaj, orzechów lub nabiału. Wiele osób jest uczulonych na te produkty albo ich nie toleruje.

NIE ZAWIERA JAJ | NIE ZAWIERA ORZECHÓW | NIE ZAWIERA NABIAŁU

Jeżeli dany przepis zawiera któryś z tych alergenów, ale istnieje możliwość jego zamiany na inny składnik, nad ikoną będzie widniał napis OPCJA.

OPCJA OPCJA OPCJA

NIE ZAWIERA JAJ | NIE ZAWIERA ORZECHÓW | NIE ZAWIERA NABIAŁU

Szybkie dania, które można przygotować za pomocą wolnowaru, oraz potrawy jednogarnkowe oznaczyłam następująco:

WOLNOWAR | DANIE JEDNOGARNKOWE

Na koniec coś dla wzrokowców takich jak ja. Poniższa ikona oznacza, że na mojej stronie internetowej znajduje się wideo z przygotowania danej potrawy.

FILM

Opcje

W wielu rodzinach tylko jedna osoba stosuje dietę ketogeniczną. Dlatego do wielu przepisów załączyłam listę składników na jedną porcję. Niektórym towarzyszą też rady dla wyjątkowo zajętych. Wyjaśniam w nich, kiedy daną potrawę lub jej część można przygotować wcześniej, oraz podaję sposoby na przyspieszenie gotowania. Również wegetarianie znajdą opcje dla siebie. W niektórych przepisach podaję sposoby na zmodyfikowanie dań tak, aby wyeliminować produkty zwierzęce.

JEDNA PORCJA | OPCJA WEGETARIAŃSKA

Ketoliczniki oraz informacje o wartościach odżywczych

Liczniki wskazują, gdzie na skali ketogenicznej znajduje się dany przepis: nisko (L), pośrodku (M) czy wysoko (H). Trzeba zauważyć, że w kilku przypadkach pozycja danej potrawy może się różnić w zależności od tego, czy zawiera ona opcjonalny składnik, np. ketogeniczny dressing do sałatki.

Ponadto do każdego przepisu dołączyłam informacje o wartościach odżywczych, w tym całkowitą liczbę kalorii, a także wagowy i procentowy udział tłuszczów, białek, węglowodanów i błonnika. Informacje te będą pomocne przy dostosowywaniu ketogenicznych wartości docelowych tych makroskładników dla danej osoby (patrz: zalecenia ogólne s. 18–19).

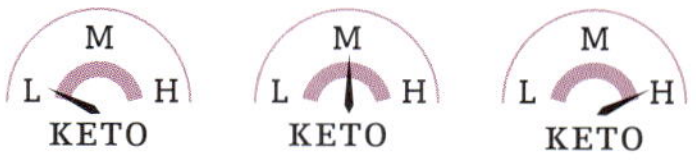

Informacje o wartościach odżywczych (w 1 porcji)				
kalorie	tłuszcz	białka	węglowodany	błonnik
215	20,6g	4,6g	2,1g	0g
	87%	9%	4%	

Wprowadzenie

DIETA KETOGENICZNA

Wyrażenie „dieta ketogeniczna" oznacza sposób odżywiania bogaty w tłuszcze, ze średnią zawartością białek oraz niską węglowodanów. Daje to niesamowite korzyści zdrowotne. Mimo że dieta została opracowana w 1921 roku przez dr. R.M. Wildera w Klinice Mayo w Minnesocie w celu leczenia pacjentów cierpiących na napady epileptyczne, zapomniano o niej na 70 lat, ponieważ na rynku pojawiły się odpowiednie leki. W 1994 roku w jednym z odcinków programu *Dateline NBC* przedstawiono historię Charliego, syna reżysera Jima Abrahama, oraz leczenia u niego napadów epileptycznych. Chłopiec nie reagował na leki, więc sfrustrowany niepowodzeniem ojciec zaczął szukać ratunku na własną rękę. Odkrył dietę ketogeniczną. Dzięki jej zastosowaniu napady ustąpiły zupełnie. Następnie rodzina Abrahamów założyła Charlie Foundation, której celem jest podnoszenie świadomości na temat tego sposobu odżywiania w leczeniu epilepsji. Od tego czasu dieta ketogeniczna zaczęła wzbudzać coraz większe zainteresowanie mediów.

Korzyści zdrowotne diety ketogenicznej

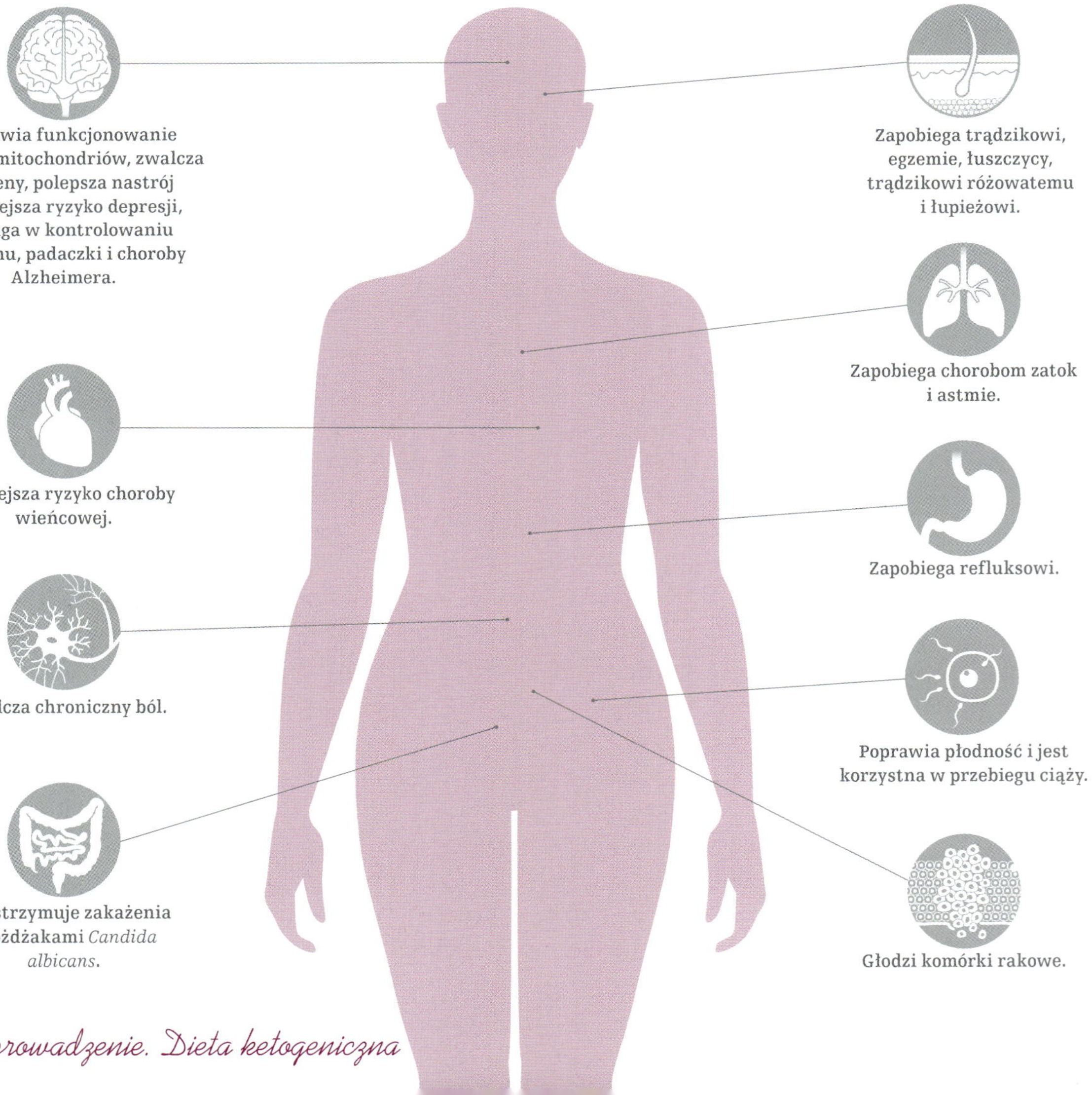

Czym jest dieta ketogeniczna?

Ludzki organizm pobiera energię z dwóch źródeł: cukru i tłuszczu. Kiedy spala tłuszcz, powstają molekuły zwane ketonami, które są faktycznym źródłem energii dla naszych komórek. Dieta ketogeniczna ma na celu wymusić na organizmie metabolizowanie tłuszczu zamiast cukru. O osobach, którym się to udało, mówi się, że są „ketoprzystosowane" albo „są w ketozie", co jest preferowanym stanem metabolicznym.

Wiele osób wierzy, że glukoza stanowi jedyne źródło energii dla organizmu. Wywołuje to strach przed spadkiem poziomu cukru we krwi. Prawda natomiast jest taka, że to tłuszcz stanowi idealne źródło energii. Pozostawał nim w końcu przez większość ewolucji gatunku ludzkiego. Dlatego właśnie nasze organizmy mają tkankę tłuszczową: w razie potrzeby wykorzystują ją do produkcji energii. Tak naprawdę potrzebujemy bardzo niewiele glukozy, której odpowiednie ilości jest w stanie produkować nasza wątroba.

W diecie ketogenicznej spożywa się małe ilości węglowodanów, średnie ilości białek oraz duże tłuszczów. Ograniczenie cukrów i zastąpienie ich tłuszczami raczej nie wymaga wyjaśnień — celem jest przestawienie metabolizmu. Wiele osób zaskakuje jednak wymóg spożywania umiarkowanych ilości protein. Wiem, że brzmi to nieprawdopodobnie, ale ludzki organizm nie przechowuje białek, tylko zamienia ich nadmiar w cukier w procesie zwanym glukoneogenezą. Tak więc aby utrzymać niski poziom glukozy, należy również ograniczyć spożycie protein (więcej informacji na temat zalecanych proporcji podam w dalszej części tego rozdziału).

Należy pamiętać, że kiedy mówimy o diecie niskowęglowodanowej, nie oznacza to rezygnacji jedynie z białego chleba i słodyczy. Wszyscy wiemy, że cukier jest szkodliwy, jednak wiele osób nie zdaje sobie sprawy, ile rodzajów żywności powszechnie uważanych za zdrowe nasz organizm w niego przekształca. Są to między innymi:

- chleb razowy, pełnoziarniste płatki śniadaniowe i owsianka;
- banany, mango, ananasy i inne owoce bogate w węglowodany;
- ziemniaki, bataty, kukurydza i inne warzywa bogate w węglowodany;
- ryż, dziki ryż, komosa ryżowa i kaszka kukurydziana.

Wiadomo przecież, że skrobia — rodzaj węglowodanów złożonych znajdujących się m.in. w pełnych ziarnach i warzywach bulwiastych — to po prostu molekuły glukozy połączone w długie łańcuchy. Układ trawienny rozbija je do glukozy znanej szerzej jako cukier!

W przeszłości sama stosowałam dietę ketogeniczną, ale byłam bardziej pasywna w podejściu do klientów. Myślałam sobie: „Oczywiście, że mogą jeść spaghetti z kabaczka. Wcześniej jedli zwykły makaron, więc zamiana na kabaczki wyjdzie im na dobre". Jednak w wielu przypadkach insulinooporność i stany zapalne nie ustępowały. Przemiana materii moich klientów była zbyt powolna, by poradzić sobie z taką ilością skrobi. Pewnie nasi przodkowie mogli sobie pozwolić na spożywanie warzyw bulwiastych i większej ilości węglowodanów złożonych, ale odżywiali się w zupełnie inny sposób niż my dzisiaj. Po latach „jedzenia" nafaszerowanego fruktozą, barwnikami, glutaminianem sodu, pestycydami i wszelkimi innymi stosowanymi obecnie chemikaliami nasze komórki są tak mocno uszkodzone, że ich naprawa wymaga bardziej rygorystycznych metod.

Niektórzy mogą sobie pozwolić na pełnowartościową dietę, w której pełno jest słodkich ziemniaków i owoców i jednocześnie utrzymywać prawidłową wagę. Nie oznacza to jednak, że takie osoby cieszą się dobrym zdrowiem. Miałam do czynienia z paroma klientkami, które ważyły około 50 kg, miały bardzo wysoki poziom cukru we krwi i musiały zażywać insulinę. Białko i węglowodany ograniczyć powinny nie tylko osoby cierpiące na cukrzycę lub chcące schudnąć — wszyscy powinni to zrobić. Z ewolucyjnego punktu widzenia wszyscy ludzie mają predyspozycje do zachorowania na cukrzycę.

Węglowodany są tanie i łatwo dostępne. Nie oznacza to jednak, że powinny stanowić podstawę naszej diety ani być otaczane taką czcią. W istocie to właśnie ślepe podążanie za powszechnie uznawanymi poradami dietetycznymi sprawiło, że tak wiele osób cierpi na różne problemy z metabolizmem, a to zagraża funkcjonowaniu całego naszego systemu opieki zdrowotnej. Nie mogę uwierzyć, że tak duża część osób zajmujących się zdrowiem i kulturą fizyczną w dalszym ciągu z takim zacięciem broni glukozy jako źródła energii.

Dawniej lubiłam czytać magazyny dla kobiet traktujące o zdrowiu i kulturze fizycznej. Od chwili, gdy w moim życiu pojawiły się dzieci, musiałam z tego zrezygnować (przynajmniej do chwili, gdy chłopcy trochę podrosną i przestaną cały czas domagać się uwagi i pchać mi się na kolana, kiedy tylko otworzę jakąś książkę). Moi synowie są najlepszym, co mi się w życiu przytrafiło, więc tego nie żałuję. Niedawno jednak miałam okazję przejrzeć jedno takie czasopismo, kiedy czekałam na zajęcia w klubie fitness, i nie mogłam się nadziwić, że marnowałam na nie tyle czasu. Magazyn ten nie tylko polecał „zdrowe" pełne zboża, lecz także chude źródła białek. Nigdzie ani słowa o tłuszczu. To tak zwana dieta czystego jedzenia (ang. *eat clean*), którą stosuje wiele osób chcących stracić na wadze. Jednak tłuszcz jest najważniejszym składnikiem odżywczym: nasze komórki mózgowe składają się z niego w 60%!

Dlaczego tak ważne jest, by spalać tłuszcz zamiast cukru?

Zbyt wiele cukru szkodzi zdrowiu

Spożywanie zbyt dużych ilości węglowodanów wiąże się z wieloma problemami zdrowotnymi, w tym cukrzycą, chorobami serca, otyłością i stanami zapalnymi (które same są związane z wieloma schorzeniami, zwłaszcza z chorobami autoimmunologicznymi).

Po posiłku zawierającym węglowodany (lub nadmierną ilość białek; pamiętajcie, organizm przetwarza je w cukier) u osoby zdrowej insulina transportuje glukozę z krwi do komórek, gdzie zaspokaja ona zapotrzebowanie na energię. Jeżeli jednak przez dłuższy czas spożywaliśmy więcej węglowodanów, niż potrzebuje organizm, wyrobimy sobie oporność na insulinę — nasze komórki przestaną na nią reagować. Oznacza to, że po posiłku poziom glukozy we krwi będzie się utrzymywał na wysokim poziomie, ponieważ nie może ona dostać się do komórek.

Podwyższone stężenie cukru we krwi zwiększa ryzyko cukrzycy. Nadmierna ilość glukozy działa na nasz układ krwionośny jak smoła, zatykając arterie oraz związując białka i tłuszcze (w procesie glikacji) w szkodliwe molekuły znane jako końcowe produkty zaawansowanej glikacji. Powoduje również stany zapalne i podnosi poziom trójglicerydów, a to wiąże się z ryzykiem choroby niedokrwiennej serca.

Niestety to nie wszystko. Przy insulinooporności trzustka błędnie uznaje, że jeżeli mała ilość insuliny nie przynosi efektu, trzeba wyprodukować więcej. Nie jest to dobre rozwiązanie, ponieważ hormon ten w dużych ilościach jest trujący: uszkadza komórki, powoduje raka i nagromadzenie płytek w tętnicach (dlatego diabetycy są bardziej narażeni na zawał serca).

NIE ZAPOMINAJCIE O ĆWICZENIACH

Ćwiczenia są równie ważne dla zdrowia jak odpowiednia dieta. Nawet zwykły spacer po posiłku będzie mieć korzystne działanie. Wiele osób mylnie sądzi, że deficyt kaloryczny pozwalający na schudnięcie można osiągnąć tylko dzięki aktywności fizycznej. Tak naprawdę ważniejsze jest to, że ruch zwiększa wrażliwość na insulinę. A to ma korzystny wpływ na poziom cukru we krwi i zmniejsza ryzyko cukrzycy, chorób serca, nowotworów i innych schorzeń.

Mam jeszcze jedną złą wiadomość: jedzenie przez całe życie płatków śniadaniowych z chudym mlekiem uszkodziło nasze komórki do tego stopnia, że insulinooporność nie tylko nie pozwala glukozie przedostać się do komórek, lecz także wpływa na wchłanianie aminokwasów.

Stanowią one części składowe białek i są nam potrzebne do budowania mięśni. Bez nich nie jesteśmy nawet w stanie utrzymać masy mięśniowej! Jakby tego było mało, nasze mięśnie stają się kanibalami. Ponieważ organizm uważa, że ma do dyspozycji zbyt mało cukru — glukoza z jedzenia nie przedostaje się do komórek — zaczyna konsumować cenną tkankę, aby wyprodukować jej więcej. Efekt: tracimy masę mięśniową. Co więcej, insulina zatrzymuje wytwarzanie lipazy, enzymu rozkładającego tłuszcz, nie możemy więc nawet zużyć jego rezerw! Ile byśmy nie ćwiczyli, owsianka przed każdym treningiem nie pozwoli na spalanie tłuszczu.

A teraz najgorsze: przez wszystkie te traumatyczne przeżycia możemy nabawić się schorzeń tarczycy. Kiedy wątroba uodparnia się na insulinę, nie jest w stanie przetwarzać hormonów T4 w T3, a to prowadzi do trudnych do zdiagnozowania problemów zdrowotnych, przez które spada nam poziom energii i zwalnia metabolizm.

Osoby spalające cukier są głodne, zmęczone i grube

Organizm spalający cukier nie ma łatwego dostępu do tłuszczu, by zamienić go w energię, co oznacza, że przez cały czas domaga się węglowodanów w jedzeniu. Wiem, co piszą w magazynach dla biegaczy: w celu produkcji energii organizm spala glukozę i dlatego właśnie maratończycy przed każdymi zawodami jedzą na kolację duże ilości makaronu, a w dniu wyścigu jeszcze owsiankę. Robiłam tak przez całe lata i faktycznie przebiegałam maratony w niezłym czasie, ale jednocześnie miałam nadwagę i bolały mnie stawy. W gruncie rzeczy potrzebowałam kroplówki z glukozą, bo cały czas byłam głodna, a właściwie zła i głodna. Wystarczyło, że nie jadłam przez dwie, trzy lub cztery godziny albo — broń Boże — opuściłam posiłek, a lepiej było mi nie wchodzić w drogę! Byłam żywą definicją osoby spalającej cukier i cierpiącej z tego powodu.

Organizm spalający węglowodany polega na mało wydajnym źródle energii. Nasza wątroba jest w stanie zmagazynować od 50 g do 90 g glukozy, co nie stanowi zbyt dużego zapasu. Przechowujemy ją również w mięśniach, ale rozmiar tych zasobów jest inny u poszczególnych osób (sportowcy spożywający węglowodany mają zazwyczaj większe rezerwy). Ogólnie rzecz biorąc, nie jesteśmy w stanie zmagazynować dużych ilości cukru, pomijając przekąski w kieszeniach.

Z powodu małych możliwości magazynowania glukozy zamieniamy jej nadmiar w tłuszcz, a osoby spalające cukier niestety mocno przybierają na wadze. Podczas jedzenia poziom glukozy we krwi rośnie, więc siłą rzeczy musi kiedyś spaść. A my robimy się głodni, śpiący i łakniemy węglowodanów. Ćwiczenia robią się zbyt męczące i koło się zamyka.

„Zdrowa" dieta osoby spalającej cukier (uwaga: wcale nie jest zdrowa)

Przyjrzyjmy się pewnej hipotetycznej sytuacji.

Jest poniedziałek rano i jesteście spóźnieni. Już jakiś czas temu wyeliminowaliście z diety zboża, tak więc wybiegając z domu, bierzecie ze sobą bezglutenowy batonik musli zrobiony z suszonych owoców i orzechów.

Brak czasu przed śniadaniem oznacza, że brakuje go również na zapakowanie lunchu, więc koło południa idziecie do sklepu ze zdrową żywnością i kupujecie sobie bezglutenową komosę ryżową, sałatkę buraczaną i kombuczę do picia (sfermentowany napój dobry na trawienie). Spotkania w pracy się przedłużyły, więc musicie poratować się bananem, żeby wytrzymać do kolacji.

I tym razem nie mieliście czasu na planowanie, więc po drodze zatrzymujecie się w sklepie po organicznego kurczaka z rożna i pojemniczek tłuczonych słodkich ziemniaków.

Brzmi znajomo? Czy jedząc w ten sposób, czujecie się lepiej, ale waga ani drgnie? Oczywiście, że nie będzie efektów, bo w dalszym ciągu spalacie cukier. Możecie sobie teraz pomyśleć: „Przecież żaden z tych posiłków nie zawierał cukru". Przyjrzyjcie się jednak uważnie, było go tam pełno.

Batonik z owocami to tak naprawdę słodycze. Komosa w sałatce zawiera skrobię, a jedna jej szklanka odpowiada dziewięciu łyżeczkom cukru. Ale czy faktycznie zjedliście tylko tyle? Pewnie nie. Buraki też zawierają cukier. Jedna szklanka gotowanych buraków to kolejne trzy łyżeczki we krwi.

Doprowadzam was do szału? Mam nadzieję, że tak, ponieważ jeśli stosujecie się do zasad czystego jedzenia i w dalszym ciągu jesteście sfrustrowani swoją wagą, powinniście zrozumieć, które produkty przekształcane są w organizmie w glukozę.

Telewizja, reklamy i czasopisma o zdrowiu demonizują cukier (i słusznie). Jednak krytycy popełniają błąd, gdy na łaknienie polecają banany. Wiecie dlaczego? Faktycznie, ochota na słodycze wam przeszła, ale tylko dlatego, że właśnie zjedliście coś, co zawiera dużo cukru! Banany są słodkie nie bez powodu. Tak samo kombucza; na jej smak ma wpływ duża zawartość cukru.

Fakt, banan nie jest tak zły jak czekoladowy batonik, jednak najpopularniejsza definicja obłędu mówi o powtarzaniu w kółko tych samych czynności i spodziewaniu się za każdym razem innego rezultatu. Nie oceniam, sama tak kiedyś robiłam. Na lunch jadłam suszone śliwki, myśląc, że są bez tłuszczu i mają mnóstwo błonnika (znaczy, że będą na długo starczały). To był genialny pomysł, wart tak ze 20 kg. Ot, jaka byłam mądra!

Może jednak przeczytaliście przykład i pomyśleliście, „Ale ja przecież tak nie jem. Wiem, że taka dieta zawiera zbyt wiele węglowodanów". Cóż, przyjrzyjmy się innemu „zdrowemu" dniu, o którym często słyszałam w pracy. Całkiem niedawno miałam klientkę, która opisała mi swoją dietę w dobre dni: na śniadanie omlet z białek i dwie organiczne parówki drobiowe, w ramach przekąski osiemnaście własnoręcznie zrobionych wegańskich krakersów z mąki orzechowej, na lunch indyk saute w bulionie z kury, a na kolację kurczak z dużą ilością ubogich w skrobię warzyw. Zdziwieni? Pani jadła zbyt dużo białka, które jej organizm zamieniał w glukozę, przez co jej metabolizm również opierał się na cukrze. Ponadto w jej diecie brakowało zdrowych tłuszczów. Z tego powodu często miewała gorsze dni, kiedy jej łaknienie wygrywało z silną wolą. Nie byłam też specjalnie zaskoczona, kiedy dowiedziałam się, że klientce wypadają włosy.

Jak to jest spalać tłuszcz

Jeżeli powyższe ukazuje życie osób spalających cukier, to jak wygląda życie osób spalających tłuszcz?

Nasze organizmy wyewoluowały w taki sposób, by zapotrzebowanie na energię zaspokajać tłuszczem. Dzięki temu kwasy tłuszczowe z tkanek są uwalniane przez 4–6 godzin po posiłku oraz w czasie postu, a nasze mięśnie pozyskują z nich energię. Oznacza to, że organizm zawsze ma dostęp do zapasów w postaci tkanki tłuszczowej, przez co rzadko odczuwamy głód.

Ciało ludzkie zawiera znacznie więcej tłuszczu niż glukozy. Wyobraźmy sobie bardzo szczupłego mężczyznę ważącego około 72 kg. Jego organizm składa się w 12% z tłuszczu. Ma więc do dyspozycji jakieś 8,5 kg rezerw paliwa. W mięśniach i wątrobie jest około 500 g glukozy. Tylko pomyślcie, wolelibyście mieć 8,5 kg (8500 g) energii czy 500 g? To chyba oczywiste!

A ponieważ wasz organizm spala tłuszcz, aby pozyskać energię, najprawdopodobniej stracicie na wadze. A wszystkie te problemy zdrowotne związane z cukrem, o których pisałam? Na diecie ketogenicznej znikną: poziom cukru we krwi się ustabilizuje, zwiększy się wrażliwość na insulinę, stany zapalne ulegną zmniejszeniu, spadnie ryzyko cukrzycy, chorób serca i innych schorzeń.

Mam nadzieję, że powyższe informacje zachęcą was do przejścia na ketogeniczny styl życia. Jeśli tak, zróbcie sobie zaraz zdjęcie „przed", bo za miesiąc nie będziecie mogli uwierzyć, jak bardzo zmieniło się wasze ciało na zewnątrz i w środku.

WEGETARIANIE

Wegetarianie również mogą z sukcesem stosować dietę ketogeniczną. Należy tylko pamiętać, że nie jest ona bogata w białka. Organizm zamienia ich nadmiar w cukier w procesie glukoneogenezy. Należy więc spożywać mało węglowodanów, średnie ilości protein i dużo tłuszczu.

OPCJA WEGETARIAŃSKA

Zwróćcie uwagę na ten symbol oznaczający potrawy wegeteriańskie. Niniejsza książka zawiera również przepisy na dania, które można przygotować w wersji bezmięsnej. Ich listę znajdziecie w tabeli *Diety specjalne* na stronie 385. Oto one:

302
Grysik serowy

303
Spaghetti w kremowym sosie z kolendrą i limonką

193
Jajeczny sos gribiche

218
Zupa pomidorowa z grillowanym serem

306
Prosta pizza portobello

246
Grzybowy sos alfredo

300
Grzybowe ragù

372
Wędzone steki kalafiorowe z patelni

162
Babeczki o smaku pizzy

304
Paluszki o smaku pizzy

264
Odwrócona pizza

CHRONICZNY BÓL: *„Moja wędrówka z Marią rozpoczęła się rok temu, kilka tygodni przed moimi sześćdziesiątymi piątymi urodzinami. Pomimo wysiłków kilku różnych specjalistów cierpiałam na chroniczny ból. Jego przyczyny nie dało się usunąć operacyjnie. Na odcinku szyjnym mój kręgosłup był miejscami bardzo cienki. Próby złagodzenia bólu za pomocą leków zakończyły się niepowodzeniem. Miałam przed sobą perspektywę zażywania sześciu do ośmiu różnych farmaceutyków przez resztę życia. Brałam około dwudziestu pigułek dziennie, a efekty były minimalne. Ból nigdy całkowicie nie znikał i nikt nie musiał mi przypominać o zażywaniu leków. Od kiedy zaczęłam jeść zgodnie z zaleceniami Marii, rzadko sięgam po pigułki. Jeżeli coś mnie boli, jest to najczęściej skutek bardzo aktywnie spędzonego dnia. To znacznie lepsze od laski i chodzika.*

Głównym celem zmiany nawyków żywieniowych było dla mnie złagodzenie bólu. Pozostałe korzyści to 20 kg mniej na wadze, więcej energii, lepszy zmysł równowagi i kompletny brak łaknienia. Nawet po tak długim czasie w dalszym ciągu dostrzegam poprawę. To jest dieta na całe życie — nie mam zamiaru wracać do starych nawyków".

— Pam

DEPRESJA: *„8 lat temu zdiagnozowano u mnie coś, co lekarze określili jako długotrwałą depresję oraz zespół stresu pourazowego. Od chwili gdy zaczęłam brać leki, nie mogłam doczekać się dnia, kiedy będę mogła przestać. Nie chciałam uzależnić się od chemii, ale jednocześnie zdawałam sobie sprawę, że potrzebuję pomocy i nie byłam w stanie wymyślić lepszego sposobu. Zanim zaczęłam pracować z Marią, leki przyniosły pewne efekty. Odstawiłam antydepresanty, ale nie środki przeciwlękowe. Wtedy spotkałam Marię. W kilka krótkich miesięcy osiągnęłam spokój wewnętrzny, a nawet nie sądziłam, że to możliwe. Dziękuję za wskazanie mi drogi. Świadomość, że mój stan się poprawia, daje mi niezmierną radość".*

— Pam

CHOROBY SERCA: *„Nadszedł dzień, którego tak się obawiałam. Dostałam swój profil lipidowy i wskaźnik uwapnienia tętnic wieńcowych. Mój poziom trójglicerydów wynosił 93! Najmniej w CAŁYM moim życiu, a pozostałe wyniki były lepsze, niż się spodziewałam. Oprócz tego w moim sercu i tętnicach nie stwierdzono nagromadzenia płytek, a ich wiek oceniono na 39 lat! Czy to na pewno prawda (mam 65 lat)? Jasny gwint, TA DIETA NAPRAWDĘ DZIAŁA! Wprost tańczę ze szczęścia! Dziękuję, Mario! Błogosławię dzień, w którym cię poznałam!".*

— Barbara

UTRATA WAGI I NIE TYLKO: *„Dzięki diecie ketogenicznej straciłam 45 kg. Obecnie odstawiam leki przeciwbólowe, które biorę na fibromialgię, ponieważ taki sposób odżywiania łagodzi stany zapalne i ból lepiej niż pigułki, więc po co mam je brać? Mój mąż zrzucił 30 kg, przestał stosować aparat CPAP, pożegnał się z migrenami, wyleczył refluks i unormował ciśnienie krwi. Moja najstarsza córka schudła około 10 kg. Średnia ponad 20 kg i wyleczyła się z ADHD, bezdechu sennego, migren i niezdiagnozowanych problemów z żołądkiem (jej lekarz twierdził, że zmyśla!). Najmłodsza nie potrzebowała schudnąć, ale przestała cierpieć na wzdęcia po jedzeniu, a leczenie przeziębień nie zajmuje już dwóch tygodni. Dieta ketogeniczna całkowicie odmieniła życie naszej rodziny".*

— Amanda

CIĄŻA: *„Osiem tygodni temu urodziłam dziecko i przez cały czas odżywiałam się zgodnie z zaleceniami Marii. To była najmniej skomplikowana i męcząca ciąża w moim życiu! Prawie nie miałam porannych nudności i męczyłam się znacznie mniej niż przy poprzednich. Nie puchłam, a moje ciśnienie było idealne. W ogóle nie odczuwałam dyskomfortu, na który uskarża się tak wiele kobiet. Wszystko to przypisuję zaleceniom Marii. Urodziłam naturalnie zdrowego chłopca ważącego 3317 g. Trochę żałuję, że nie zdecydowaliśmy się na więcej dzieci, bo ta ciąża była cudowna".*

— Lisa

ASTMA, ZESPÓŁ JELITA DRAŻLIWEGO: *„Po bardzo okrągłych urodzinach obiecałam sobie stosować się do zaleceń Marii i zaczęłam ketogeniczne życie. Dwa dni po rozpoczęciu diety schudłam już ponad 4 kg!*

Zdaję sobie sprawę, że taka utrata wagi jest dosyć drastyczna, ale dotychczas prowadziłam siedzący tryb życia, a obiecałam sobie, że zacznę ćwiczyć cztery lub pięć razy w tygodniu. Ponieważ jestem kobietą, tak szybkie chudnięcie miało jeszcze inne przyczyny, ale mogę poświadczyć, że porady Marii pomogły wielu ludziom, a ja już po kilku dniach czuję się świetnie, mam mnóstwo energii i jestem w pełnej ketozie, trybie spalania tłuszczu, którego nie byłam w stanie osiągnąć, jedząc te nędzne gotowe potrawy!

Cierpię na zespół jelita drażliwego, ale dotychczas nie miałam żadnych problemów! Ponadto odkąd skończyłam cztery lata, chorowałam na astmę, a teraz czuję się zdrowa! Chciałam ci podziękować za wysiłek, jaki włożyłaś w swoje książki i opracowanie przepisów. Tak trzymaj! Pozdrawiam serdecznie i dziękuję, że pomogłaś mi zmienić życie na lepsze!".

— Kathya

MIGRENY I NAPADY EPILEPSJI: *„Od dziecka miałam problemy z wagą. Próbowałam wielu różnych sposobów od Strażników Wagi przez SlimFast po dietę kapuścianą. Jednak kiedy znajoma powiedziała mi o blogu Marii, pomyślałam, że nie zaszkodzi sprawdzić. Cierpiałam na migreny i miałam trzy do czterech napadów epilepsji w miesiącu. Od kiedy wyeliminowałam zboża i prawie wszystkie rodzaje mąki, poza migdałową i kokosową, oraz całkowicie przeszłam na dietę ketogeniczną, nie miewam ani migren, ani napadów.*

Tak się rozpisałam, bo zdaję sobie sprawę, że możecie być sceptyczni. Zapewniam jednak, że ta dieta naprawdę działa. Wszyscy fani Marii na Facebooku i jej blogu potwierdzą moje słowa. Dziękuję za pokazanie nam wszystkim, jak zdrowo żyć".

— Jolena

Jak wejść w stan ketozy?

1. Ograniczyć cukier.

Pierwszym i najbardziej oczywistym krokiem jest ograniczenie ilości spożywanego cukru, w tym skrobi. Pamiętajcie, że węglowodany złożone to tak naprawdę molekuły glukozy połączone w długie łańcuchy. Układ trawienny rozkłada je tak samo jak zwykły cukier. Tak więc dieta bogata w węglowodany złożone, np. w postaci słodkich ziemniaków lub jakiegokolwiek innego źródła skrobi, składa się tak naprawdę z glukozy.

W ketogenicznym stylu życia węglowodany spożywamy jedynie dlatego, że zawierają błonnik, którym żywi się flora bakteryjna jelita. Do tego celu wystarczy od 10 g do 20 g dziennie albo nawet mniej, jeżeli jemy dużo naturalnie sfermentowanych produktów, które są dla niej bardzo korzystne.

Aby pozostać w ketozie i czerpać z niej wszystkie korzyści, większość ludzi powinna jeść mniej niż 30 g węglowodanów dziennie. Niektórzy mogą nawet pokusić się o 50 g, a wyczynowi sportowcy o 100 g. Większość jednak powinna ograniczyć się do 30 g. Osoby mające problemy z metabolizmem takie jak cukrzyca lub stany przedcukrzycowe będą musiały zadowolić się 20 g, a w ekstremalnych przypadkach (albo do chwili przełamania impasu) nawet 10 g.

Inne szacunki mówią, że węglowodany powinny być źródłem 5% całkowitej liczby spożywanych kalorii. Można to policzyć za pomocą następującego równania: (kalorie × 0,05) : 4 = zapotrzebowanie na węglowodany w gramach.

Trzeba pamiętać, że każdy człowiek jest inny i musi pilnować swojego własnego limitu (zmierzcie sobie poziom ciał ketonowych, aby upewnić się, że pozostajecie w ketozie). Na pierwszy rzut oka może się to wydawać trudne, ale przekonacie się, że wcale tak nie jest. W niniejszej książce znajdziecie potrawy takie jak babeczki nowalijkowe (s. 146), szybkie bułeczki z cynamonem (s. 152) i tortille z cukinii (s. 212), które ułatwią przestawienie się. Polecam je z tłustymi mięsami i dużą ilością oleju kokosowego, tak aby uzyskać odpowiednie proporcje tłuszczu, białek i węglowodanów. Moje ulubione śniadanie to ketogeniczny „chleb" maczany w moim szybkim sosie holenderskim (s. 129). Jajka w koszulkach często oddaję Craigowi i zadowalam się samym sosem. Zdaję sobie sprawę, że mój chleb nie smakuje jak francuskie bagietki, ale wystarczy odpowiednia ilość organicznego masła, a też będziecie chcieli być keto! Będziecie się czuć tak dobrze, że nigdy nie zatęsknicie za tymi bułkami.

2. Ograniczyć spożycie białka.

Jeśli chodzi o aminokwasy, dieta ketogeniczna zaleca umiar. Organizm nie potrafi przechowywać ani wydalać białek, więc musi albo przerobić je na masę mięśniową, albo zamienić w coś innego. Kiedy już mięśnie zostaną naprawione, proteiny są przetwarzane w tłuszcz (rzadko) lub w glukozę (zazwyczaj). W ten sposób dieta wysokobiałkowa podnosi poziom cukru we krwi.

Klienci często pytają mnie: „Ile to jest za dużo białka?". Cóż, każdy ma inny poziom tolerancji, tak samo jak w przypadku węglowodanów. Pracuję z wieloma cukrzykami, którzy nie mogą jeść więcej niż 60 g białka dziennie (około 20 g z każdym posiłkiem), w przeciwnym razie wypadną z ketozy. Dobrą ogólną zasadą jest spożywanie białka w ilości około 0,7 dwukrotności tzw. chudej masy ciała w gramach lub 0,5 dwukrotności tej masy w przypadku osób mających problemy z metabolizmem takie jak cukrzyca lub stany przedcukrzycowe. Chuda masa ciała to waga bez tkanki tłuszczowej. Jeżeli ktoś waży 80 kg i ma 30% tkanki tłuszczowej, jego chuda masa ciała wynosi 56 kg (80 × 0,7), a całkowite spożycie białka nie powinno przekroczyć 78,4 g (2 × 56 × 0,7). W przypadku problemów metabolicznych limit wyniesie 56 g (2 × 56 × 0,5).

ZWIĘKSZENIE ILOŚCI TŁUSZCZU W DIECIE ZA POMOCĄ OLEJU MCT

Jeżeli nie lubicie tłustych mięs, możecie uzupełnić dietę o średniołańcuchowe trójglicerydy w formie oleju MCT (ang. *medium-chain triglycerides*). Składają się one z kwasów tłuszczowych — części składowych tłuszczów — i wymuszają na naszym organizmie produkcję ketonów.

Trójglicerydy średniołańcuchowe różnią się od długołańcuchowych. Organizm w bardzo szybkim tempie je zużywa. Takie tłuszcze nie są więc przechowywane w komórkach tłuszczowych, a nadmiar zmieniany jest w ketony. Dlatego właśnie podaję bardzo konkretne zalecenia żywieniowe nawet w zakresie dressingów do sałatek. Najlepiej zawsze przygotowywać je samemu. Po pierwsze dlatego, że to łatwe. Po drugie można do tego użyć oleju MCT, który zostanie zamieniony w ketony zamiast np. oliwy z oliwek będącej długołańcuchowym trójglicerydem.

Za pomocą takich tłuszczów leczy się osoby cierpiące na niedożywienie lub zespół złego wchłaniania. Przyswajanie, przetwarzanie i magazynowanie średniołańcuchowych trójglicerydów nie wymaga wydatku energetycznego. W rzadkich przypadkach duże ilości takich tłuszczów mogą powodować mdłości, należy więc zachować ostrożność i zaczynać od spożywania ich z umiarem.

Można też założyć, że białka powinny zapewniać od 15% do 20% całkowitej liczby spożywanych dziennie kalorii. Wzór wygląda następująco: [kalorie × (od 0,15 do 0,2)] : 4 = zapotrzebowanie na proteiny w gramach.

3. Spożywać duże ilości zdrowych tłuszczów.

Na koniec dochodzimy do tłuszczu. Należy zwiększyć spożycie jego zdrowych rodzajów, aby jak najszybciej przejść okres przystosowania do nowego typu metabolizmu. Dzienne zapotrzebowanie zależy od ogólnej liczby spożywanych kalorii. Tłuszcze powinny zapewniać od 70% do 80% energii. Można to obliczyć z następującego wzoru: [kalorie × (od 0,7 do 0,8)] : 9 = zapotrzebowanie na tłuszcze w gramach. Jeśli więc dana osoba potrzebuje 1400 kalorii dziennie i chce, aby 80% z nich pochodziło z tłuszczu, powinna spożywać (1400 × 0,8) : 9 = 124 g dziennie.

4. Suplementować brakujące składniki odżywcze.

Osoby przechodzące na dietę niskowęglowodanową, taką jak ketogeniczna, czasami narzekają na skutki uboczne w postaci bólów i zawrotów głowy, oszołomienia, zmęczenia i skurczów mięśni. Jeżeli wystąpią u was takie objawy, pomóc powinna suplementacja omówionych poniżej składników odżywczych.

Łaknienie jest jednym z efektów ubocznych odczuwanych przez większość osób przechodzących na dietę ketogeniczną. Ten objaw z czasem jednak zanika. Jeżeli będziecie mieli nieodpartą ochotę na węglowodany w czasie weekendu, czy to piwo, czy kawałek pizzy, pamiętajcie: oszustwo zatrzyma proces adaptacji (lub wytrąci was z ketozy, jeżeli już w niej jesteście). Suplementy mogą pomóc w pozbyciu się apetytu. Mnie samą kosztowało to całe lata pracy! W ciągu tygodnia było jeszcze całkiem nieźle, ale w weekendy łamałam dyscyplinę. Nie byłam w stanie osiągnąć ketozy do chwili, gdy zaczęłam brać suplementy.

Sód. Osoby cierpiące na zespół metaboliczny przez większość czasu mają znacznie podwyższony poziom insuliny we krwi. Nie oznacza to jednak wcale, że są otyłe. Niektórzy moi klienci mieli wręcz niedowagę, a mimo to cierpieli z powodu olbrzymich problemów z poziomem cukru we krwi. Nadmiar insuliny robi z organizmem różne dziwne rzeczy, na przykład powoduje zatrzymywanie płynów. Jedna z moich klientek była niesamowicie otyła, a jej waga potrafiła w ciągu doby zmienić się o prawie 10 kg. Nie, nie pomyliłam się. 10 kg dziennie z powodu zatrzymywania wody!

Jedną z oznak zatrzymania wody jest obrzęk dolnych części nóg. Aby sprawdzić, czy faktycznie tak jest, wystarczy nacisnąć skórę na piszczeli. Jeżeli po zabraniu palca w skórze pozostanie wgłębienie, oznacza to, że wasze nogi są opuchnięte. Wiele otyłych osób narzeka na obrzęki popołudniami lub po całym dniu spędzonym w pracy. Dzieje się tak, ponieważ gromadzi się tam woda i wsiąka w tkanki miękkie. Podczas snu, kiedy ciało znajduje się w pozycji horyzontalnej, płyn spływa do górnej części ciała. Dlatego rano obrzęk znika, by powrócić wieczorem. Spotyka to wszystkie osoby mające problemy z insuliną. Po prostu u tych z nadwagą łatwiej to zauważyć.

Jednym z pierwszych efektów przejścia na dietę ketogeniczną jest szybkie zwiększenie wrażliwości na insulinę i związany z tym spadek jej poziomu. W tym czasie nerki zaczynają uwalniać płyny. Moi klienci narzekają, że często muszą w nocy korzystać z toalety. To stan przejściowy. Po pozbyciu się nadmiaru płynów proces utleniania tłuszczów stanie się łatwiejszy do zniesienia, mam jednak również trochę złych wieści.

Wraz z wodą organizm traci niezbędny sód. Gdy jego poziom spada poniżej pewnej wartości, co może stać się dość szybko, pojawiają się skutki uboczne, takie jak bóle i zawroty głowy, niski poziom energii i skurcze.

Na początku możecie zauważyć, że przy gwałtownym wstawaniu kręci wam się w głowie. To takie uczucie, jakbyście mieli stracić przytomność. Dzieje się tak z powodu odwodnienia! Picie wody nie przyniesie takiego rezultatu jak przy zwykłej diecie bogatej w węglowodany. Potrzeba jeszcze sodu. Sól wcale nie jest złem wcielonym, jak ostrzegają lekarze. Musicie zmienić sposób myślenia. Należy zrozumieć, że tak samo jak spożywanie większej ilości tłuszczu obniża ryzyko chorób serca, odpowiednio skomponowana dieta niskowęglowodanowa wymaga spożywania dużych ilości sodu.

Można albo używać więcej soli, albo brać tabletki z sodem. Jednak mój ulubiony sposób to picie bulionu na kościach (s. 132). Jest banalnie prosty w przygotowaniu, można nawet użyć wolnowaru! Zawiera nie tylko sód, lecz także olbrzymie ilości minerałów i elektrolitów. Bulion dostępny w sklepach nie ma takich właściwości. Przygotowanie trwa kilka dni, ale często robię go w wielkim garze, którego Craig używał do pędzenia alkoholu. (To było dawno temu... Tak, przeszliśmy długą drogę!). Potem zamrażam go w małych pojemniczkach i mogę przechowywać przez bardzo długi czas. Jeżeli nie chcecie robić go samodzielnie, nada się sklepowy, uważajcie jednak na glutaminian sodu i gluten. Nie wszystkie produkty są odpowiednie.

Jest jeszcze kilka rzeczy, na które należy zwrócić uwagę:

- W przypadku ostrych bólów głowy na początku diety niskowęglowodanowej wystarczy suplementować sód. Wyeliminowanie gotowych produktów znacznie zmniejsza jego ilość w diecie.
- Nawet jeżeli nie występują skutki uboczne, takie jak obrzęki lub ból głowy, należy przyjmować większe ilości wody i sodu, żeby uzupełnić stracone płyny.

- Poza piciem samodzielnie przygotowanego bulionu na kościach lub kupowanego w sklepie polecam zastąpienie zwykłej soli kuchennej solą celtycką lub himalajską. Pozyskuje się je z dna mórz albo przez odparowanie wody morskiej z dużą zawartością minerałów. Takie produkty zawierają o 30% mniej sodu niż zwykła sól (którą przetwarza się do chwili uzyskania niemal czystego chlorku sodu). Ponadto są źródłem innych minerałów i mikroelementów znajdujących się w wodach morskich, takich jak jod. Co więcej, ich smak odpowiada mi bardziej niż smak zwykłej soli. Warto zapłacić za nie tych kilka złotych więcej. Po kilku miesiącach używania naturalnej soli morskiej zauważycie podczas wizyt u krewnych albo wypadów do restauracji, że zwykła sól stołowa ma chemiczny posmak.

Potas. Jeżeli nie chcecie tracić masy mięśniowej, bądźcie ostrożni! Z uwagi na fakt, że na diecie niskowęglowodanowej traci się duże ilości sodu wskutek efektu diuretycznego, w pewnym momencie zaczyna również brakować potasu. Utrzymanie wysokiego poziomu tego pierwiastka pomaga w zabezpieczeniu się przed utratą masy mięśniowej podczas odchudzania. Ponadto niedobory sodu i potasu mogą powodować skurcze mięśni i uczucie zmęczenia. Obniżają też poziom energii, wywołują uczucie ciężkości nóg przy wchodzeniu po schodach, ochotę na sól, zawroty głowy i zmiany nastroju. Przyczynami niedoboru potasu mogą być odwodnienie w wyniku biegunki, pocenie się oraz diety niskowęglowodanowe, które zawierają zbyt wiele białka i za mało soli.

Zapasy tego minerału można uzupełnić, zażywając 200 mg suplementów dziennie. Poza tym warto włączyć do diety produkty z dużą zawartością potasu: awokado, paprykę i czerwoną paprykę w proszku, kakao oraz gorzką czekoladę, a także ryby takie jak sierpiki, łososie, halibuty i tuńczyki oraz suszone zioła, w tym trybulę, pietruszkę, bazylię, koper, estragon, mieloną kurkumę, szafran i oregano.

Magnez. Większość osób cierpiących na zespół metaboliczny, wysokie ciśnienie krwi, nadwagę, insulinooporność lub cukrzycę ma również niedobór magnezu. Organizm potrzebuje 54 mg do przetworzenia tylko 1 g cukru! Tworzy to duże zapotrzebowanie na ten pierwiastek i nic dziwnego, że z jego niedoborem spotykam się u moich klientów najczęściej. Około 70% całej populacji je za mało magnezu.

W miarę zwiększania się odporności komórek na insulinę spada nasza zdolność do magazynowania tego minerału. Dlatego jest on wydalany z moczem. Magnez rozluźnia mięśnie. Jeśli mamy go za mało, naczynia krwionośne zaczynają się kurczyć, co podnosi ciśnienie i zmniejsza poziom energii.

Aby stwierdzić niedobór magnezu, nie trzeba robić sobie badań krwi. Większość ludzi i tak ma go za mało. Przejście w stan ketozy może pomóc, ale nie zawsze jest wystarczające. Ja sama cały czas zażywam odpowiednie suplementy. Magnez pomaga w regeneracji i rozkurczaniu mięśni, rozluźnia naczynia krwionośne oraz jest cudownym środkiem na migreny i wiele innych schorzeń. Jego odpowiedni poziom pomaga również w utrzymaniu odpowiedniego stężenia potasu. Jest niezbędny do produkcji kwasów tłuszczowych i białek. Magnez zapewnia prawidłowe funkcjonowanie mięśni i nerwów, sprawny metabolizm, dodaje energii i służy naszym kościom.

Jak rozpoznać, że jesteśmy w stanie ketozy: sprawdzanie poziomu ciał ketonowych

Kiedy spalamy tłuszcz, organizm produkuje ciała ketonowe stanowiące jego paliwo. Występują one w trzech formach: acetylooctanu znajdującego się w moczu, acetonu w wydychanym powietrzu oraz beta-hydromaślanu (BHB) we krwi.

Poziom ciał ketonowych można zbadać na trzy sposoby, z których każdy ma swoje plusy i minusy.

Badanie moczu

PRODUKT: paski wskazujące poziom ciał ketonowych w moczu.

PLUSY: niska cena.

MINUSY: niezbyt dokładne po przejściu w stan ketozy (patrz: niżej), picie dużych ilości wody może wpłynąć na wynik.

Nasz organizm wydala nadmiar ciał ketonowych na dwa sposoby: z moczem oraz w wydychanym powietrzu. Przy badaniu ich poziomu w moczu w początkowym stadium adaptacji do diety ketogenicznej wyniki będą wyższe, ponieważ organizm jeszcze nie wykorzystuje ich jako paliwa. Po przestawieniu się metabolizmu (trwa to od dwóch do czterech tygodni) w moczu będzie mniej ciał ketonowych, gdyż organizm zacznie ich używać do produkcji energii.

Ponadto wyniki na paskach będą zmieniać się w zależności od nawodnienia organizmu. Im więcej wody pijemy (co jest zalecane na diecie ketogenicznej, ponieważ takie jedzenie zawiera jej mniej), tym niższy poziom ciał ketonowych wykaże test.

Badanie wydychanego powietrza

PRODUKT: analizator wydychanego powietrza marki Ketonix.

PLUSY: niskie koszty na dłuższą metę (około 350 złotych jednorazowo), dokładne pomiary poziomu acetonu, łatwość użycia.

MINUSY: pomiar nie zawsze dokładnie odpowiada poziomowi ciał ketonowych we krwi, alkohol daje czasem fałszywy pozytywny wynik, zafałszować go może również picie wody.

Analizatory oddechu sprawdzają poziom acetonu w wydychanym powietrzu. Niektórzy nazywają to ketooddechem. Badanie to daje niezłe pojęcie o tym, ile tłuszczu organizm zamienia w energię, ale nie odpowiada stężeniu BHB we krwi, które jest najdokładniejszym wskaźnikiem liczby ciał ketonowych.

Badanie krwi

PRODUKT: urządzenie do badania krwi (najbardziej lubię Precision XtraBlood Glucose and Ketone Monitoring System).

PLUSY: bardzo dokładne badanie.

MINUSY: wysokie koszty, jeden pasek kosztuje około 15 złotych, a badanie wymaga nakłucia palca.

Badanie krwi pod kątem ciał ketonowych sprawdza poziom BHB we krwi. Dzięki temu wiemy, ile energii ma do dyspozycji nasz organizm. Im wyższa wartość, tym więcej ciał ketonowych zamienianych jest w energię. To najlepszy możliwy wskaźnik ketozy. Optymalny wynik mieści się w granicach od 1 do 5 (wartości od 2 do 4 są idealne, jeśli chcemy zrzucić wagę).

Kiedy sprawdzać poziom ciał ketonowych?

Najlepszy obraz stanu ketozy organizmu otrzymamy, jeśli zrobimy testy rano przed pierwszym posiłkiem. Ogólnie rzecz biorąc, ciała ketonowe są wtedy na najniższym poziomie dobowym. Przyzwoity wynik o tej porze (1,0) wskazuje, że stan ketozy jest zachowywany przez cały dzień.

Później, o ile przestrzegamy diety, poziom ciał ketonowych ulega zwiększeniu, zwłaszcza po zjedzeniu ketogenicznego posiłku (np. zawierającego olej MCT). Jego podwyższenie następuje też na skutek intensywnego wysiłku fizycznego. Oleje zawierające MCT (np. kokosowy) również działają w ten sposób. Najwyższy poziom w ciągu dnia najczęściej osiągany jest wieczorem (wynik od 2,0 do 3,0 jest doskonały).

Od was zależy, jak długo będziecie sprawdzać poziom ciał ketonowych. Jest to szczególnie ważne na początku stosowania diety ketogenicznej, ponieważ pozwala stwierdzić, kiedy znajdziemy się w stanie pełnej ketozy. Potem nie trzeba już tego robić. Niemniej jednak takie badanie może być przydatne, jeżeli chcemy sprawdzić, które produkty nas z niego wytrącają — test należy zrobić godzinę po spożyciu zawierającej dany składnik potrawy.

Jaki jest dobry poziom ciał ketonowych?

Ketoza oznacza poziom ciał ketonowych (BHB) we krwi w zakresie od 0,5 mmol do 5,0 mmol (milimoli). Wtedy nasz organizm wykorzystuje je jako główne źródło energii. Idealny zakres, jeśli chcemy stracić na wadze lub walczyć z chorobami, wynosi od 2 mmol do 4 mmol.

Wyższe stężenie ciał ketonowych nie jest dobre. Wiele badań wskazuje, że utrzymywanie go powyżej od 4 mmol do 5 mmol nie przynosi żadnych korzyści. U niektórych osób zbyt wysoki poziom — 10 mmol lub więcej — może doprowadzić do kwasicy ketonowej, a w ekstremalnych przypadkach nawet do śmierci. Takie stany występują jednak u osób z poważnymi problemami z komórkami beta (w trzustce), np. cukrzycą typu 1. Dr Peter Attia, współzałożyciel Inicjatywy na Rzecz Nauk Żywieniowych (Nutrition Science Initiative), opisał to najlepiej w poście zatytułowanym *Ketosis — advantaged or misunderstood state? (Part I)*, który opublikował na swoim blogu (artykuł jest dostępny w języku angielskim pod adresem: eatingacademy.com/nutrition/ketosis-advantaged-or-misunderstood-state-part-i):

> Osoba ze sprawną trzustką, bez względu na to, jak długo pości (w tym gość, o którym wspomniałem wcześniej, który pościł przez 382 dni!) albo jak bardzo ograniczy węglowodany, nie nabawi się kwasicy ketonowej, ponieważ nawet śladowa ilość insuliny utrzyma poziom ciał ketonowych we krwi poniżej 7 mmol lub 8 mmol, kiedy nie dochodzi jeszcze do powstawania patologicznych nieprawidłowości. Powtarzam, wywołanie kwasicy ketonowej jest fizjologicznie niemożliwe u osób niecierpiących na cukrzycę typu 1 ani na bardzo, bardzo, bardzo późne stadium cukrzycy typu 2 z wycieńczoną trzustką.

CZĘŚĆ 1

Kuchnia ketogeniczna

Składniki

ROZDZIAŁ 1

Zdrowe

TŁUSZCZE

Osoby w stanie ketozy używają tłuszczów jako głównego źródła energii. Aby zapewnić organizmowi ich odpowiednie zapasy, należy spożywać duże ilości zdrowych tłuszczów.

Tłuszcze nasycone takie jak MCT, olej kokosowy, masło, ghi, łój i smalec będą najlepszym wyborem: są stabilne, mają działanie przeciwzapalne, zapobiegają oksydacji i przynoszą wiele innych korzyści zdrowotnych. Jeżeli chodzi o rodzaje produktów, które należy włączyć do wysokotłuszczowej diety, to im więcej nasyconych kwasów tłuszczowych spożywamy, tym lepiej. Mięso zwierząt wypasanych na łąkach i źródła ekologiczne są najlepsze, jeśli tylko macie do nich dostęp.

Skrót MCT rozwija się po angielsku jako *medium-chain triglycerides*, co tłumaczy się jako trójglicerydy średniołańcuchowe i jest określeniem łańcuchów kwasów tłuszczowych. MCT występują naturalnie w oleju kokosowym, oleju palmowym i nabiale. Olej MCT produkuje się z oleju kokosowego i palmowego. Ten produkt zawiera większe stężenia kwasów tłuszczowych. W przeciwieństwie do oleju kokosowego MCT pozostaje w stanie ciekłym, nawet jeżeli przechowuje się go w lodówce.

Spożywanie tłuszczów z dużą zawartością trójglicerydów średniołańcuchowych jest wyjątkowo korzystne, ponieważ te w przeciwieństwie do ich długołańcuchowych odpowiedników w łatwy sposób dają się zamienić w ciała ketonowe. Uwaga: za każdym razem, gdy olej MCT pojawi się jako jedna z opcji w którymkolwiek przepisie, jest on preferowany z uwagi na powyższe właściwości. Niemniej jednak, aby przepisy były jak najbardziej przystępne, zawsze podaję alternatywne produkty, które można zastosować.

Poniżej znajduje się lista najlepszych olejów i tłuszczów wraz z zawartością nasyconych kwasów tłuszczowych (SFA) i wielonienasyconych kwasów tłuszczowych (PUFA). Tych drugich należy unikać.

97% SFA — **mniej niż 1%** PUFA

Olej MCT (np. marki SKINNYFat):*

- Ma naturalny smak.
- Sprawdza się w aromatycznych daniach.
- Można go nagrzać do relatywnie niskiej temperatury (nie wyższej niż 160°C).

92% SFA — **1.9%** PUFA

Olej kokosowy:

- Ma wyraźny kokosowy smak.
- Świetnie się sprawdza w daniach słodkich i tajskich.
- Można go nagrzewać.
- Można go stosować na skórę.

82% SFA — **2%** PUFA

Olej z nasion palmowych:**

- Ma neutralny smak.
- Jest świetny do pieczenia.
- Można go nagrzewać.

75% SFA — **3%** PUFA

Łój:

- Jest świetny do smażenia.
- Pracuje się z nim gorzej niż z sadłem wołowym (z którego się go pozyskuje).

**Olej MCT można znaleźć w niemal wszystkich sklepach ze zdrową żywnością. Jeśli jednak będziecie mieli problemy z jego zakupem, możecie użyć oleju z awokado, orzechów makadamia albo oliwy z oliwek extra virgin. Należy przy tym pamiętać, że olej z awokado ma najbardziej neutralny smak. Osobiście preferuję olej MCT marki SKINNYFat, ponieważ stwierdziłam, że spośród wszystkich produktów tego typu nie ma on posmaku kokosów, który mógłby zmienić smak potraw. Ponadto SKINNYFat, w przeciwieństwie do innych olejów MCT, nie powoduje rozstroju żołądka.*

***Należy upewnić się, że olej został pozyskany z upraw prowadzonych w sposób zrównoważony. Z niektórymi jego rodzajami wiążą się obawy natury ekologicznej, np. jego produkcja może stanowić zagrożenie dla goryli. Kupujcie produkty z pewnego źródła.*

65% SFA, 2% PUFA

Ghi, czyli masło klarowane:

- Świetne do podgrzewania i smażenia (punkt dymienia w temperaturze 246°C w porównaniu do 177°C dla masła).
- Dobrze smakuje (ghi ma unikalną nutę orzechową/karmelową).
- Jest bardzo stabilne.

60% SFA, 3% PUFA

Masło kakaowe:

- W smaku wyczuwa się łagodną nutę kokosową.
- Jest świetne do słodkich i aromatycznych potraw.
- Można je nagrzewać.

60% SFA, 3% PUFA

Masło:

- Wspaniale smakuje.
- Jest bardzo wszechstronne i proste w użyciu.
- Nadaje się do gotowania w niskich temperaturach (w przypadku wyższych temperatur lepiej wybrać masło klarowane).

57% SFA, 7% PUFA

Sadło z bizona:

- Ma mocny smak.
- Jest świetne do smażenia.
- Nadaje potrawom niezwykły charakter.

51% SFA, 2% PUFA

Sadło wołowe:

- Nadaje potrawom bogaty smak.
- Jest świetne do smażenia.

47% SFA, 7% PUFA

Sadło baranie:

- Ma niezwykły smak.
- Jest świetne do pieczenia i podgrzewania.

43% SFA, 13% PUFA

Tłuszcz kaczy:

- Nadaje potrawom świetny smak.
- Nadaje się do smażenia aromatycznych potraw.
- Nieźle się nagrzewa.

41% SFA, 12% PUFA

Smalec:

- Ma łagodny smak.
- Jest świetny do smażenia słodkich i aromatycznych potraw.
- Można go nagrzewać.

40% SFA, 10% PUFA

Tłuszcz z bekonu:

- Nadaje potrawom świetny smak.
- Nieźle się nagrzewa.

30% SFA, 21% PUFA

Smalec gęsi:

- Nieźle się nagrzewa.
- Ma nieco wyższy poziom PUFA niż inne tłuszcze.

15% SFA, 10% PUFA

Olej z orzechów makadamia:

- Ma smak z delikatną nutą orzechową.
- Jest świetny do sałatek.
- Można go używać do potraw na zimno, np. jako dressing do sałatek.

14% SFA, 9.9% PUFA

Oliwa z oliwek extra virgin:***

- Ma silny oliwkowy smak.
- Jest świetna do włoskich sałatek.
- Można jej używać do potraw na zimno, np. jako dressing do sałatek.

11% SFA, 10% PUFA

Olej z awokado:

- Ma łagodny, neutralny smak.
- Jest świetny do aromatycznych, słodkich i tajskich potraw.
- Można go nagrzewać.

10% SFA, 14% PUFA

Olej z orzechów laskowych:

- Smak ma łagodną nutę orzechową.
- Jest świetny do potraw słodkich i tajskich.
- Można go używać do potraw na zimno, np. jako dressing do sałatek.

8.2% SFA, 17% PUFA

Olej migdałowy:

- Ma łagodny, neutralny smak.
- Jest świetny do potraw słodkich i tajskich.
- Można go używać do potraw na zimno, np. jako dressing do sałatek.
- Można go stosować na skórę.

8% SFA, 9% PUFA

Wysokooleinowy olej słonecznikowy:

- Ma łagodny smak.
- Jest świetny do potraw słodkich i tajskich.
- Można go używać do potraw na zimno, np. jako dressing do sałatek.

****Dobrze włączyć ją do diety ketogenicznej, ale tylko do potraw na zimno, np. jako dressing do sałatek. Nie należy jej podgrzewać, ciepło powoduje jej utlenianie, co jest szkodliwe dla zdrowia.*

WZBOGACENIE DIETY O OLEJ MCT

Oto lista przykładowych przepisów, które są świetnym sposobem na włączenie oleju MCT do diety. Należy jednak pamiętać, że jeżeli naszym celem jest utrata wagi, spożywanie kalorii w formie napojów nie jest wskazane: przeżuwanie jedzenia to sygnał dla naszych hormonów, by dały znać mózgowi, że jesteśmy najedzeni.

116
Dressing cesarski

145
Bezmleczny shake czekoladowy

263
Prosty hash z peklowanej wołowiny

120
Prosty dressing francuski

193
Jajeczny sos gribiche

112
Spalający tłuszcz majonez

240
Nogi kraba królewskiego z masłem czosnkowym

135
Oliwkowa salsa

130
Prosty sos chimichurri

220
Prosta sałatka nicejska

245
Kurczak chimichurri z wolnowaru

343

344

345
Lody w trzech smakach: kawa, hibiskus, herbata

Złe tłuszcze

Istnieją dwa rodzaje tłuszczów, których należy unikać: tłuszcze trans oraz wielonienasycone kwasy tłuszczowe (PUFA).

Tłuszcze trans w największym stopniu przyczyniają się do powstawania stanów zapalnych. Stanowią chyba najbardziej szkodliwe zdrowotnie substancje, jakie spożywamy z jedzeniem. Przeprowadzono wiele badań, które wskazują, że zwiększają one ryzyko chorób serca i nowotworów. Oto kilka rodzajów tłuszczów trans, których należy bezwzględnie unikać:

- oleje uwodornione lub częściowo uwodornione (sprawdzajcie składy produktów),
- margaryna,
- tłuszcze roślinne w stanie stałym.

Wielonienasycone kwasy tłuszczowe również powinno się ograniczyć, ponieważ łatwo ulegają oksydacji i są przez to szkodliwe dla zdrowia. Wiele rodzajów oleju charakteryzuje się wysoką ich zawartością. Poniżej zamieszczam listę najbardziej popularnych z nich.

Naturalne SŁODZIKI

Niemal codziennie dostaję pytania dotyczące słodzików. Najczęściej brzmią tak: „Dlaczego używasz sztucznych słodzików? I czy mogę zamiast nich używać cukru kokosowego lub brązowego?".

Po pierwsze nigdy nie polecam stosowania czegokolwiek sztucznego. Erytrytol występuje w wielu owocach, warzywach oraz produktach sfermentowanych. Stewia natomiast to zwyczajna roślina i można ją hodować w domu jak wszystkie inne zioła. Obie te substancje są tak samo naturalne jak np. miód albo syrop klonowy. Jednocześnie można je spożywać bez konsekwencji, jakie niesie używanie innych słodzików naturalnych, ponieważ mają niski indeks glikemiczny, a tym samym mniejszy wpływ na poziom cukru we krwi.

Prawda jest taka, że najczęściej stosowane słodziki naturalne, takie jak miód, syrop klonowy oraz agawa, zwiększają stężenie glukozy we krwi. To może nie tylko wywołać stany zapalne, lecz także wytrącić was z ketozy. Dlatego też nie zalecam ich stosowania i preferuję słodziki niepodnoszące poziomu cukru we krwi.

Słuchałam kiedyś świetnego programu w radiu, w którym omawiano, jak to w przeszłości ludzie jedli deser po obiedzie — kawałek ciasta albo coś innego najczęściej przygotowywanego od podstaw przez mamę. Zaproszony ekspert od żywienia opowiadał, że w tamtych czasach gospodynie uważały za swój obowiązek stworzenie ciepłego i dobrze utrzymanego domu, co oznaczało również samodzielnie przyrządzone posiłki i pyszne wypieki. Skąd więc wziął się obecny problem z cukrem i dlaczego obserwujemy tak duży wzrost liczby przypadków zespołu metabolicznego zarówno u dorosłych, jak i dzieci?

Wiąże się to z faktem, że nie jemy jednego kawałka ciasta po obiedzie. Zaczynamy już od śniadania. Ja sama wychowałam się na płatkach śniadaniowych i chudym mleku, które są spożywane przez bardzo wiele osób. Wiedzieliście, że szklanka chudego mleka zawiera więcej cukru niż cztery cukierki? Następnie w ramach przekąski zjadamy batonik musli, który zawiera tyle samo cukru co zwykłe batoniki! Lunch prawie zawsze składa się z czegoś słodkiego, co nie istniało w przeszłości, np. budyniu, galaretki, napoju izotonicznego czy też soku. Cukier był kiedyś uważany za smakołyk, dzisiaj stanowi niejako podstawę amerykańskiej diety.

W 1960 roku przeciętny Amerykanin konsumował 2 łyżeczki cukru dziennie, w ostatnich latach — 65 łyżeczek (1,3 szklanki)! Fruktoza stanowi 10,2% całkowitej liczby spożywanych pustych kalorii (to szczególny problem zdrowotny, więcej informacji na ten temat znajdziecie w ramce na s. 32).

Ponieważ nawet naturalne słodziki, takie jak trzcina cukrowa, miód, agawa i syrop klonowy, podnoszą poziom cukru we krwi, zalecam stosowanie bardziej przyjaznych ketogenicznemu stylowi życia substancji.

WPŁYW FRUKTOZY NA ZDROWIE

Amerykanie jedzą zbyt wiele cukru. Co gorsza, spożywają go za dużo w formie fruktozy. Jest ona bardziej szkodliwa niż inne słodziki z dwóch powodów.

Produkty zaawansowanej glikacji. To jedna z głównych przyczyn procesu starzenia oraz rozwoju chorób zwyrodnieniowych. Produkty zaawansowanej glikacji powstają w wyniku reakcji chemicznej, w której cukry, produkty rozpadu cukrów albo wolne rodniki z uszkodzeń spowodowanych oksydacją łączą się z proteinami. Substancje te tworzą swego rodzaju skorupę wokół naszych komórek. Wiele badań wykazało, że ma to związek z różnymi chorobami, w tym cukrzycą, chorobą Alzheimera, chorobami serca, astmą, udarami, kataraktami, jaskrą, zespołem wielotorbielowatych jajników oraz chorobami autoimmunologicznymi.

Ale jaką rolę odgrywa w tym wszystkim fruktoza? Badania wskazują, że przy jej udziale glikacja zachodzi dziesięciokrotnie szybciej, niż kiedy metabolizowana jest glukoza!

Niealkoholowa stłuszczeniowa choroba wątroby. Fruktoza jest metabolizowana wyłącznie w wątrobie. To dosyć skomplikowany proces, ale ostatecznie substancja ta przekształcana jest w trójglicerydy — rodzaj tłuszczu. Pozostają one w wątrobie, a jeśli fruktozy było odpowiednio dużo, powodują niealkoholową stłuszczeniową chorobę wątroby. A ta prowadzi do powstania stanów zapalnych i ostatecznie marskości. Schorzenie to często występuje wraz z zespołem metabolicznym i chorobami serca.

Często widuję dzieci cierpiące na niealkoholową stłuszczeniową chorobę wątroby z powodu słodkich napojów i soków, które zawierają zbyt dużo fruktozy! Mała ciekawostka: 250 ml czystego soku z winogron (bez dodatkowego cukru) zawiera więcej fruktozy niż puszka Mountain Dew!

W książce *Cholesterol Clarity* Jimmy Moore wskazał na związek pomiędzy fruktozą i stłuszczeniową chorobą wątroby za pomocą genialnej analogii: „Jednym ze sposobów, aby zapamiętać, że węglowodany zwiększają ilość tłuszczu we krwi i wątrobie, jest spojrzenie na francuski specjał znany jako *foie gras*, tj. otłuszczoną wątrobę gęsi na siłę karmionej węglowodanami (kukurydzą albo w czasach Rzymian figami). To samo dzieje się z ludzką wątrobą".

Niestety Amerykanie spożywają bardzo dużo fruktozy, najczęściej w formie sacharozy (białego cukru), która w połowie składa się z fruktozy, a w połowie z glukozy; syropu kukurydzianego zawierającego w 55% fruktozę; miodu — to również 55% fruktozy — oraz syropu z agawy, który zawiera jej aż 90%. Na pewno nie jest to zdrowa żywność!

W kulturach tradycyjnych owoce były produktem sezonowym, spożywanym w lecie, kiedy ludzie są najbardziej aktywni. Nie było wtedy ciężarówek dowożących je z dalekich krajów ani fabryk wyciskających soki i usuwających z nich błonnik, który daje nam uczucie sytości. Zjedzenie pomarańczy jest w porządku, ale wypicie sześciu w 250-mililitrowej szklance soku to zdecydowanie za dużo dla dziecięcej wątroby. Ponadto różne owoce zawierają różne ilości fruktozy. Awokado mają jej bardzo mało, natomiast owoce tropikalne, takie jak banany, bardzo dużo.

Co więc można zrobić? Przede wszystkim unikać fruktozy. Oznacza to nie tylko zrezygnowanie z soków i słodkich napojów, lecz także z miodu, agawy i cukru kokosowego. Te zawierają jej zdecydowanie za dużo. Drugą najlepszą rzeczą dla wątroby jest zwiększenie ilości spożywanych antyoksydantów. Stanowią one naturalną obronę przeciwko stresowi oksydacyjnemu i mogą zapobiegać uszkodzeniom wątroby lub nawet je naprawiać.

Ketoprzyjazne słodziki naturalne

Poniżej znajduje się lista wszystkich polecanych przeze mnie naturalnych słodzików:

- stewia w płynie lub w proszku (bez dodatków),
- zagęszczona stewia (płynna),
- mieszanki substancji słodzących, np. Swerve,
- erytrytol (w tym Sukrin granulowany i puder),
- owoc mnicha,
- syrop z korzeni yacon,
- ksylitol.

Więcej informacji o każdej z tych substancji znajdziecie poniżej.

INDEKS GLIKEMICZNY SŁODZIKÓW	
stewia bez dodatków	0
zagęszczona stewia	0
słodzik marki Swerve	0
erytrytol	0
owoc mnicha	0
syrop z korzeni yacon	1
ksylitol	7
agawa	13
syrop klonowy	54
miód	62
biały cukier	68
słodzik marki Splenda	80
syrop glukozowo-fruktozowy	87

Stewia

Stewia to najczęściej proszek lub płyn, sprzedaje się ją także w formie zagęszczonej podobnej do miodu (opisana poniżej). Z uwagi na jej intensywny smak wiele marek, jak np. Stevia in the Raw, dodaje do niej substancje wypełniające, np. maltodekstrynę, dzięki którym nadaje się również do pieczenia. Trzymajcie się z daleka od tych produktów. Indeks glikemiczny cukru wynosi 52, a maltodekstryny aż 110!

Wiele lat temu, kiedy zaczęłam spisywać przepisy, używałam produktów zawierających maltodekstrynę i codziennie jadłam deser przyrządzony z ich udziałem. Kiedy zdałam sobie sprawę, jak bardzo jest szkodliwa i wyeliminowałam ją z diety, w tydzień straciłam 3 kg! Szukajcie produktów zawierających wyłącznie stewię albo stewię w połączeniu z innym ketoprzyjaznym słodzikiem.

Zagęszczona stewia

Zagęszczona stewia ma postać bardzo gęstego płynu o konsystencji podobnej do miodu. Nie należy jej mylić ze stewią w płynie, która jest znacznie bardziej skoncentrowana i zostawia gorzki posmak. Zagęszczona postać jest mniej więcej dwa razy słodsza od cukru i trochę mniej niż czysta stewia w płynie lub w proszku. Osobiście wolę używać jej w tej postaci, ponieważ w przeciwieństwie do innych nie zostawia gorzkiego posmaku. Świetnie nadaje się również do gotowania, gdyż utrzymuje smak nawet po nagrzaniu, czego nie można powiedzieć o wielu innych substancjach słodzących. Do pieczenia należy jednak użyć jej w połączeniu z innym słodzikiem, ponieważ nie ulega karmelizacji ani nie nadaje wypiekom objętości.

Erytrytol

To ciekawe, że większość ludzi niechętnie próbuje alternatywnych substancji słodzących takich jak erytrytol lub ksylitol. Powszechnie uważa się je za sztuczne słodziki. Unikanie substancji o chemicznie brzmiących nazwach jest ogólnie dobrą praktyką, jednak w tym przypadku zupełnie bezpodstawną. Wydaje mi się, że podobnie działoby się, gdybyśmy zaczęli nazywać sól chlorkiem sodu. Oba te terminy określają tę samą substancję, ale zdanie „Dodaj trochę chlorku sodu" brzmi zupełnie inaczej niż „Dodaj trochę soli".

Syrop klonowy też nie wydaje się taki smakowity, kiedy nazwiemy go zgodnie z systematyką koncentratem żywicy ksylemowej.

Erytrytol to alkohol cukrowy albo inaczej poliol. Występuje naturalnie w niektórych owocach i produktach sfermentowanych. Nie podnosi poziomu cukru ani insuliny we krwi. Jest wchłaniany praktycznie w całości, zanim dotrze do trzustki, tak więc nie podrażnia żołądka jak inne alkohole cukrowe. Poza tym nie zawiera żadnych kalorii.

Proces wytwarzania erytrytolu polega między innymi na fermentacji glukozy (najczęściej pozyskiwanej z warzyw), w efekcie której powstaje bardzo słodki produkt końcowy. Jeżeli używa się warzyw niemodyfikowanych genetycznie, jest on równie naturalny co syrop klonowy. Erytrytol jest najszerzej dostępny w formie granulatu, aczkolwiek czasami można trafić na puder. Jeśli zdecydujesz się na granulat, np. marki Sukrin albo Wholesome! All Natural Zero, proponuję przed użyciem zmielić go na puder. Granulowana forma erytrytolu słabo rozpuszcza się w potrawach i zmienia ich teksturę.

Owoc mnicha

Znany również z mandaryńskiego jako *luo han guo* albo pod botaniczną nazwą *Siraitia grosvenorii* owoc mnicha uprawiany jest w górach Chin Południowych. Pozyskiwane z niego mogrosydy są trzysta razy słodsze od cukru, podobnie jak stewia. Jednak w przeciwieństwie do niej nie pozostawia gorzkiego posmaku. Słodzik z owoców mnicha dostępny jest w formie płynu lub proszku.

I tym razem należy zabawić się w detektywa i sprawdzać skład produktów. Ponieważ mogrosydy są aż tak słodkie, do sproszkowanych owoców mnicha dodaje się zazwyczaj inne substancje słodzące. Dzięki temu kupujący może używać słodzika w takich samych ilościach jak cukru. Uważajcie na maltodekstrynę i tym podobne dodatki. Należy wybrać markę zawierającą wyłącznie ketoprzyjazne słodziki, np. erytrytol.

Słodzik marki Swerve (i inne mieszanki)

Swerve to marka naturalnych słodzików produkowanych bez użycia składników modyfikowanych genetycznie. Zawiera dwie naturalne substancje słodzące pozbawione kalorii: erytrytol i oligosacharydy. Erytrytol występuje naturalnie w bardzo małych ilościach w warzywach i owocach. Ten słodzik nie wpływa na poziom cukru we krwi ani nie zawiera sztucznych substancji i konserwantów.

Swerve świetnie się sprawdza jako uniwersalny zamiennik, ponieważ jest tak samo słodki jak biały cukier. Ja używam sproszkowanej formy (oznaczonej jako cukiernicza), ponieważ świetnie rozpuszcza się podczas gotowania i pieczenia.

Inne mieszanki słodzące również dobrze smakują i doskonale nadają się do wypieków. Mieszanie kilku naturalnych słodzików też często poprawia smak. Doskonałymi przykładami są Pyure (erytrytol i stewia), Norbu (erytrytol i owoc mnicha), Natvia (erytrytol i stewia), Lakanto (erytrytol i owoc mnicha) oraz Zsweet (erytrytol i stewia). Wszystkich można używać w takich samych ilościach jak cukru.

Syrop z korzenia yacon

Gęsty syrop pozyskiwany z korzenia yacon w smaku przypomina melasę. Od wieków jest używany w Peru. Nie polecam go w czystej postaci ze względu na wysoką cenę oraz z uwagi na fakt, że zawiera fruktozę. Niewielki słoiczek wystarczy na około 6 miesięcy. Ja od czasu do czasu dodaję łyżeczkę do sosów: jest doskonały do sosu słodko-kwaśnego, a sosowi barbecue nadaje charakterystycznego posmaku melasy. Używany w małych ilościach zawiera około 1 g cukru na porcję.

Ksylitol

Ksylitol to naturalny niskokaloryczny słodzik występujący w owocach, warzywach i niektórych rodzajach drewna z drzew liściastych. Organizm reaguje na niego łagodniej niż na sacharozę albo glukozę, trzeba jednak pamiętać, że ta substancja ma już wpływ na poziom cukru i insuliny we krwi. Nie ma tak niskiego indeksu glikemicznego jak erytrytol (podstawowy składnik mieszanek słodzących, w tym Swerve), czasem się jednak przydaje, ponieważ ten drugi nie sprawdza się w niektórych przepisach, np. na niskowęglowodanowe landrynki. Po prostu trudno go roztopić (ulega krystalizacji, kiedy stygnie). Co więcej, niektórzy wolą smak ksylitolu. Zwykle sprzedaje się go w formie granulatu.

Oto kilka dodatkowych korzyści płynących z jego stosowania:

- Ma 40% mniej kalorii niż cukier.
- Naukowcy odkryli, że dzieci, które regularnie żuły gumę z ksylitolem, rzadziej cierpiały na infekcje uszu niż te, które jej nie dostawały.
- Pomaga kobietom w ciąży utrzymać zdrowie zębów, zwłaszcza w trzecim trymestrze, kiedy rośnie ryzyko wystąpienia takich problemów.
- Guma lub cukierki z ksylitolem chronią zęby przed bakteriami powodującymi ubytki.
- Jeżeli często pijecie kwaśnie napoje izotoniczne, spożywacie węglowodany lub przez dłuższy czas pozostajecie odwodnieni i oddychacie przez wysuszone i zakwaszone usta, jak np. sportowcy i nastolatki, grozi wam próchnica . Ksylitol zapobiega powstawaniu ubytków, ponieważ nie dostarcza bakteriom paliwa (cukru), którego potrzebują do procesu erozji szkliwa.
- Badania wskazują, że codzienne spożywanie przynajmniej 6–8 g ksylitolu zmniejsza ubytki nawet o 80%. Jeżeli cierpicie na choroby dziąseł albo macie próchnicę, można to odwrócić. Regularne stosowanie tego słodzika (razem z dietą niezawierającą zbóż oraz bogatą w rozpuszczalne w tłuszczach witaminy A, D, E oraz K) powinno zatrzymać ich postęp.

Ksylitol ma wiele dobroczynnych właściwości, wytrąca jednak niektóre osoby z ketozy. Jeżeli używacie go do pieczenia lub gotowania, uważnie śledźcie poziom ciał ketonowych i przestańcie go stosować, jeżeli wynik nie będzie zadowalający.

Gotowanie i pieczenie z ketoprzyjaznymi słodzikami

Przepisy na słodkie potrawy w niniejszej książce powinny pomóc osobom dopiero rozpoczynającym dietę ketogeniczną w całkowitym odstawieniu cukru. W miarę postępów zaczynamy odbierać naturalny smak poszczególnych produktów jako słodszy. W tym momencie dobrym wyjściem jest ograniczenie substancji słodzących w przepisie, aby dopasować ich ilość do nowych preferencji.

Ponadto jeżeli dopiero zaczynacie stosować ketoprzyjazne słodziki naturalne, proponuję je wymieszać w celu uzyskania najlepszego efektu. Odkryłam, że większość z tych substancji stosowanych pojedynczo może zostawiać gorzki posmak, ale zmieszane smakują doskonale. Ja często dodaję odrobinę zagęszczonej stewii do moich deserów. Ten słodzik nadaje się do wszystkich takich przepisów, nawet do chrupiących bomb tłuszczowych. Potrawom pieczonym nada doskonały smak, nie wpływając na sam proces przygotowania.

Jeżeli jakiś przepis wymaga słodzika w proszku zamiast płynnego, moim pierwszym wyborem zawsze jest Swerve w formie granulatu i pudru. Ja zawsze używam sproszkowanej albo cukierniczej wersji tej mieszanki, ponieważ nadaje potrawom gładką teksturę i lepiej sprawdza się podczas pieczenia i gotowania. Oczywiście można również zmielić granulowany erytrytol, np. Wholesome! All-Natural Zero, w blenderze albo młynku do kawy.

Jeżeli jakiś przepis, np. chrupiące bomby tłuszczowe (s. 326–329), wymaga konkretnego rodzaju lub formy substancji słodzącej (proszek albo płyn), nie ma możliwości użycia innej, bo potrawa się nie uda. W przypadkach gdy słodzik musi się rozpuścić, niektóre substancje się nie sprawdzą, więc koniecznie trzeba trzymać się receptury. Jeżeli jednak w przepisie pojawi się zwrot „lub odpowiednik", np. „¼ szklanki słodzika cukierniczego Swerve lub jego odpowiednika w proszku lub w płynie", można użyć dowolnego ketoprzyjaznego zamiennika. Świetnie sprawdzą się m.in. stewia w płynie lub zagęszczona, owoc mnicha, Zsweet, Wholesome! All-Natural Zero albo ksylitol. W dalszej części tego rozdziału dowiesz się, jak zastępować jedną substancję słodzącą inną.

Zamiana słodzików

Swerve, najczęściej używany przeze mnie słodzik, można stosować jako zamiennik cukru w proporcji 1:1. Erytrytol jest 30% mniej słodki niż biały cukier, więc do każdej szklanki należy dodać łyżeczkę zagęszczonej stewii. W przypadku czystej stewii niewielka ilość może zdziałać bardzo wiele. Do słodzenia potraw wystarczy kilka kropli płynu albo ¼ łyżeczki proszku. Owoc mnicha jest tak samo słodki jak cukier. W przeliczaniu ilości słodzików pomogą wam tabele na stronie obok.

ZAMIANA JEDNEGO KETOPRZYJAZNEGO SŁODZIKA NA INNY

1 szklanka Swerve = 1 szklanka erytrytolu w proszku + 1 łyżeczka zagęszczonej stewii	1 szklanka Swerve = kilka kropli stewii w płynie	1 szklanka Swerve = kilka kropli czystej płynnej formy owocu mnicha
1 szklanka Swerve = $1\frac{1}{3}$ szklanki erytrytolu w proszku	1 szklanka Swerve = jedna łyżeczka stewii w proszku (bez dodatków)	1 szklanka Swerve = 1 szklanka sproszkowanej mieszanki z owocem mnicha
1 szklanka Swerve = 1 szklanka ksylitolu	1 szklanka Swerve = 1 łyżeczka zagęszczonej stewii	1 szklanka Swerve = 2 szklanki syropu z korzenia yacon

JAK PODMIENIAĆ CUKIER NA KETOPRZYJAZNE SŁODZIKI

	KALORIE	SŁODKOŚĆ	ODPOWIEDNIK 1 SZKLANKI CUKRU
Swerve	0 kcal	100% cukru	1 szklanka
Zagęszczona stewia	0 kcal	200% cukru	$2\frac{1}{2}$ łyżeczki
Stewia w proszku	0 kcal	300% cukru	$1\frac{1}{2}$ łyżeczki
Stewia w płynie	0 kcal	250% cukru	2 łyżeczki
Erytrytol w proszku	0–0,2 kcal/g	70% cukru	1 szklanka *(+1 łyżeczka zagęszczonej stewii*)*
Syrop z korzenia yacon	2 kcal/g	50% cukru	2 szklanki
Ksylitol	2,4 kcal/g	100% cukru	1 szklanka
Owoc mnicha (płyn)	0 kcal	300% cukru	$1\frac{1}{2}$ łyżeczki
Owoc mnicha (mieszanka w proszku)	0 kcal	100% cukru	1 szklanka

**Kiedy stosuje się erytrytol w przepisach, w których wymagany jest słodzik w proszku, należy pominąć zagęszczoną stewię i użyć $1\frac{1}{3}$ szklanki erytrytolu w proszku na każdą szklankę cukru.*

Słodziki, których nie polecam

Miód

Miód może być mniej rafinowany i bardziej naturalny niż biały cukier, jednak w dalszym ciągu jest bardzo kaloryczny i zawiera dużo fruktozy. Jedna łyżeczka naturalnego miodu to 22 kalorie, czyli więcej niż w takiej samej ilość cukru, która ma ich 16. Jednak największy problem z miodem to fakt, że składa się w 50% z fruktozy. Ten produkt może się oczywiście pochwalić pewnymi właściwościami, których nie znajdziemy w cukrze. Zawiera niacynę, ryboflawinę, tiaminę, witaminę B6 i różne minerały, ale tylko w śladowych ilościach. Daleko mu do spożycia zalecanego przez Departament Rolnictwa Stanów Zjednoczonych. Dlatego chociaż miód jest nieco lepszym wyborem niż cukier, nie można go uważać za zdrową żywność. W Internecie znajdziecie informację, że to niemal cudowny produkt. Większość z tych opinii nie ma jednak potwierdzenia. Jeżeli w dalszym ciągu uważacie, że warto go jeść, pozwólcie, że coś wam powiem: witaminy i minerały zawiera jedynie 2% miodu dostępnego na rynku! Co więcej, większość rodzajów sprzedawanych w sklepach nie ma w składzie pyłków kwiatowych, czyli najbardziej korzystnej dla zdrowia substancji. Taki miód to jedynie rozwodniony przekręt. Większość marek dostępna w sklepach wykorzystuje w produkcji proces ultrafiltracji. Polega to na podgrzaniu miodu do wysokiej temperatury i przeciśnięciu przez wyjątkowo gęsty filtr w celu usunięcia pyłków. Powód? Żeby producent mógł ukryć, skąd pochodzi jego produkt. A dlaczego miałby to robić? Ponieważ większość miodów sprowadza się z rynków chińskich, a takie produkty zawierają wiele szkodliwych antybiotyków i metali ciężkich. Aż się chce wyrzucić wszystkie te batoniki dla sportowców, nieprawdaż?

Wielu z was teraz pomyśli: „Dobra, w porządku, w takim układzie będę kupować miód wyłącznie od znajomych hodujących pszczoły". Należy jednak pamiętać, że wagowo miód własnej produkcji w 82% składa się z cukru. Połowa z tego (41% całkowitej masy) to fruktoza. Niewiele tam natomiast witamin i minerałów. Naszego organizmu nie obchodzi, czy dostaje miód czy biały cukier. Po spożyciu jednego i drugiego zaczynamy produkować duże ilości insuliny. Cukier to w końcu cukier, dlatego wszystkie jego formy należy spożywać z umiarem, nawet miód.

Agawa

Czy wydaje się wam, że zastąpienie granulowanego cukru kleistą breją znaną jako syrop z agawy jest dobrym wyborem, bo jest drogi i znajduje się w alejce ze zdrową żywnością? Źle się wam wydaje! Cukier w 50% składa się z fruktozy, syrop z agawy natomiast w 90%. Nie dajcie się nabrać, kiedy znajdziecie informacje, że ma on niski indeks glikemiczny. Wielu cukrzykom próbuje się z tego powodu wmówić, że to dla nich lepsza opcja. Jednak wysoka zawartość fruktozy sprawia, że syrop z agawy to bardzo niezdrowy wybór. Ten rodzaj cukru jest w końcu powiązany z podwyższonym poziomem glikacji oraz niealkoholową stłuszczeniową chorobą wątroby.

Cukier kokosowy

Kiedy niedawno byłam z przyjaciółkami na mieście, jedna z nich zapytała mnie, „Mario, jaka jest twoja opinia na temat cukru kokosowego? Widziałam wiele opinii, że jest zdrowy".

Cukier kokosowy zyskał w ostatnich latach sporą popularność. Pozyskuje się go z palmy kokosowej i reklamuje jako pożywniejszą alternatywę cukru z niższym indeksem glikemicznym. Proces produkcji składa się z dwóch faz:

1. Nacina się kwiat palmy kokosowej i zbiera żywicę do pojemników.
2. Żywica jest podgrzewana do momentu odparowania prawie całej wody.

Cukier kokosowy zachowuje niektóre składniki odżywcze znajdujące się w żywicy palmy kokosowej. Uzyskanie dokładnych danych nie jest proste, jednak według Departamentu Rolnictwa Filipin zawiera on kilka składników odżywczych. Najważniejsze z nich to żelazo, cynk, wapń i potas, a także pewne polifenole i antyoksydanty, które również mogą być korzystne dla zdrowia. Niższy indeks glikemiczny wynika z faktu, że cukier kokosowy zawiera inulinę — rodzaj błonnika, który może spowolnić wchłanianie glukozy. Żeby jednak powyższe składniki naprawdę korzystnie wpłynęły na organizm, należałoby spożywać ogromne ilości tego słodzika. O wiele lepiej pozyskać je z niesłodkich potraw. Poza tym cukier kokosowy ma tyle samo kalorii co zwykły biały cukier.

I tym razem możecie pomyśleć: „W porządku, kiedy będę coś słodzić, użyję cukru kokosowego, bo jest mniej szkodliwy niż miód". Nie! Mam dla was zaskakującą informację: choć w całym Internecie można znaleźć informacje, że cukier kokosowy nie zawiera fruktozy, w rzeczywistości to w 70%–80% sacharoza, która z kolei w połowie składa się właśnie z fruktozy (a w drugiej połowie z glukozy)! Oznacza to, że cukier kokosowy zawiera tyle samo fruktozy co zwykły.

Sukraloza (Splenda)

Sukraloza, dostępna w produktach marki Splenda, to popularny sztuczny słodzik. Najbardziej znana jest z nieaktualnego już twierdzenia, że robi się ją z cukru (przez co producent miał później problemy i musiał zmienić metodę produkcji). Jest sześćset razy słodsza od białego cukru.

Produkt ten tak naprawdę nie ma zerowej wartości energetycznej. Sukraloza zawiera kalorie, ale ponieważ jest aż tak słodka, do osiągnięcia odpowiedniego smaku potrzeba bardzo niewielkich ilości, pod warunkiem że zastosujemy jej czystą formę (w płynie). Splenda stanowi jednak mieszankę substancji, tak aby wagowo przypominać cukier. W jej skład wchodzą dekstroza i maltodekstryna, które są węglowodanami, a więc mają kalorie. Jedna szklanka to 32 g węglowodanów, a więc 96 kalorii. To spora dawka, zwłaszcza dla cukrzyków, którzy zwykle nie zwracają na to uwagi z powodu etykiet mówiących, że Splenda ma zerową wartość energetyczną.

Stwierdzono, że sukraloza zmniejsza wchłanianie cynku i jodu, które są niezbędne do prawidłowego funkcjonowania tarczycy. Ponadto bywa szkodliwa dla dobrej flory bakteryjnej w jelitach, co sprzyja rozwojowi zespołu jelita drażliwego.

Sztuczne słodziki

Sztuczne słodziki, takie aspartam, acesulfam, neotam, sacharyna, sukraloza i adwantam, spowalniają metabolizm, zmniejszają zdolność wątroby do filtrowania toksyn i negatywnie wpływają na ogólny stan zdrowia. Ponadto mogą zaburzyć równowagę bakteryjnej flory jelitowej, która jest niezbędna, aby zachować dobry stan zdrowia, i wzmacnia odporność. Trzymajcie się z daleka od jakichkolwiek sztucznych słodzików.

Inne słodziki o wysokiej zawartości cukru

Zabawcie się w detektywów i uważnie czytajcie etykiety! Cukier jest ukryty w większości produktów. Nie kupujcie niczego, co w składzie ma substancje, których nazwy kończą się na -oza. Wystrzegajcie się też syropu z agawy, cukru z buraków, syropu z brązowego ryżu, odwodnionego syropu z trzciny cukrowej, dekstryny, dekstrozy, fruktozy, koncentratu soku owocowego, glukozy, syropu kukurydzianego o wysokiej zawartości fruktozy, miodu, cukru inwertowanego, laktozy, maltozy, słodu, syropu klonowego, melasy, cukru palmowego, cukru nierafinowanego, sacharozy, sorga i syropu z sorga, cukrozy, syropów, brązowego cukru, ksylozy.

Niepożądane alkohole cukrowe

Oprócz powyższych należy również unikać niepożądanych alkoholi cukrowych, w tym maltitolu i sorbitolu. Zyskały one popularność jako zamienniki cukru w produktach takich jak batoniki proteinowe, mogą jednak powodować problemy z przewodem pokarmowym i podnosić poziom glukozy we krwi.

ZIOŁA I PRZYPRAWY

Świeże zioła, takie jak pietruszka, rozmaryn, oregano i bazylia, oraz przyprawy, m.in. czarny pieprz, gałka muszkatołowa i kurkuma, odgrywają w kuchni ketogenicznej ogromną rolę, ponieważ są roślinami z najwyższą zawartością składników odżywczych, jakie spożywamy. Na przykład powszechnie uważa się, że szpinak to produkt idealny, ale świeże oregano zawiera osiem razy więcej antyoksydantów! Pewnie, nie da się zjeść całej miseczki oregano tak jak szpinaku, ale pokazuje to tylko, że niewielka ilość przyprawy przynosi olbrzymie korzyści.

Zamiast jedzenia owoców i bogatych w skrobię warzyw, które zawierają fruktozę i szybko podnoszą poziom cukru we krwi, proponuję wymienić zawartość lodówki i spiżarni, tak aby znalazło się w nich dużo ziół i przypraw i używać ich tak często, jak się da. Nie tylko poprawi to smak przygotowywanych potraw, lecz także zapewni wam znacznie więcej witamin, minerałów i fitoskładników niż jakiekolwiek owoce i warzywa.

Poniższe wykresy przedstawiają zawartość składników odżywczych w ziołach i przyprawach. Jak widać, kolendra ma więcej potasu niż banany i w przeciwieństwie do nich w ogóle nie zawiera cukru.

Witamina C (mg na 100 g)

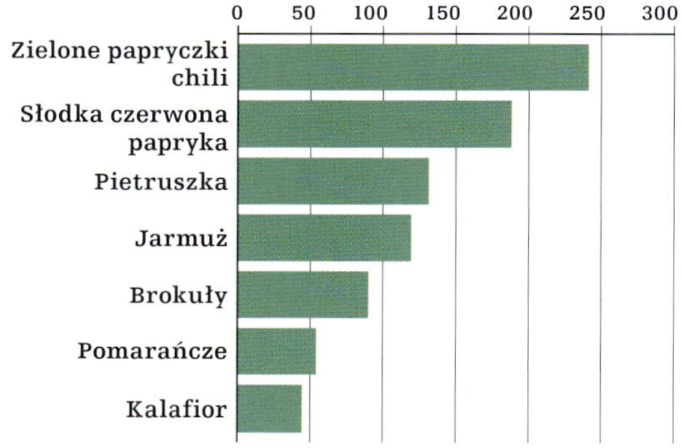

Witamina E (mg na 100 g)

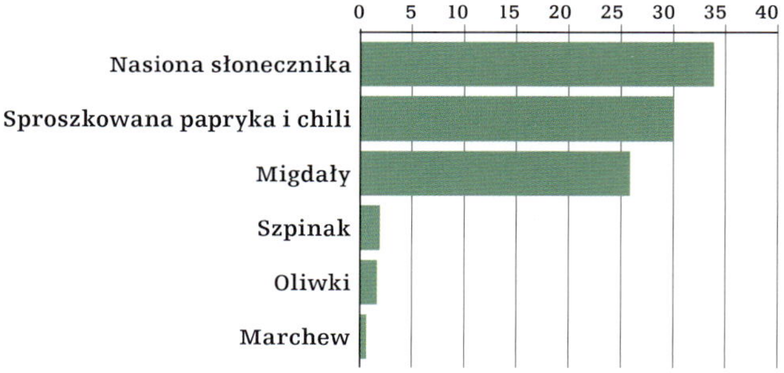

Wapń (mg na 100 g)

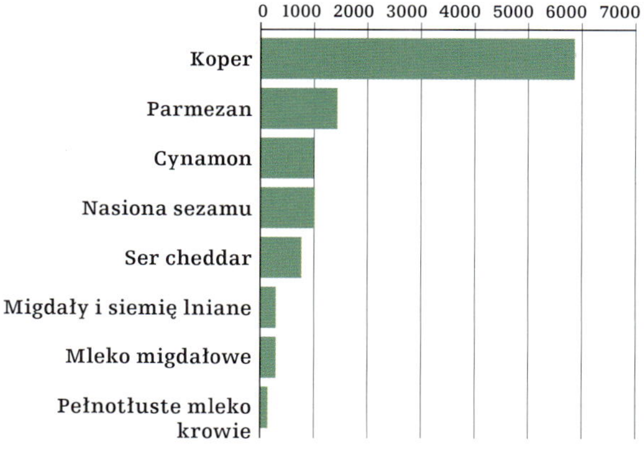

Potas (mg na 100 g)

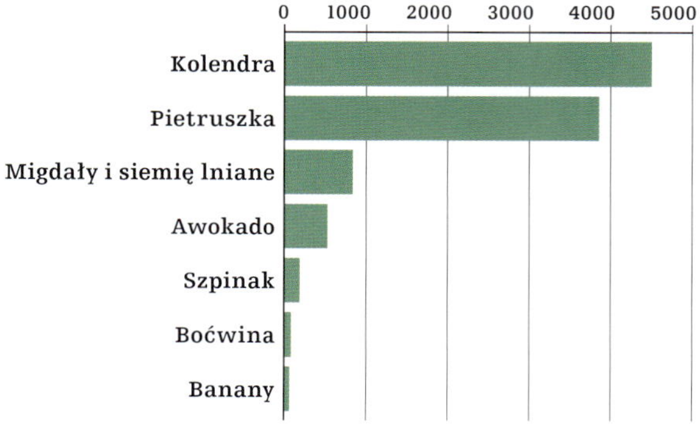

Lecznicze właściwości ziół i przypraw

Poniżej znajdziecie zioła i przyprawy, które najbardziej lubię i których najczęściej używam, a także przykładowe przepisy. Można je dodawać w dowolnych kombinacjach do wszelkiego rodzaju dressingów i przystawek!

Bazylia

- Przeciwdziała wzdęciom i bólom żołądka.
- Panna cotta z koziego sera z chrupiącą szynką parmeńską i podsmażaną bazylią (s. 296) lub kurczak laotański z wolnowaru z ziołami (s. 250).

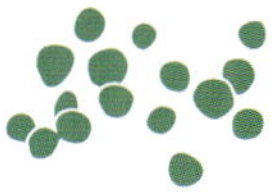

Czarny pieprz

- Przeciwdziała niestrawności.
- Stek z antrykotu w maśle (s. 276) lub praktycznie każdy inny przepis.

Uwaga: Najlepszy jest świeżo zmielony pieprz dodany pod koniec gotowania, ponieważ wysoka temperatura pozbawia go właściwości zdrowotnych.

Pieprz cayenne

- Poprawia krążenie.
- Grillowany kurczak z białym sosem barbecue (s. 248) albo domowy sos sriracha (s. 124).

Kolendra

- Oczyszcza organizm z metali ciężkich.
- Sos z kolendrą i limonką (s. 115) lub fajita z kurczakiem z wolnowaru (s. 244).

Cynamon

- Obniża ciśnienie i poziom cukru we krwi.
- Szybkie bułeczki z cynamonem (s. 152), mrożone przekąski śmietankowe z cynamonem (s. 332) albo lody o smaku herbaty (s. 345).

Goździki

- Zabijają mikroby.
- Ossobuco z wolnowaru (s. 274).

Koper

- Pomaga na zgagę, kolkę i wzdęcia.
- Sałatka z ogórków (s. 224), babeczki nowalijkowe (s. 146) albo surowe warzywa z koperkowym dipem (s. 178).

Kozieradka

- Oczyszcza organizm z toksyn.
- Kurczak z wolnowaru w maśle z chlebem naan (s. 252).

Imbir

- Przeciwdziała mdłościom.
- Suszona wołowina teriyaki (s. 186), sos z kolendrą i limonką (s. 115) albo kąski polędwicy (s. 188).

Mięta

- Pomaga na ból gardła, zespół jelita drażliwego i niestrawność.
- Grillowane kotlety baranie z miętowym sosem aioli (s. 282) albo shake z likierem miętowym (s. 144).

Oregano

- Łagodzi bóle mięśni brzucha.
- Przyprawa do pizzy (s. 111) albo babeczki o smaku pizzy (s. 162).

Rozmaryn

- Zawiera mnóstwo antyoksydantów.
- Pomaga wyciągnąć wapń z kości podczas gotowania bulionu.
- Stek z antrykotu w maśle (s. 276) lub ossobuco z wolnowaru (s. 274).

Szałwia

- To naturalny antybiotyk.
- Działa antyseptycznie.
- Można dodać do smaku do kurczaka z sosem alfredo (s. 246).

Tymianek

- Rozluźnia mięśnie oddechowe.
- Prosty bulion na kościach z wolnowaru (s. 132) albo grillowany kurczak z białym sosem barbecue (s. 248).

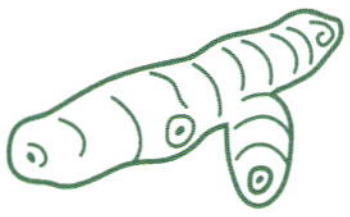

Kurkuma

- Ma właściwości przeciwnowotworowe.
- Ogórki duszone w curry (s. 311) lub sól z przyprawami (s. 109).

Wanilia

WŁAŚCIWOŚCI ANTYOKSYDACYJNE PRODUKTÓW SPOŻYWCZYCH MIERZONE METODĄ ORAC	
POZYCJA	ORAC
sumak, otręby surowe	312 400
przyprawy: goździki mielone	290 283
sorgo, otręby, wys. zaw. tanin	240 000
przyprawy: oregano suszone	175 295
przyprawy: rozmaryn suszony	165 280
przyprawy: tymianek suszony	157 380
przyprawy: cynamon mielony	131 420
przyprawy: kurkuma mielona	127 068
przyprawy: ziarna wanilii suszone	122 400
przyprawy: szałwia mielona	119 929
przyprawy: pieprz syczuański suszony	118 400
acai, miąższ/skórka owoców, proszek	102 700
sorgo, otręby czarne	100 800
dzika róża	96 150
sumak, ziarna surowe	86 800
przyprawy: pietruszka suszona	73 670
sorgo, otręby czerwone	71 000
przyprawy: gałka muszkatołowa mielona	69 640
przyprawy: bazylia suszona	61 063
kakao, suszony proszek, niesłodzone	55 653

Większość osób używa ekstraktu zamiast całych ziaren, ponieważ łatwiej go dostać, jest wygodniejszy w użyciu i tańszy. Z tego powodu w przepisach w niniejszej książce zamieściłam go jako pierwszą z opcji. Zachęcam was jednak do używania ziaren wanilii, jeśli tylko macie taką możliwość. Zawierają one duże ilości związków fenolowych mających silne działanie antyoksydacyjne, antymikrobowe i przeciwzapalne.

Ekstrakt z wanilii wytwarza się, zanurzając ziarna wanilii na długi czas w alkoholu. Proces ten nie pozwala na przedostanie się antyoksydantów do ekstraktu. Tabela po prawej pokazuje zdolność wanilii do pochłaniania reaktywnych form tlenu (ang. *oxygen radical absorbance capacity*, w skrócie ORAC), za pomocą której mierzy się właściwości antyoksydacyjne.

Tradycyjnie stosowano ją jako afrodyzjak oraz lek na zaburzenia erekcji i obniżone libido. Ze względu na jej właściwości uspokajające uważa się, że zmniejsza stany zapalne spowodowane gorączką, a z uwagi na wysoką zawartość antyoksydantów może być również skuteczna w zwalczaniu rakotwórczych wolnych rodników.

Oprócz nadawania kosmetykom wspaniałego zapachu, wanilia świetnie nadaje się również do:

- *Leczenia ran:* Dawniej używano jej do leczenia ran, a dziś wiemy, że ma właściwości przeciwzapalne, które mogą łagodzić zaognienie skóry.
- *Utrzymania młodego wyglądu skóry:* Zgodnie z tabelą wanilia stanowi doskonałe źródło antyoksydantów, które pomagają chronić skórę przed wpływem środowiska i spowalniać proces starzenia.
- *Leczenia trądziku i infekcji skórnych:* Wanilia może łagodzić infekcje skórne oraz zwalczać bakterie powodujące trądzik.
- *Zapewnienia organizmowi witaminy z grupy B:* Wanilia zawiera wiele witamin z grupy B, w tym witaminę B_6 i niacynę, które pomagają utrzymać skórę w dobrym stanie. Jest też źródłem tiaminy, ryboflawiny oraz kwasu pantotenowego.

JAJA

Uwielbiam jajka, ponieważ są niedrogim i wygodnym ketogenicznym produktem nawet dla wegetarian. Są moim ulubionym artykułem spożywczym, ale kiedy byłam młodsza, byłam tak wielką idiotką, że używałam wyłącznie białek! Nawet na studiach, kiedy nie miałam zbyt dużo pieniędzy, wyrzucałam te cudowne żółtka do śmieci. Jakże smutne i szkodliwe są te wszystkie kłamstwa na temat tłuszczu. Żółtka zawierają cholinę, zdrowe tłuszcze i świetnie smakują!

Jednakże wybór odpowiednich jaj, czy to w sklepie, czy bezpośrednio u hodowcy, wymaga zdobycia informacji o tym, czym karmiono kury, w jakich warunkach żyły oraz jak zbierano same jajka. Dzięki produktom wysokiej jakości wasze potrawy będą bardziej apetyczne i pożywne, a ponadto będą lepiej wyglądać. Większość rodzajów jaj dostępnych na rynku pochodzi z ferm kurzych. Na szczęście coraz więcej sklepów oferuje jaja ekologiczne, od kur z wolnego wybiegu i wzbogacone kwasami tłuszczowymi omega-3. Zrozumienie różnic między nimi pozwoli wam wybrać produkt najwyższej jakości.

Jak wybrać najzdrowsze jaja

Najczęstsze pytanie zadawane w odniesieniu do jajek to: „Które wybrać?". Kiedyś niewątpliwie było łatwiej. Poniżej znajdziecie informacje o kilku kwestiach, które należy wziąć pod uwagę.

Rozmiar

Mniejsze jajka mają grubszą skorupkę niż większe i są mniej narażone na zakażenie bakteriami.

Kolor skorupki

Ponieważ od zawsze wmawiano nam, że pełnoziarniste produkty są zdrowsze, mamy tendencję do uznawania tych w kolorze brązowym za lepsze. Prawda jednak jest taka, że jakość brązowych jaj nie jest wyższa niż białych. Jedyna różnica to gatunek kur, które je niosą. Przy wyborze nie należy kierować się wyłącznie kolorem skorupki.

Klasy

W Polsce jajka dostępne w sklepach przypisuje się do jednej z trzech klas: A, B oraz C. Jaja klasy A mają jędrne białka i wysoko położone okrągłe żółtka. Klasa ta jest wolna od defektów i najlepiej nadaje się do smażenia, gotowania i przygotowywania innych potraw, w przypadku których liczy się wygląd. Jest dostępna we wszystkich sklepach. Klasa B w zasadzie nie różni się od klasy A, z tym że białko opisywane jest jako stosunkowo jędrne. Nie ma to wpływu ani na smak, ani pożywność. Większość jaj klasy C sprzedaje się do restauracji, piekarni i innych przedsiębiorstw produkcyjnych, w których wytwarza się z nich płynne, mrożone i suszone gotowe produkty.

Etykiety

- *Naturalne:* Nie ma to specjalnego znaczenia, ponieważ nie istnieje żadna oficjalna definicja takiej żywności.
- *Wegetariańskie:* Oznacza, że kury dostawały karmę na bazie kukurydzy, najczęściej modyfikowanej genetycznie (chyba że podano inaczej). Kury jednak nie są wegetarianami, tylko zwierzętami wszystkożernymi, a specjaliści od marketingu tak nas skołowali, że jaja oznaczone w taki sposób są znacznie droższe od innych.
- *Wzbogacone kwasem omega-3:* Marketingowcy doskonale zdają sobie sprawę, że konsumenci są zagubieni, więc używają tej etykiety, aby podwyższyć cenę. Jaja same z siebie stanowią doskonałe źródło kwasów tłuszczowych omega-3, zwłaszcza jeśli kury mają odpowiedni wybieg i otrzymują naturalne pożywienie, tak więc taka informacja stanowi jedynie chwyt marketingowy mający na celu wyciągnięcie pieniędzy od kupujących. Lepiej po prostu nie zwracać na nią uwagi.
- *Chów ściółkowy:* Oznacza to jedynie, że kury nie są trzymane w klatkach, ale i tak nigdy nie wypuszcza się ich na zewnątrz. Na producentów nie narzuca się takiego wymogu, nie przeprowadza się obowiązkowych kontroli ani nie istnieją żadne wytyczne w zakresie podawanej karmy. Cena natomiast jest prawie taka sama jak za jaja z hodowli ekologicznych.
- *Wolny wybieg:* Aby mieć pewność, że jaja na pewno pochodzą od kur z wolnego wybiegu, należy upewnić się, że hodowca wypasa je w warunkach naturalnych.
- *Ekologiczne:* Kury, od których pochodzą takie jaja, trzyma się w normalnych kurnikach, a nie w klatkach. Karmione są ekologicznymi roślinami i nie otrzymują żadnych antybiotyków ani hormonów. Prawo do opatrzenia produktu taką etykietą przyznaje się na podstawie surowych kontroli.
- *Od kur wypasanych naturalnie:* Kury karmione w ten sposób żywią się zielonymi częściami roślin, nasionami, dżdżownicami i owadami. Niektórzy nazywają to dietą paleo dla kur. Badania wykazały, że takie jaja zawierają więcej kwasów tłuszczowych omega-3, witamin i minerałów.

Przy wyborze jajek należy zwrócić uwagę na to, czy są odpowiednio oznaczone. To gwarancja, że przeszły odpowiednie kontrole.

Kupowanie jaj od hodowców

Wiele osób uważa, że jajka kupione od hodowcy są z założenia lepsze pod względem smaku i wartości odżywczych. Pamiętajcie jednak, żeby zapytać rolnika o sposób ich pozyskiwania oraz o dietę ptaków. Czy karmione są modyfikowaną kukurydzą i soją, czy też są wypasane naturalnie, dzięki czemu mogą jeść trawę, owady i dżdżownice? Problem z kurami podwórkowymi jest taki, że często dostają karmę na bazie soi. Ponadto nie przechodzą kontroli weterynaryjnych, tak więc jedynym możliwym sposobem sprawdzenia jakości jajek jest dopytanie hodowcy o antybiotyki i hormony.

Ja najchętniej kupuję od zaufanego sąsiada i chociaż mieszka na tyle blisko, że mogłabym jeździć do niego na rowerze, zużywam ponad sto sztuk tygodniowo, więc i tak muszę wozić jajka samochodem!

Surowe jajka

Mimo że spożywanie surowych jaj od kur wypasanych naturalnie wiąże się z pewnym ryzykiem zachorowania na salmonellę, i tak są one lepsze niż jajka z jakiegokolwiek innego źródła. Ryzyko choroby wzrasta, jeżeli kury trzymano w zatłoczonych pomieszczeniach, gdzie łatwo o zakażenie. Sytuacja taka nie będzie miała miejsca w przypadku małych gospodarstw ekologicznych, w których ptaki trzyma się w czystych i przestronnych kurnikach i na wolnym powietrzu.

Jeżeli nadal macie wątpliwości, radzę umyć kupione jajka w wodzie z mydłem. Najczęstszą przyczyną salmonelli jest zabrudzenie skorupek kałem ptaków. Po rozbiciu fragmenty skorupki dostają się do jedzenia. Jednak w przypadku jajek od kur wypasanych naturalnie zakażenia salmonellą zdarzają się niezwykle rzadko.

Zamienniki jajek

Jedyny ketogeniczny zamiennik jajek, który mogę polecić, to żelatyna. Nie używam nasion chia ani lnu, ponieważ mogą zmienić sposób, w jaki estrogeny zachowują się w organizmie, oraz z powodu wysokiej zawartości węglowodanów.

Sól MORSKA

U wielu osób podczas przystosowywania się do ketogenicznego stylu życia spada poziomu sodu, przez co muszą zwiększyć spożycie soli (więcej informacji na ten temat znajdziecie w poprzednim rozdziale, s. 20).

Jakiego typu soli używać?

Sól soli nierówna. Większość rodzajów soli kuchennej jest rafinowana, wybielana i przetwarzana tak bardzo, że traci praktycznie wszystkie znajdujące się w niej minerały. Ponadto do takich produktów dodaje się środki przeciwzbrylające, w tym cukier! Osobiście polecam sól himalajską lub celtycką, które wydobywa się z dna morza albo pozyskuje przez odparowanie wody morskiej. Gatunki te w 70% składają się z sodu, tak samo jak sól kuchenna. Pozostałe 30% to minerały i mikroelementy (w tym jod) występujące w morzach. Te rodzaje soli mają też mniej chemiczny smak.

OWOCE

Często mówi się, że należy zachować umiar we wszystkim. Jednak u kogoś, kto cierpi na zaawansowany zespół metaboliczny, umiar może wywołać takie same szkody jak kieliszek wódki u alkoholika.

Zwierzęta opanowały zdolność tycia i chudnięcia. Robią to regularnie w ściśle określony sposób. Ssaki zapadające w sen zimowy podwajają jesienią swoją wagę i grubość tkanki tłuszczowej w organizmie dzięki dużym ilościom owoców (np. niedźwiedzie zjadają przysłowiową tonę jagód). W procesie tym objawiają się u nich wszystkie symptomy zespołu metabolicznego. Tyją, zwiększają zasoby tłuszczu trzewnego (wokół organów wewnętrznych). Zapadają na niealkoholowe stłuszczenie wątroby. Wzrasta im poziom trójglicerydów i oporność na insulinę. Dzieje się tak z powodu dużych ilości fruktozy, którą spożywają w formie owoców. W dawnych czasach ludzie cierpieli głód w zimie i opłacało im się jesienią robić to samo co zwierzęta. Problem w tym, że czasy zimowych postów dawno minęły, a owoce są dostępne przez cały rok.

Ludzie często pytają mnie, czy na diecie ketogenicznej można jeść owoce. Zanim odpowiem, chciałabym, żebyście pomyśleli o dzikich poziomkach i sklepowych truskawkach. W naszym ogródku mamy kilka krzaków poziomek i malin. Te pierwsze są wielkości paznokcia i mają dość cierpki smak. Moi chłopcy uwielbiają je zbierać. Jeżeli natomiast kupujecie truskawki w sklepie, są one zazwyczaj wielkości piłeczek golfowych i smakują jak cukierki, a i tak dla niektórych nie będą wystarczająco słodkie. Widywałam dzieci, które chwalono, kiedy jadły truskawki polane syropem klonowym, w końcu to były owoce, a nie fast food.

Nie należy przesadzać z owocami w przekonaniu, że ich jedzenie nie wiąże się z żadnymi konsekwencjami. Niedawno przeczytałam książkę *The Heavy* autorstwa Dary-Lynn Weiss. To pamiętnik matki próbującej pomóc swojej siedmioletniej córce stracić na wadze. Kobieta udała się po poradę do dietetyka, który każdy produkt oznaczył kolorem, aby pomóc dziecku zrozumieć, które można jeść bez ograniczeń, które w niewielkich ilościach, a których należy unikać. Owoce były przypisane do tej pierwszej kategorii. Kiedy więc dziewczynka, mimo wysiłków, nie traciła na wadze, zdesperowana matka zaczęła podawać jej wyłącznie owoce na śniadanie. Później zastąpiła nimi też drugie śniadanie, ponieważ dziecko było ciągle głodne z powodu braku tłuszczów w diecie! Uwielbiam tę książkę i jednocześnie jej nienawidzę. Uwielbiam, ponieważ omawia wszystkie problemy, z którymi borykają się moi klienci, i przypomina mi czasy, kiedy również tak postępowałam. Nienawidzę jej dlatego, że desperacko pragnęłam skontaktować się z tą matką i powstrzymać ją przed wywołaniem u dziecka zaburzeń odżywiania.

Wielu osobom wmówiono, że powinny codziennie jeść porcję owoców. Każdego dnia zjadają więc jabłko i uważają, że to dobre dla zdrowia. W książce *Eating on the Wild Side* Jo Robinson ocenia badanie przeprowadzone w 2009 roku, w którym udział wzięło czterdziestu sześciu otyłych mężczyzn z wysokim poziomem cholesterolu i trójglicerydów. Badani zgodzili się na przeprowadzenie eksperymentu z jedzeniem. Połowa jadła jak dotychczas, natomiast druga połowa dodała do tego jedno jabłko dziennie. Celem było sprawdzenie, czy zmniejsza to ryzyko choroby wieńcowej. Okazało się, że osoby, które włączyły owoce do diety, miały wyższy poziom trójglicerydów i cholesterolu LDL niż przed rozpoczęciem badania. Zdaniem autora jabłka zawierają tak mało fitoskładników, że nie były w stanie obniżyć poziomu złego cholesterolu, a jednocześnie tak dużo cukru, że podnosiły stężenie trójglicerydów.

GARŚĆ NIECIEKAWYCH FAKTÓW: Jagody znajdujące się w różnego rodzaju mieszankach do pieczenia, płatkach śniadaniowych i tym podobnych produktach to prawdziwe suszone owoce, prawda? Nie! Te małe niebieskie smakowitości to tak naprawdę uwodornione oleje, sztuczne barwniki i cukier. Nawet moi synowie śmieją się ze sklepowych jagód. Wyglądają, jakby były na sterydach.

No i jeszcze winogrona. Ktoś najwyraźniej uważa, że nie są dość słodkie, bo niedawno na amerykańskim rynku pojawiła się nowa odmiana pod nazwą *Cotton Candy* zawierająca dwa razy więcej cukru niż jakakolwiek inna.

Rekomendacja, według której należy spożywać dziewięć porcji owoców i warzyw dziennie, powinna zostać zaktualizowana. Mam z nią pewien problem. Po pierwsze kilka lat temu przeczytałam, że większość dzieci tak naprawdę dostaje zalecaną ilość warzyw i owoców. Zaskoczeni? To dlatego, że zjadają dużo frytek, krążków cebulowych i ketchupu. Smutne, ale normę spełnia. Czy dziewięć porcji dziennie takiego jedzenia niesie ze sobą jakieś korzyści zdrowotne? Absolutnie nie. Po drugie jedzenie trzech bananów dziennie też nie jest dobrym pomysłem. Badania wskazują, że spożywane przez nas produkty zawierają stosunkowo niewiele fitoskładników i znacznie więcej cukru niż w czasach paleolitu. Owoce i warzywa dostępne w sklepach mają znacznie mniej składników odżywczych niż te rosnące dziko. Konsumenci chcą owoców o słodkim smaku. Najsmutniejsze jest to, że cieszymy się, gdy dzieci je jedzą. Im smaczniejsza staje się nasza żywność, tym mniej korzystny wpływ ma ona na nasze zdrowie. Najlepsze fitoskładniki mają gorzki, kwaśny i szczypiący smak.

Kiedy więc ludzie pytają mnie, czy jem owoce, odpowiadam: „Oczywiście! Awokado, oliwki, ogórki, pomidory i kokosy!" (zobaczcie listę owoców na s. 59, czeka was spore zaskoczenie).

Ketogeniczne zaopatrzenie
LODÓWKI, ZAMRAŻARKI I SPIŻARNI

Znajdziecie tu krótką listę rzeczy, które można znaleźć w mojej lodówce i spiżarni, oraz długą listę ketoprzyjaznych produktów. Podczas zakupów zawsze wybierajcie te wysokiej jakości oraz pochodzące z ekologicznych upraw i hodowli.

Co trzymam w lodówce?

Uwielbiam słuchać podcastów podczas jazdy na rowerze. Jednym z moich ulubionych jest *The Splendid Table* nadawany przez National Public Radio. W jednym z programów zatytułowanym *Stump the Cook* dzwoniący słuchacz podaje pięć składników, które ma w lodówce. Następnie prowadząca Lynne Rossetto Kasper musi skomponować z nich potrawę. Gdybym to ja tam zadzwoniła, moja lista wyglądałaby tak:

- domowy majonez (s. 112),
- sto jajek (w tym dziesięć ugotowanych na twardo),
- zdrowe tłuszcze (np. masło od naturalnie wypasanych krów, smalec, łój wołowy i tłuszcz kaczy),
- ziarna wanilii,
- mrożona mielona wołowina.

Nie jestem pewna, czy smakowałoby mi danie przyrządzone z tych pięciu składników!

Oprócz tego w lodówce trzymam suplementy diety, takie jak probiotyki, oraz ketogeniczny chleb. Przepis zamieściłam na stronie internetowej MariaMindBodyHealth.com (w polu wyszukiwania trzeba wpisać *keto-adapted bread*) oraz w mojej poprzedniej książce kucharskiej *The Ketogenic Cookbook*.

Co trzymam w zamrażarce?

- domowy bulion na kościach (s. 132),
- półtuszę naturalnie wypasanej krowy prosto od hodowcy (kupowanie hurtem pozwala zaoszczędzić trochę pieniędzy),
- wątróbkę,
- kości wołowe lub cielęce ze szpikiem (s. 272),
- mrożone zioła (zebrane latem w moim ekologicznym ogródku),
- lody bez nabiału i orzechów (s. 342–348),
- śmietankowo-pomarańczowe lody w tubce (s. 337),
- zawinięte porcje wędzonych mięs na szybkie kolacje (patrz: sekcja o wędzeniu na s. 360).

Zdrowe tłuszcze

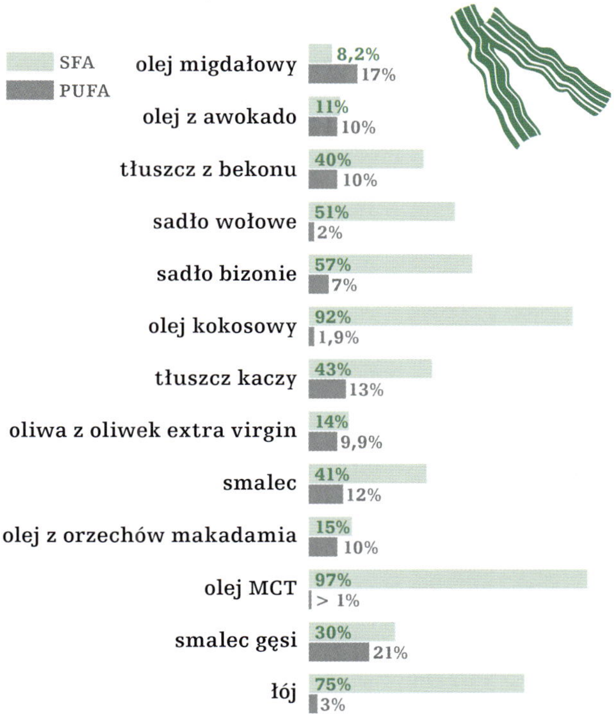

Dla osób tolerujących laktozę:

masło, ser, śmietana, serek śmietankowy, crème fraîche, masło ghi, kwaśna śmietana.

Białka

Dziczyzna

niedźwiedzie
dziki
bizony
łosie
króliki
sarny

Zwierzęta hodowlane

krowy
kozy
owce
świnie

Ryby

złote tuńczyki
sumy
halibuty
śledzie
makrele
złote makrele
łososie
sardynki
lucjany
włóczniki
pstrągi
tuńczyki
sandacze
ryby siejowate (dorsze, bassy niebieskie)

Owoce morza i skorupiaki

małże
kraby
homary
omułki
ostrygi
krewetki
przegrzebki
langusty
ślimaki

Drób

kury
kurze wątróbki
kaczki
dzikie kury
gęsi
strusie
kuropatwy
bażanty
przepiórki
gołębie
indyki

Jaja

jaja kurze
jaja kacze
jaja gęsie
jaja strusie
jaja przepiórcze

50% 50%

tłuszcze białko

UDZIAŁ KALORII Z TŁUSZCZU

UDZIAŁ KALORII Z BIAŁEK

0%

CAŁKOWITY UDZIAŁ KALORII Z WĘGLOWODANÓW WE WSZYSTKICH RODZAJACH MIĘSA Z WYJĄTKIEM NIEKTÓRYCH GATUNKÓW OWOCÓW MORZA I MIĘCZAKÓW (PATRZ: S. 55).

SKRZYDŁO: 62% TŁUSZCZE, 38% BIAŁKO

CZĘŚĆ

Część	TŁUSZCZE	BIAŁKO
PIERŚ BEZ SKÓRY	26%	72%
PIERŚ ZE SKÓRĄ	38%	62%

LEG

Leg	TŁUSZCZE	BIAŁKO
NOGA BEZ SKÓRY	41%	58%
NOGA ZE SKÓRĄ	54%	46%
UDO BEZ SKÓRY	55%	46%
UDO ZE SKÓRĄ	58%	41%
PODUDZIE	50%	49%

CZĘŚĆ

Część	TŁUSZCZE	BIAŁKO
KOTLET	45%	55%
POLĘDWICA	23%	76%
ŻEBERKA GRZBIETOWE	77%	23%
SCHAB	53%	46%
ŻEBERKA BOCZKOWE	59%	41%
BIODRÓWKA	52%	47%
SZYNKA	59%	40%
BOCZEK	71%	28%
PODBRZUSZE	92%	7%
KARKÓWKA	68%	32%
ŁOPATKA	73%	27%
GOLONKA	76%	24%

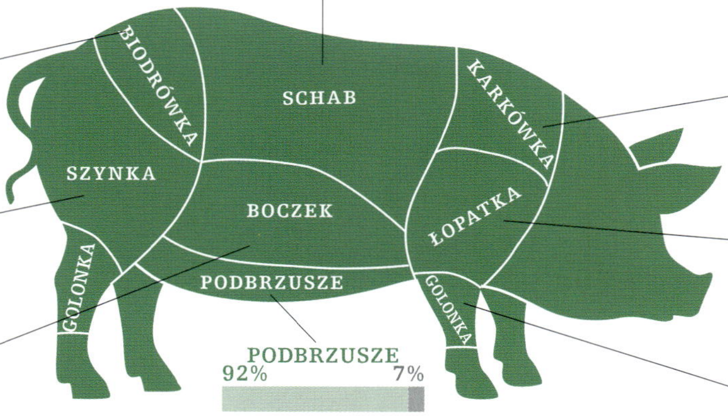

KARKÓWKA, ŁOPATKA, ROZBRATEL

	tłuszcze	białko
rozbratel z kością obojczyka	53%	47%
rozbratel	53%	47%
stek z karkówki bez kości	45%	55%
stek z karkówki typu chuck eye	65%	34%
stek z górnej części łopatki	57%	43%
stek z górnej części łopatki typu flat iron	57%	43%
pieczeń z obojczyka	34%	66%
stek z łopatki	53%	47%
stek ranczerski	47%	53%
stek z karkówki	42%	58%
medaliony z karkówki	42%	58%
żeberka przednie bez kości	84%	16%

ANTRYKOT I ŻEBERKA

	tłuszcze	białko
stek z antrykotu	73%	27%
pieczeń z żeberek	69%	30%
żeberka grzbietowe	75%	25%

ROSTBEF, SZPONDER I POLĘDWICA

	tłuszcze	białko
stek z rostbefu i polędwicy z kością typu porterhouse	70%	30%
stek z polędwicy i rostbefu z kością typu t-bone	64%	36%
stek z polędwicy typu top loin	68%	32%
pieczeń z polędwicy	40%	56%
stek z polędwicy	27%	73%

BIODRÓWKA

	tłuszcze	białko
stek typu tri tip	50%	46%
stek z biodrówki górnej	62%	38%
pieczeń typu tri tip	77%	21%

KRZYŻOWA, SKRZYDŁO, ZRAZOWA, LIGAWA

	tłuszcze	białko
stek z części górnej krzyżowej	45%	56%
pieczeń z części dolnej krzyżowej	57%	42%
stek z części dolnej krzyżowej	57%	42%
pieczeń zrazowa	48%	51%
stek zrazowy	45%	55%
pieczona ligawa	54%	46%
stek z ligawy	36%	63%
pieczeń z środkowej części przybiodrówkowej	33%	65%
stek z środkowej części przybiodrówkowej	33%	65%
stek z bocznej części przybiodrówkowej	28%	72%

MOSTEK, GOLEŃ, PRZEPONA, ŁATA

	tłuszcze	białko
sztuka mięsa z mostka	54%	46%
stek z goleni	28%	72%
stek z przepony	58%	42%
stek z łaty	36%	64%

Wieprzowina	KALORIE	TŁUSZCZE	BIAŁKA	WĘGLOWODANY	BŁONNIK	% TŁUSZCZÓW	% BIAŁEK	% WĘGLOWODANÓW
	WARTOŚĆ ODŻYWCZA (w porcji 113 g)							
Kotlet	241	12	33	0	0	45%	55%	0%
Schab	265	15,5	30,8	0	0	53%	46%	0%
Golonka	285	24	17	0	0	76%	24%	0%
Szynka	305	20	30.4	0	0	59%	40%	0%
Biodrówka	280	16,2	32,8	0	0	52%	47%	0%
Polędwica	158	4	30	0	0	23%	76%	0%
Żeberka boczkowe	245	16	25	0	0	59%	41%	0%
Żeberka grzbietowe	315	27	18	0	0	77%	23%	0%
Podbrzusze	588	60	10,4	0	0	92%	7%	0%
Łopatka	285	23	19	0	0	73%	27%	0%
Karkówka	240	18	19	0	0	68%	32%	0%
Boczek	600	47,2	41,8	0	0	71%	28%	0%

Wołowina	KALORIE	TŁUSZCZE	BIAŁKA	WĘGLOWODANY	BŁONNIK	% TŁUSZCZÓW	% BIAŁEK	% WĘGLOWODANÓW
	WARTOŚĆ ODŻYWCZA (w porcji 113 g)							
Stek z antrykotu	310	25	20	0	0	73%	26%	0%
Pieczeń z żeberek	373	28	27	0	0	69%	30%	0%
Żeberka grzbietowe	310	26	19	0	0	75%	25%	0%
Stek z rostbefu i polędwicy z kością typu porterhouse	280	22	21	0	0	70%	30%	0%
Stek z polędwicy i rostbefu z kością typu t-bone	170	12,2	15,8	0	0	64%	36%	0%
Stek z polędwicy typu top loin	270	20	21	0	0	67%	31%	0%
Pieczeń z polędwicy	180	8	25	0	0	40%	56%	0%
Stek z polędwicy	122	3	22,2	0	0	22%	73%	0%
Pieczeń typu tri tip	340	29	18	0	0	77%	21%	0%
Stek typu tri tip	200	11	23	0	0	50%	46%	0%
Stek z biodrówki górnej	240	16	22	0	0	60%	37%	0%
Stek z górnej krzyżowej	180	9	25	0	0	45%	56%	0%
Pieczeń z części dolnej krzyżowej	220	14	23	0	0	57%	42%	0%
Stek z części dolnej krzyżowej	220	14	23	0	0	57%	42%	0%
Pieczeń zrazowa	253	13,4	32	0	0	48%	51%	0%
Stek zrazowy	182	9	25	0	0	45%	55%	0%
Ligawa pieczona	199	12	22,9	0	0	54%	46%	0%
Stek z ligawy	150	6	23,5	0	0	36%	63%	0%
Pieczeń z środkowej części przybiodrówkowej	190	7	31	0	0	33%	65%	0%
Stek z środkowej części przybiodrówkowej	190	7	31	0	0	33%	65%	0%
Stek z bocznej części przybiodrówkowej	190	6	34	0	0	28%	72%	0%
Stek z przepony	255	16,5	27	0	0	58%	42%	0%
Stek z łaty	200	8	32	0	0	36%	64%	0%
Poprzeczna goleń	215	6,7	38,7	0	0	28%	72%	0%
Sztuka mięsa z mostka	245	14,7	28	0	0	54%	46%	0%
Rozbratel z kością obojczyka	240	14	28	0	0	53%	47%	0%
Rozbratel	240	14	28	0	0	53%	47%	0%
Stek z karkówki bez kości	160	8	22	0	0	45%	55%	0%
Stek z karkówki typu chuck eye	250	18	21	0	0	65%	34%	0%
Stek z górnej części łopatki	204	13	22	0	0	57%	43%	0%
Stek z górnej części łopatki typu flat iron	204	13	22	0	0	57%	43%	0%
Pieczeń z obojczyka	185	7	30,7	0	0	34%	66%	0%
Stek z łopatki	204	12	24	0	0	53%	47%	0%
Stek ranczerski	152	8	24	0	0	47%	53%	0%
Stek z karkówki	150	7	22	0	0	42%	59%	0%
Medaliony z karkówki	150	7	22	0	0	42%	59%	0%
Żeberka przednie bez kości	440	41	16	0	0	84%	15%	0%

Ryby	KALORIE	TŁUSZCZE	BIAŁKA	WĘGLOWODANY	BŁONNIK	% TŁUSZCZÓW	% BIAŁEK	% WĘGLOWODANÓW
	WARTOŚĆ ODŻYWCZA (w porcji 113 g)							
Złoty tuńczyk	150	1.5	34	0	0	9%	91%	0%
Tuńczyk w puszce	123	0,8	27,5	1,5	0	6%	89%	5%
Łosoś	206	9	31	0	0	39%	60%	0%
Anchois	256	15,9	28	0	0	56%	44%	0%
Sardynki	139	7,5	18	0	0	49%	52%	0%
Barramundi	110	2	23	0	0	16%	84%	0%
Pstrąg	190	8,6	28	0	0	41%	59%	0%
Sandacz	156	7,5	22	0	0	43%	56%	0%
Dorsz	113	1	26	0	0	8%	92%	0%
Okoń	135	3	27	0	0	20%	80%	0%
Halibut	155	3,5	30,7	0	0	20%	79%	0%
Makrela	290	20,3	27	0	0	63%	37%	0%
Golec zwyczajny	208	10	29	0	0	43%	56%	0%

Owoce morza	KALORIE	TŁUSZCZE	BIAŁKA	WĘGLOWODANY	BŁONNIK	% TŁUSZCZÓW	% BIAŁEK	% WĘGLOWODANÓW
	WARTOŚĆ ODŻYWCZA (w porcji 113 g)							
Przegrzebki	97	1	19	3	0	9%	78%	12%
Mule	97	2,8	13,5	4,5	0	26%	56%	19%
Małże	82	1,1	15	3	0	12%	73%	15%
Krewetki	135	2	25,8	1,7	0	13%	76%	5%
Ostrygi	58	1,9	6.5	3,1	0	29%	45%	21%
Kraby	107	2	22	0	0	17%	82%	0%
Homary	116	1,8	25	0	0	14%	86%	0%
Kawior	260	12	31	8	0	41%	48%	12%

Drób	KALORIE	TŁUSZCZE	BIAŁKA	WĘGLOWODANY	BŁONNIK	% TŁUSZCZÓW	% BIAŁEK	% WĘGLOWODANÓW
	WARTOŚĆ ODŻYWCZA (w porcji 113 g)							
Pierś kurza bez skóry	138	4	25	0	0	26%	72%	0%
Pierś kurza ze skórą	200	8,4	31	0	0	38%	62%	0%
Noga kurza bez skóry	210	9,5	30,7	0	0	41%	58%	0%
Noga kurza ze skórą	255	15,2	29,4	0	0	54%	46%	0%
Udo kurze bez skóry	165	10	19	0	0	55%	46%	0%
Udo kurze ze skórą	275	17,6	28,3	0	0	58%	41%	0%
Skrzydło kurze	320	22	30,4	0	0	62%	38%	0%
Podudzie kurze	178	9,9	22	0	0	50%	49%	0%
Dzika kura	220	16	19	0	0	65%	35%	0%
Bażant	200	10,5	25,7	0	0	47%	51%	0%
Indyk	175	9,9	21	0	0	51%	48%	0%
Gęś	340	24,9	28,5	0	0	66%	34%	0%
Kaczka	228	13,9	26,3	0	0	55%	46%	0%

Orzechy i nasiona

Większość orzechów i nasion może stanowić część diety ketogenicznej, jednak z uwagi na fakt, że mogą one wytrącić z ketozy niektóre osoby cierpiące na zespół metaboliczny, nie stosuję ich w niniejszej książce. Nerkowce, kasztany i pistacje zawierają zbyt dużo węglowodanów, przez co nie zalecam ich jedzenia.

migdały
orzechy brazylijskie
orzechy laskowe
orzechy makadamia
orzechy pekan
pestki dyni
nasiona sezamu
pestki słonecznika
orzechy włoskie

Warzywa

Większość ludzi uważa, że trochę przesadzam, kiedy ograniczam niektórym moim klientom spożycie nie tylko owoców, lecz także warzyw. Nawet te zawierające minimalne ilości skrobi mogą powstrzymać osobę z uszkodzonym metabolizmem przed osiągnięciem ketozy. Poniżej znajduje się lista dozwolonych warzyw z niską zawartością węglowodanów. Należy zrezygnować z wysokoskrobiowych gatunków, takich jak słodkie ziemniaki, marchew, ziemniaki i dynia.

rukola
szparagi
kapusta chińska
brokuły
kapusta
kalafior
seler
kapusta pastewna
ogórek
cykoria
czosnek
jarmuż
algi morskie
sałata: czerwonolistna, bostońska, rzymska, cykoria
grzyby
cebula: zielona, żółta, biała, czerwona
papryka: słodka, jalapeño, chili
wodorosty
boćwina
rukiew wodna

Zioła i przyprawy

Wartości odżywcze ziół i przypraw oraz korzyści płynące z ich spożywania omówiłam już wcześniej (patrz: s. 40–42).

annato
gorczyca
liść laurowy
pieprz cayenne
anyż
goździki
lukrecja
pieprz czarny
anyż gwiaździsty
imbir
majeranek
pietruszka
bazylia
kardamon
mięta
rozmaryn
curry
kmin rzymski
mięta pieprzowa
szafran
cynamon
kminek
mięta zielona
szczypiorek
czosnek
kolendra
nasiona selera
trawa cytrynowa
estragon
koper
oregano
trybula
galangal
kozieradka
papryka
chili
tymianek
gałka muszkatołowa
kurkuma
papryka słodka

Wanilia i inne dodatki smakowe

W celu poprawienia smaku moich potraw, zwłaszcza deserów, używam różnego rodzaju ekstraktów, olejków oraz herbat.

Wanilia

W lodówce zawsze mam szczelnie zamknięty pojemnik z nasionami wanilii, których używam jako dodatku do deserów, a nawet bardzo aromatycznych dań (na mojej stronie internetowej MariaMindBodyHealth.com zamieściłam przepis na potrawę jarską z dodatkiem tej przyprawy, w polu wyszukiwania trzeba wpisać: *Roasted Brussels Sprouts with Vanilla-Pecan Butter*). Aby uzyskać maksimum korzyści zdrowotnych, jakie daje jedzenie wanilii (patrz: s. 43), należy w kuchni stosować nasiona, a nie ekstrakt. Dla wygody czytelników w przepisach w niniejszej książce podaję jednak ekstrakt jako pierwszą z opcji.

Ekstrakty i olejki eteryczne

Aby wzbogacić smak danej potrawy bez zmiany proporcji tłuszczu, białek i węglowodanów, często używam ekstraktów i olejków o smaku pomarańczy, mięty i klonu, truskawek, malin, bananów, maślanych cukierków itp.

Olejki eteryczne doskonale nadają się jako dodatek smakowy do potraw, należy jednak pamiętać, że są one jeszcze bardziej skoncentrowane niż ekstrakty. Jeżeli w przepisie zalecam łyżeczkę ekstraktu, należy użyć dwóch lub trzech kropli olejku eterycznego. Jedna kropla wystarczy do dressingów do sałatek, zup, potraw z wolnowaru i deserów. Na przykład do śmietankowo-pomarańczowych lodów w tubce (s. 337) zamiast ekstraktu z pomarańczy można dodać kilka kropli olejku pomarańczowego. A ziołowy sos aioli z miętą (s. 114) będzie też dobrze smakował z olejkiem miętowym. Warto pamiętać, że olejek z mięty pieprzowej najlepiej sprawdza się w deserach, a z mięty zielonej jest idealny do dań aromatycznych.

Szukajcie olejków niezawierających poliglikolu ani barwników. Listę moich ulubionych marek znajdziecie w dziale *Źródła* (s. 378–379).

Stur

To niesamowite, w jakim stopniu jemy oczami. Pomyślcie tylko, jak bardzo dzieci ciągnie do jedzenia w ciekawych barwach. Jednym z moich ulubionych sposobów poprawienia koloru potraw jest Stur, czyli wzmacniacz smaku na bazie wody dostępny w wielu różnych smakach. Nie jest zbyt słodki i świetnie pasuje do napojów, a deserom nadaje nietypowy kolor i smak.

Herbaty owocowe

Herbaty owocowe nie zawierają owoców, tylko ekstrakty. Dzięki temu doskonale smakują i nie zwiększają zawartości cukru w diecie.

Owoce

Wymienione poniżej owoce mają najniższą zawartość cukru:

awokado

bakłażan

cytryna

dzikie jagody (z umiarem)

kokos

limonka

ogórek

oliwka

pomidor

Produkty do pieczenia

bezsmakowy proszek z białek jaj (sprawdzajcie dodatkowe składniki i udział węglowodanów — powinny być bliskie zeru i łącznie nie przekraczać 4 g)

bezsmakowy proszek z białka serwatkowego (sprawdzajcie dodatkowe składniki i udział węglowodanów — powinny być bliskie zeru i łącznie nie przekraczać 4 g)

ekstrakty (w tym z wanilii)

guma ksantanowa i guma guar

masło kokosowe

mąka kokosowa

niesłodzona czekolada do pieczenia

niesłodzone kakao w proszku

olejki eteryczne

proszek do pieczenia

soda do pieczenia

Płyny
(do picia i gotowania)

bulion na kościach

herbata: biała, korzenna (masala czaj), czarna, oolong, owocowa, zielona

niesłodzone mleko kokosowe

niesłodzone mleko konopne

niesłodzone mleko migdałowe

ekologiczna bezkofeinowa kawa americano (espresso z dodatkową wodą)

śmietana (osoby tolerujące laktozę)

woda (odwrócona osmoza jest super)

woda mineralna

Słodziki naturalne

erytrytol

mieszanki typu Swerve

owoc mnicha

stewia bez dodatków

syrop z korzenia yacon

zagęszczona stewia

Inne wzmacniacze smaku

aminokwasy kokosowe

ocet kokosowy lub jabłkowy

sos rybny

sól morska

Potrawy gotowe

Zawsze lepiej jest kupować świeże produkty, niemniej jednak poniżej zamieszczam listę wybranych ketoprzyjaznych artykułów mrożonych i nadających się do długiego przechowywania. Listę konkretnych marek znajdziecie w dziale *Źródła* (s. 378–379) oraz na mojej stronie internetowej MariaMindBodyHealth.com. W zakładce *Shop* należy kliknąć *Maria's Amazon Store*.

buliony wołowy i drobiowy w kartonie

ekologiczne suszone zioła

gotowe produkty pieczone paleo, np. Mikey's Muffins

gotowe wrapy, np. Pure Wraps

gotowy majonez paleo

gotowy ketoprzyjazny makaron

suszone i gotowe do spożycia mięso (uwaga na dodatkowy cukier)

kapary

kiszona kapusta

marynowane śledzie i jajka

niesłodzone mleko kokosowe w puszce

glony nori (na wrapy)

oliwki (w słoiku są lepsze niż w puszce)

papryka bananowa

pieczona czerwona papryka

pikle

przecier i sos pomidorowy (w słoiku są lepsze niż w puszce)

sardynki

sos do pizzy (szukajcie dobrych produktów i sprawdzajcie, czy nie zawierają oleju niskiej jakości i dodatkowego cukru)

sos marinara (szukajcie dobrych produktów i sprawdzajcie, czy nie zawierają oleju niskiej jakości i dodatkowego cukru)

tuńczyk i łosoś w puszce

CENY KETOGNICZNYCH SKŁADNIKÓW

Często dostaję pytania o ceny polecanych przeze mnie składników. Policzyłam koszt przygotowania moich lodów z najwyższej jakości jaj i ziaren wanilii, oto wyniki:
domowe lody (s. 342–348) = 11,12 złotych za 0,5 l
lody Ben & Jerry's = 14,22 złotych za 0,5 l
lody Cold Stone Creamery = 26,65 złotych za 0,5 l.

Jeden ze sposobów na zmniejszenie kosztów to nie jeść na mieście. Bardzo dawno temu uwielbiałam chodzić do Chipotle [sieć meksykańskich restauracji — przyp. red.], ale teraz przygotowujemy znacznie zdrowszą i tańszą wersję tych potraw w domu.

Rada: Przygotujcie większą ilość i zawińcie w folię, tak jak to robią w restauracji. Będziecie mieli lunch na cały tydzień!
wołowa barbacoa z restauracji Chipotle = 21,32 złotych za porcję
wrapy z wołową barbacoą z wolnowaru (s. 210) = 7,11 złotych za porcję

Możecie również kupować większość z podanych składników w dużych ilościach i przechowywać je w zamrażarce. To pozwoli jeszcze bardziej obniżyć koszty. Na dłuższą metę na zdrowej żywności można sporo zaoszczędzić dzięki rzadszym wizytom u lekarza, czasem też kosztuje mniej niż gotowe produkty. Jedynie jej przygotowanie zajmuje więcej czasu, chociaż to kwestia dyskusyjna. Według mnie czas potrzebny na dojazd do restauracji i z powrotem do domu jest mniej więcej taki sam jak na zrobienie domowych lodów. Poza tym własnoręcznie przygotowane dania znacznie lepiej smakują!

Założyłam sklep internetowy, w którym możecie znaleźć wszystkie produkty użyte w przepisach znajdujących się w tej książce po najniższych cenach, w jakich je znalazłam. Wystarczy wejść na moją stronę internetową MariaMindBodyHealth.com i w zakładce Shop kliknąć Maria' s Amazon Store albo użyć linku:

astore.amazon.com/marisnutran05-20

Udoskonal swoją spiżarnię

TYPOWE	LEPSZE	NAJLEPSZE
majonez Hellman's	gotowy majonez paleo	domowy majonez (s. 112)
tuńczyk w puszce*	łosoś w puszce	ugotowany świeży tuńczyk lub łosoś
sklepowy sos barbecue	ekologiczny sos barbecue o obniżonej zawartości cukru	domowy sos barbecue (s. 125)
ketchup Heinz	ekologiczny ketchup o obniżonej zawartości cukru	domowy ketchup (s. 127)
sklepowy dressing do sałatek	ekologiczny dressing do sałatek o obniżonej zawartości cukru wyprodukowany z użyciem oleju wysokiej jakości	domowy dressing do sałatek (s. 116–121)
wołowina	ekologiczna wołowina	ekologiczna wołowina z krów wypasanych na łąkach
sos sriracha marki Hoy Fung Foods	sos sriracha marki Darkstar	domowy sos sriracha (s. 124)
sól jodowana		mineralna sól morska
sklepowa mieszanka soli i przypraw		domowa mieszanka soli i przypraw (s. 109)
sklepowa mieszanka przypraw		domowa mieszanka przypraw (s. 108–111)
sklepowe pikle	sklepowe naturalnie sfermentowane pikle, np. Bubbies	domowe pikle (s. 318)
sklepowy dżem	ekologiczny dżem o zmniejszonej zawartości cukru	domowy dżem (s. 139)
zwykłe suszone zioła	ekologiczne suszone zioła	ekologiczne świeże zioła
zwykły cynamon		ekologiczny cynamon z cynamonowca wonnego
sklepowa suszona wołowina	sklepowa suszona wołowina bezglutenowa	domowa suszona wołowina (s. 186)
sos rybny		sos rybny marki Red Boat**
zwykłe jajka	ekologiczne jajka od kur z wolnego wybiegu	jajka od kur wypasanych na łąkach
sklepowy sos pesto produkowany z oleju sojowego lub oleju rzepakowego	sklepowy sos pesto produkowany z oliwy z oliwek	domowy sos pesto***
sos alfredo w słoiku		domowy sos alfredo (s. 128)
sklepowy sos ranczerski z półki	sklepowy sos ranczerski z lodówki	domowy dressing ranczerski (s. 118)
zwykły sklepowy kurczak z rożna (zawiera glutaminian sodu)	ekologiczny kurczak z rożna ze sklepu ze zdrową żywnością	domowy kurczak z rożna
bulion w puszce	ekologiczny bulion w kartonie	domowy bulion na kościach (s. 132)
sklepowe niesłodzone mleko migdałowe		domowe mleko migdałowe (s. 131)

** Jeśli kupujecie tuńczyka w puszce, najlepiej wybrać markę taką jak Vital Choice, która używa mięsa ryb o niskiej zawartości rtęci oraz puszek niezawierających BPA.*

*** Sos rybny Red Boat jest produkowany w procesie naturalnej fermentacji i nie zawiera pszenicy.*

**** Przepisy na ketogeniczne pesto znajdują się na mojej stronie internetowej MariaMindBodyHealth.com oraz w* The Ketogenic Cookbook.

Kuchenne

GADŻETY

ROZDZIAŁ 2

Gorąco zachęcam was do zainwestowania w kilka przydatnych przyborów i sprzętów kuchennych. Na dłuższą metę pomogą wam zaoszczędzić czas i pieniądze. Gotowanie w domu jest znacznie bardziej opłacalne niż wypady do restauracji. Przygotowywanie lunchu dla mojej rodziny nie tylko pozwala nam pozostać w ketozie, lecz także pomaga w oszczędzaniu.

Moje top 10

KUCHENNYCH GADŻETÓW

Gdyby to zależało od mojego męża, mielibyśmy w kuchni wszystkie gadżety wyprodukowane przez człowieka. Ja natomiast lubię prostotę i nie cierpię bałaganu. Poniżej znajdziecie moją listę top 10.

1.

Dobrej jakości noże (nóż szefa kuchni i nóż do obierania)

CZĘSTOŚĆ UŻYCIA: codziennie.

CENA: około 350–1100 złotych.

WYKORZYSTANIE: siekanie, krojenie w plastry, krojenie w kostkę itp.

Dzięki dobrej jakości ostrym nożom przygotowywanie posiłków jest znacznie przyjemniejsze!

2.

Żeliwne naczynia: duża patelnia i głęboka patelnia lub kociołek typu *Dutch oven*

CZĘSTOŚĆ UŻYCIA: codziennie.

CENA: poniżej 70 złotych (w sklepie z artykułami używanymi kosztuje około 10 złotych).

WYKORZYSTANIE: smażenie jajek, grzybów, ravioli z serem (s. 176), paluszków rybnych (s. 236), lazanii z patelni (s. 266).

Żeliwne naczynia nie są zbyt drogie, tak więc gorąco zachęcam do kupna przynajmniej dwóch: wszechstronnej dużej patelni (głębokiej na jakieś 5 cm) oraz głębokiej patelni (na około 10 cm) albo kociołka typu *Dutch oven*. Świetnie nadają się do smażenia w głębokim tłuszczu. Miałam kiedyś frytkownicę marki FryDaddy z dobrym termometrem, ale nie umywała się ona do zwykłych żeliwnych naczyń z uwagi na zdolność tego materiału do utrzymywania ciepła.

3.

Blender lub robot kuchenny

CZĘSTOŚĆ UŻYCIA: codziennie.

CENA: około 140–700 złotych (zwykły blender lub robot kuchenny) albo 500–2500 złotych (blender lub robot kuchenny o dużej mocy).

WYKORZYSTANIE: ucieranie na puree, przygotowywanie shake'ów, dressingów do sałatek, dipów, lodów i mieszanek do lodów na patyku.

Robot kuchenny lepiej nadaje się do tarcia i szatkowania, natomiast blender do obróbki cieczy. Blendery o wysokiej mocy, np. Blendtec lub Vitamix, są lepsze, wytrzymalsze i szybsze. Jednak wiąże się to z wyższą ceną.

4.

Wolnowar o pojemności około 6 l

CZĘSTOŚĆ UŻYCIA: raz w tygodniu, ale uwielbiam aktywne gotowanie. Jeżeli nie macie czasu, wolnowar może być używany każdego dnia.

CENA: około 160–430 złotych.

WYKORZYSTANIE: wszystko od bulionu na kościach (s. 132) po wrapy z wołową barbacoą z wolnowaru (s. 210), wrapy z wieprzowiną barbecue z wolnowaru (s. 203), kurczaka z wolnowaru w maśle z chlebem naan (s. 252) i wiele innych potraw.

5.

Spiralna krajalnica (temperówka do warzyw)

CZĘSTOŚĆ UŻYCIA: dwa razy w tygodniu.

CENA: poniżej 100 złotych.

PREFEROWANA MARKA: Veggetti Pro Table-Top Spiral Vegetable Cutter.

WYKORZYSTANIE: makaron z cukinii (s. 308), makaron z brokułów (s. 286).

6.

Elektryczny mikser ręczny lub stojący

CZĘSTOŚĆ UŻYCIA: dwa razy w tygodniu.

CENA: około 500–1700 złotych (mikser stojący), około 200–450 złotych (mikser ręczny).

WYKORZYSTANIE: ubijanie białek i przygotowywanie ciasta na naleśniki, a także dipów i serników.

7.

Maszynka do lodów

CZĘSTOŚĆ UŻYCIA: raz w tygodniu.

CENA: około 160–350 złotych.

WYKORZYSTANIE: domowe lody (s. 342–348).

8.

Opiekacz, najlepiej o dużej lub bardzo dużej pojemności

CZĘSTOŚĆ UŻYCIA: raz w tygodniu.

CENA: za 350–1100 złotych kupcie urządzenie dobrej jakości nagrzewające się do 200C.

WYKORZYSTANIE: szybkie angielskie babeczki (s. 150), szybkie bułeczki z cynamonem (s. 152), muszle lub miski tacos (s. 271), większość potraw na jedną porcję; nadaje się też do odgrzewania praktycznie wszystkich potraw.

Uwielbiam odgrzewać jedzenie w opiekaczu! To urządzanie oszczędza energię i nie nagrzewa całej kuchni. Jednak nie używam go wyłącznie do podgrzewania. Naprawdę w nim gotuję! To niesamowite, ile jedzenia można przygotować w dużym albo bardzo dużym opiekaczu. Świetnie nadaje się do przygotowywania pojedynczych porcji. Najwięcej elastyczności zapewni duże lub bardzo duże urządzenie.

9.

Mikser zanurzeniowy

CZĘSTOŚĆ UŻYCIA: raz na dwa tygodnie.

CENA: poniżej 100 złotych.

WYKORZYSTANIE: domowy majonez (s. 112), shaki, zupy krem.

10.

Żeliwna patelnia do pizzy albo kamień do pizzy

CZĘSTOŚĆ UŻYCIA: raz w tygodniu.

CENA: około 70–180 złotych.

WYKORZYSTANIE: odwrócona pizza (s. 264).

Domowa pizza najlepiej wychodzi przy użyciu żeliwnej patelni albo kamienia do pizzy. Po odpowiednim nagrzaniu dają pewność, że ciasto będzie chrupiące. Utrzymują też stałą temperaturę w przeciwieństwie do zwyczajnych piekarników.

WSKAZÓWKI DOTYCZĄCE UŻYCIA ŻELIWNEJ PATELNI I KAMIENIA DO PIZZY

Kiedy używa się kamienia lub żeliwnej patelni do pizzy, należy pamiętać o ich wstępnym nagrzaniu (wstawieniu kamienia do piekarnika przed włączeniem). W efekcie otrzymamy pyszne chrupiące ciasto. Jeżeli podczas używania kamienia do pizzy kuchnia wypełni się dymem, oznacza to, że tłuszcz z jedzenia wyciekł na kamień i zaczyna się przypalać. Jeżeli pieczecie w ten sposób, użyjcie niebielonego pergaminu, żeby tłuszcz nie uciekał.

Dodatkowe GADŻETY

Forma do żelek (na 50 sztuk)

CZĘSTOŚĆ UŻYCIA: raz w miesiącu.

CENA: około 35–70 złotych.

WYKORZYSTANIE: żelki misie (s. 352).

Foremka do lodów w tubce

CZĘSTOŚĆ UŻYCIA: co drugi dzień (latem!).

CENA: około 17–70 złotych.

WYKORZYSTANIE: śmietankowo-pomarańczowe lody w tubce (s. 337).

Forma do lodów (na 8 sztuk)

CZĘSTOŚĆ UŻYCIA: co drugi dzień (latem!).

CENA: około 20–70 złotych.

WYKORZYSTANIE: lody na patyku (s. 336), lody limonkowe (s. 342), lody kawowe (s. 343), lody o smaku hibiskusa (s. 344), lody bezjajeczne (s. 348), lody o smaku herbaty (s. 345).

Foremka do trufli (na 12 sztuk po 30 g)

CZĘSTOŚĆ UŻYCIA: raz w miesiącu.

CENA: 35–70 złotych.

WYKORZYSTANIE: bomby tłuszczowe o smaku likieru Grand Marnier (s. 325).

Foremka do trufli (na 24 sztuki o średnicy 3 cm każda)

CZĘSTOŚĆ UŻYCIA: raz w miesiącu.

CENA: około 35–70 złotych.

WYKORZYSTANIE: bomby tłuszczowe z limonką (s. 340).

Dehydrator

CZĘSTOŚĆ UŻYCIA: raz w miesiącu

CENA: około 100–700 złotych.

WYKORZYSTANIE: suszona wołowina teriyaki (s. 186), suszenie namoczonych orzechów.

Syfon na bitą śmietanę

CZĘSTOŚĆ UŻYCIA: dwa razy w tygodniu.

CENA: około 70–350 złotych.

WYKORZYSTANIE: mrożone przekąski pomarańczowo-śmietankowe (s. 330), mrożone przekąski śmietankowe z cynamonem (s. 332), dekorowanie deserów.

Radio/muzyka

CZĘSTOŚĆ UŻYCIA: codziennie.

CENA: od 80 złotych.

WYKORZYSTANIE: kiedy gotuję, zawsze dbam o wprowadzenie odpowiedniej atmosfery. W święta w całym domu słychać kolędy, w ciepłe letnie dni przygrywa muzyka karaibska albo Bob Marley.

Wędzarnia

CZĘSTOŚĆ UŻYCIA: raz w tygodniu.

CENA: około 350–550 złotych.

WYKORZYSTANIE: wędzony mostek wołowy (s. 362), wędzone tylne żeberka wołowe (s. 364), wędzone żeberka grzbietowe (s. 336), wędzona łopatka wieprzowa (s. 368), wędzony łosoś (s. 370), wędzone steki kalafiorowe z patelni (s. 372), wędzony bakłażan z patelni (s. 374).

Nasza wędzarnia to mój ulubiony przyrząd do gotowania! Używanie jej łączy dwie moje pasje: gotowanie i przebywanie na zewnątrz. Na końcu niniejszej książki zamieściłam dodatkową część na temat wędzenia dla tych z was, którzy lubią jedzenie z aromatem dymu i chcieliby samodzielnie je przyrządzać. Jest to znacznie prostsze, niż się wydaje! Na s. 360 znajdziecie omówienie wad i zalet różnych typów wędzarni.

Rady

UŁATWIAJĄCE KETOGENICZNE ŻYCIE

ROZDZIAŁ 3

Niedawno przeczytałam książkę, której autor twierdził, że rosół przygotowywany w dzisiejszych czasach nigdy nie będzie smakował tak dobrze jak ten robiony przez nasze babcie. Dlaczego? Ponieważ kury hodowane obecnie są mdłe w smaku, warzywa nie wyrosły na glebie bogatej w składniki odżywcze, dzięki której nabrałyby intensywnego smaku, który pamiętamy z dzieciństwa, a suszone zioła straciły wigor. Nawet seler jest mdły. Nigdy nie zapomnę chwili, gdy pierwszy raz spróbowałam brokułów, które sama wyhodowałam. Miały najbardziej zielony kolor, jaki kiedykolwiek widziałam, a smak... Tak właśnie powinny smakować brokuły!

Płynie z tego lekcja, żeby nie skąpić przypraw. Większość z nas dodaje ich zbyt mało, ponieważ media głównego nurtu wywierają na nas presję, żeby używać mniej soli. Nauczono nas się jej bać i traktować ją jak zło wcielone. Wiedzieliście, że koktajl mleczny z baru szybkiej obsługi zawiera więcej soli niż mała porcja frytek? Sól wzmacnia smak, nawet słodki. Jeżeli nauczycie się, jak doprawiać potrawy, i będziecie stosować wysokiej jakości produkty, własnoręcznie przygotowane jedzenie będzie wam coraz bardziej smakować.

Jest to jedna z wielu rzeczy, których nauczyłam się dzięki życiu w zgodzie z zasadami diety ketogenicznej. W niniejszym rozdziale dzielę się moimi ulubionymi poradami dotyczącymi gotowania w domu oraz jedzenia na mieście, jeżeli się na to zdecydujecie.

Łatwe przepisy DLA ZAJĘTYCH

Brakuje wam czasu na siedzenie w kuchni? W takim razie niniejsza sekcja jest w sam raz dla was! Przygotujcie pyszny posiłek w ciągu kilku minut albo zdajcie się na wolnowar, po powrocie do domu będziecie mogli cieszyć się gorącym obiadem.

5 wspaniałych deserów w mniej niż 5 minut

Mrożone desery są szybkie w przygotowaniu, ale należy zarezerwować trochę czasu, żeby zdążyły się zmrozić.

330
Mrożone przekąski pomarańczowo-śmietankowe

332
Mrożone przekąski śmietankowe z cynamonem

336
Lody na patyku

337
Śmietankowo-pomarańczowe lody w tubce

350
Mus karmelowy

5 posiłków w 15 minut lub mniej

204
Proste wrapy z sałatką z tuńczyka

220
Prosta sałatka nicejska

235
Grysik z krewetkami

264
Odwrócona pizza

287
Parówki zawijane w bekon

8 niesamowitych przystawek w 8 minut lub mniej

172
Taca amuse-bouche

173
Chipsy o smaku kanapki z bekonem i dip

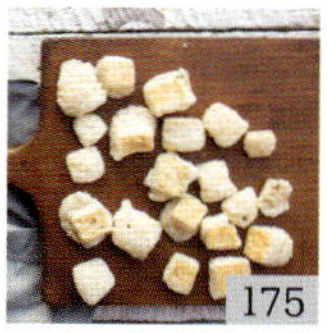
175
Doskonałe kulki serowe

178
Surowe warzywa z koperkowym dipem

180
Tulipany pomidorowe

198
Roladki z prosciutto i rukolą

199
Miniroladki z pastrami

200
Sushi z indykiem

6 pysznych sosów w 6 minut lub mniej

Domowy sos to świetny i prosty sposób na zwiększenie proporcji tłuszczów w daniach mięsnych i sałatkach. Ja zawsze mam w lodówce jakiś dressing, który znacznie upraszcza przygotowanie obiadu.

112 Domowy majonez

114 Ziołowy sos aioli

118 Bezmleczny dressing ranczerski

120 Prosty dressing francuski

121 Prosty dressing do sałatek z przyprawą taco

126 Biały sos barbecue

8 kolacji z wolnowaru

207 Wrapy z kurczakiem barbecue z wolnowaru

208 Wrapy z kurczakiem i dressingiem cesarskim z wolnowaru

210 Wrapy z wołową barbacoą z wolnowaru

252 Kurczak z wolnowaru w maśle z chlebem naan

259 Wołowina po włosku babci Nancy

262 Słodko-pikantne żeberka z wolnowaru

274 Ossobuco z wolnowaru

290 Słodko-kwaśne żeberka w stylu country z makaronem z cukinii

10 posiłków w 30 minut lub mniej

232 Golec zwyczajny z oliwkową salsą

240 Nogi kraba królewskiego z masłem czosnkowym

246 Kurczak z sosem alfredo

249 Kurczak smażony dwa razy

263 Prosty hash z peklowanej wołowiny

270 Domowe tacos

276 Stek z antrykotu w maśle

286 Carbonara z brokułów

288 Grillowana kiełbasa z prostą sałatką coleslaw

292 Boczek z rukolą i pomidorami

Jedzenie jest koniecznoscią, ale jedzenie w sposób inteligentny jest sztuką.

François de La Rochefoucauld

11 rad, jak odnieść sukces
W KETOGENICZNYM STYLU ŻYCIA

Niech dziś będzie pierwszy dzień z szesnastu

Wyobraźcie sobie taką sytuację: jedziecie autostradą, kiedy nagle samochód znika i znajdujecie się w konnym powozie na nieutwardzonej drodze. Podobnie będziecie się czuć po zmianie sposobu odżywiania — nic nie będzie takie jak wcześniej. Nawyki trudno przezwyciężyć, a wyrabianie nowych może być dość nieprzyjemne. Zdecydujcie jednak, że dziś będzie pierwszy dzień z szesnastu. W tym czasie można zrobić wszystko! Na pewno spotkały was w życiu gorsze rzeczy niż zmiana diety. Po szesnastu dniach jazda konnym powozem będzie już tylko wspomnieniem, a wy znowu znajdziecie się na autostradzie, tym razem za kierownicą luksusowego wozu bez jakichkolwiek problemów związanych z dotychczasową dietą.

Pamiętajcie, praktyka nie czyni mistrza, tylko wyrabia nawyki.

Dla wygody dobrze jest planować z wyprzedzeniem

Niech ketogeniczne jedzenie będzie wygodne! Wszyscy to lubimy. Po długim dniu w pracy, kiedy porządnie głodni wrócicie do domu, a w lodówce nie będzie niczego gotowego do jedzenia, najprawdopodobniej coś zamówicie albo sięgniecie po niezdrową przekąskę. Oto kilka porad, jak tego uniknąć:

- Trzymajcie w lodówce zapas jajek ugotowanych na twardo i innych ketogenicznych potraw.
- Odłóżcie sobie trochę czasu w niedzielę na przygotowanie posiłków na następny tydzień.
- Przygotujcie kilka ketogenicznych sosów i przypraw do użycia w ciągu tygodnia. Listę moich ulubionych znajdziecie w poprzedniej sekcji.
- Wybierajcie szybkie i proste przepisy. Większość pomysłów na dania w niniejszej książce taka właśnie jest, chociaż niektóre przygotowuje się szybciej i łatwiej niż inne. Listę tych najprostszych znajdziecie w poprzedniej sekcji.
- Przygotowujcie zawsze większe ilości potraw, które szczególnie lubicie. Dzięki temu zostanie wam trochę na lunch! Można również mrozić pojedyncze porcje, dzięki czemu później wystarczy je tylko odgrzać (dlatego właśnie uwielbiam mój opiekacz, szybko podgrzewa jedzenie i nie wykorzystuje mikrofal, przez które potrawa robi się sucha). Oprócz tego zawsze przygotowuję większe ilości potraw takich jak ketogeniczna pizza. Następnie je zamrażam, żeby po powrocie z pracy wystarczyło wsadzić prawie gotowe danie do piekarnika.
- Zamrażajcie składniki na potrawy z wolnowaru w dużych, około 3-litrowych, workach. Przygotujcie od trzech do pięciu takich zestawów, żeby mieć później wybór.
- Kiedy inni członkowie rodziny zmywają po obiedzie, wy przygotujcie obiad na następny dzień. Jeżeli na przykład planuję domowe tacos (s. 270), wrzucam do wolnowaru kurczaka, przyprawy i zawartość słoika z salsą. Oprócz tego szatkuję wszystkie dodatki i wkładam je do miseczek. Następnego dnia wyciągam przygotowane składniki (razem z kilkoma dużymi liśćmi sałaty dla mnie i wrapami kokosowymi albo domowymi tortillami z cukinii dla reszty rodziny) i voilà! Obiad przygotowany w 5 minut!

Dokonuj świadomych wyborów

Już dziś podejmijcie decyzję o dokonywaniu dobrych wyborów. Niezdecydowana postawa sprzyja oszukiwaniu. Ja dzięki moim niemieckim korzeniom jestem strasznie uparta. Od chwili, gdy zdecydowałam się zmienić swój styl życia, inaczej jeść i ćwiczyć, trzymałam się swoich postanowień, nawet jeżeli miałam chwile zwątpienia. Wykorzystałam fakt, że jestem uparta, czyli cechę najczęściej uważaną za negatywną, do osiągnięcia czegoś pozytywnego.

Prowadź dziennik posiłków

Jeśli będzie to konieczne, zapisujcie każdy posiłek w specjalnym dzienniku. Wzrokowcom polecam robienie zdjęć. Najlepszym rozwiązaniem jest znaleźć kogoś, z kim wspólnie przejdziemy na dietę i będziemy nawzajem się kontrolować. Możemy wtedy przesyłać sobie zdjęcia posiłków i się wspierać.

Świetną praktyką jest też planowanie menu na następny dzień i przygotowywanie jedzenia wcześniej!

Niech gotowanie będzie sposobem na stres

Gotowanie może mieć właściwości terapeutyczne. Wystarczy włączyć relaksującą muzykę i odprężyć się przy takich prostych czynnościach jak krojenie czy odmierzanie produktów. To również świetny sposób na spędzanie czasu z rodziną. Kiedyś wspólne gotowanie było normą.

Jedzcie przed wyjściem na imprezę

W większości przypadków nie mogłam sobie przypomnieć, co jadłam na imprezach. Najlepiej najeść się wcześniej, skupić się na przyjaciołach i unikać sterczenia przy bufecie. Nie będziecie głodni, więc nie będziecie sięgać po niezdrowe przekąski zwykle oferowane na przyjęciach.

Ponadto zawsze mam w lodówce jakiś ketogeniczny deser, dzięki czemu później, na przyjęciu, nie będzie mnie kusiło, żeby sięgać po słodycze.

Zabierajcie własne jedzenie na przyjęcia

Nie zakładajcie, że na każdym grillu czy ognisku pojawią się ketoprzyjazne potrawy. Weźcie ze sobą coś zdrowego, czym będziecie też mogli poczęstować innych gości. Kiedy ja organizuję jakieś przyjęcie, zawsze doceniam, kiedy goście przynoszą coś do jedzenia.

Ograniczcie liczbę opcji na talerzu

Jeżeli na waszym talerzu znajdzie się wiele różnych smakołyków, łatwo doprowadzić do przejedzenia. Wasze zmysły doznają zjawiska zwanego habituacją polegającego na zmniejszeniu receptywności zmysłów, które często wystawia się na działanie danego bodźca. Tak dzieje się również w przypadku smaku i zapachu jedzenia. Z tego powodu na imprezach łatwo się przejeść — tyle różnych potraw stymulujących nasze zmysły! Kiedy jednak na talerzu macie tylko jedno danie, wasz mózg się nim znudzi i da organizmowi sygnał, by przestać jeść.

Odstawcie nabiał i orzechy na dwa tygodnie

Jeżeli proces leczenia i utrata wagi nie przebiegają tak szybko, jak byście chcieli, spróbujcie na dwa tygodnie odstawić nabiał i orzechy. Listę przepisów bez tych składników znajdziecie w indeksie (s. 385–387).

Wysypiajcie się!

Wiem, że to wydaje się oczywiste, ale wcale takie nie jest. Praca, rodzina i codzienne obowiązki często powodują, że ograniczamy czas przeznaczony na sen. Jaki ma to wpływ na ketozę? Niewysypianie się najczęściej wywołuje apetyt na cukier i inne węglowodany, co może was skłonić do złamania diety. Nie wspominam już nawet o tym, że będziecie zbyt zmęczeni, żeby chciało się wam gotować! Poniższy wykres pokazuje, w jaki sposób niedobór snu może prowadzić do otyłości.

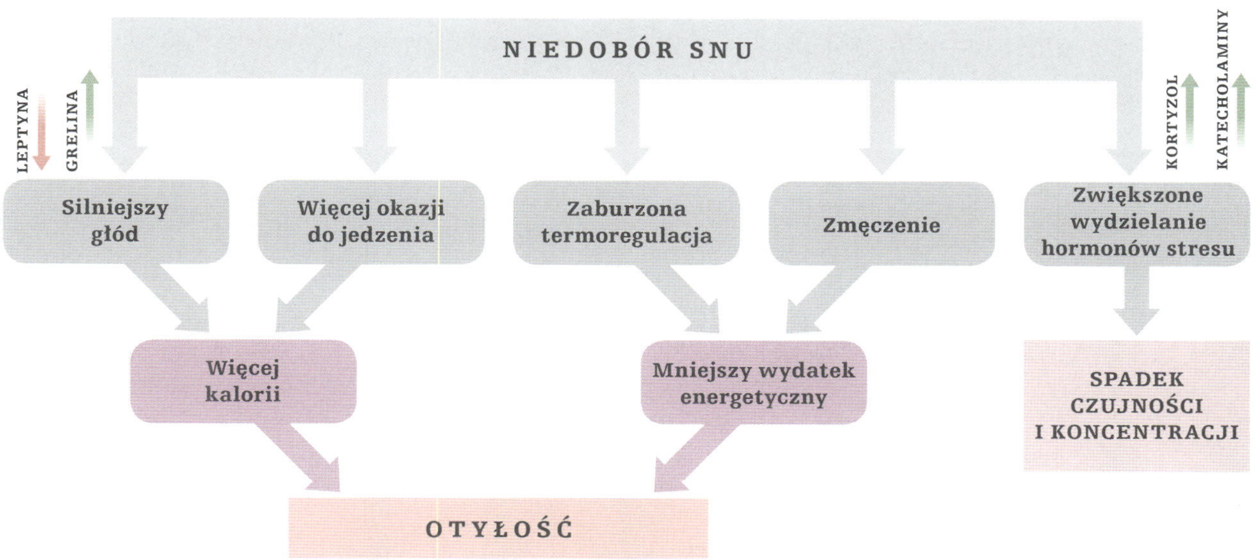

Im mniej stresu, tym lepsze trawienie

Zauważyliście, że niestrawność i biegunka często pojawiają się po posiłku zjedzonym w biegu? Stresujące sytuacje powodują przyspieszenie akcji serca i podniesienie ciśnienia krwi, która jest odprowadzana z układu trawiennego do rąk, nóg i mózgu. Słabiej ukrwiony żołądek i jelita (nawet do czterech razy) oznaczają, że organizm nie spala kalorii z maksymalną efektywnością, co skutkuje spowolnionym metabolizmem.

Problem z jedzeniem w stresie jest taki, że nawet jeżeli wasz posiłek będzie niesamowicie pożywny, nie będziecie w stanie go strawić i wchłonąć wszystkich zawartych w nim składników odżywczych z uwagi na niedobór enzymów w jelitach. W rezultacie będziecie bardziej narażeni na niestrawność, refluks i zgagę.

Moja propozycja jest taka: lunch powinien być jedzony na spokojnie i nie warto robić z niego spotkania biznesowego. Spróbujcie zjeść posiłek na świeżym powietrzu, co pomoże obniżyć poziom stresu i sprawi, że będziecie dokładniej przeżuwać każdy kęs (to nie jest możliwe, kiedy omawiacie interesy). Ponadto nie siadajcie do jedzenia po kłótni. Zrelaksujcie się, poćwiczcie przez chwilę jogę, skoro krew i tak odpłynęła już wam do kończyn.

Jedzenie może być najpotężniejszym lekarstwem albo najpowolniejszą z trucizn.

Ann Wigmore

Jak pozostać
KETO W RESTAURACJI

Dawniej Craig i ja lubiliśmy chodzić na randki do restauracji, teraz jednak wolimy gotować w domu. Jedzenie w knajpach nigdy nie smakuje tak dobrze jak potrawy, które przygotowujemy w naszej kuchni. Wolimy wydać pieniądze, które zaoszczędziliśmy na wyjściu na miasto, na wysokiej jakości produkty.

Wypady do restauracji na diecie ketogenicznej nie są jednak niemożliwe. Poniżej znajdziecie kilka porad, które pozycje z menu wybierać.

Omlet

Wiele restauracji serwuje omlety nie tylko na śniadanie, lecz także na lunch, co według mnie jest świetnym pomysłem. Należy jedynie zwrócić uwagę na nieketogeniczne dodatki, takie jak fasolka. Najlepszą opcją będą grzyby, cebula, ser i mięso. Mój ulubiony wariant to omlet z szynką i ementalerem z odrobiną robionego na miejscu sosu holenderskiego (który zwiększa ketogeniczność posiłku).

Pamiętajcie jednak, że niektóre restauracje dodają do jajek nieketogeniczne składniki. Duże sieci robią często omlety z dodatkiem ciasta naleśnikowego. Zgadza się, dodają do nich cukier, węglowodany i pszenicę, żeby były bardziej puszyste. Ohyda! Na przykład omlet z sieci restauracji IHOP zawiera 24 g węglowodanów, w tym 7 g cukru. Coś tu zwyczajnie nie gra.

Zapytajcie kelnera lub kelnerkę, czy kucharz mógłby przygotować wasz omlet na maśle, a nie na oleju roślinnym, który stosuje się w większości restauracji.

Jajka w koszulkach po benedyktyńsku

Bardzo często kiedy je zamawiam, pytam obsługę, czy zamiast angielskiej babeczki mogłabym dostać więcej sosu holenderskiego. Kiedy przygotowuję je w domu, porcja najczęściej składa się z dwóch jajek, dwóch plasterków szynki, dużej ilości sosu holenderskiego i sałatki. Dzięki temu nie muszę się martwić o olej, w którym smażono jajka.

Należy się też upewnić, że sos jest przygotowywany na miejscu, a nie z półproduktu w proszku.

Hamburger na sałatce

Nie jedzcie bułki. Zamówcie hamburgera z dużą sałatką i przygotowanym na miejscu dressingiem bez cukru (najlepsze są ranczerski, serowy i włoski). Jeszcze lepiej, jeżeli przyniesiecie własny.

Uwaga na ukryty cukier, na przykład w sosie barbecue albo w cebuli karmelizowanej w Coca Coli. Tak, zgadza się. W niektórych restauracjach cebulę karmelizuje się przy użyciu Coca Coli.

Kanapka na sałatce

Zrezygnujcie z pieczywa i frytek, a w zamian poproście o dodatkową porcję sałatki. Kiedyś zamówiłam nawet kanapkę Reubena na dużej sałatce. Uważajcie na cukier ukryty w przyprawach i dressingach, na przykład w sosie tysiąca wysp.

Łosoś z brokułami

Zamówcie porcję bez ryżu lub ziemniaków, a w zamian poproście o warzywa z małą zawartością skrobi, takie jak brokuły. Rybę polejcie dużą ilością masła.

Stek z grzybami

Tak jak w powyższych przykładach zrezygnujcie z ziemniaków i poproście o jakąś ketogeniczną alternatywę, np. grzyby sauté. Jeszcze lepiej będzie, jeżeli wybierzecie stek zgodny z zasadami diety (pomocne wykresy znajdziecie na s. 53–54).

Kurczak z sosem alfredo i inne dania z makaronem

Zapytajcie kucharza, czy zamiast makaronu mógłby polać sosem gotowane brokuły. Nawet w sieciowych włoskich restauracjach mogłam zamówić kurczaka z sosem alfredo i krewetki królewskie z brokułami zamiast makaronu. Upewnijcie się tylko, że do zagęszczania nie użyto zasmażki z mąki pszennej.

Zupy ramen i pho

Uwielbiam zupę pho serwowaną w wietnamskich restauracjach w Minneapolis. Zawsze zamawiam ją bez makaronu, za to z dużą ilością cienko pokrojonej kapusty. Zwróćcie uwagę na sos sojowy, którego używa się w danym miejscu. Czy faktycznie jest zrobiony ze sfermentowanej soi, czy też jest to amerykańska wersja zawierająca gluten? Jeszcze lepiej będzie, jeżeli przyniesiecie własne aminokwasy kokosowe i całkowicie z niego zrezygnujecie.

Potrawy tajskie

Bardzo lubię tajskie restauracje. Fakt, czas oczekiwania na zamówienie jest dość długi, ale to dlatego, że wszystko przygotowują tam ze świeżych składników. Bardzo często proszę o zamianę makaronu na cienko pokrojoną kapustę. Jednym z moich ulubionych dań jest zupa kokosowa z kurczakiem.

Zwróćcie uwagę, czy potrawa nie zawiera cukru. To częsta praktyka w tajskich restauracjach. W takim wypadku poproście kucharza, żeby do waszej porcji go nie dodawał.

Dodatki do nachos na liściach sałaty

Kocham nachos. Świetną wersję serwuje pewna restauracja w mojej okolicy zwana San Pedro. Zamiast tortilli używają tam małych kawałków chrupiącej sałaty rzymskiej. Zamawiałam tę wersję w wielu miejscach i nigdzie nie było z tym problemów.

Sushi

To doskonały wybór, jeżeli zrezygnujemy z ryżu i zamówimy sashimi. I tym razem zwróćcie uwagę na sos sojowy używany w restauracji. Czy faktycznie jest zrobiony ze sfermentowanej soi, czy też to amerykańska wersja zawierająca gluten? Najlepiej będzie, jeżeli przyniesiecie własne aminokwasy kokosowe i w ogóle z niego zrezygnujecie.

Jeśli wciąż nie czujecie się przekonani, żeby nie jeść ryżu, coś wam opowiem: Craig lubi zabierać Micaha do restauracji i zamawiać zdrowe sushi (to znaczy sashimi bez ryżu). Podczas jednej z takich wypraw mój mąż podsłuchał, jak kucharz poprosił kelnera o spróbowanie ryżu, który został przygotowany dzień wcześniej przez kogoś innego i dziwnie smakował. Stwierdził przy tym, że do każdej partii dodaje jakieś 800 g cukru. To 34 g na każdą szklankę! My w ogóle nie jemy ryżu, ale ta anegdota na pewno stanowi dobry powód, żeby nie zamawiać go w restauracjach.

Kraby, homary lub krewetki na maśle

Kiedyś poszliśmy do lokalnej restauracji serwującej kraby i kiedy przyniesiono nam nasze zamówienie, okazało się, że podają je z olejem. Poprosiłam więc o prawdziwe masło. Nasz młody kelner pobiegł szybko do kuchni, a kiedy wrócił, z dumą oświadczył: „Niestety nie mamy masła, mogę zaproponować taką mieszankę olejów". Tak jakby masło miało nas zabić. Dziwne. Restauracja, w której nie mają masła? Poprosiliśmy o zapakowanie zamówienia, kupiliśmy masło w sklepie i zrobiliśmy sobie piknik. Krab bez masła to niemalże świętokradztwo!

Mięczaki również są doskonałym wyborem, jeżeli tylko masło, z którym je podano, to naprawdę masło, a nie mieszanka olejów roślinnych. Zamówcie do tego sałatkę albo ketoprzyjazne warzywa sauté, np. brokuły.

Kiełbaski z kiszoną kapustą

Uważajcie tylko na kapustę po bawarsku, dodaje się do niej cukier.

Fast Food

Chipotle jest tu jedyną restauracją, którą mogę polecić. Można tam zamówić sałatę z mięsem i dodatkami wedle waszego wyboru, np. z papryką sauté, salsą i guacamole (oraz kwaśną śmietaną i serem, jeżeli tolerujecie laktozę).

Powyższe propozycje to tylko część potraw,
które można zamówić w restauracjach.
Nie ma lokalu, w którym nie dałoby się
zmodyfikować dania tak, by stało się
ketogeniczne. Można też sprawdzić menu
w Internecie i zaplanować, co zamówicie,
z wyprzedzeniem. Trzymajcie się planu
i nie pozwólcie znajomym ani kelnerom
namówić was na coś niezdrowego.
Nie dajcie się dilerom!

Szybkie i proste

PLANY POSIŁKÓW KETOGENICZNYCH

ROZDZIAŁ 4

W tym rozdziale znajdziecie dwa 7-dniowe plany posiłków oraz listy zakupów, aby je przygotować. Pierwszy został opracowany, żeby schudnąć i w krótkim czasie uzdrowić organizm. Drugi pozwala na polepszenie stanu zdrowia bez utraty wagi. Będzie idealny, jeżeli uważacie, że ważycie tyle, ile trzeba. Do obu dołączyłam listy zakupów, aby ułatwić wam zadanie i rozpoczęcie diety.

Dodatkowo opracowałam plany na trzydzieści dni: dwa na utratę i dwa na utrzymanie wagi, każdy również w wariancie bez nabiału. Wielu z moich klientów osiąga lepsze i szybsze rezultaty, jeśli zdecyduje się na wyłączenie z diety nabiału przynajmniej przez kilka pierwszych tygodni lub nawet cały miesiąc. To naprawdę niezły pomysł. Później można albo przestawić się na zwykły 30-dniowy plan odchudzający (w dalszej części dowiecie się, jak sprawdzić tolerancję laktozy), albo powtórzyć wariant bez nabiału, żeby utrzymać tempo chudnięcia i uzdrawiania organizmu.

Mimo że plany 7-dniowe nie mają wersji bez nabiału, większość znajdujących się w nich posiłków można w ten sposób przygotować. Jeżeli chcielibyście podmienić którąś potrawę na inną, na przykład shake śmietankowo-pomarańczowy (s. 142), możecie czerpać inspirację z planów 30-dniowych tego samego typu.

Tolerancja laktozy

Test na tolerancję laktozy można wykonać w dowolnym momencie. Najpierw należy zważyć się rano przed pierwszym posiłkiem. Później w ciągu dnia jeść nabiał i zważyć się następnego dnia przed pierwszym posiłkiem. Jeżeli zatrzymaliście wodę (przybraliście na wadze), wyeliminujcie go na kilka tygodni z diety. Nabiał wchłaniany jest przez kosmki jelitowe. Spożywanie zbóż lub dużych ilości węglowodanów je uszkadza, co z kolei prowadzi do problemów z wchłanianiem produktów mlecznych i nietolerancji laktozy. Jednak po zmianie diety ich stan powinien się poprawić i będziecie mogli wrócić do jedzenia nabiału.

Wskazówki praktyczne

Wszystkie plany posiłków opracowano dla jednej osoby. Ponieważ poszczególne przepisy zostały sporządzone z myślą o rodzinie liczącej od czterech do sześciu osób, zapas jedzenia starczy na dłużej. Potrawy należy dostosować do indywidualnych potrzeb, co oznacza także dopasowanie ilości potrzebnych produktów. Osoby nietolerujące niektórych substancji lub uczulone powinny sprawdzić, czy poszczególne dania da się przygotować bez nich. Przed wyprawą na zakupy należy uważnie przeczytać przepisy, żeby stwierdzić, czy będą potrzebne jakieś specjalne urządzenia, na przykład spiralna krajalnica do robienia makaronu z warzyw.

W listach zakupów dołączonych do planów 7-dniowych uwzględniłam najmniejsze lub typowe ilości składników, które można kupić (nawet jeżeli nie potrzeba ich aż tyle do przygotowania potrawy). W nawiasach podałam też ilości stosowane w przepisach, na przykład świeży koper, jedna mała wiązka (dwie łyżki, siekany). Dzięki temu będzie wam łatwiej określić, czy macie odpowiednio dużo danego składnika przed wyprawą do sklepu.

OKRESOWE GŁODÓWKI

Śniadanie wcale nie jest takie ważne. Znacznie większe znaczenie ma fakt, że przerywa ono głodówkę, która nie jest tak szkodliwa, jak mogłoby się wydawać. A tym jest właśnie sen. W ciągu pierwszych dziesięciu godzin po posiłku organizm trawi pokarm i przyswaja składniki odżywcze. Dopiero po takim czasie przestawia się w tryb głodówki. Jeżeli ograniczymy czas jedzenia do siedmiu godzin na dobę (albo jeszcze lepiej do sześciu), po dziesięciu lub dwunastu godzinach od ostatniego posiłku organizm przestawi się w tryb głodówki, w którym znacznie skuteczniej spalana jest tkanka tłuszczowa.

Kiedy pierwszy raz usłyszałam o okresowych głodówkach (ang. *intermittent fasting*), pomyślałam sobie: „Nie, nie, nie. To na pewno nie jest dobre rozwiązanie, jeżeli ktoś nie chce stracić masy mięśniowej". Jednak na diecie ketogenicznej proteiny nie ulegają oksydacji, co chroni mięśnie. Dlatego właśnie organizm nie przestawia się w tryb głodówki.

W chwili gdy zaczęłam wydłużać czas między posiłkami, doświadczyłam nie tylko fizycznych korzyści z nich płynących, także te psychiczne okazały się niezwykłe! Teraz pracuję i piszę na głodnego codziennie rano przez trzy godziny i nigdy wcześniej tak dobrze mi się nie myślało.

Pamiętajcie, głodówka to nie dieta, tylko schemat posiłków. Można ją stosować w połączeniu z niezdrową dietą, ale korzyści będą mniejsze niż przy odpowiednim, ketogenicznym sposobie odżywiania.

Korzyści z okresowych głodówek

Oszczędzają czas: Okresowe głodówki oszczędzają czas, ponieważ nie musimy myśleć, co będziemy jeść w ciągu dnia. Posiłki są ogólnie mniejsze i zazwyczaj jemy dwa razy zamiast trzech, tak więc czas na planowanie i przygotowanie jest krótszy. Ponadto w miarę spadku apetytu i łaknienia mniej czasu marnujemy na myślenie o jedzeniu.

Dają korzyści zdrowotne: Okresowe głodówki, a także dłuższe, kilkudniowe okresy niejedzenia są nie tylko normalne dla organizmu w stanie ketozy, lecz także przynoszą wiele korzyści zdrowotnych takich jak:

- poprawa stanu mitochondriów i zwiększenie ich wydajności energetycznej,
- wydłużenie życia i spowolnienie procesu starzenia,
- zmniejszenie ryzyka wystąpienia nowotworów i chorób układu krążenia,
- zmniejszenie stanów zapalnych i obniżenie poziomu trójglicerydów,
- zwiększenie liczby ciał ketonowych,
- polepszenie koncentracji i pamięci,
- spadek apetytu.

Przyśpieszają proces utraty wagi: Okresowe głodówki w połączeniu z ketogenicznym stylem życia sprawiają, że szybciej chudniemy. Z tego powodu zalecam ich stosowanie razem z planami odchudzającymi i uzdrawiającymi na siedem i trzydzieści dni. Dieta znacznie zmniejsza apetyt, co ułatwia głodówkę. Część moich klientów musi wręcz sobie przypominać, żeby coś zjeść. Odkryłam, że okresowe głodówki pomagają poradzić sobie ze spowolnieniem lub zatrzymaniem utraty wagi.

Wytyczne

Jeżeli chcemy włączyć głodówki do naszego sposobu odżywiania, powinniśmy zrobić to zgodnie z kilkoma wytycznymi. Wszystkie posiłki przewidziane na dany dzień należy spożyć w ciągu od sześciu do ośmiu godzin. Okno żywieniowe można ustalić na godziny przedpołudniowe (przerwać głodówkę rano) lub późniejsze pory (nie jeść śniadania i przerwać głodówkę w południe), jak pokazują diagramy poniżej. Jedyne, czego trzeba pilnować, to zjedzenie wszystkich posiłków na dany dzień w wyznaczonych godzinach.

O innych porach dozwolone jest jedynie picie wody lub innych niskokalorycznych napojów takich jak herbata. Wszystko, co zawiera więcej niż 50 kalorii, spowoduje przerwanie głodówki, tak więc trzeba się będzie pożegnać z kuloodporną kawą [z dodatkiem tłuszczu — przyp. red.]!

Ponadto upewnijcie się, że okno żywieniowe zamyka się co najmniej na trzy godziny przed pójściem spać. Jedzenie tuż przed snem może zahamować produkcję hormonu wzrostu i spowolnić utratę wagi.

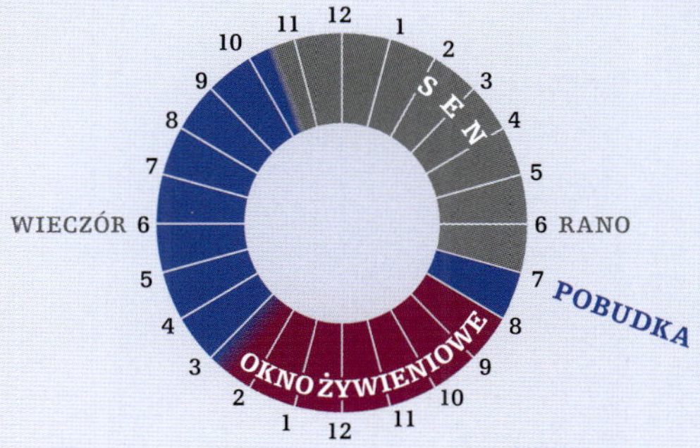

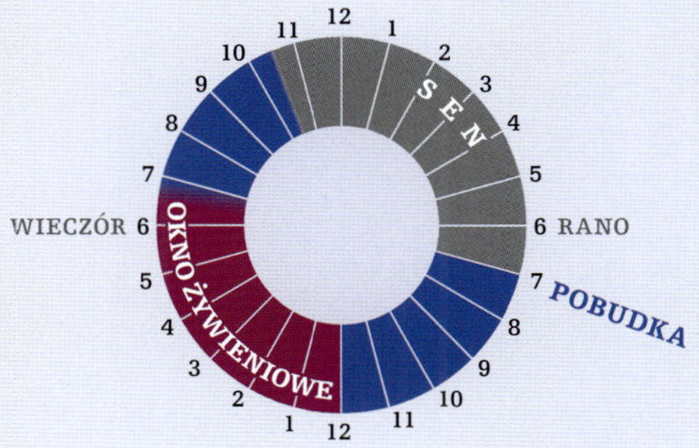

7-dniowy

UZDRAWIAJĄCY I ODCHUDZAJĄCY PLAN POSIŁKÓW

Dzień 1

POCZĄTEK OKNA ŻYWIENIOWEGO

Shake śmietankowo-pomarańczowy

142

4 PORCJE

Wartości odżywcze (w 1 porcji)

kalorie	tłuszcz	białka	węglowodany	błonnik
215	20.6g	4.6g	2.1g	0g
	87%	9%	4%	

PRZEKĄSKA

Sałatka z łódeczkami z kapusty

225

4 PORCJE

Wartości odżywcze (w 1 porcji)

kalorie	tłuszcz	białka	węglowodany	błonnik
204	18.4g	6.3g	4.2g	1g
	81%	12%	8%	

DESER

Sernik truskawkowy w kubeczku

334

6 PORCJI

Wartości odżywcze (w 1 porcji)

kalorie	tłuszcz	białka	węglowodany	błonnik
220	21.3g	3.4g	5.4g	1.7g
	86%	5%	9%	

KONIEC OKNA ŻYWIENIOWEGO

Sałatka meksykańska**

223

4 PORCJE

Wartości odżywcze (w 1 porcji)

kalorie	tłuszcz	białka	węglowodany	błonnik
471	35g	32.5g	5.7g	1.7g
	67%	28%	5%	

DZIEŃ 1 — PODSUMOWANIE

kalorie	tłuszcz	białka	węglowodany	błonnik
1110	95.3g	46.8g	17.4g	4.4g
	79%	17%	5%	

Dzień 2

POCZĄTEK OKNA ŻYWIENIOWEGO

Jajka w czyśćcu

148

2 PORCJE

Wartości odżywcze (w 1 porcji)

kalorie	tłuszcz	białka	węglowodany	błonnik
488	38.7g	27.5g	7g	1.7g
	72%	23%	5%	

PRZEKĄSKA

Spaghetti z kremowym sosem z kolendrą i limonką

303

4 PORCJE

Wartości odżywcze (w 1 porcji)

kalorie	tłuszcz	białka	węglowodany	błonnik
338	35g	1.6g	5.7g	1.6g
	93%	2%	5%	

DESER

Aksamitny mus francuski

351

12 PORCJI

Wartości odżywcze (w 1 porcji)

kalorie	tłuszcz	białka	węglowodany	błonnik
218	21.5g	3.4g	2.8g	0.8g
	89%	6%	5%	

KONIEC OKNA ŻYWIENIOWEGO

Kurczak z sosem alfredo

246

4 PORCJE

Wartości odżywcze (w 1 porcji)

kalorie	tłuszcz	białka	węglowodany	błonnik
468	42.4g	21.3g	1.1g	0g
	81%	18%	1%	

DZIEŃ 2 — PODSUMOWANIE

kalorie	tłuszcz	białka	węglowodany	błonnik
1512	137.6g	53.8g	16.6g	4.1g
	82%	14%	4%	

Dzień 3

POCZĄTEK OKNA ŻYWIENIOWEGO

Płatki niezbożowe*

157

1 PORCJA

Wartości odżywcze (w 1 porcji)

kalorie	tłuszcz	białka	węglowodany	błonnik
691	69.8g	14.4g	5g	1.8g
	90%	7.5%	2.5%	

PRZEKĄSKA

Ogórki duszone w curry

311

4 PORCJE

Wartości odżywcze (w 1 porcji)

kalorie	tłuszcz	białka	węglowodany	błonnik
78	7g	0.6g	3.5g	0.6g
	80%	3%	17%	

DESER

Chrupiące bomby tłuszczowe o smaku mokki

326

4 PORCJE

Wartości odżywcze (w 1 porcji)

kalorie	tłuszcz	białka	węglowodany	błonnik
89	10.8g	0g	0g	0g
	100%	0%	0%	

KONIEC OKNA ŻYWIENIOWEGO

Wrapy z kurczakiem z wolnowaru z dressingiem cesarskim

208

6 PORCJI

Wartości odżywcze (w 1 porcji)

kalorie	tłuszcz	białka	węglowodany	błonnik
517	35.7g	43g	3g	0.6g
	63%	34%	3%	

DZIEŃ 3 — PODSUMOWANIE

kalorie	tłuszcz	białka	węglowodany	błonnik
1375	119g	58g	11.5g	3g
	80%	17%	3%	

Dzień 4

POCZĄTEK OKNA ŻYWIENIOWEGO

Budyń czekoladowy

158

4 PORCJE

Wartości odżywcze (w 1 porcji)

kalorie	tłuszcz	białka	węglowodany	błonnik
474	50.3g	3.7g	4.3g	0g
	94%	3%	3%	

PRZEKĄSKA

Jajeczny sos gribiche

193

4 PORCJE

Wartości odżywcze (w 1 porcji)

kalorie	tłuszcz	białka	węglowodany	błonnik
229	20.7g	8.5g	0.9g	0g
	82%	16%	2%	

DESER

Chrupiące bomby tłuszczowe z bekonem i ekstraktem z syropu klonowego

328

4 PORCJE

Wartości odżywcze (w 1 porcji)

kalorie	tłuszcz	białka	węglowodany	błonnik
137	14.1g	2.5g	0g	0g
	93%	7%	0%	

KONIEC OKNA ŻYWIENIOWEGO

Golec zwyczajny z oliwkową salsą

232

2 PORCJE

Wartości odżywcze (w 1 porcji)

kalorie	tłuszcz	białka	węglowodany	błonnik
439	33.6g	32.5g	1.1g	0g
	69%	30%	1%	

DZIEŃ 4 — PODSUMOWANIE

kalorie	tłuszcz	białka	węglowodany	błonnik
1279	118.7g	47.2g	6.3g	0g
	84%	15%	2%	

Dzień 5

POCZĄTEK OKNA ŻYWIENIOWEGO

Zielone jajka sadzone na szynce

168

1 PORCJA

Wartości odżywcze (w 1 porcji)

kalorie	tłuszcz	białka	węglowodany	błonnik
278	22.7g	15.8g	2.2g	0g
	74%	23%	3%	

PRZEKĄSKA

Grysik serowy

302

4 PORCJE

Wartości odżywcze (w 1 porcji)

kalorie	tłuszcz	białka	węglowodany	błonnik
408	37.8g	16.9g	1.1g	0g
	83%	16%	1%	

DESER

Mus karmelowy

350

4 PORCJE

Wartości odżywcze (w 1 porcji)

kalorie	tłuszcz	białka	węglowodany	błonnik
129	12.9g	1.9g	0.9g	0g
	90%	7%	3%	

KONIEC OKNA ŻYWIENIOWEGO

Grillowane kotlety baranie z miętowym sosem aioli

282

4 PORCJE

Wartości odżywcze (w 1 porcji)

kalorie	tłuszcz	białka	węglowodany	błonnik
862	76g	38.2g	0.4g	0g
	80%	19%	1%	

DZIEŃ 5 — PODSUMOWANIE

kalorie	tłuszcz	białka	węglowodany	błonnik
1167	149.4g	72.8g	4.6g	0g
	74%	25%	1%	

Dzień 6

POCZĄTEK OKNA ŻYWIENIOWEGO

Śniadaniowa zapiekanka z przyprawą taco

164

6 PORCJI

Wartości odżywcze (w 1 porcji)

kalorie	tłuszcz	białka	węglowodany	błonnik
301	22.4g	21.8g	2.5g	0g
	68%	29%	3%	

PRZEKĄSKA

Spaghetti z kremowym sosem z kolendrą i limonką

RESZTKI

4 PORCJE

Wartości odżywcze (w 1 porcji)

kalorie	tłuszcz	białka	węglowodany	błonnik
338	35g	1.6g	5.7g	1.6g
	93%	2%	5%	

DESER

Bomby tłuszczowe o smaku likieru Grand Marnier

325

12 PORCJI

Wartości odżywcze (w 1 porcji)

kalorie	tłuszcz	białka	węglowodany	błonnik
275	31g	0g	0g	0g
	100%	0%	0%	

KONIEC OKNA ŻYWIENIOWEGO

Smażone ravioli z serem

176

6 PORCJI

Wartości odżywcze (w 1 porcji)

kalorie	tłuszcz	białka	węglowodany	błonnik
315	25.5g	22.5g	1.2g	0g
	72%	27%	1%	

DZIEŃ 6 — PODSUMOWANIE

kalorie	tłuszcz	białka	węglowodany	błonnik
1299	113.9g	45.9g	9.4g	1.6g
	82%	16%	3%	

Dzień 7

POCZĄTEK OKNA ŻYWIENIOWEGO

Bezmleczne batoniki proteinowe o smaku mlecznej czekolady

154

8 PORCJI

Wartości odżywcze (w 1 porcji)

kalorie	tłuszcz	białka	węglowodany	błonnik
238	23g	4g	2.5g	1.5g
	89%	7%	4%	

PRZEKĄSKA

Grysik serowy

RESZTKI

4 PORCJE

Wartości odżywcze (w 1 porcji)

kalorie	tłuszcz	białka	węglowodany	błonnik
408	37.8g	16.9g	1.1g	0g
	83%	16%	1%	

DESER

Bomby tłuszczowe o smaku likieru Grand Marnier

RESZTKI

Wartości odżywcze (w 1 porcji)

kalorie	tłuszcz	białka	węglowodany	błonnik
275	31g	0g	0g	0g
	100%	0%	0%	

KONIEC OKNA ŻYWIENIOWEGO

Kurczak laotański z wolnowaru z ziołami

250

6 PORCJI

Wartości odżywcze (w 1 porcji)

kalorie	tłuszcz	białka	węglowodany	błonnik
438	28.3g	39.5g	3.6g	0.8g
	59%	36%	4%	

DZIEŃ 7 — PODSUMOWANIE

kalorie	tłuszcz	białka	węglowodany	błonnik
1359	120.1g	60.4g	7.2g	2.3g
	80%	18%	2%	

**Informacje o wartościach odżywczych odnoszą się do wersji z mlekiem kokosowym. Jeśli przygotujecie potrawę ze śmietaną kremówką, wartości te będą nieco wyższe (patrz: s. 157).*

***Osoby samodzielnie wędzące żywność mogą zamienić sałatkę meksykańską na wędzone tylne żeberka wołowe (s. 364).*

Lista zakupów dla 7-dniowego uzdrawiającego i odchudzającego planu posiłków

Warzywa i owoce

Bazylia tajska, 1 mała wiązka (siekana bazylia tajska, 2 łyżki), można zastąpić bazylią włoską

Bazylia, mała wiązka (siekana bazylia, jedna łyżeczka)

Cebula, 1 sztuka, duża

Cebula dymka, 1 średnia wiązka

Cukinia, 4 sztuki, średnie (maksymalnie 30 cm) albo 4 opakowania (po 200 g) makaronu shirataki

Cykoria, 2 główki

Czerwone papryczki chili, 2 sztuki, małe

Czosnek, 1 główka (jeśli chcecie użyć pieczonego czosnku, będziecie potrzebowali 4 główek)

Estragon, 1 mała wiązka (siekany estragon, 1 łyżeczka)

Imbir, 1 sztuka (5 cm długości lub tarty imbir, 2 łyżeczki)

Kolendra, listki, 1 średnia wiązka (siekana, ½ szklanki)

Limonka, 1 sztuka (1 łyżeczka soku) lub 1 buteleczka soku o pojemności 400 ml

Mięta, 1 wiązka (siekana, 3 łyżeczki)

Nać pietruszki, 1 średnia wiązka (siekana, ½ szklanki)

Ogórki, 2 sztuki (po 10 cm)

Pomidory, 2 małe lub 1 średni

Sałata lodowa, 1 główka

Sałata rzymska, 1 główka

Sałatka wiosenna, mieszanka, 1 duża torba (4 szklanki)

Szczypiorek, 1 mała wiązka (siekany szczypiorek, 2 łyżki)

Mięso

Bekon, 4 plastry

Chorizo lub kiełbasa włoska, pęto lub mieszanka luzem, 100 g

Comber barani, 8 kotletów, 3 cm grubości

Golec zwyczajny, filety (po około 150 g), 4 sztuki, około 20 cm grubości

Prosciutto, cienko krojone, 250 g

Szynka, bez dodatku cukru, 2 plastry

Udka z kurczaka, bez kości, bez skóry, 1,5 kg

Udka z kurczaka, z kośćmi, ze skórą, 1 kg

Nabiał, zamienniki nabiału i jajka

Jajka, duże, najlepiej ekologiczne, 36 sztuk

Masło, niesolone, 2 kostki (jedna szklanka) + 2 łyżeczki

Mleko kokosowe, pełnotłuste, 2 puszki po 400 ml (2⅓ szklanki lub 550ml) albo śmietana kremówka (dla osób tolerujących laktozę)

Mleko migdałowe, niesłodzone, 3¼ szklanki (około 700 ml)

Ser cheddar, ostry, 60 g

Ser mascarpone albo serek śmietankowy, 1 opakowanie (250 ml)

Ser Monterey Jack albo ostry cheddar, 100 g

Ser provolone (ze stoiska z serami), 4 okrągłe plastry (na miseczki tacos albo do sałatki meksykańskiej, możecie pominąć, jeśli nie tolerujecie laktozy)

Serek śmietankowy, 2 opakowania po 250 ml (350 ml)

Śmietana kremówka, 125 ml (pół szklanki)

Tłuszcze

Masło kokosowe, 60 g (¼ szklanki)

Olej kokosowy, 1 l (4¼ szklanki)

Olej MCT, 125 ml (½ szklanki + 1 łyżeczka)

Przyprawy, sosy i mieszanki przypraw

Bezmleczny dressing ranczerski (s. 118), ½ szklanki

Dressing cesarski, niesłodzony, niezawierający oleju z ziaren soi, 1 butelka (1/2 szklanki) lub domowy (s. 116)

Dressing do sałatek z przyprawą taco (s. 121), ½ szklanki

Oliwkowa salsa (s. 135), nieco mniej niż ½ szklanki

Prosty sos chimichurri (s. 130), 2 łyżki

Przyprawa do taco (s. 110), ¼ szklanki + 2 łyżeczki

Sos z kolendrą i limonką (s. 115), ½ szklanki

Ziołowy sos aioli z miętą (s. 114), ½ szklanki

Inne produkty

Aminokwasy kokosowe lub sos sojowy bez pszenicy, 1 łyżka

Bulion na kościach kurzych, 550 ml (2⅓ szklanki) lub domowy (s. 132)

Bulion na kościach wołowych, 175 ml (¾ szklanki) lub domowy (s. 132)

Czekolada piekarnicza, niesłodzona, 100 g

Czekoladowy proszek proteinowy z białek jaj, 20 ml (¼ szklanki) lub proszek z serwatki (dla osób tolerujących laktozę)

Ekstrakt karmelowy, 1 łyżeczka

Ekstrakt pomarańczowy, 1 łyżka

Ekstrakt truskawkowy, 1 łyżeczka

Ekstrakt z syropu klonowego, 1 łyżka + 1 łyżeczka

Espresso w proszku, 1 łyżeczka

Gruboziarnista musztarda, 1 łyżeczka

Herbata truskawkowa lub hibiskusowa, 1 torebka (¼ szklanki po zaparzeniu)

Kakao w proszku, niesłodzone, 1 szklanka + 1 łyżka

Korniszony, 3 sztuki (siekane korniszony, 1 łyżka)

Naturalny słodzik marki Swerve albo odpowiednia ilość erytrytolu lub owocu mnicha w proszku bądź w płynie, 1 paczka o pojemności 450 g (2 szklanki) — informacje, jak przeliczać ilości słodzików, znajdziesz na s. 37

Naturalny słodzik marki Swerve albo odpowiednia ilość innego słodzika w proszku bądź w płynie, 2 paczki o pojemności 450 g (3 szklanki + 2 łyżki) — informacje, jak przeliczać ilości słodzików, znajdziesz na s. 37

Ocet kokosowy lub jabłkowy, 120 ml (½ szklanki)

Sos rybny, 60 ml (¼ szklanki)

Wędzona papryka, 2 łyżki

Żelatyna ze zwierząt wypasanych naturalnie, sproszkowana, 1½ łyżki

Produkty w puszkach i słoikach

Kapary, 1 słoik o pojemności 225 g (1 łyżka)

Pasta pomidorowa, 1 słoik, 1 łyżka

Salsa, 1 słoik o pojemności 225 g (½ szklanki)

Czarne oliwki w plasterkach, 1 puszka o pojemności 65 g (¼ szklanki)

Sos pomidorowy, 1 słoik o pojemności 60 g (¼ szklanki)

Produkty opcjonalne

Czysty sok z aloesu, 1 łyżka (do shake'ów śmietankowo-pomarańczowych)

L-glutamina w proszku, 1 łyżka (do shake'ów śmietankowo-pomarańczowych)

Syrop z korzenia yacon, 1 łyżka (do bezmlecznych batoników proteinowych o smaku mlecznej czekolady)

Wzmacniacz smaku Stur o smaku pomarańczy i mango, 1 łyżeczka (do bomb tłuszczowych o smaku likieru Grand Marnier)

Żelatyna ze zwierząt wypasanych naturalnie, sproszkowana, 1 łyżka (do shake'ów śmietankowo-pomarańczowych)

30-dniowy

uzdrawiający i odchudzający plan posiłków

	POCZĄTEK OKNA ŻYWIENIOWEGO	DESER	PRZEKĄSKA	KONIEC OKNA ŻYWIENIOWEGO
1 NIEDZIELA	2 jajka przygotowane w dowolny sposób, 2 plasterki bekonu 	Mrożone przekąski pomarańczowo-śmietankowe  330	Pikle z lodówki  318	Wieprzowe ragù z wolnowaru na polencie w stylu paleo  291
2 PONIEDZIAŁEK	Bezmleczny shake czekoladowy  145	Śmietankowo-pomarańczowe lody w tubce  337	Grysik serowy  302	Odwrócona pizza  264
3 WTOREK	Szybkie bułeczki z cynamonem  152	Mrożone przekąski pomarańczowo-śmietankowe  RESZTKI	Sałatka z łódeczkami z kapusty*  225	Golonka wieprzowa  294
4 ŚRODA	Bezmleczny shake czekoladowy  RESZTKI	Śmietankowo-pomarańczowe lody w tubce  RESZTKI	Pikle z lodówki  RESZTKI	Wieprzowe ragù z wolnowaru na polencie w stylu paleo  RESZTKI
5 CZWARTEK	Szybkie bułeczki z cynamonem  RESZTKI	Lody bezjajeczne  348	Paluszki o smaku pizzy  304	Panna cotta z koziego sera z chrupiącym prosciutto i podsmażaną bazylią  296
6 PIĄTEK	Bezmleczny shake czekoladowy  RESZTKI	Mrożone przekąski pomarańczowo-śmietankowe  330	Sałatka z łódeczkami z kapusty*  RESZTKI	Małże masala  238
7 SOBOTA	Szybkie bułeczki z cynamonem  RESZTKI	Śmietankowo-pomarańczowe lody w tubce  RESZTKI	Pikle z lodówki  RESZTKI	Odwrócona pizza  RESZTKI
8 NIEDZIELA	Bezmleczny shake czekoladowy  RESZTKI	Chrupiące bomby tłuszczowe o smaku malinowym  326	Sałatka z łódeczkami z kapusty*  RESZTKI	Zupa serowa z makaronem z brokułów  216
9 PONIEDZIAŁEK	Szybkie bułeczki z cynamonem  RESZTKI	Mrożone przekąski pomarańczowo-śmietankowe  RESZTKI	Proste kimchi  316	Prosta pizza portobello  306
10 WTOREK	2 jajka przygotowane w dowolny sposób, 2 plasterki bekonu 	Chrupiące bomby tłuszczowe o smaku malinowym  RESZTKI	Sałatka z łódeczkami z kapusty*  RESZTKI	Odwrócona pizza  RESZTKI

**Osoby używające wędzarni mogą zastąpić sałatkę wędzonymi stekami kalafiorowymi z patelni (s. 372).*

	POCZĄTEK OKNA ŻYWIENIOWEGO	DESER	PRZEKĄSKA	KONIEC OKNA ŻYWIENIOWEGO
11 ŚRODA	Szybkie bułeczki z cynamonem  RESZTKI	Mrożone przekąski pomarańczowo-śmietankowe  RESZTKI	Paluszki o smaku pizzy  304	Lazania z patelni  266
12 CZWARTEK	Babeczki o smaku pizzy  162	Śmietankowo-pomarańczowe lody w tubce  RESZTKI	Proste kimchi  316	Hamburgery na pieczarkach  268
13 PIĄTEK	Płatki niezbożowe  157	Chrupiące bomby tłuszczowe o smaku malinowym  RESZTKI	Ogórki duszone w curry  311	Lazania z patelni  RESZTKI
14 SOBOTA	Babeczki o smaku pizzy  RESZTKI	Lody bezjajeczne  348	Proste kimchi  RESZTKI	Nogi kraba królewskiego z masłem czosnkowym  240
15 NIEDZIELA	Babeczki o smaku pizzy  RESZTKI	Chrupiące bomby tłuszczowe o smaku malinowym  RESZTKI	Proste kimchi  RESZTKI	Zupa pomidorowa z grillowanym serem  218
16 PONIEDZIAŁEK	2 jajka przygotowane w dowolny sposób, 2 plasterki bekonu 	Żelki misie  352	Sałatka z ogórków  224	Lazania z patelni  RESZTKI
17 WTOREK	Śniadaniowe burrito  169	Lody bezjajeczne  RESZTKI	Karmelizowana endywia  313	Wrapy z sałatką sardynkową  206
18 ŚRODA	Jajka w czyśćcu  148	Żelki misie  RESZTKI	Paluszki o smaku pizzy  RESZTKI	Hamburgery na pieczarkach  RESZTKI
19 CZWARTEK	Śniadaniowe burrito  RESZTKI	Lody bezjajeczne  RESZTKI	Sałatka z ogórków  RESZTKI	Lazania z patelni  RESZTKI
20 PIĄTEK	Jajka w czyśćcu  RESZTKI	Żelki misie 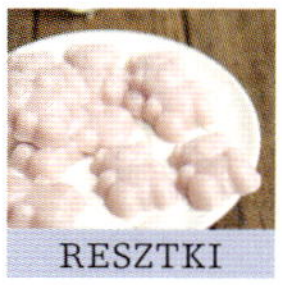 RESZTKI	Karmelizowana endywia  RESZTKI	Hamburgery na pieczarkach  RESZTKI

	POCZĄTEK OKNA ŻYWIENIOWEGO	DESER	PRZEKĄSKA	KONIEC OKNA ŻYWIENIOWEGO
21 SOBOTA	Śniadaniowe burrito  RESZTKI	Krówkowe brownie bez mąki  354	Ogórki duszone w curry  311	Wrapy z sałatką sardynkową  RESZTKI
22 NIEDZIELA	Śniadaniowa zapiekanka z przyprawą taco  164	Wytrawne lody o smaku pizzy  347	Karmelizowana endywia  RESZTKI	Paluszki rybne  236
23 PONIEDZIAŁEK	Śniadaniowe burrito  RESZTKI	Krówkowe brownie bez mąki  RESZTKI	Polenta w stylu paleo  320	Grillowany kurczak z białym sosem barbecue  248
24 WTOREK	2 jajka przygotowane w dowolny sposób, 2 plasterki bekonu 	Wytrawne lody o smaku pizzy  RESZTKI	Karmelizowana endywia  RESZTKI	Rybne tacos  230
25 ŚRODA	Batoniki proteinowe o smaku sernika truskawkowego  156	Prosty crème brûlée  324	Paluszki o smaku pizzy  304	Grillowany kurczak z białym sosem barbecue  RESZTKI
26 CZWARTEK	Śniadaniowa zapiekanka z przyprawą taco  RESZTKI	Krówkowe brownie bez mąki  RESZTKI	Polenta w stylu paleo  RESZTKI	Rybne tacos  RESZTKI
27 PIĄTEK	Batoniki proteinowe o smaku sernika truskawkowego  RESZTKI	Prosty crème brûlée  324	Jajeczny sos gribiche  193	Grillowany kurczak z białym sosem barbecue  RESZTKI
28 SOBOTA	Śniadaniowa zapiekanka z przyprawą taco  RESZTKI	Wytrawne lody o smaku pizzy  RESZTKI	Pieczarki w sosie bordoski  310	Rybne tacos  RESZTKI
29 NIEDZIELA	Batoniki proteinowe o smaku sernika truskawkowego  RESZTKI	Prosty crème brûlée  324	Polenta w stylu paleo  RESZTKI	Grillowany kurczak z białym sosem barbecue  RESZTKI
30 PONIEDZIAŁEK	2 jajka przygotowane w dowolny sposób, 2 plasterki bekonu 	Krówkowe brownie bez mąki  RESZTKI	Jajeczny sos gribiche  RESZTKI	Rybne tacos  RESZTKI

30-dniowy bezmleczny uzdrawiający i odchudzający plan posiłków

NIE ZAWIERA NABIAŁU

	POCZĄTEK OKNA ŻYWIENIOWEGO	DESER	PRZEKĄSKA	KONIEC OKNA ŻYWIENIOWEGO
1 NIEDZIELA	2 jajka przygotowane w dowolny sposób, 2 plasterki bekonu 	Bomby tłuszczowe o smaku likieru Grand Marnier  325	Pikle z lodówki  318	Wieprzowe ragù z wolnowaru na polencie w stylu paleo  291
2 PONIEDZIAŁEK	Bezmleczny shake czekoladowy  145	Lody kawowe  343	Grzybowe ragù  300	20-minutowa zapiekanka z mielonej baraniny  280
3 WTOREK	Szybkie bułeczki z cynamonem  152	Bomby tłuszczowe o smaku likieru Grand Marnier  RESZTKI	Sałatka z łódeczkami z kapusty*  225	Golonka wieprzowa  294
4 ŚRODA	Bezmleczny shake czekoladowy  RESZTKI	Lody kawowe  RESZTKI	Pikle z lodówki  RESZTKI	Wieprzowe ragù z wolnowaru na polencie w stylu paleo  RESZTKI
5 CZWARTEK	Szybkie bułeczki z cynamonem  RESZTKI	Aksamitny mus francuski  351	Grzybowe ragù  RESZTKI	Słodko-kwaśne żeberka w stylu country z makaronem z cukinii  290
6 PIĄTEK	Bezmleczny shake czekoladowy  RESZTKI	Bomby tłuszczowe o smaku likieru Grand Marnier  RESZTKI	Sałatka z łódeczkami z kapusty*  RESZTKI	Małże masala  238
7 SOBOTA	Szybkie bułeczki z cynamonem  RESZTKI	Lody kawowe  RESZTKI	Pikle z lodówki  RESZTKI	20-minutowa zapiekanka z mielonej baraniny  RESZTKI
8 NIEDZIELA	Bezmleczny shake czekoladowy  RESZTKI	Chrupiące bomby tłuszczowe o smaku malinowym  326	Sałatka z łódeczkami z kapusty*  RESZTKI	Kiełbaski z prostą sałatką coleslaw  288
9 PONIEDZIAŁEK	Szybkie bułeczki z cynamonem  RESZTKI	Bomby tłuszczowe o smaku likieru Grand Marnier  RESZTKI	Proste kimchi  316	Słodko-kwaśne żeberka w stylu country z makaronem z cukinii  RESZTKI
10 WTOREK	2 jajka przygotowane w dowolny sposób, 2 plasterki bekonu 	Chrupiące bomby tłuszczowe o smaku malinowym  RESZTKI	Sałatka z łódeczkami z kapusty*  RESZTKI	20-minutowa zapiekanka z mielonej baraniny  RESZTKI

NIE ZAWIERA NABIAŁU

	POCZĄTEK OKNA ŻYWIENIOWEGO	DESER	PRZEKĄSKA	KONIEC OKNA ŻYWIENIOWEGO
11 ŚRODA	Szybkie bułeczki z cynamonem  RESZTKI	Aksamitny mus francuski  RESZTKI	Pieczarki w sosie bordoski  310	Słodko-kwaśne żeberka w stylu country z makaronem z cukinii  RESZTKI
12 CZWARTEK	Babeczki nowalijkowe  146	Lody kawowe  RESZTKI	Proste kimchi  RESZTKI	Hamburgery na pieczarkach  268
13 PIĄTEK	Szybkie angielskie babeczki z olejem kokosowym  150	Chrupiące bomby tłuszczowe o smaku malinowym  RESZTKI	Ogórki duszone w curry  311	20-minutowa zapiekanka z mielonej baraniny  RESZTKI
14 SOBOTA	Babeczki nowalijkowe  RESZTKI	Lody o smaku herbaty  345	Proste kimchi  RESZTKI	Nogi kraba królewskiego z masłem czosnkowym  240
15 NIEDZIELA	Babeczki nowalijkowe  RESZTKI	Chrupiące bomby tłuszczowe o smaku malinowym  RESZTKI	Proste kimchi  RESZTKI	Słodko-kwaśne żeberka w stylu country z makaronem z cukinii  RESZTKI
16 PONIEDZIAŁEK	2 jajka przygotowane w dowolny sposób, 2 plasterki bekonu 	Żelki misie  352	Sałatka z ogórków  224	Wrapy z kurczakiem barbecue z wolnowaru  207
17 WTOREK	Babeczki nowalijkowe  RESZTKI	Lody o smaku herbaty  RESZTKI	Karmelizowana endywia  313	Boczek z rukolą i pomidorami  292
18 ŚRODA	Jajka w czyśćcu  148	Żelki misie  RESZTKI	Pieczarki w sosie bordoski  RESZTKI	Wrapy z kurczakiem barbecue z wolnowaru  RESZTKI
19 CZWARTEK	Bezmleczne batoniki proteinowe o smaku mlecznej czekolady  154	Lody o smaku herbaty  RESZTKI	Sałatka z ogórków  RESZTKI	Hamburgery na pieczarkach  RESZTKI
20 PIĄTEK	Jajka w czyśćcu  RESZTKI	Żelki misie  RESZTKI	Karmelizowana endywia  RESZTKI	Wrapy z kurczakiem barbecue z wolnowaru  RESZTKI

*Osoby używające wędzarni mogą zastąpić sałatkę wędzonymi stekami kalafiorowymi z patelni (s. 372).

NIE ZAWIERA NABIAŁU

	POCZĄTEK OKNA ŻYWIENIOWEGO	DESER	PRZEKĄSKA	KONIEC OKNA ŻYWIENIOWEGO
21 SOBOTA	Babeczki nowalijkowe  RESZTKI	Krówkowe brownie bez mąki  354	Ogórki duszone w curry  311	Boczek z rukolą i pomidorami  RESZTKI
22 NIEDZIELA	Bezmleczne batoniki proteinowe o smaku mlecznej czekolady 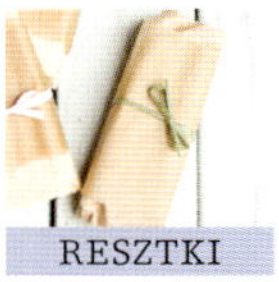 RESZTKI	Wytrawne lody o smaku pizzy  347	Karmelizowana endywia  RESZTKI	Golec zwyczajny z oliwkową salsą  232
23 PONIEDZIAŁEK	Babeczki nowalijkowe  RESZTKI	Krówkowe brownie bez mąki  RESZTKI	Jajeczny sos gribiche  193	Grillowany kurczak z białym sosem barbecue  248
24 WTOREK	2 jajka przygotowane w dowolny sposób, 2 plasterki bekonu 	Wytrawne lody o smaku pizzy  RESZTKI	Karmelizowana endywia  RESZTKI	Rybne tacos  230
25 ŚRODA	Bezmleczny shake czekoladowy  145	Lody o smaku herbaty  RESZTKI	Pieczarki w sosie bordoskim  310	Grillowany kurczak z białym sosem barbecue  RESZTKI
26 CZWARTEK	Bezmleczne batoniki proteinowe o smaku mlecznej czekolady  RESZTKI	Krówkowe brownie bez mąki  RESZTKI	Jajeczny sos gribiche  RESZTKI	Rybne tacos  RESZTKI
27 PIĄTEK	Bezmleczny shake czekoladowy  RESZTKI	Lody o smaku herbaty  RESZTKI	Sałatka z łódeczkami z kapusty*  225	Grillowany kurczak z białym sosem barbecue  RESZTKI
28 SOBOTA	Bezmleczne batoniki proteinowe o smaku mlecznej czekolady 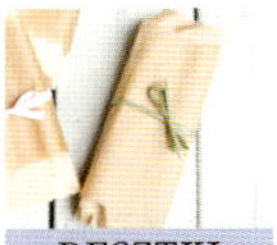 RESZTKI	Wytrawne lody o smaku pizzy  RESZTKI	Pieczarki w sosie bordoskim  RESZTKI	Rybne tacos  RESZTKI
29 NIEDZIELA	Bezmleczny shake czekoladowy  RESZTKI	Lody o smaku herbaty  RESZTKI	Jajeczny sos gribiche  RESZTKI	Grillowany kurczak z białym sosem barbecue  RESZTKI
30 PONIEDZIAŁEK	2 jajka przygotowane w dowolny sposób, 2 plasterki bekonu 	Krówkowe brownie bez mąki  RESZTKI	Sałatka z łódeczkami z kapusty*  RESZTKI	Rybne tacos  RESZTKI

7-dniowy

uzdrawiający i podtrzymujący plan posiłków

Dzień 1

ŚNIADANIE

Shake śmietankowo-pomarańczowy

4 PORCJE

142

Wartości odżywcze (w 1 porcji)

kalorie	tłuszcz	białka	węglowodany	błonnik
215	20.6g	4.6g	2.1g	0g
	87%	9%	4%	

LUNCH

Prosty hash z peklowanej wołowiny

8 PORCJI

263

Wartości odżywcze (w 1 porcji)

kalorie	tłuszcz	białka	węglowodany	błonnik
532	46.3g	22.8g	4.1g	2.8g
	79%	18%	3%	

OBIAD

Sałatka meksykańska***

4 PORCJE

223

Wartości odżywcze (w 1 porcji)

kalorie	tłuszcz	białka	węglowodany	błonnik
471	35g	32.5g	5.7g	1.7g
	67%	28%	5%	

DODATEK

Sałatka z łódeczkami z kapusty

4 PORCJE

225

Wartości odżywcze (w 1 porcji)

kalorie	tłuszcz	białka	węglowodany	błonnik
204	18.4g	6.3g	4.2g	1g
	81%	12%	8%	

PRZEKĄSKA/DESER

Sernik truskawkowy w kubeczku

6 PORCJI

334

Wartości odżywcze (w 1 porcji)

kalorie	tłuszcz	białka	węglowodany	błonnik
220	21.3g	3.4g	5.4g	1.7g
	86%	5%	9%	

Dzień 1 — podsumowanie

kalorie	tłuszcz	białka	węglowodany	błonnik
1642	141.6g	69.6g	7.2g	5.3g
	79%	17%	4%	

Dzień 2

ŚNIADANIE

Jajka w czyśćcu

2 PORCJE

148

Wartości odżywcze (w 1 porcji)

kalorie	tłuszcz	białka	węglowodany	błonnik
488	38.7g	27.5g	7g	1.7g
	72%	23%	5%	

LUNCH

Kurczak z sosem alfredo

4 PORCJE

246

Wartości odżywcze (w 1 porcji)

kalorie	tłuszcz	białka	węglowodany	błonnik
468	42.4g	21.3g	1.1g	0g
	81%	18%	1%	

OBIAD

20-minutowa zapiekanka z mielonej baraniny

4 PORCJE

280

Wartości odżywcze (w 1 porcji)

kalorie	tłuszcz	białka	węglowodany	błonnik
256	17.1g	14.6g	11g	3g
	60%	23%	17%	

DODATEK

Spaghetti w kremowym sosie z kolendrą i limonką

4 PORCJE

303

Wartości odżywcze (w 1 porcji)

kalorie	tłuszcz	białka	węglowodany	błonnik
338	35g	1.6g	5.7g	1.6g
	93%	2%	5%	

PRZEKĄSKA/DESER

Aksamitny mus francuski

12 PORCJI

351

Wartości odżywcze (w 1 porcji)

kalorie	tłuszcz	białka	węglowodany	błonnik
218	21.5g	3.4g	2.8g	0.8g
	89%	6%	5%	

Dzień 2 — podsumowanie

kalorie	tłuszcz	białka	węglowodany	błonnik
1768	154.7g	68.4g	27.6g	7.1g
	79%	15%	6%	

Dzień 3

ŚNIADANIE

Płatki niezbożowe*

1 PORCJA

157

Wartości odżywcze (w 1 porcji)

kalorie	tłuszcz	białka	węglowodany	błonnik
691	69.8g	14.4g	5g	1.8g
	90%	7.5%	2.5%	

LUNCH

Wrapy z kurczakiem z wolnowaru i dressingiem cesarskim

6 PORCJI

208

Wartości odżywcze (w 1 porcji)

kalorie	tłuszcz	białka	węglowodany	błonnik
517	35.7g	43g	3g	0.6g
	63%	34%	3%	

OBIAD

Słodko-kwaśne żeberka w stylu country z makaronem z cukinii

6–8 PORCJI

290

Wartości odżywcze (w 1 porcji)

kalorie	tłuszcz	białka	węglowodany	błonnik
476	28.1g	45.5g	7.3g	1.4g
	54%	39%	7%	

DODATEK

Ogórki duszone w curry

4 PORCJE

311

Wartości odżywcze (w 1 porcji)

kalorie	tłuszcz	białka	węglowodany	błonnik
78	7g	0.6g	3.5g	0.6g
	80%	3%	17%	

PRZEKĄSKA/DESER

Chrupiące bomby tłuszczowe o smaku mokki

4 PORCJE

326

Wartości odżywcze (w 1 porcji)

kalorie	tłuszcz	białka	węglowodany	błonnik
89	10.8g	0g	0g	0g
	100%	0%	0%	

Dzień 3 — podsumowanie

kalorie	tłuszcz	białka	węglowodany	błonnik
1851	147.1g	103.5g	18.8g	4.4g
	73%	23%	4%	

Dzień 4

ŚNIADANIE

Budyń czekoladowy

4 PORCJE

158

Wartości odżywcze (w 1 porcji)

kalorie	tłuszcz	białka	węglowodany	błonnik
474	50.3g	3.7g	4.3g	0g
	94%	3%	3%	

LUNCH

Kurczak z wolnowaru w maśle z chlebem naan**

8 PORCJI

252

Wartości odżywcze (w 1 porcji)

kalorie	tłuszcz	białka	węglowodany	błonnik
536	37g	42.6g	6.4g	1.4g
	64%	32.5%	5%	

OBIAD

Golec zwyczajny z oliwkową salsą

2 PORCJE

232

Wartości odżywcze (w 1 porcji)

kalorie	tłuszcz	białka	węglowodany	błonnik
439	33.6g	32.5g	1.1g	0g
	69%	30%	1%	

DODATEK

Jajeczny sos gribiche

4 PORCJE

193

Wartości odżywcze (w 1 porcji)

kalorie	tłuszcz	białka	węglowodany	błonnik
229	20.7g	8.5g	0.9g	0g
	82%	16%	2%	

PRZEKĄSKA/DESER

Chrupiące bomby tłuszczowe z bekonem i z ekstraktem z syropu klonowego

4 PORCJE

328

Wartości odżywcze (w 1 porcji)

kalorie	tłuszcz	białka	węglowodany	błonnik
137	14.1g	2.5g	0g	0g
	93%	7%	0%	

Dzień 4 — podsumowanie

kalorie	tłuszcz	białka	węglowodany	błonnik
1815	155.7g	89.8g	12.7g	1.4g
	78%	19%	3%	

Dzień 5

ŚNIADANIE

Zielone jajka sadzone na szynce

1 PORCJA

168

Wartości odżywcze (w 1 porcji)

kalorie	tłuszcz	białka	węglowodany	błonnik
278	22.7g	15.8g	2.2g	0g
	74%	23%	3%	

LUNCH

Kiełbaski z prostą sałatką coleslaw

2 PORCJE

288

Wartości odżywcze (w 1 porcji)

kalorie	tłuszcz	białka	węglowodany	błonnik
581	47.3g	29.2g	9.9g	2.5g
	73%	20%	7%	

OBIAD

Grillowane kotlety baranie z sosem aioli

4 PORCJE

282

Wartości odżywcze (w 1 porcji)

kalorie	tłuszcz	białka	węglowodany	błonnik
862	76g	38.2g	0.4g	0g
	80%	19%	1%	

DODATEK

Grysik serowy

4 PORCJE

302

Wartości odżywcze (w 1 porcji)

kalorie	tłuszcz	białka	węglowodany	błonnik
408	37.8g	16.9g	1.1g	0g
	83%	16%	1%	

PRZEKĄSKA/DESER

Mus karmelowy

4 PORCJE

350

Wartości odżywcze (w 1 porcji)

kalorie	tłuszcz	białka	węglowodany	błonnik
129	12.9g	1.9g	0.9g	0g
	90%	7%	3%	

Dzień 5 — podsumowanie

kalorie	tłuszcz	białka	węglowodany	błonnik
2258	196.7g	102g	14.5g	2.5g
	73%	23%	3%	

Dzień 6

ŚNIADANIE

Śniadaniowa zapiekanka z przyprawą taco

6 PORCJI

164

Wartości odżywcze (w 1 porcji)

kalorie	tłuszcz	białka	węglowodany	błonnik
301	22.4g	21.8g	2.5g	0g
	68%	29%	3%	

LUNCH

Smażone ravioli z serem

6 PORCJI

176

Wartości odżywcze (w 1 porcji)

kalorie	tłuszcz	białka	węglowodany	błonnik
315	25.5g	22.5g	1.2g	0g
	72%	27%	1%	

OBIAD

Proste wrapy z sałatką z tuńczyka

3 PORCJE

204

Wartości odżywcze (w 1 porcji)

kalorie	tłuszcz	białka	węglowodany	błonnik
441	37.2g	23.9g	0.8g	0g
	76%	22%	1%	

DODATEK

Spaghetti w kremowym sosie z kolendrą i limonką

4 PORCJE

303

Wartości odżywcze (w 1 porcji)

kalorie	tłuszcz	białka	węglowodany	błonnik
338	35g	1.6g	5.7g	1.6g
	93%	2%	5%	

PRZEKĄSKA/DESER

Bomby tłuszczowe o smaku likieru Grand Marnier

12 PORCJI

325

Wartości odżywcze (w 1 porcji)

kalorie	tłuszcz	białka	węglowodany	błonnik
275	31g	0g	0g	0g
	100%	0%	0%	

Dzień 6 — podsumowanie

kalorie	tłuszcz	białka	węglowodany	błonnik
1670	151.1g	69.8g	10.6g	1.6g
	81%	17%	2%	

Dzień 7

ŚNIADANIE

Bezmleczne batoniki proteinowe o smaku mlecznej czekolady

8 PORCJI

154

Wartości odżywcze (w 1 porcji)

kalorie	tłuszcz	białka	węglowodany	błonnik
238	23g	4g	2.5g	1.5g
	89%	7%	4%	

LUNCH

Grysik z krewetkami

4 PORCJE

235

Wartości odżywcze (w 1 porcji)

kalorie	tłuszcz	białka	węglowodany	błonnik
620	53.6g	32.2g	3.1g	0g
	77.6%	20.4%	2%	

OBIAD

Kurczak laotański z wolnowaru z ziołami

6 PORCJI

250

Wartości odżywcze (w 1 porcji)

kalorie	tłuszcz	białka	węglowodany	błonnik
438	28.3g	39.5g	3.6g	0.8g
	59%	36%	4%	

DODATEK

Grysik serowy

4 PORCJE

302

Wartości odżywcze (w 1 porcji)

kalorie	tłuszcz	białka	węglowodany	błonnik
408	37.8g	16.9g	1.1g	0g
	83%	16%	1%	

PRZEKĄSKA/DESER

Bomby tłuszczowe o smaku likieru Grand Marnier

RESZTKI

Wartości odżywcze (w 1 porcji)

kalorie	tłuszcz	białka	węglowodany	błonnik
275	31g	0g	0g	0g
	100%	0%	0%	

Dzień 7 — podsumowanie

kalorie	tłuszcz	białka	węglowodany	błonnik
1979	173.7g	92.6g	10.3g	2.3g
	79%	19%	2%	

**Podane informacje o wartościach odżywczych odnoszą się do płatków niezbożowych przygotowanych z mleka kokosowego. Przy użyciu śmietany kremówki będą one nieco inne (s. 157).*

***Informacje o wartościach odżywczych podane dla kurczaka z wolnowaru w maśle z chlebem naan to suma dla całej potrawy. Oddzielne informacje dla kurczaka oraz chleba naan znajdują się na stronie 252.*

****Osoby używające wędzarni mogą zastąpić sałatkę meksykańską wędzonymi żeberkami grzbietowymi.*

Lista zakupów dla 7-dniowego uzdrawiającego i podtrzymującego planu posiłków

Warzywa i owoce

Awokado, 1 sztuka

Bazylia tajska, 1 mała wiązka (siekana, 2 łyżki)

Bazylia, 1 mała wiązka (siekana, 1 łyżeczka)

Cebula, 1 sztuka, średnia + 2 sztuki, duże

Cukinia, 10 sztuk, średnich (nie dłuższych niż 30 cm) lub 9 paczek (200 g) makaronu shirataki

Cykoria, 2 główki

Cytryna, 1 sztuka, mała (1½ łyżeczki soku)

Czerwona papryka chili, 2 sztuki, małe

Czosnek, 2 główki (jeśli chcecie użyć pieczonego czosnku, będziecie potrzebowali 5 główek)

Estragon, 1 mała wiązka (siekany estragon, 1 łyżeczka)

Imbir, 1 kawałek o długości 10 cm (tarty imbir, 3 łyżki)

Kapusta, ½ główki

Kolendra, 1 średnia wiązka (siekana kolendra, ½ szklanki)

Limonka, 1 mała sztuka lub 1 buteleczka soku o pojemności 400 ml (1 łyżeczka soku)

Mięta, 1 wiązka (siekana, 3 łyżki)

Nać pietruszki, 1 średnia wiązka (siekana, ½ szklanki)

Ogórki, 2 sztuki o długości około 10 cm

Pomidor, 1 sztuka mała + 2 sztuki duże

Rozmaryn, 1 gałązka

Sałata bostońska, 1 główka (6 dużych liści)

Sałata lodowa, 1 główka

Sałata rzymska, 1 główka

Sałatka wiosenna, mieszanka, 1 duża torba (4 szklanki)

Szczypiorek, 1 mała wiązka (siekany szczypiorek, 2 łyżki)

Zielona cebula, 1 średnia wiązka

Zielona kapusta, 1 średnia główka (około 1 kg)

Mięso

Bekon, 8 plastrów

Chorizo lub kiełbasa włoska, pętka lub zmielona, 115 g

Golec zwyczajny, 2 filety (150 g), 2 cm grubości każdy

Kiełbaski, 4 sztuki (100 g)

Kotlety z combra jagnięcego, 8 sztuk, 3 cm grubości

Krewetki, wstępnie obgotowane, najlepiej w całości, 12 dużych sztuk

Mielona baranina, 500 g

Mielona wołowina, 80% chudego mięsa, 700 g

Peklowany mostek wołowy, gotowy, 700 g

Prosciutto, cienko krojone, 200 g

Szynka, bez dodatkowego cukru, 2 plastry

Tuńczyk, 2 puszki po 150 g

Udka z kurczaka bez skóry i bez kości, 4 kg

Udka z kurczaka, bez kości i bez skóry, 1,5 kg

Udka z kurczaka, bez kości i ze skórą, 1,2 kg

Udka z kurczaka, z kością i ze skórą, 1 kg

Żeberka wieprzowe w stylu country, 1,5 kg

Nabiał, zamienniki nabiału i jajka

Jaja, duże, najlepiej ekologiczne, 50 sztuk

Masło, niesolone, 3 kostki (1½ szklanki) + 2 łyżki

Mleko kokosowe, pełnotłuste, 2 puszki po 400 ml lub śmietana kremówka (dla osób tolerujących laktozę)

Mleko migdałowe, niesłodzone, 3¼ szklanki (lub domowe, s. 131)

Parmezan, 115 g

Ser cheddar, ostry, 100 g

Ser Monterey Jack albo ostry cheddar, 90 g

Ser provolonne (ze stoiska z serami), 4 okrągłe plastry (na miseczki do tacos do sałatki meksykańskiej, można pominąć w przypadku nietolerancji laktozy)

Serek mascarpone albo serek śmietankowy, 1 opakowanie (225 g)

Serek śmietankowy, 3 opakowania po 225 g (razem 675 g)

Śmietana kremówka, 500 ml (około 2 szklanki)

Tłuszcze

Masło kokosowe, 60 g (¼ szklanki)

Olej kokosowy, 1 l (4½ szklanki + 3 łyżki)

Olej MCT, 200 ml (¾ szklanki + 2 łyżki)

Inne produkty

Aminokwasy kokosowe lub sos sojowy niezawierający pszenicy, 135 ml (½ szklanki + 1 łyżka)

Bulion drobiowy na kościach, 2⅓ szklanki (lub domowy, s. 132)

Bulion wołowy na kościach, ¾ szklanki (lub domowy, s. 132)

Czekolada piekarnicza, niesłodzona, 90 g

Czekoladowy proszek proteinowy z serwatki, 20 g (¼ szklanki) lub z białek jaj (dla osób bez alergii na ten produkt)

Ekstrakt karmelowy, 1 łyżeczka

Ekstrakt pomarańczowy, 1 łyżka

Ekstrakt truskawkowy, 1 łyżeczka

Ekstrakt waniliowy, 1 łyżka + 2 łyżeczki (lub 5 lasek wanilii po 15 cm każda)

Ekstrakt z syropu klonowego, 1 łyżka + 1 łyżeczka

Espresso w proszku, 1 łyżeczka

Herbata truskawkowa lub hibiskusowa, 1 torebka (¼ szklanki po zaparzeniu)

Kakao w proszku, niesłodzone, 88 ml (1 szklanka + 1 łyżeczka)

Kamień winny, ½ łyżeczki

Korniszony, 3 sztuki (siekane, 1 łyżka)

Kozieradka w proszku, 1 łyżeczka

Kurkuma w proszku, 1 łyżka + 1 łyżeczka

Mielona kolendra, ½ łyżeczki

Mielony kardamon, ½ łyżeczki

Musztarda gruboziarnista, 3½ łyżki

Naturalny słodzik marki Swerve albo odpowiednia ilość erytrytolu lub owocu mnicha w proszku bądź w płynie, 1 paczka o pojemności 450 g (2 szklanki) — informacje, jak przeliczać ilości słodzików, znajdziesz na s. 37

Naturalny słodzik marki Swerve albo odpowiednia ilość innego słodzika w proszku bądź w płynie, 2 paczki po 450 g (3½ szklanki) — informacje, jak przeliczać ilości słodzików, znajdziesz na s. 37

Ocet kokosowy lub jabłkowy, 190 ml (¾ szklanki + 1 łyżka)

Proszek proteinowy z białek jaj, bezsmakowy, 88 ml (¼ szklanki) lub z serwatki (dla osób nieuczulonych na mleko)

Sos rybny, 60 ml (¼ szklanki)

Sproszkowane chili, 1 łyżeczka

Suszona cebula, ⅛ łyżeczki

Wędzona papryka, 2 łyżki

Żelatyna ze zwierząt wypasanych naturalnie, w proszku, 1½ łyżki

Przyprawy, sosy i mieszanki przypraw

Bezmleczny dressing ranczerski (s. 118), ¾ szklanki

Dressing cesarski, niesłodzony, niezawierający oleju z ziaren soi, 1 buteleczka (½ szklanki) lub domowy (s. 116)

Majonez, ¼ szklanki + 2 łyżki (lub domowy, s. 112)

Oliwkowa salsa (s. 135), ½ szklanki

Prosty dressing do sałatek z przyprawą taco (s. 121), 2 łyżki

Prosty sos chimichurri (s. 130), ¾ szklanki

Przyprawa taco (s. 110), ¼ szklanki + 2 łyżeczki

Sos z kolendrą i limonką (s. 115), 3 szklanki

Ziołowy sos aioli z miętą (s. 114), ½ szklanki

Produkty w puszkach i słoikach

Czarne oliwki w plasterkach, 1 puszka o pojemności 65 g (½ szklanki)

Kapary, 1 słoik o pojemności 230 g (1 łyżka)

Pasta pomidorowa, 2 słoiki po 170 g (1 słoik + 3 łyżki)

Salsa, 1 słoik o pojemności 230 g (½ szklanki)

Siekane pomidory, 1 puszka o pojemności 400 g

Sos pomidorowy, 1 słoik o pojemności 560 g (2¼ szklanki)

Tuńczyk, 2 puszki po 110 g

Produkty opcjonalne

Czysty sok z aloesu, 1 łyżka (do shake'ów śmietankowo-pomarańczowych)

L-glutamina w proszku, 1 łyżka (do shake'ów śmietankowo-pomarańczowych)

Syrop z korzenia yacon, 1 łyżka (do bezmlecznych batoników proteinowych o smaku mlecznej czekolady)

Wzmacniacz smaku Stur o smaku pomarańczy i mango, 1 łyżeczka (do bomb tłuszczowych o smaku likieru Grand Marnier)

Żelatyna ze zwierząt wypasanych naturalnie, sproszkowana, 1 łyżka (do shake'ów śmietankowo-pomarańczowych)

30-dniowy

uzdrawiający i podtrzymujący plan posiłków

	ŚNIADANIE	PRZEKĄSKA/DESER	DODATEK	LUNCH	OBIAD
1 NIEDZIELA	2 jajka przygotowane w dowolny sposób, 2 plasterki bekonu	Mrożone przekąski pomarańczowo-śmietankowe 330	Pikle z lodówki 318	Sałatka meksykańska* 223	Wieprzowe ragù z wolnowaru na polencie w stylu paleo 291
2 PONIEDZIAŁEK	Bezmleczny shake czekoladowy 145	Śmietankowo-pomarańczowe lody w tubce 337	Grysik serowy 302	Wrapy z wołową barbacoą zwolnowaru 210	Odwrócona pizza 264
3 WTOREK	Szybkie bułeczki z cynamonem 152	Mrożone przekąski pomarańczowo-śmietankowe RESZTKI	Sałatka z łódeczkami z kapusty* 225	Brokuły Carbonara 286	Golonka wieprzowa 294
4 ŚRODA	Bezmleczny shake czekoladowy RESZTKI	Śmietankowo-pomarańczowe lody w tubce RESZTKI	Pikle z lodówki RESZTKI	Wrapy z wołową barbacoą zwolnowaru RESZTKI	Wieprzowe ragù z wolnowaru na polencie w stylu paleo RESZTKI
5 CZWARTEK	Szybkie bułeczki z cynamonem RESZTKI	Lody bezjajeczne 348	Paluszki o smaku pizzy 304	Brokuły Carbonara RESZTKI	Panna cotta z koziego sera z chrupiącym prosciutto i podsmażaną bazylią 296
6 PIĄTEK	Bezmleczny shake czekoladowy RESZTKI	Mrożone przekąski pomarańczowo-śmietankowe RESZTKI	Sałatka z łódeczkami z kapusty* RESZTKI	Sałatka meksykańska* RESZTKI	Małże masala 238
7 SOBOTA	Szybkie bułeczki z cynamonem RESZTKI	Śmietankowo-pomarańczowe lody w tubce RESZTKI	Pikle z lodówki RESZTKI	Wrapy z wołową barbacoą zwolnowaru RESZTKI	Odwrócona pizza RESZTKI
8 NIEDZIELA	Bezmleczny shake czekoladowy RESZTKI	Chrupiące bomby tłuszczowe o smaku malinowym 326	Sałatka z łódeczkami z kapusty* RESZTKI	Wrapy z wołową barbacoą zwolnowaru RESZTKI	Zupa serowa z makaronem z brokułów 216
9 PONIEDZIAŁEK	Szybkie bułeczki z cynamonem RESZTKI	Chrupiące bomby tłuszczowe o smaku pomarańczowym 326	Proste kimchi 316	Sałatka meksykańska* RESZTKI	Prosta pizza portobello 306
10 WTOREK	2 jajka przygotowane w dowolny sposób, 2 plasterki bekonu	Chrupiące bomby tłuszczowe o smaku malinowym RESZTKI	Sałatka z łódeczkami z kapusty* RESZTKI	Kurczak smażony dwa razy 249	Odwrócona pizza RESZTKI

*Osoby używające wędzarni mogą zastąpić sałatkę meksykańską wędzonymi żeberkami grzbietowymi (s. 366), a sałatkę z łódeczkami z kapusty wędzonymi stekami kalafiorowymi z patelni (s. 372).

	ŚNIADANIE	PRZEKĄSKA/DESER	DODATEK	LUNCH	OBIAD
11 ŚRODA	Szybkie bułeczki z cynamonem RESZTKI	Chrupiące bomby tłuszczowe z pomarańczą RESZTKI	Paluszki o smaku pizzy RESZTKI	Babeczki z klopsami po meksykańsku 278	Lazania z patelni 266
12 CZWARTEK	Babeczki o smaku pizzy 162	Śmietankowo-pomarańczowe lody w tubce RESZTKI	Proste kimchi RESZTKI	Sałatka meksykańska* RESZTKI	Hamburgery na pieczarkach 268
13 PIĄTEK	Płatki niezbożowe 157	Chrupiące bomby tłuszczowe o smaku malinowym RESZTKI	Ogórki duszone w curry 311	Babeczki z klopsami po meksykańsku RESZTKI	Lazania z patelni RESZTKI
14 SOBOTA	Babeczki o smaku pizzy RESZTKI	Lody bezjajeczne 348	Proste kimchi RESZTKI	Kurczak smażony dwa razy RESZTKI	Nogi kraba królewskiego z masłem czosnkowym 240
15 NIEDZIELA	Babeczki o smaku pizzy RESZTKI	Chrupiące bomby tłuszczowe o smaku malinowym RESZTKI	Proste kimchi RESZTKI	Kurczak z sosem alfredo 246	Zupa pomidorowa z grillowanym serem 218
16 PONIEDZIAŁEK	2 jajka przygotowane w dowolny sposób, 2 plasterki bekonu	Żelki misie 352	Sałatka z ogórków 224	Smażone ravioli z serem 176	Lazania z patelni RESZTKI
17 WTOREK	Śniadaniowe burrito 169	Lody bezjajeczne RESZTKI	Karmelizowana endywia 313	Kurczak smażony dwa razy RESZTKI	Wrapy z sałatką sardynkową 206
18 ŚRODA	Jajka w czyśćcu 148	Żelki misie RESZTKI	Paluszki o smaku pizzy RESZTKI	Kurczak z sosem alfredo RESZTKI	Hamburgery na pieczarkach RESZTKI
19 CZWARTEK	Śniadaniowe burrito RESZTKI	Lody bezjajeczne RESZTKI	Sałatka z ogórków RESZTKI	Smażone ravioli z serem RESZTKI	Lazania z patelni RESZTKI
20 PIĄTEK	Jajka w czyśćcu RESZTKI	Żelki misie RESZTKI	Karmelizowana endywia RESZTKI	Kurczak z sosem alfredo RESZTKI	Hamburgery na pieczarkach RESZTKI

	ŚNIADANIE	PRZEKĄSKA/DESER	DODATEK	LUNCH	OBIAD
21 SOBOTA	Śniadaniowe burrito RESZTKI	Krówkowe brownie bez mąki 354	Ogórki duszone w curry 311	Smażone ravioli z serem RESZTKI	Wrapy z sałatką sardynkową RESZTKI
22 NIEDZIELA	Śniadaniowa zapiekanka z przyprawą taco 164	Wytrawne lody o smaku pizzy 347	Karmelizowana endywia RESZTKI	Kurczak z sosem alfredo RESZTKI	Paluszki rybne 236
23 PONIEDZIAŁEK	Śniadaniowe burrito RESZTKI	Krówkowe brownie bez mąki RESZTKI	Polenta w stylu paleo 320	Smażone ravioli z serem RESZTKI	Grillowany kurczak z białym sosem barbecue 248
24 WTOREK	2 jajka przygotowane w dowolny sposób, 2 plasterki bekonu	Wytrawne lody o smaku pizzy RESZTKI	Karmelizowana endywia RESZTKI	Grillowane kotlety baranie z miętowym sosem aioli 282	Rybne tacos 230
25 ŚRODA	Batoniki proteinowe o smaku sernika truskawkowego 156	Prosty crème brûlée 324	Paluszki o smaku pizzy 304	Prosty hash z peklowanej wołowiny 263	Grillowany kurczak z białym sosem barbecue RESZTKI
26 CZWARTEK	Śniadaniowa zapiekanka z przyprawą taco RESZTKI	Krówkowe brownie bez mąki RESZTKI	Polenta w stylu paleo RESZTKI	Grillowane kotlety baranie z miętowym sosem aioli RESZTKI	Rybne tacos RESZTKI
27 PIĄTEK	Batoniki proteinowe o smaku sernika truskawkowego RESZTKI	Prosty crème brûlée RESZTKI	Jajeczny sos gribiche 193	Prosty hash z peklowanej wołowiny RESZTKI	Grillowany kurczak z białym sosem barbecue RESZTKI
28 SOBOTA	Śniadaniowa zapiekanka z przyprawą taco RESZTKI	Wytrawne lody o smaku pizzy RESZTKI	Pieczarki w sosie bordoski 310	Fajita z kurczakiem z wolnowaru 244	Rybne tacos RESZTKI
29 NIEDZIELA	Batoniki proteinowe o smaku sernika truskawkowego RESZTKI	Prosty crème brûlée RESZTKI	Polenta w stylu paleo RESZTKI	Prosty hash z peklowanej wołowiny RESZTKI	Grillowany kurczak z białym sosem barbecue RESZTKI
30 PONIEDZIAŁEK	2 jajka przygotowane w dowolny sposób, 2 plasterki bekonu	Krówkowe brownie bez mąki RESZTKI	Jajeczny sos gribiche RESZTKI	Fajita z kurczakiem z wolnowaru RESZTKI	Rybne tacos RESZTKI

30-dniowy bezmleczny uzdrawiający i podtrzymujący plan posiłków

NIE ZAWIERA NABIAŁU

	ŚNIADANIE	PRZEKĄSKA/DESER	DODATEK	LUNCH	OBIAD
1 NIEDZIELA	2 jajka przygotowane w dowolny sposób, 2 plasterki bekonu	Bomby tłuszczowe o smaku likieru Grand Marnier 325	Pikle z lodówki 318	Domowe tacos 270	Wieprzowe ragù z wolnowaru na polencie w stylu paleo 291
2 PONIEDZIAŁEK	Bezmleczny shake czekoladowy 145	Lody kawowe 343	Grzybowe ragù 300	Kurczak laotański z wolnowaru z ziołami 250	20-minutowa zapiekanka z mielonej baraniny 280
3 WTOREK	Szybkie bułeczki z cynamonem 152	Bomby tłuszczowe o smaku likieru Grand Marnier RESZTKI	Sałatka z łódeczkami z kapusty* 225	Domowe tacos RESZTKI	Golonka wieprzowa 294
4 ŚRODA	Bezmleczny shake czekoladowy RESZTKI	Lody kawowe RESZTKI	Pikle z lodówki RESZTKI	Kurczak laotański z wolnowaru z ziołami RESZTKI	Wieprzowe ragù z wolnowaru na polencie w stylu paleo RESZTKI
5 CZWARTEK	Szybkie bułeczki z cynamonem RESZTKI	Aksamitny mus francuski 351	Grzybowe ragù RESZTKI	Domowe tacos RESZTKI	Słodko-kwaśne żeberka w stylu country z makaronem z cukinii 290
6 PIĄTEK	Bezmleczny shake czekoladowy RESZTKI	Bomby tłuszczowe o smaku likieru Grand Marnier RESZTKI	Sałatka z łódeczkami z kapusty* RESZTKI	Sałatka meksykańska* 223	Małże masala 238
7 SOBOTA	Szybkie bułeczki z cynamonem RESZTKI	Lody kawowe RESZTKI	Pikle z lodówki RESZTKI	Domowe tacos RESZTKI	20-minutowa zapiekanka z mielonej baraniny RESZTKI
8 NIEDZIELA	Bezmleczny shake czekoladowy RESZTKI	Chrupiące bomby tłuszczowe o smaku malinowym 326	Sałatka z łódeczkami z kapusty* RESZTKI	Sałatka meksykańska* RESZTKI	Kiełbaski z prostą sałatką coleslaw 288
9 PONIEDZIAŁEK	Szybkie bułeczki z cynamonem RESZTKI	Bomby tłuszczowe o smaku likieru Grand Marnier RESZTKI	Proste kimchi 316	Awokado nadziewane krabami z sokiem z limonki 234	Słodko-kwaśne żeberka w stylu country z makaronem z cukinii RESZTKI
10 WTOREK	2 jajka przygotowane w dowolny sposób, 2 plasterki bekonu	Chrupiące bomby tłuszczowe o smaku malinowym RESZTKI	Sałatka z łódeczkami z kapusty* RESZTKI	Boczek z rukolą i pomidorami 292	20-minutowa zapiekanka z mielonej baraniny RESZTKI

NIE ZAWIERA NABIAŁU

**Osoby używające wędzarni mogą zastąpić sałatkę meksykańską wędzonymi żeberkami grzbietowymi (s. 366), a sałatkę z łódeczkami z kapusty wędzonymi stekami kalafiorowymi z patelni (s. 372).*

	ŚNIADANIE	PRZEKĄSKA/DESER	DODATEK	LUNCH	OBIAD
11 ŚRODA	Szybkie bułeczki z cynamonem RESZTKI	Aksamitny mus francuski 351	Ogórki duszone w curry 311	Awokado nadziewane krabami z sokiem z limonki RESZTKI	Słodko-kwaśne żeberka w stylu country z makaronem z cukinii RESZTKI
12 CZWARTEK	Babeczki nowalijkowe 146	Lody kawowe RESZTKI	Proste kimchi RESZTKI	Sałatka meksykańska* RESZTKI	Hamburgery na pieczarkach 268
13 PIĄTEK	Szybkie angielskie babeczki z olejem kokosowym 150	Chrupiące bomby tłuszczowe o smaku malinowym RESZTKI	Ogórki duszone w curry RESZTKI	Prosta sałatka nicejska 220	20-minutowa zapiekanka z mielonej baraniny RESZTKI
14 SOBOTA	Babeczki nowalijkowe RESZTKI	Lody o smaku herbaty 345	Proste kimchi RESZTKI	Kurczak smażony dwa razy 249	Nogi kraba królewskiego z masłem czosnkowym 240
15 NIEDZIELA	Babeczki nowalijkowe RESZTKI	Chrupiące bomby tłuszczowe o smaku malinowym RESZTKI	Proste kimchi RESZTKI	Kurczak laotański z wolnowaru z ziołami RESZTKI	Słodko-kwaśne żeberka w stylu country z makaronem z cukinii RESZTKI
16 PONIEDZIAŁEK	2 jajka przygotowane w dowolny sposób, 2 plasterki bekonu	Żelki misie 352	Sałatka z ogórków 224	Prosta sałatka nicejska RESZTKI	Wrapy z kurczakiem barbecue z wolnowaru 207
17 WTOREK	Babeczki nowalijkowe RESZTKI	Lody o smaku herbaty RESZTKI	Karmelizowana endywia 313	Kurczak laotański z wolnowaru z ziołami RESZTKI	Boczek z rukolą i pomidorami 292
18 ŚRODA	Jajka w czyśćcu 148	Żelki misie RESZTKI	Pieczarki w sosie bordoskim 310	Prosta sałatka nicejska RESZTKI	Wrapy z kurczakiem barbecue z wolnowaru RESZTKI
19 CZWARTEK	Bezmleczne batoniki proteinowe o smaku mlecznej czekolady 154	Lody o smaku herbaty RESZTKI	Sałatka z ogórków RESZTKI	Kurczak smażony dwa razy 249	Hamburgery na pieczarkach RESZTKI
20 PIĄTEK	Jajka w czyśćcu RESZTKI	Żelki misie RESZTKI	Karmelizowana endywia RESZTKI	Rosół z „makaronem” 222	Wrapy z kurczakiem barbecue z wolnowaru RESZTKI

NIE ZAWIERA NABIAŁU

	ŚNIADANIE	PRZEKĄSKA/DESER	DODATEK	LUNCH	OBIAD
21 SOBOTA	Babeczki nowalijkowe RESZTKI	Krówkowe brownie bez mąki 354	Ogórki duszone w curry 311	Prosta sałatka nicejska RESZTKI	Boczek z rukolą i pomidorami RESZTKI
22 NIEDZIELA	Bezmleczne batoniki proteinowe o smaku mlecznej czekolady RESZTKI	Wytrawne lody o smaku pizzy 347	Karmelizowana endywia RESZTKI	Rosół z „makaronem” 222	Golec zwyczajny z oliwkową salsą 232
23 PONIEDZIAŁEK	Babeczki nowalijkowe RESZTKI	Krówkowe brownie bez mąki 354	Jajeczny sos gribiche 193	Rosół z „makaronem” RESZTKI	Grillowany kurczak z białym sosem barbecue 248
24 WTOREK	2 jajka przygotowane w dowolny sposób, 2 plasterki bekonu	Wytrawne lody o smaku pizzy 347	Karmelizowana endywia RESZTKI	Rosół z „makaronem” RESZTKI	Rybne tacos 230
25 ŚRODA	Bezmleczny shake czekoladowy 145	Lody o smaku herbaty RESZTKI	Pieczarki w sosie bordoski RESZTKI	Awokado nadziewane krabami z sokiem z limonki 234	Grillowany kurczak z białym sosem barbecue RESZTKI
26 CZWARTEK	Bezmleczne batoniki proteinowe o smaku mlecznej czekolady RESZTKI	Krówkowe brownie bez mąki 354	Jajeczny sos gribiche 193	Awokado nadziewane krabami z sokiem z limonki RESZTKI	Rybne tacos RESZTKI
27 PIĄTEK	Bezmleczny shake czekoladowy 145	Lody o smaku herbaty RESZTKI	Sałatka z łódeczkami z kapusty* 225	Grillowany kurczak z białym sosem barbecue 252	Grillowany kurczak z białym sosem barbecue RESZTKI
28 SOBOTA	Bezmleczne batoniki proteinowe o smaku mlecznej czekolady RESZTKI	Wytrawne lody o smaku pizzy 347	Pieczarki w sosie bordoski RESZTKI	Kurczak z wolnowaru w maśle z chlebem naan RESZTKI	Rybne tacos RESZTKI
29 NIEDZIELA	Bezmleczny shake czekoladowy RESZTKI	Lody o smaku herbaty RESZTKI	Jajeczny sos gribiche RESZTKI	Kiełbaski z prostą sałatką coleslaw 288	Grillowany kurczak z białym sosem barbecue RESZTKI
30 PONIEDZIAŁEK	2 jajka przygotowane w dowolny sposób, 2 plasterki bekonu	Krówkowe brownie bez mąki 354	Sałatka z łódeczkami z kapusty* 225	Kurczak z wolnowaru w maśle z chlebem naan RESZTKI	Rybne tacos RESZTKI

Część 2

Proste przepisy ketogeniczne

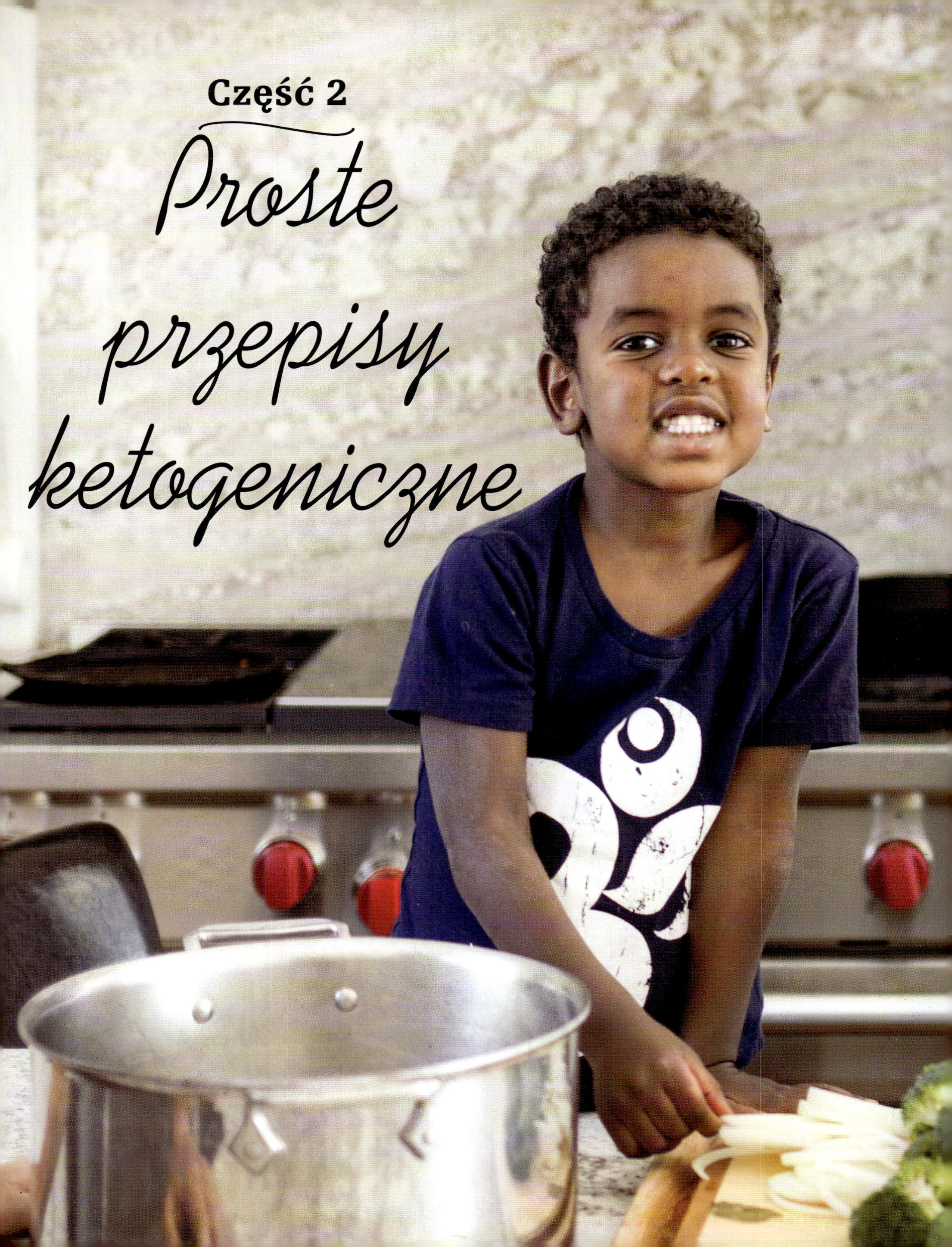

THE

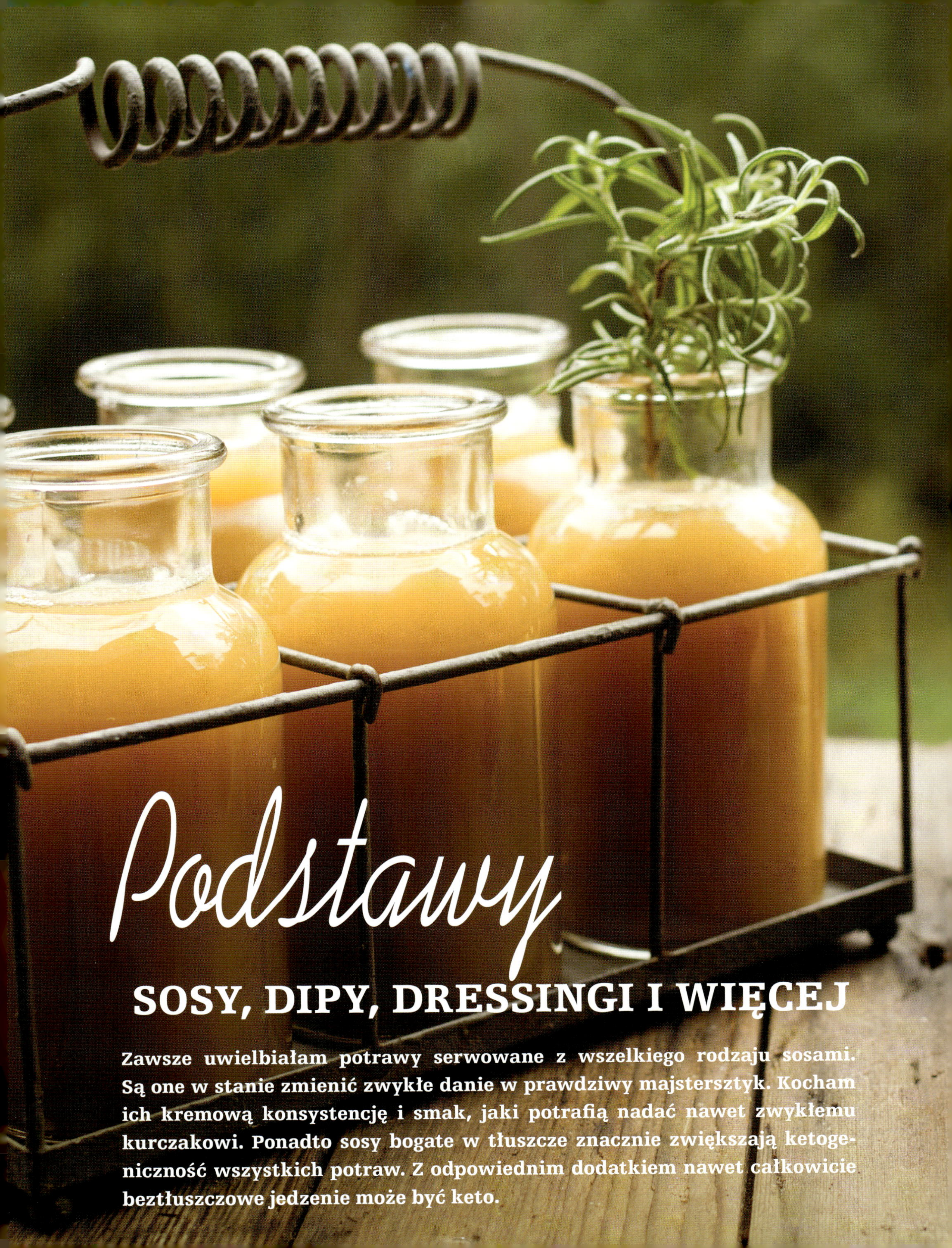

Podstawy

SOSY, DIPY, DRESSINGI I WIĘCEJ

Zawsze uwielbiałam potrawy serwowane z wszelkiego rodzaju sosami. Są one w stanie zmienić zwykłe danie w prawdziwy majstersztyk. Kocham ich kremową konsystencję i smak, jaki potrafią nadać nawet zwykłemu kurczakowi. Ponadto sosy bogate w tłuszcze znacznie zwiększają ketogeniczność wszystkich potraw. Z odpowiednim dodatkiem nawet całkowicie beztłuszczowe jedzenie może być keto.

ROZDZIAŁ 5

Przyprawa
DO ŻEBEREK

NIE ZAWIERA JAJ · NIE ZAWIERA ORZECHÓW · NIE ZAWIERA NABIAŁU · OPCJA WEGETARIAŃSKA

Czas przygotowania: 4 minuty

Wielkość porcji: ¾ szklanki (1½ łyżeczki na porcję)

¼ szklanki sproszkowanej papryki

1 łyżka słodzika cukierniczego Swerve lub odpowiednia ilość sproszkowanego erytrytolu albo owocu mnicha (patrz: s. 37)

1 łyżka drobnoziarnistej soli morskiej

1 łyżka świeżo zmielonego czarnego pieprzu

1 łyżka cebuli w proszku

1½ łyżeczki soli selerowej

1½ łyżeczki czosnku w proszku

1½ łyżeczki musztardy w proszku

½ łyżeczki mielonego kminu

Stosować do żeberek i innych mięs.

Wypać wszystkie składniki do słoika i wstrząsnąć w celu ich wymieszania. Przechowywać w szczelnie zamkniętym pojemniku nie dłużej niż 2 miesiące.

M L H KETO

WARTOŚCI ODŻYWCZE (w 1 porcji)				
kalorie	tłuszcz	białka	węglowodany	błonnik
20	0.7g	0.9g	3g	1.4g
	20%	30%	50%	

Sól Z PRZYPRAWAMI

NIE ZAWIERA JAJ | NIE ZAWIERA ORZECHÓW | NIE ZAWIERA NABIAŁU | OPCJA WEGETARIAŃSKA

Czas przygotowania: 3 minuty

Wielkość porcji: ¼ szklanki + 2 łyżki (¾ łyżeczki na porcję)

¼ szklanki drobnoziarnistej soli morskiej

1 łyżka + 1 łyżeczka słodzika cukierniczego Swerve lub odpowiednia ilość sproszkowanego erytrytolu albo owocu mnicha (patrz: s. 37)

1 łyżeczka papryki w proszku

1 łyżeczka papryki chili w proszku

½ łyżeczki kurkumy w proszku

½ łyżeczki cebuli w proszku

½ łyżeczki czosnku w proszku

L M H KETO

WARTOŚCI ODŻYWCZE (w 1 porcji)				
kalorie	tłuszcz	białka (śladowe ilości)	węglowodany	błonnik
1	0g		0.15g	0g
	0%	15%	85%	

Uwielbiam chodzić do sklepów z ekologicznymi suszonymi przyprawami, które sama mieszam w domu. Tę konkretną mieszankę stosuję najczęściej. Jeżeli też wam posmakuje, proponuję od razu zrobić jej cztery razy więcej.

Wsypać wszystkie składniki do słoika i wstrząsnąć w celu ich wymieszania. Przechowywać w szczelnie zamkniętym pojemniku nie dłużej niż 3 miesiące.

Przyprawa TACO

NIE ZAWIERA JAJ · NIE ZAWIERA ORZECHÓW · NIE ZAWIERA NABIAŁU · OPCJA WEGETARIAŃSKA

Czas przygotowania: 4 minuty

Wielkość porcji: ⅔ szklanki (1¼ łyżeczki na porcję)

¼ szklanki papryki chili w proszku

1½ łyżki mielonego kminu

1 łyżka drobnoziarnistej soli morskiej

1 łyżka świeżo zmielonego czarnego pieprzu

1 łyżka słodzika cukierniczego Swerve lub odpowiednia ilość sproszkowanego erytrytolu albo owocu mnicha (patrz: s. 37) — opcjonalnie

2 łyżeczki papryki w proszku

1 łyżeczka płatków z czerwonej papryki

1 łyżeczka czosnku w proszku

1 łyżeczka cebuli w proszku

1 łyżeczka mielonego suszonego oregano

1 łyżeczka mielonej kolendry

Wiele mieszanek przypraw do tacos dostępnych w sklepach zawiera cukier, sztuczne słodziki (takie jak maltodekstryna) albo i to, i to. Jeżeli chcecie, żeby wasza mieszanka miała lekko słodki smak, opcjonalnie można dodać trochę jednego ze słodzików opisanych w poprzednich rozdziałach.

Wsypać wszystkie składniki do słoika i wstrząsnąć w celu ich wymieszania. Przechowywać w szczelnie zamkniętym pojemniku nie dłużej niż 2 miesiące.

RADA:

Ta mieszanka jest składnikiem wielu przepisów w niniejszej książce. Dlatego proponuję przygotować od razu potrójną ilość.

M L H KETO

WARTOŚCI ODŻYWCZE (w 1 porcji)				
kalorie	tłuszcz	białka	węglowodany	błonnik
8	0.3g	0.3g	1.3g	0.7g
	18%	18%	64%	

Przyprawa
DO PIZZY

OPCJA

NIE ZAWIERA JAJ | NIE ZAWIERA ORZECHÓW | NIE ZAWIERA NABIAŁU | OPCJA WEGETARIAŃSKA

Czas przygotowania: 3 minuty

Wielkość porcji: ½ szklanki (2 łyżki na porcję)

¼ szklanki tartego parmezanu (około 30 g) — pominąć, jeżeli przepis ma być bezmleczny

3 łyżki czosnku w proszku

1 łyżka cebuli w proszku

1 łyżka suszonych liści oregano

To jedna z moich ulubionych mieszanek przypraw. Jej smak kojarzy mi się z paluszkami chlebowymi z Pizza Hut, którymi zajadałam się w dzieciństwie. Stosuję ją zawsze, kiedy chcę uzyskać smak klasycznej pizzy, na przykład przygotowując jajecznicę, babeczki o smaku pizzy (s. 162) lub kurze udka sauté.

Wsypać wszystkie składniki do słoika i wstrząsnąć w celu ich wymieszania. Przechowywać w lodówce, w szczelnie zamkniętym pojemniku, nie dłużej niż 2 tygodnie.

UWAGA:

Osoby nietolerujące laktozy mogą zamienić parmezan na 2 łyżeczki drobnoziarnistej soli morskiej oraz 2 łyżeczki drożdży odżywczych. Uzyskają wtedy ¼ szklanki + 2 łyżki przyprawy. Taką mieszankę można przechowywać w spiżarni, w szczelnie zamkniętym pojemniku, nie dłużej niż miesiąc.

M
L H
KETO

WARTOŚCI ODŻYWCZE (w 1 porcji)				
kalorie	tłuszcz	białka	węglowodany	błonnik
60	2.4g	4.4g	6.7g	1.2g
	33%	26%	41%	

Spalający tłuszcz
MAJONEZ

NIE ZAWIERA ORZECHÓW · NIE ZAWIERA NABIAŁU · OPCJA WEGETARIAŃSKA

Czas przygotowania: 5 minut

Wielkość porcji: 1½ szklanki (około 1 łyżeczka na porcję)

2 żółtka dużych jaj

2 łyżeczki soku cytrynowego

1 szklanka oleju MCT lub innego oleju o neutralnym smaku, na przykład z orzechów makadamia lub awokado

1 łyżka musztardy dijon

½ łyżeczki drobnoziarnistej soli morskiej

Specjalny sprzęt:

mikser zanurzeniowy

Domowy majonez ma łagodniejszy i bardziej neutralny smak niż ten sprzedawany w sklepach, a ponadto jest dużo zdrowszy! Niniejszy przepis można łatwo dostosować do własnych upodobań, wystarczy dodać drobno posiekany lub pieczony czosnek albo swoje ulubione zioła.

Umieścić składniki w wymienionej kolejności w słoiku o pojemności około 0,5 l z szerokim otworem. Następnie zanurzyć w nim mikser tak, aby końcówka dotykała dna. Włączyć mikser i powoli wyciągać końcówkę. Cierpliwości! Całkowite wynurzenie powinno zająć około minuty. Powolny ruch pozwoli uzyskać emulsję. Voilà! Oto majonez. Przechowywać w lodówce nie dłużej niż 5 dni.

WARIANT: BEKONEZ

Możecie zastąpić olej MCT wytopionym i ostudzonym tłuszczem z bekonu lub boczku, a w razie potrzeby dodać soli (możliwe, że dzięki tłuszczowi majonez będzie dostatecznie słony).

L M H
KETO

WARTOŚCI ODŻYWCZE (w 1 porcji)				
kalorie	tłuszcz	białka	węglowodany	błonnik
92	10g	0.3g	0.1g	0g
	98%	1.5%	0.4%	

Pikantny

MAJONEZ

OPCJA

NIE ZAWIERA ORZECHÓW | NIE ZAWIERA NABIAŁU | OPCJA WEGETARIAŃSKA

Czas przygotowania: 4 minuty

Wielkość porcji: ¾ szklanki (1½ łyżki na porcję)

½ szklanki majonezu kupionego w sklepie lub domowego (s. 112)

2 łyżki sosu sriracha kupionego w sklepie lub domowego (s. 124)

1 łyżka bulionu na kościach wołowych lub kurzych kupionego w sklepie lub domowego (s. 132) albo bulionu warzywnego (dla wegetarian)

Jednym z naszych ulubionych sposobów na szybki posiłek jest kupienie jak najświeższego tuńczyka nadającego się na sushi i podanie go z tym majonezem.

Wlać majonez, sos srirarcha i bulion do małej miski i dokładnie wymieszać do chwili połączenia się składników. Przechowywać w lodówce, w szczelnie zamkniętym pojemniku, nie dłużej niż 2 tygodnie.

M L H KETO

WARTOŚCI ODŻYWCZE (w 1 porcji)				
kalorie	tłuszcz	białka	węglowodany	błonnik
103	11.2g	0.2g	0.3g	0g
	98%	1%	1%	

Ziołowy sos AIOLI

NIE ZAWIERA ORZECHÓW | NIE ZAWIERA NABIAŁU | OPCJA WEGETARIAŃSKA

Czas przygotowania: 5 minut

Wielkość porcji: 1½ szklanki (2 łyżki na porcję)

1 szklanka majonezu kupionego w sklepie lub domowego (s. 112)

2 łyżki dowolnych drobno posiekanych ziół

1 łyżka octu kokosowego lub jabłkowego

1 łyżeczka drobno posiekanego czosnku lub ½ główki pieczonego czosnku (s. 134)

½ łyżeczki drobnoziarnistej soli morskiej

Ten sos jest niesamowity i pasuje praktycznie do wszystkiego. Chcecie podać go do kurczaka? Użyjcie świeżej pietruszki lub estragonu. Jako dodatku do kotletów jagnięcych? Dodajcie mięty. Jeżeli zaś podobnie jak ja nie lubicie mięsa z miętą, użyjcie dowolnych ulubionych ziół.

Umieścić wszystkie składniki w małej misce. Dokładnie wymieszać. Przechowywać w lodówce, w szczelnie zamkniętym pojemniku, nie dłużej niż 4 dni.

RADA:

Ten sos można przygotować z 4-dniowym wyprzedzeniem.

M
L H
KETO

WARTOŚCI ODŻYWCZE (w 1 porcji)				
kalorie	tłuszcz	białka	węglowodany	błonnik
121	13.3g	0g	0.2g	0g
	99%	0%	1%	

Sos Z KOLENDRĄ I LIMONKĄ

OPCJA NIE ZAWIERA JAJ · NIE ZAWIERA ORZECHÓW · NIE ZAWIERA NABIAŁU · OPCJA WEGETARIAŃSKA

Czas przygotowania: 8 minut

Wielkość porcji: 1½ szklanki (około 2 łyżek na porcję)

1 grubo posiekana papryczka jalapeño z ziarenkami

1 szklanka majonezu kupionego w sklepie lub domowego (s. 112) albo kwaśnej śmietany, jeżeli sos ma nie zawierać jajek (dla osób tolerujących laktozę)

¼ szklanki drobno posiekanej świeżej kolendry

¼ szklanki soku z limonki

2 łyżki startego świeżego imbiru

2 łyżki drobno posiekanego szczypiorku

1 łyżeczka drobno posiekanego czosnku

½ łyżeczki drobnoziarnistej soli morskiej

Umieścić wszystkie składniki w robocie kuchennym i ucierać do chwili otrzymania gładkiej masy. Przechowywać w lodówce, w szczelnie zamkniętym pojemniku, nie dłużej niż tydzień. Wstrząsnąć przed użyciem.

L M H KETO

WARTOŚCI ODŻYWCZE (w 1 porcji)				
kalorie	tłuszcz	białka	węglowodany	błonnik
124	13.4g	0.1g	0.8g	0g
	97%	1%	3%	

Dressing CESARSKI

OPCJA

NIE ZAWIERA ORZECHÓW · NIE ZAWIERA NABIAŁU · OPCJA WEGETARIAŃSKA

Czas przygotowania: 8 minut

Wielkość porcji: ¾ szklanki (około 2 łyżki na porcję)

1 łyżka musztardy dijon

1 łyżka octu kokosowego lub jabłkowego

1 łyżeczka drobno posiekanego czosnku lub ząbki z ½ główki pieczonego czosnku (s. 134)

¼ łyżeczki drobnoziarnistej soli morskiej lub więcej w razie potrzeby

¼ łyżeczki świeżo zmielonego czarnego pieprzu lub więcej w razie potrzeby

½ szklanki oleju MCT lub oliwy z oliwek extra virgin

2 łyżki majonezu kupionego w sklepie lub domowego (s. 112)

1 łyżeczka soku z cytryny

1 puszka (około 50 g) anchois drobno posiekanych (pominąć, jeżeli przepis ma być wegetariański)

1. Umieścić musztardę, ocet, czosnek, sól i pieprz w mikserze i mieszać do chwili uzyskania jednolitej gęstej masy. Przestawić mikser na niskie obroty i powoli dodać olej MCT oraz majonez. W razie konieczności wytrzeć ścianki pojemnika. Dodać sok z cytryny i dokładnie wymieszać.
2. Opcjonalnie można dodać anchois i utrzeć na jednolitą masę. Nadadzą one sosowi bogatszy i bardziej słony smak. Spróbować i w razie konieczności dodać soli (maksymalnie ¾ łyżeczki) oraz pieprzu (po ¼ łyżeczki jednorazowo), za każdym razem mieszając.
3. Przechowywać w lodówce, w szczelnie zamkniętym pojemniku, nie dłużej niż 4 dni.

M
L H
KETO

WARTOŚCI ODŻYWCZE (w 1 porcji)				
kalorie	tłuszcz	białka	węglowodany	błonnik
222	22.8g	2.3g	0.4g	0g
	94%	4%	1%	

Dressing ZIELONEJ BOGINI

OPCJA

NIE ZAWIERA ORZECHÓW · NIE ZAWIERA NABIAŁU · OPCJA WEGETARIAŃSKA

Czas przygotowania: 8 minut

Wielkość porcji: 2 szklanki (2 łyżki na porcję)

1½ szklanki majonezu kupionego w sklepie lub domowego (s. 112)

2 łyżki octu kokosowego, jabłkowego lub estragonowego

2 łyżki drobno posiekanego świeżego szczypiorku lub cebuli szczypiorowej

1 łyżka soku z cytryny

2 łyżeczki pasty z anchois (odpowiednik 1 ryby) lub 1 łyżeczka gruboziarnistej soli morskiej

⅛ łyżeczki świeżo zmielonego czarnego pieprzu

1 mały ząbek czosnku rozgnieciony płaską stroną noża i drobno posiekany

2 do 4 łyżek bulionu na kościach kurzych kupionego w sklepie lub domowego (s. 132) albo bulionu warzywnego (jeżeli przepis ma być wegetariański) do rozcieńczenia dressingu

To fantastyczny sos do warzyw, a także do grillowanej cykorii z ostrym słodko-kwaśnym dressingiem bekonowym (s. 312) oraz do naturalnych kanapeczek (s. 191).

Umieścić wszystkie składniki oprócz bulionu w mikserze lub dużej misce i ucierać do chwili uzyskania jednolitej masy. Dodać odpowiednią ilość bulionu, by rozcieńczyć dressing do pożądanej konsystencji. Przechowywać w lodówce, w szczelnie zamkniętym pojemniku, nie dłużej niż tydzień. Wstrząsnąć przed użyciem.

M L H KETO

WARTOŚCI ODŻYWCZE (w 1 porcji)				
kalorie	tłuszcz	białka	węglowodany	błonnik
145	21.4g	0.1g	0.1g	0g
	99%	0.5%	0.5%	

Bezmleczny
DRESSING RANCZERSKI

OPCJA

NIE ZAWIERA ORZECHÓW · NIE ZAWIERA NABIAŁU · OPCJA WEGETARIAŃSKA

Czas przygotowania: 3 minuty + 2 godziny na schłodzenie

Wielkość porcji: 1¾ szklanki (2½ łyżki na porcję)

1 szklanka majonezu kupionego w sklepie lub domowego (s. 112)

¾ bulionu na kościach wołowych lub drobiowych kupionego w sklepie lub domowego (s. 132) albo bulionu warzywnego (jeżeli przepis ma być wegetariański)

½ łyżeczki suszonego szczypiorku

½ łyżeczki suszonej pietruszki

½ łyżeczki suszonego kopru

¼ łyżeczki czosnku w proszku

¼ łyżeczki cebuli w proszku

⅛ łyżeczki drobnoziarnistej soli morskiej

⅛ łyżeczki świeżo zmielonego czarnego pieprzu

Umieścić wszystkie składniki w półlitrowym (lub większym) słoju i mocno potrząsać do chwili ich wymieszania. Przed podaniem chłodzić przez 2 godziny (przez ten czas dressing zgęstnieje). Przechowywać w lodówce nie dłużej niż 5 dni.

M
L H
KETO

WARTOŚCI ODŻYWCZE (w 1 porcji)				
kalorie	tłuszcz	białka	węglowodany	błonnik
123	13.4g	0.3g	0.2g	0g
	98%	1%	1%	

Dressing
Z NIEBIESKIM SEREM

NIE ZAWIERA JAJ | NIE ZAWIERA ORZECHÓW | OPCJA WEGETARIAŃSKA

Czas przygotowania: 2 minuty + 2 godziny na schłodzenie

Wielkość porcji: 2¼ szklanki (3 łyżki na porcję)

250 g serka śmietankowego

¾ szklanki bulionu na kościach wołowych lub kurzych kupionego w sklepie lub domowego (s. 132) albo bulionu warzywnego (jeżeli przepis ma być wegetariański)

½ szklanki pokruszonego niebieskiego sera (około 80 g)

¼ łyżeczki czosnku w proszku

¼ łyżeczki cebuli w proszku

⅛ łyżeczki drobnoziarnistej soli morskiej

⅛ łyżeczki świeżo zmielonego czarnego pieprzu

M L H KETO

WARTOŚCI ODŻYWCZE (w 1 porcji)				
kalorie	tłuszcz	białka	węglowodany	błonnik
90	8.4g	3.2g	0.7g	0g
	84%	14%	2%	

Uwielbiam ten dressing jako dodatek do chipsów o smaku kanapki z bekonem (s. 173).

1. Umieścić serek śmietankowy i bulion w średniej wielkości misce i mieszać do chwili uzyskania jednolitej masy. Dodać niebieski ser, sproszkowany czosnek, sproszkowaną cebulę, sól i pieprz.
2. Przed podaniem zakryć i chłodzić przez 2 godziny w lodówce (przez ten czas dressing zgęstnieje). Przechowywać w lodówce nie dłużej niż 5 dni.

Prosty dressing FRANCUSKI

NIE ZAWIERA JAJ · NIE ZAWIERA ORZECHÓW · NIE ZAWIERA NABIAŁU

Czas przygotowania: 5 minut + 2 godziny na schłodzenie

Wielkość porcji: 3 szklanki (4 łyżki na porcję)

1 szklanka oleju MCT lub innego o neutralnym smaku, na przykład z orzechów makadamia lub z awokado

1 szklanka sosu pomidorowego

½ szklanki słodzika cukierniczego Swerve lub odpowiednia ilość innego słodzika w proszku albo w płynie (patrz: s. 37)

¼ szklanki octu kokosowego lub jabłkowego

¼ szklanki bulionu na kościach wołowych lub kurzych kupionego w sklepie albo domowego (s. 132)

1 łyżeczka sosu rybnego

1 łyżeczka czosnku w proszku

1 łyżeczka świeżo zmielonego czarnego pieprzu

¼ łyżeczki drobnoziarnistej soli morskiej

Umieścić wszystkie składniki w litrowym (lub większym) słoju i mocno potrząsać do chwili ich wymieszania. Przed podaniem chłodzić przez 2 godziny, żeby składniki się przegryzły. Przechowywać w lodówce nie dłużej niż 5 dni.

L M H KETO

WARTOŚCI ODŻYWCZE (w 1 porcji)				
kalorie	tłuszcz	białka	węglowodany	błonnik
187	19.4g	0.5g	1.3g	0g
	94%	2%	3%	

Prosty dressing do sałatek Z PRZYPRAWĄ TACO

OPCJA

NIE ZAWIERA ORZECHÓW | NIE ZAWIERA NABIAŁU | OPCJA WEGETARIAŃSKA

Czas przygotowania: 5 minut

Wielkość porcji: 2¼ szklanki (3 łyżki na porcję)

1 szklanka majonezu kupionego w sklepie lub domowego (s. 112)

1 szklanka bulionu na kościach wołowych lub kurzych kupionego w sklepie lub domowego (s. 132) albo warzywnego (jeżeli przepis ma być wegetariański)

2 łyżki przyprawy taco (s. 110)

1 łyżka świeżo posiekanego szczypiorku

Umieścić majonez w półlitrowym (lub większym) słoju. Dodać bulion, przyprawę taco i szczypiorek. Mocno potrząsać do chwili połączenia się składników. Przechowywać w lodówce, w szczelnie zamkniętym pojemniku, nie dłużej niż 2 tygodnie.

UWAGA:

Osoby preferujące gęstsze dressingi mogą dodać trochę majonezu. Jeżeli sos ma być rzadszy, wystarczy dolać bulionu.

M L H KETO

WARTOŚCI ODŻYWCZE (w 1 porcji)				
kalorie	tłuszcz	białka	węglowodany	błonnik
123	13.3g	0.8g	0.1g	0g
	97%	3%	0%	

Kremowy ketogeniczny

SOS Z ESTRAGONEM

NIE ZAWIERA ORZECHÓW | NIE ZAWIERA NABIAŁU | OPCJA WEGETARIAŃSKA

Czas przygotowania: 5 minut

Wielkość porcji: 1 szklanka ($1\frac{1}{2}$ łyżki na porcję)

¾ szklanki majonezu kupionego w sklepie lub domowego (s. 112)

2 łyżki octu kokosowego lub jabłkowego

1 łyżka soku z cytryny

1 łyżka drobno posiekanego świeżego estragonu

¼ łyżeczki drobnoziarnistej soli morskiej

⅛ łyżeczki pieprzu cayenne

Można go podać do mięsa, kurczaka lub ryby albo jako dressing do szatkowanej kapusty, dzięki czemu otrzymamy pyszną sałatkę colesław, która świetnie pasuje do paluszków rybnych (s. 236).

Połączyć wszystkie składniki w misce i mieszać do chwili uzyskania jednolitej masy. Przechowywać w lodówce, w szczelnie zamkniętym pojemniku, nie dłużej niż 2 tygodnie.

L M H KETO

WARTOŚCI ODŻYWCZE (w 1 porcji)				
kalorie	tłuszcz	białka	węglowodany	błonnik
94	10.3g	0.1g	0.2g	0g
	98%	1%	1%	

Ketogeniczny
SOS AMERYKAŃSKI

NIE ZAWIERA ORZECHÓW · NIE ZAWIERA NABIAŁU · OPCJA WEGETARIAŃSKA

Czas przygotowania: 5 minut

Wielkość porcji: ¼ szklanki + 2 łyżki (około 1 łyżka na porcję)

¼ szklanki majonezu kupionego w sklepie lub domowego (s. 112)

2 łyżki słodzika cukierniczego Swerve albo odpowiednia ilość innego słodzika w proszku lub w płynie (patrz: s. 37)

½ łyżki koncentratu pomidorowego

1 łyżeczka octu kokosowego lub jabłkowego

½ łyżeczki świeżo zmielonego czarnego pieprzu

½ łyżeczki soli z przyprawami (s. 109)

Ten sos jest stosowany w niektórych kuchniach regionalnych w Stanach Zjednoczonych i składa się w równych proporcjach z majonezu i ketchupu. Przygotowany według tego przepisu na pewno posmakuje całej rodzinie! My używamy go do frytek z grzybów i paluszków z kurczaka, a także do grillowanych mięs i warzyw.

Połączyć wszystkie składniki w 200-mililitrowym (lub większym) słoju. Zakryć i mocno potrząsać. Przechowywać w lodówce, w szczelnie zamkniętym pojemniku, nie dłużej niż 2 tygodnie.

L M H KETO

WARTOŚCI ODŻYWCZE (w 1 porcji)				
kalorie	tłuszcz	białka	węglowodany	błonnik
62	6.7g	0.1g	0.4g	0g
	97%	1%	2%	

Domowy
SOS SRIRACHA

NIE ZAWIERA JAJ · NIE ZAWIERA ORZECHÓW · NIE ZAWIERA NABIAŁU · OPCJA WEGETARIAŃSKA

Czas przygotowania: 5 minut + 8 godzin na przegryzienie się składników

Wielkość porcji: 2¾ szklanki (1 łyżeczka na porcję)

225 g papryczek fresno lub jalapeño drobno posiekanych

1 szklanka octu kokosowego lub jabłkowego

¼ szklanki oleju MCT lub innego o neutralnym smaku, na przykład z orzechów makadamia lub z awokado

2 łyżki słodzika cukierniczego Swerve albo odpowiednia ilość innego słodzika w płynie lub w proszku (patrz: s. 37)

2 łyżeczki drobno posiekanego czosnku lub ząbki z całej główki pieczonego czosnku (s. 134)

1 łyżeczka drobnoziarnistej soli morskiej

Jestem typową Niemką: nie lubię ostrych przypraw. Jednak moi synowie kilka pierwszych lat życia spędzili w Etiopii, gdzie takie dania stanowią podstawę diety. Nauczyłam się więc jeść tak jak oni i zawsze mam ten bogaty w składniki odżywcze sos w lodówce, żeby doprawić moje łagodne niemieckie potrawy!

1. Połączyć wszystkie składniki w dużej misce ze szkła lub stali nierdzewnej. Zakryć i wstawić na noc do lodówki, żeby zmniejszyć ostrość papryczek.
2. Przełożyć składniki do blendera i ucierać przez 5 minut do chwili uzyskania jednolitego sosu w kolorze pomarańczowoczerwonym. Przepuścić przez gęstą praskę i wycisnąć z papryczek jak najwięcej soku.
3. Wyrzucić papryczki i wlać płyn do 700-mililitrowego (lub większego) słoja. Przechowywać w lodówce przez maksymalnie 2 tygodnie lub w zamrażarce nie dłużej niż miesiąc.

L M H
KETO

WARTOŚCI ODŻYWCZE (w 1 porcji)				
kalorie	tłuszcz	białka (śladowe ilości)	węglowodany	błonnik
5	0.5g		0.1g	0g
	87%	3%	10%	

Sos BARBECUE

NIE ZAWIERA JAJ | NIE ZAWIERA ORZECHÓW | NIE ZAWIERA NABIAŁU | OPCJA WEGETARIAŃSKA

Czas przygotowania: 4 minuty

Czas gotowania: 2 minuty

Wielkość porcji: 2¾ szklanki (3½ łyżki na porcję)

170 g koncentratu pomidorowego

1½ szklanki bulionu na kościach wołowych lub kurzych kupionego w sklepie lub domowego (s. 132) albo warzywnego (jeżeli przepis ma być wegetariański)

⅓ szklanki słodzika cukierniczego Swerve albo odpowiednia ilość innego słodzika w płynie lub w proszku (s. 37)

¼ szklanki octu kokosowego lub jabłkowego

1 łyżka syropu z korzenia yacon

2 łyżeczki soku z cytryny

¾ łyżeczki aromatu dymu wędzarniczego w płynie

½ łyżeczki drobnoziarnistej soli morskiej

½ łyżeczki czosnku w proszku

⅛ łyżeczki tartego kminu

¼ łyżeczki gumy guar — opcjonalnie

KETO (L – M – H)

WARTOŚCI ODŻYWCZE (w 1 porcji)				
kalorie	tłuszcz	białka	węglowodany	błonnik
19	0.2g	1.2g	3.3g	0.6g
	8%	22%	70%	

Do tego przepisu wystarczy bulion dostępny w sklepach, ale przygotowany w domu nada sosowi odpowiednią gęstość. Syrop z korzenia yacon to doskonały ketogeniczny słodzik w smaku przypominający melasę, a jednocześnie niezawierający tylu węglowodanów.

1. Wszystkie składniki oprócz gumy guar umieścić w misce nadającej się do użycia w kuchence mikrofalowej i dokładnie połączyć. Wstawić do kuchenki na 2 minuty, mieszając co 30 sekund.
2. Osoby preferujące gęstszy sos mogą dodać gumę guar. Sos zgęstnieje po kilku minutach. Następnie należy wlać go do słoja o pojemności 700 ml. Przechowywać w lodówce nie dłużej niż 5 dni.

UWAGA:

Osoby, które nie chcą używać kuchenki mikrofalowej, mogą umieścić składniki w rondelku i doprowadzić do wrzenia na średnim ogniu, a następnie zmniejszyć ogień i gotować przez kolejne 5 minut. Zdjąć z palnika i wlać do szklanego słoja.

Biały

SOS BARBECUE

OPCJA

NIE ZAWIERA ORZECHÓW | NIE ZAWIERA NABIAŁU | OPCJA WEGETARIAŃSKA

Czas przygotowania: 5 minut

Wielkość porcji: 1⅓ szklanki (1¾ łyżki na porcję)

1 szklanka bekonezu lub majonezu kupionego w sklepie lub domowego (s. 112)

¼ szklanki octu kokosowego lub jabłkowego

1 łyżka żółtej musztardy

1 łyżeczka świeżo zmielonego czarnego pieprzu lub więcej w razie konieczności

¼ łyżeczki drobnoziarnistej soli morskiej

⅛ łyżeczki aromatu dymu wędzarniczego w płynie

Ten sos dobrze komponuje się ze smażonym kurczakiem, skrzydełkami z kurczaka, grillowanymi potrawami mięsnymi i warzywami.

Połączyć wszystkie składniki w misce i mieszać do chwili uzyskania jednolitej masy. Spróbować i w razie konieczności dodać pieprzu. Przechowywać w lodówce, w szczelnie zamkniętym pojemniku, nie dłużej niż 2 tygodnie.

M
L H
KETO

WARTOŚCI ODŻYWCZE (w 1 porcji)				
kalorie	tłuszcz	białka	węglowodany	błonnik
149	14g	0.5g	1g	0g
	93%	3%	4%	

Prosty

KETCHUP

OPCJA

NIE ZAWIERA JAJ | NIE ZAWIERA ORZECHÓW | NIE ZAWIERA NABIAŁU | OPCJA WEGETARIAŃSKA

Czas przygotowania: 4 minuty

Wielkość porcji: 2½ szklanki (2 łyżki na porcję)

2 szklanki sosu pomidorowego

½ szklanki bulionu na kościach wołowych lub kurzych kupionego w sklepie lub domowego (s. 132) albo warzywnego (jeżeli przepis ma być wegetariański)

2 łyżki słodzika cukierniczego Swerve albo odpowiednia ilość innego słodzika w płynie lub w proszku (patrz: s. 37)

1 łyżeczka cebuli w proszku

Umieścić wszystkie składniki w 700-mililitrowym (lub większym) słoju i mocno potrząsać do chwili, aż się połączą. Przechowywać w lodówce, w szczelnie zamkniętym pojemniku, nie dłużej niż tydzień.

M
L H
KETO

WARTOŚCI ODŻYWCZE (w 1 porcji)				
kalorie	tłuszcz	białka	węglowodany	błonnik
24	1.3g	0.9g	2.1g	0g
	49%	15%	35%	

Sos ALFREDO

OPCJA

NIE ZAWIERA JAJ · NIE ZAWIERA ORZECHÓW · OPCJA WEGETARIAŃSKA

Czas przygotowania: 5 minut

Czas gotowania: 20 minut

Wielkość porcji: 1½ szklanki (około 6 łyżek na porcję)

½ szklanki (1 kostka) niesolonego masła

1 łyżeczka drobno posiekanego czosnku lub ząbki z całej główki pieczonego czosnku (s. 134)

½ szklanki tartego parmezanu (około 50 g)

około 50 g (¼ szklanki) serka śmietankowego

⅓ szklanki bulionu na kościach wołowych lub kurzych kupionego w sklepie lub domowego (s. 132) albo warzywnego (jeżeli przepis ma być wegetariański)

Ten sos świetnie pasuje do makaronu z cukinii (s. 308) lub dowolnych owoców morza.

1. Umieścić masło i czosnek w rondelku i gotować na małym ogniu do chwili, aż przybierze jasny złotobrązowy kolor. Cały czas mieszać, by zapobiec przypaleniu.
2. W wersji z pieczonym czosnkiem rozgnieść ząbki w maśle. Wymieszać z parmezanem, serkiem śmietankowym i bulionem. Dusić przez co najmniej 15 minut (dłuższy czas duszenia pozwoli na uzyskanie bardziej wyrazistego smaku).
3. Przechowywać w lodówce, w szczelnie zamkniętym pojemniku, nie dłużej niż 4 dni.

M
L H
KETO

WARTOŚCI ODŻYWCZE (w 1 porcji)				
kalorie	tłuszcz	białka	węglowodany	błonnik
302	31g	7.4g	0.6g	0g
	91%	8%	1%	

Szybki
SOS HOLENDERSKI

OPCJA

NIE ZAWIERA ORZECHÓW · NIE ZAWIERA NABIAŁU · OPCJA WEGETARIAŃSKA · FILM

Czas przygotowania: 5 minut

Czas gotowania: 1 minuta

Wielkość porcji: około ¾ szklanki (około 3 łyżek na porcję)

½ szklanki (1 kostka) niesolonego masła albo tłuszczu kaczego lub smalcu (dla osób nietolerujących laktozy)

2 żółtka dużych jaj

2 łyżeczki soku z cytryny

⅛ łyżeczki pieprzu cayenne

⅛ łyżeczki drobnoziarnistej soli morskiej

szczypta świeżo zmielonego czarnego pieprzu

WARIANT: BRĄZOWY SOS HOLENDERSKI

Przepis wygląda bardzo podobnie, z tym że w 1. kroku należy podgrzewać masło do chwili pojawienia się brązowych plamek, czyli przez około 2 minuty. (Uwaga: wariant ten nie sprawdzi się w wersji bez nabiału. Ani tłuszcz gęsi, ani smalec nie dadzą takiego efektu jak masło).

M
L H
KETO

WARTOŚCI ODŻYWCZE (w 1 porcji)				
kalorie	tłuszcz	białka	węglowodany	błonnik
231	25.3g	1.6g	0.6g	0g
	97%	2%	1%	

Kiedyś przygotowywałam ten sos w pośpiechu na wakacjach i trochę zbyt mocno zrumieniłam masło w kuchence mikrofalowej. Wyszło mi to jednak na dobre! W przepisie można wykorzystać albo podgrzane masło, albo pójść krok dalej i zrobić brązowy sos holenderski z użyciem zrumienionego masła (patrz: wariant poniżej). Osoby przygotowujące wersję bez nabiału z kaczym tłuszczem lub smalcem nie będą mogły zrobić sosu na ten drugi sposób. Na szczęście obie wersje smakują wyśmienicie.

Jeżeli jesteście wzrokowcami tak jak ja i chcielibyście zobaczyć, jak łatwo jest odpowiednio zrumienić masło, obejrzyjcie filmik na mojej stronie internetowej MariaMindBodyHealth.com (w polu wyszukiwania należy wpisać *video*).

1. Umieścić masło w naczyniu nadającym się do gotowania w kuchence mikrofalowej, nakryć papierowym ręcznikiem i wstawić do urządzenia na minutę, ustawiwszy wcześniej najwyższą moc. Masło powinno być bardzo gorące.
2. W międzyczasie wlać żółtka i sok z cytryny do żaroodpornej miski i ubijać do chwili uzyskania jednolitej masy. Po podgrzaniu masła powoli połączyć je z zawartością miski, aż całość będzie odpowiednio gęsta. Mieszać przez cały czas, żeby żółtka się nie ugotowały.
3. Doprawić solą, czarnym pieprzem i pieprzem cayenne. Voilà ! Łatwizna! Przechowywać w lodówce nie dłużej niż 5 dni.

Prosty
SOS CHIMICHURRI

NIE ZAWIERA JAJ · NIE ZAWIERA ORZECHÓW · NIE ZAWIERA NABIAŁU · OPCJA WEGETARIAŃSKA

Czas przygotowania: 5 minut

Wielkość porcji: 2 szklanki (około 1½ łyżki na porcję)

1 szklanka świeżej natki pietruszki

½ szklanki oleju MCT lub innego o neutralnym smaku, na przykład z orzechów makadamia lub z awokado

⅓ szklanki octu kokosowego lub jabłkowego

¼ szklanki świeżych liści kolendry

1 łyżka drobno posiekanego czosnku lub ząbki z dużej pieczonej główki (s. 134)

¾ łyżeczki rozgniecionej czerwonej papryki

¾ łyżeczki drobnoziarnistej soli morskiej

M L H KETO

WARTOŚCI ODŻYWCZE (w 1 porcji)				
kalorie	tłuszcz	białka	węglowodany	błonnik
51	5.3g	0.1g	0.3g	0g
	95%	1%	3%	

Podaję ten sos do grillowanych mięs i pieczonego makaronu z cukinii (s. 308).

Umieścić wszystkie składniki w blenderze lub robocie kuchennym i ucierać do chwili uzyskania jednolitej masy. Przechowywać w lodówce, w szczelnie zamkniętym pojemniku, nie dłużej niż 2 tygodnie.

Domowe

MLEKO MIGDAŁOWE

NIE ZAWIERA JAJ · NIE ZAWIERA NABIAŁU · OPCJA WEGETARIAŃSKA

Czas przygotowania: 2 minuty + 8 godzin na namoczenie orzechów

Wielkość porcji: 4 szklanki (½ szklanki na porcję)

1½ szklanki migdałów namoczonych w wodzie przez noc

4 szklanki wody poddanej odwróconej osmozie bądź procesowi filtracji

RADA:

Nie wyrzucajcie pozostałej masy, ponieważ można z niej zrobić mąkę migdałową. Wystarczy umieścić ją na blasze do pieczenia i wysuszyć w piekarniku ustawionym na najniższą temperaturę. Następnie należy zetrzeć ją na drobny proszek w blenderze o wysokiej mocy. To świetny zamiennik mąki, o ile nie jesteście uczuleni na orzechy.

M
L H
KETO

WARTOŚCI ODŻYWCZE (w 1 porcji)				
kalorie	tłuszcz	białka	węglowodany	błonnik
55	5g	1.2g	1.6g	1g
	81%	9%	10%	

To pyszne mleko nie zawiera substancji, które mogą zaszkodzić niektórym osobom, ani słodzików.

1. Osuszyć orzechy i umieścić w robocie kuchennym, po czym nalać 4 szklanki wody. Ucierać do chwili uzyskania nieco gęstej jednolitej masy konsystencją przypominającej smoothie.
2. Przepuścić przez cedzak wyłożony płótnem do wyciskania serwatki z sera lub gęstą praskę w celu oddzielenia masy od płynu. Uzyskane mleko przechowywać w lodówce, w szczelnie zamkniętym pojemniku, nie dłużej niż tydzień.

WARIANT: WANILIOWE MLEKO MIGDAŁOWE

W 1. kroku wystarczy dodać łyżeczkę ekstraktu waniliowego lub nasion z 1 laski wanilii (o długości około 15 cm) do orzechów i wody. Następnie należy postępować zgodnie z przepisem.

Prosty bulion
NA KOŚCIACH Z WOLNOWARU

NIE ZAWIERA JAJ | NIE ZAWIERA ORZECHÓW | NIE ZAWIERA NABIAŁU | WOLNOWAR

Czas przygotowania: 6 minut

Czas gotowania: 1–3 dni

Wielkość porcji: około 4 l (1 szklanka na porcję)

około 4 l zimnej wody (najlepsza będzie woda filtrowana lub poddana procesowi odwróconej osmozy)

4 duże kości wołowe (około 2 kg), resztki w postaci kości i skóry z kurczaka wypasanego naturalnie (najlepiej razem z łapkami) lub około 2 kg szkieletów i głów ryb

1 średnia cebula siekana

2 łodygi selera pocięte w plasterki o grubości około 0,5 cm

2 łyżki octu kokosowego lub jabłkowego

2 łyżki świeżego rozmarynu lub dowolnych innych ziół

2 łyżeczki drobno posiekanego czosnku lub cała główka pieczonego czosnku (s. 134)

2 łyżeczki drobnoziarnistej soli morskiej

1 łyżeczka świeżego lub suszonego tymianku

W pewnych sytuacjach nawet ja używam ekologicznego bulionu kupionego w sklepie zamiast domowego. Jednak są takie potrawy, które powinno się przyrządzać samodzielnie. Bulion na kościach do nich należy. Ten domowy ma w sobie coś specjalnego. Kiedy moi synowie byli mali, przygotowywałam go niemal codziennie. Była to jedna z pierwszych potraw, które nauczyli się jeść. W miarę gotowania bulion będzie robił się gęstszy. Jeżeli wcześniej opieczecie kości w piekarniku, produkt końcowy będzie miał ciemniejszy kolor i bogatszy smak (patrz: uwaga poniżej).

1. Umieścić wszystkie składniki w wolnowarze o pojemności około 6 l, zakryć i ustawić wysoką moc. Po upływie godziny zmniejszyć moc. Gotować co najmniej jeden dzień, ale nie dłużej niż trzy dni. Dopiero po takim czasie uda się wydobyć składniki odżywcze i minerały z kości.
2. Po ugotowaniu przelać bulion przez cedzak i wyrzucić resztki.
3. Przechowywać w lodówce nie dłużej niż 5 dni lub w zamrażarce przez kilka miesięcy.

RADA:

Przygotujcie podwójną porcję bulionu w dwóch wolnowarach i przechowujcie w słoikach typu mason nadających się do zamrażarki. Dzięki temu zawsze będziecie mieli go pod ręką.

UWAGA:

Duże kości należy piec przez 50–60 minut w temperaturze 190°C, a mniejsze przez 30–40 minut.

L M H
KETO

WARTOŚCI ODŻYWCZE (w 1 porcji)				
kalorie	tłuszcz	białka	węglowodany	błonnik
20	4g	1.5g	1.7g	0g
	60%	19%	21%	

Pieczony czosnek Z WOLNOWARU

NIE ZAWIERA JAJ | NIE ZAWIERA ORZECHÓW | NIE ZAWIERA NABIAŁU | OPCJA WEGETARIAŃSKA | WOLNOWAR

Czas przygotowania: 5 minut

Czas gotowania: 4–5 godzin

Wielkość porcji: 10 główek (około 1 ząbek na porcję)

10 główek czosnku

2 łyżki oleju MCT, roztopionego smalcu lub oleju kokosowego

1. Odciąć około 0,3 cm z góry każdej główki, żeby odsłonić ząbki.
2. Wszystkie główki umieścić na kawałku folii o powierzchni około 10 cm^2 wyłożonej niebielonym pergaminem. Skropić je olejem MCT i ciasno zawinąć. Umieścić główki w dwulitrowym wolnowarze i gotować przy użyciu niskiej mocy przez około 4–5 godzin.
3. Odwinąć jedną główkę i sprawdzić, czy czosnek się upiekł. W tym celu wystarczy ją ścisnąć: jeżeli czosnek z niej wytryśnie, a sama główka będzie miękka w dotyku, jest gotowa. W przeciwnym razie ponownie zawinąć i gotować przez kolejną godzinę.
4. Przechowywać całe główki w lodówce, w szczelnie zamkniętym pojemniku, nie dłużej niż 5 dni lub w zamrażarce przez maksymalnie 2 miesiące (patrz: rada).

RADA:

Dla pewności zawsze przygotowuję większą liczbę główek i przechowuję je w zamrażarce, w szczelnie zamkniętym pojemniku. Można ich używać nawet przez 2 miesiące. Jeśli potrzebuję czosnku, rozmrażam jedną główkę i dodaję do potraw.

M L H KETO

WARTOŚCI ODŻYWCZE (w 1 porcji)				
kalorie	tłuszcz	białka	węglowodany	błonnik
30	1.9g	0.6g	3.3g	(śladowe ilości)
	53%	6%	41%	

Oliwkowa
SALSA

NIE ZAWIERA JAJ | NIE ZAWIERA ORZECHÓW | NIE ZAWIERA NABIAŁU | OPCJA WEGETARIAŃSKA

Czas przygotowania: 5 minut

Wielkość porcji: 6 szklanek (½ szklanki na porcję)

2 szklanki siekanych zielonych oliwek bez pestek

2 szklanki siekanych fioletowych lub czarnych oliwek greckich bez pestek

1 duży pomidor siekany

½ czerwonej cebuli pokrojonej w kostkę

½ szklanki opłukanych kaparów

2 drobno posiekane ząbki czosnku

¼ szklanki oleju MCT lub oliwy z oliwek extra virgin

2 łyżki octu kokosowego lub jabłkowego

1 łyżeczka drobno posiekanej świeżej bazylii lub ¼ łyżeczki suszonej bazylii

½ łyżeczki suszonego oregano

⅛ łyżeczki suszonego rozmarynu

M
L H
KETO

WARTOŚCI ODŻYWCZE (w 1 porcji)				
kalorie	tłuszcz	białka	węglowodany	błonnik
116	11.1g	0.5g	3.8g	1g
	86%	2%	13%	

Ten sos świetnie pasuje do grillowanych ryb i kurczaka!

Umieścić oliwki, pomidor, cebulę, kapary i czosnek w średniej wielkości misce. Dodać olej, ocet i zioła. Mieszać do chwili dokładnego połączenia się składników. Przechowywać w lodówce, w szczelnie zamkniętym pojemniku, nie dłużej niż tydzień.

RADA:

By oszczędzić czas, można kupić wydrylowane oliwki.

GUACAMOLE

NIE ZAWIERA JAJ · NIE ZAWIERA ORZECHÓW · NIE ZAWIERA NABIAŁU · OPCJA WEGETARIAŃSKA

Czas przygotowania: 4 minuty

Wielkość porcji: około 3 szklanki (½ szklanki na porcję)

3 awokado bez pestki obrane ze skórki i przepołowione

½ cebuli pokrojonej w kostkę

2 ząbki czosnku sprasowane na pastę lub rozgniecione ząbki z ½ główki pieczonego czosnku (s. 134)

2 pomidory śliwkowe pokrojone w kostkę

3 łyżki soku z limonki + 1 dodatkowo wedle uznania

3 łyżki siekanych świeżych liści kolendry

1 łyżeczka drobnoziarnistej soli morskiej

½ łyżeczki tartego kminu

Guacamole to jedna z moich ulubionych potraw. Najchętniej podaję ten sos z chipsami z cukinii (s. 194) albo jako dodatek do wielu innych dań. Muszę jednak przyznać, że kiedy zbrązowieje, traci na apetyczności. Na szczęście jest na to sposób! Wystarczy użyć pestki i zamknąć pojemnik tak szczelnie, jak to możliwe. Należy umieścić pestkę w misce z sosem i zakryć go dużymi kawałkami cebuli. Uwolni to gazy, które powstrzymają oksydację polifenoli powodujących brązowienie owoców. Następnie szczelnie zakrywamy pojemnik folią spożywczą, tak by ta stykała się z cebulą. Wstawiamy całość do lodówki. Przed podaniem należy wyjąć cebulę. Ta metoda przydaje się również przy przechowywaniu niewykorzystanych części awokado. Jeżeli użyliście jedynie połówki owocu, zostawcie pestkę w drugiej i włóżcie ją do zamykanej torby. Pokrójcie cebulę w duże kawałki i również włóżcie do torby. Następnie odciągnijcie z niej tyle powietrza, ile się da, zamknijcie i wstawcie do lodówki.

1. Umieścić awokado w dużej misce i ugniatać do chwili otrzymania pożądanej konsystencji.
2. Dodać cebulę, czosnek, pomidory, sok z limonki, kolendrę, sól i kmin. Mieszać do chwili dokładnego połączenia się składników. Spróbować i wedle uznania dodać jeszcze jedną łyżkę soku.
3. Szczelnie zamknąć i chłodzić w lodówce przez godzinę do chwili uzyskania najlepszego smaku albo podawać od razu.

M L H
KETO

WARTOŚCI ODŻYWCZE (w 1 porcji)				
kalorie	tłuszcz	białka	węglowodany	błonnik
220	20g	2.6g	11g	7.4g
	78%	4%	18%	

Szybki
BEZMLECZNY SEREK ŚMIETANKOWY

OPCJA

NIE ZAWIERA ORZECHÓW | NIE ZAWIERA NABIAŁU | OPCJA WEGETARIAŃSKA

Czas przygotowania: 5 minut + 3 godziny, żeby serek się ściął

Czas gotowania: 1 minuta

Wielkość porcji: około ¾ szklanki (około 3 łyżki na porcję)

½ szklanki tłuszczu kaczego lub smalcu albo ghi lub masła (dla osób tolerujących laktozę i wegetarian)

2 żółtka dużych jaj

2 łyżeczki soku z cytryny

1 łyżka drożdży odżywczych

⅛ łyżeczki drobnoziarnistej soli morskiej

szczypta świeżo zmielonego czarnego pieprzu

Ten sos świetnie sprawdza się jako zamiennik zwykłego serka śmietankowego, ale jedynie w daniach niewymagających gotowania. Używam go do bezmlecznych roladek z pastrami (s. 199) oraz jako smarowidła do ketogenicznych bajgli (przepis na nie oraz na marynowanego łososia znajdziecie w mojej poprzedniej książce *The Ketogenic Cookbook*).

1. Podgrzewać tłuszcz w odpowiednim naczyniu w kuchence mikrofalowej ustawicnej na wysoką moc przez minutę lub do wrzenia.
2. W międzyczasie umieścić żółtka i sok z cytryny w żaroodpornej misce i ubijać do chwili uzyskania jednolitej masy.
3. Po podgrzaniu tłuszczu powoli dolewać go do żółtek, aż całość będzie odpowiednio gęsta. Cały czas mieszać, aby żółtka się nie ugotowały.
4. Doprawić drożdżami odżywczymi, solą i pieprzem. Wstawić do lodówki na przynajmniej 3 godziny lub całą noc, aby mieszanka się ścięła. Przechowywać w lodówce nie dłużej niż 5 dni.

M
L H
KETO

WARTOŚCI ODŻYWCZE (w 1 porcji)				
kalorie	tłuszcz	białka	węglowodany	błonnik
268	28.1g	2.5g	1.5g	0.7g
	94%	4%	2%	

Pomarańczowa
MARMOLADA

NIE ZAWIERA JAJ | NIE ZAWIERA ORZECHÓW | NIE ZAWIERA NABIAŁU

Czas przygotowania: 2 minuty + 2 godziny, żeby marmolada się schłodziła i ścięła

Czas gotowania: 3 minuty

Wielkość porcji: 1½ szklanki (2 łyżki na porcję)

1 torebka herbaty pomarańczowej

2 łyżeczki sproszkowanej żelatyny ze zwierząt wypasanych naturalnie

⅓ szklanki słodzika cukierniczego marki Swerve albo odpowiednia ilość innego słodzika w płynie lub w proszku **(patrz: s. 37)**

2 łyżeczki ekstraktu pomarańczowego

⅛ łyżeczki kwasu cytrynowego (jako konserwant i kwaśny dodatek smakowy)

1 łyżeczka wzmacniacza smaku Stur o smaku pomarańczy i mango **(patrz: s. 58)** **— opcjonalnie**

UWAGA:

Jeżeli marmolada jest zbyt gęsta lub zbyt rzadka, jej konsystencję można poprawić za pomocą wody lub żelatyny. Najpierw należy ją podgrzać, a kiedy zamieni się w płyn, dolać wodę w celu rozcieńczenia lub dorzucić żelatynę w celu zagęszczenia.

M
L H
KETO

WARTOŚCI ODŻYWCZE (w 1 porcji)				
kalorie	tłuszcz	białka	węglowodany	błonnik
4	0g	1g	0g	0g
	0%	100%	0%	

Najbardziej smakuje mi podana na kromkach mojego ketogenicznego chleba usmażonego w oleju kokosowym, który ma wtedy chrupiącą złotą skórkę (przepis na ketogeniczny chleb znajdziecie na mojej stronie internetowej MariaMindBodyHealth.com, w polu wyszukiwania trzeba wpisać *keto bread*, oraz w mojej poprzedniej książce *The Ketogenic Cookbook*). Według tego przepisu można również przygotować marmoladę z innych owoców. Wystarczy podmienić torebkę herbaty pomarańczowej na dowolną inną herbatę owocową i użyć odpowiedniego ekstraktu.

1. Zaparzyć torebkę herbaty w szklance wody, po czym wyjąć torebkę.
2. Wlać 2 łyżki zimnej wody do miski. Wymieszać w niej żelatynę i odstawić na kilka minut. Wlać herbatę do miękkiej żelatyny.
3. Dodać słodzik (ilość zależy od indywidualnych upodobań) i wymieszać, żeby składniki się połączyły.
4. Dodać ekstrakt, kwas cytrynowy i Stur wedle uznania. Wymieszać. Przed podaniem zostawić do ostygnięcia na przynajmniej 2 godziny. Przechowywać w lodówce nie dłużej niż 5 dni.

Śniadanie

ROZDZIAŁ 6

Shake

ŚMIETANKOWO-POMARAŃCZOWY

OPCJA

NIE ZAWIERA JAJ | NIE ZAWIERA ORZECHÓW | OPCJA WEGETARIAŃSKA

Czas przygotowania: 5 minut

Liczba porcji: 4

1 opakowanie (225 g) serka śmietankowego

1¼ szklanki niesłodzonego (bezsmakowego lub waniliowego) mleka migdałowego, kupionego w sklepie lub domowego (s. 131) albo niesłodzonego (bezsmakowego lub waniliowego) mleka konopnego (jeżeli przepis ma nie zawierać orzechów)

¼ szklanki słodzika cukierniczego Swerve albo odpowiednia ilość innego słodzika w proszku lub w płynie (patrz: s. 37).

1 łyżeczka ekstraktu waniliowego lub nasion z 1 laski wanilii o długości około 15 cm

1 łyżeczka ekstraktu pomarańczowego

1 szklanka pokruszonego lodu

ZDROWE DODATKI (OPCJONALNIE):

1 łyżka czystego soku z aloesu

1 łyżka glutaminy w proszku

1 łyżka sproszkowanej żelatyny ze zwierząt wypasanych naturalnie (wegetarianie mogą pominąć)

M

L H

KETO

WARTOŚCI ODŻYWCZE (w 1 porcji)				
kalorie	tłuszcz	białka	węglowodany	błonnik
215	20.6g	4.6g	2.1g	0g
	87%	9%	4%	

To moje standardowe szybkie śniadanie. Aby jeszcze bardziej uprościć przygotowanie, większość pracy wykonuję poprzedniego wieczoru (patrz: rada poniżej). Ten ketoprzyjazny shake zainspirowany produktami sieci Orange Julius stanowi również doskonały sposób na wprowadzenie do diety składników wzmacniających odporność i uzdrawiających florę bakteryjną takich jak aloes zwyczajny i glutamina, które pomagają w uzdrowieniu śluzówki jelita. Glutaminę dodaję również do napojów, które spożywam po treningu, żeby przyspieszyć proces regeneracji mięśni. Dodanie żelatyny pomaga na wzrost paznokci i włosów, bóle stawów i inne schorzenia, które mogą pojawić się, jeżeli nie będziecie mieli ochoty wypić szklanki bulionu na kościach (s. 132).

Umieścić wszystkie składniki w blenderze i ucierać do chwili uzyskania gładkiej masy.

RADA:

Przygotowuję ten napój, kiedy sprzątam kuchnię i zmywam po kolacji, ale bez lodu. Przechowuję go przez noc w lodówce, w słoju blendera, a podając następnego ranka, dodaję lód i ucieram całość do chwili otrzymania gładkiej masy.

Shake

Z LIKIEREM MIĘTOWYM

NIE ZAWIERA JAJ · OPCJA NIE ZAWIERA ORZECHÓW · OPCJA NIE ZAWIERA NABIAŁU · OPCJA WEGETARIAŃSKA

Czas przygotowania: 5 minut

Liczba porcji: 2

1 szklanka niesłodzonego (bezsmakowego lub waniliowego) mleka migdałowego kupionego w sklepie lub domowego (s. 131) albo niesłodzonego (bezsmakowego lub waniliowego) mleka konopnego (jeżeli przepis ma nie zawierać orzechów)

około 110 g (½ szklanki) serka śmietankowego lub ½ szklanki śmietanki kokosowej (jeśli przepis ma nie zawierać nabiału)

½ szklanki świeżych liści mięty

2 łyżki słodzika cukierniczego Swerve albo odpowiednia ilość innego słodzika w proszku lub w płynie (patrz: s. 37) — można dodać więcej, jeżeli shake ma być słodszy

1 łyżeczka ekstraktu miętowego

1 szklanka pokruszonego lodu

ZDROWE DODATKI (OPCJONALNIE):

1 łyżka aloesu

1 łyżka glutaminy w proszku

1 łyżka żelatyny ze zwierząt wypasanych naturalnie (wegetarianie mogą pominąć)

Aby przyspieszyć utratę wagi i przeciwdziałać oporności na leptynę, zalecam moim klientom przeżuwanie kalorii. Jeżeli jednak szukacie smacznego ketogenicznego shake'a dla dzieci lub staracie się utrzymać wagę bądź przytyć, ten przepis świetnie się do tego nadaje! Można również przygotować wygodne pojedyncze porcje na zajęte poranki (patrz: rada poniżej).

Umieścić wszystkie składniki w blenderze i ucierać do chwili uzyskania gładkiej masy.

RADA:

Przygotujcie porcje na wynos dla jednej lub większej liczby osób! Wystarczy rozlać gotową masę do mniejszych pojemników i zamrozić. Weźcie sobie kubek przed wyjściem do pracy lub szkoły, a kiedy zgłodniejecie, shake będzie już miał odpowiednią konsystencję.

M L H KETO

WARTOŚCI ODŻYWCZE (w 1 porcji)				
kalorie	tłuszcz	białka	węglowodany	błonnik
238	21.2g	8.5g	3.9g	2g
	80%	14%	6%	

Bezmleczny
SHAKE CZEKOLADOWY

OPCJA NIE ZAWIERA JAJ | NIE ZAWIERA ORZECHÓW | NIE ZAWIERA NABIAŁU | OPCJA WEGETARIAŃSKA

Czas przygotowania: 5 minut

Liczba porcji: 4

¾ szklanki + 2 łyżki oleju kokosowego lub niesłodzonego masła (dla osób tolerujących laktozę)

¼ szklanki oleju MCT, oleju z awokado lub z orzechów makadamia

2 szklanki wody lub niesłodzonego (bezsmakowego lub waniliowego) mleka konopnego albo niesłodzonego (bezsmakowego lub waniliowego) mleka migdałowego kupionego w sklepie lub domowego (s. 131) dla osób nieuczulonych na orzechy

4 duże jaja + 4 żółtka dużych jaj lub około 110 g (½ szklanki) serka śmietankowego dla osób tolerujących laktozę

¼ szklanki niesłodzonego kakao w proszku

1 łyżeczka ekstraktu waniliowego lub nasiona z 1 laski wanilii o długości około 15 cm

¼ szklanki słodzika cukierniczego Swerve albo odpowiednia ilość innego słodzika w proszku lub w płynie (s. 37) — można dodać więcej, jeżeli shake ma być słodszy

¼ łyżeczki drobnoziarnistej soli

od 2 do 4 szklanek pokruszonego lodu do podania

M
L H
KETO

WARTOŚCI ODŻYWCZE (w 1 porcji)				
kalorie	tłuszcz	białka	węglowodany	błonnik
664	70.6g	8.2g	1.2g	0g
	94%	5%	1%	

Bardzo łatwo można wykorzystać ten przepis jako podstawę do przygotowania shake'ów o różnych smakach. Wystarczy pominąć kakao w proszku i podmienić ekstrakt waniliowy na dowolny inny, na przykład miętowy, bananowy lub truskawkowy. Można także przygotować wygodne pojedyncze porcje, które przydadzą się, jeżeli będziecie się rano śpieszyć.

Umieścić wszystkie składniki, oprócz lodu, w blenderze i ucierać do chwili otrzymania gładkiej masy. Przechowywać w lodówce (przez noc zgęstnieje). Tuż przed podaniem dodać od ½ do 1 szklanki pokruszonego lodu do każdej porcji.

RADA:

Przygotujcie porcje na wynos dla jednej lub większej liczby osób! Wystarczy rozlać gotową masę do mniejszych pojemników i zamrozić. Weźcie sobie kubek przed wyjściem do pracy lub szkoły, a kiedy zgłodniejecie, shake będzie już miał odpowiednią konsystencję.

Babeczki

NOWALIJKOWE

OPCJA NIE ZAWIERA ORZECHÓW · OPCJA NIE ZAWIERA NABIAŁU · OPCJA WEGETARIAŃSKA

Czas przygotowania: 8 minut

Czas gotowania: 27 minut

Liczba porcji: 12 babeczek (1 na porcję)

1 szklanka niesłodzonego białka serwatkowego lub ½ szklanki bezsmakowego białka jajecznego (jeżeli danie ma nie zawierać nabiału)

1 łyżeczka proszku do pieczenia

½ szklanki roztopionego masła + niewielka ilość do nasmarowania foremek (lub olej kokosowy, jeżeli przepis ma nie zawierać nabiału)

2 szklanki niesłodzonego mleka migdałowego kupionego w sklepie lub domowego (s. 131) albo niesłodzonego bezsmakowego mleka konopnego (jeżeli przepis ma nie zawierać orzechów)

4 duże jaja

2 łyżki siekanego świeżego szczypiorku

2 łyżki siekanego świeżego koperku

½ łyżeczki drobnoziarnistej soli morskiej

Nazwałam te babeczki nowalijkowymi, ponieważ najchętniej podaję je w czasie, gdy wiosną mam dostęp do świeżego szczypiorku i kopru. Niemniej jednak smakują doskonale o każdej porze roku! Najbardziej lubię je z szybkim sosem holenderskim (s. 129) i z marynowanym łososiem.

1. Nagrzać piekarnik do 220°C. Babeczki najlepiej podawać na gorąco, tak więc nie należy ich piec na zapas. Nasmarować tłuszczem dwie blaszki na 6 babeczek lub jedną na 12 (lub 12 kokilek po 180 ml). Umieścić blaszki lub kokilki w piekarniku i piec przez około 8 minut.
2. W międzyczasie w blenderze, robocie kuchennym lub w średniej wielkości misce przy użyciu miksera wymieszać białko i proszek do pieczenia do chwili otrzymania gładkiej masy.
3. Dodać ¼ szklanki roztopionego masła, mleko migdałowe, jaja, szczypior, koperek i sól. Mieszać, aż składniki się połączą.
4. Ostrożnie wyjąć nagrzane blaszki lub kokilki z piekarnika. Do każdej foremki wlać po łyżce roztopionego masła, a następnie masę na babeczki do ¾ pojemności. Niezużytą masę można przechowywać w lodówce zgodnie z sugestią poniżej.
5. Piec przez 15 minut, po czym zmniejszyć temperaturę do 160°C i piec przez kolejnych 10–12 minut do chwili, gdy babeczki urosną i nabiorą złotobrązowego koloru. Studzić przez 5 minut. Wyjąć z foremek i zjeść, zanim całkowicie wystygną.

JEDNA PORCJA

Można przygotować masę na babeczki i przechowywać ją w lodówce nie dłużej niż 3 dni. Piec w pojedynczych natłuszczonych kokilkach.

M L H KETO

WARTOŚCI ODŻYWCZE (w 1 porcji)				
kalorie	tłuszcz	białka	węglowodany	błonnik
110	9.7g	5.3g	0.8g	0g
	79%	19%	2%	

Jajka
W CZYŚĆCU

NIE ZAWIERA ORZECHÓW · NIE ZAWIERA NABIAŁU · DANIE JEDNOGARNKOWE

Czas przygotowania: 5 minut

Czas gotowania: 12 minut

Liczba porcji: 2

1 łyżka oleju kokosowego lub innego ketoprzyjaznego tłuszczu do smażenia

około 115 g chorizo lub włoskiej kiełbasy wyjętej z osłonki

¼ szklanki cebuli pokrojonej w kostkę

1 łyżeczka drobno posiekanego czosnku lub ząbki z ½ główki pieczonego czosnku (s. 134)

1 szklanka pokrojonych w kostkę pomidorów z sokiem: świeżych lub ze słoika

1 łyżka koncentratu pomidorowego

2 łyżki wędzonej papryki

1 łyżeczka drobnoziarnistej soli morskiej

4 duże jaja

dowolne siekane świeże zioła do przybrania (opcjonalnie)

1. Rozgrzać olej kokosowy na dużej żeliwnej patelni na średnim ogniu. Dodać kiełbasę, cebulę i czosnek. Smażyć przez około 5 minut, mieszając, żeby składniki się nie skleiły.
2. Dodać pomidory wraz z sokiem, koncentrat, paprykę i sól. Wymieszać.
3. Wbić jajka do mieszanki i smażyć przez 7 minut, aż się zetną. Wedle uznania ozdobić ziołami.

M L H KETO

WARTOŚCI ODŻYWCZE (w 1 porcji)				
kalorie	tłuszcz	białka	węglowodany	błonnik
488	38.7g	27.5g	7g	1.7g
	72%	23%	5%	

Teksańsko-meksykański
SOS ŚNIADANIOWY

NIE ZAWIERA JAJ
NIE ZAWIERA ORZECHÓW

Czas przygotowania: 3 minuty

Czas gotowania: 10 minut

Liczba porcji: 12 (około ¼ szklanki na porcję)

280 g mielonej wieprzowiny lub mielonej wołowiny z 20% zawartością tłuszczu

1 opakowanie (225 g) serka śmietankowego

1 szklanka bulionu na kościach wołowych lub kurzych kupionego w sklepie lub domowego (s. 132)

2 łyżeczki przyprawy taco (s. 110)

drobnoziarnista sól morska i świeżo zmielony czarny pieprz

M
L H
KETO

WARTOŚCI ODŻYWCZE (w 1 porcji)				
kalorie	tłuszcz	białka	węglowodany	błonnik
131	11.8g	5.6g	0.6g	0g
	81%	17%	2%	

Przygotowałam ten przepis z myślą o wielkanocnym śniadaniu. Najczęściej robię go z mieloną wieprzowiną, jednak jeden z moich gości jej nie jadał, więc użyłam wołowiny. Wszyscy się tym sosem zajadali! Można również pominąć przyprawę taco. Podawać do jajek sadzonych lub ketogenicznych bułeczek (przepis znajdziecie na mojej stronie internetowej MariaMindBodyHealth.com, w polu wyszukiwania należy wpisać słowo *biscuits*).

1. Smażyć mięso na dużej patelni na średnim ogniu przez 5–6 minut, często mieszając, aż zrobi się brązowe.
2. Stopniowo dodawać serek śmietankowy, bulion i przyprawę taco, cały czas mieszając. Gotować do chwili, gdy sos zgęstnieje, a na powierzchni zaczną pojawiać się bąbelki.
3. Dusić na niewielkim ogniu przez 2 minuty, cały czas mieszając. Doprawić do smaku solą i pieprzem. Przechowywać w lodówce, w szczelnie zamkniętym pojemniku, nie dłużej niż 5 dni. Nie polecam go zamrażać.

Szybkie

ANGIELSKIE BABECZKI

OPCJA

NIE ZAWIERA ORZECHÓW · NIE ZAWIERA NABIAŁU · OPCJA WEGETARIAŃSKA

Czas przygotowania: 2 minuty

Czas gotowania: 1–12 minut w zależności od metody

Liczba porcji: 1 babeczka (1 porcja)

1 łyżeczka miękkiego niesolonego masła lub oleju kokosowego (jeżeli przepis ma nie zawierać nabiału) + odrobina do natłuszczenia

1 duże jajko

2 łyżeczki mąki kokosowej

szczypta sody oczyszczonej

szczypta drobnoziarnistej soli morskiej

1 łyżka tartego parmezanu (opcjonalnie)

2 łyżeczki oleju kokosowego do smażenia (opcjonalnie)

Te babeczki to świetny zamiennik bajgli i tostów. Przepołowione idealnie pasują do ulubionego smarowidła czy innych dodatków. Ja najbardziej lubię je z marynowanym łososiem, szybkim bezmlecznym serkiem śmietankowym (s. 138), czerwoną cebulą, kaparami i odrobiną soku z limonki. Można je również podać z marmoladą pomarańczową (s. 139). Nie musisz ich piec w piekarniku, wystarczy opiekacz lub kuchenka mikrofalowa. Bardzo lubię używać opiekacza do takich nieskomplikowanych przepisów, ponieważ szybciej się nagrzewa, nie podnosząc jednocześnie temperatury w kuchni, co zwłaszcza latem stanowi prawdziwe błogosławieństwo.

1. Nasmarować masłem 100-gramową kokilkę deserową. Jeżeli używany jest opiekacz, rozgrzać go do 200°C.
2. W małej misce przy pomocy widelca dokładnie wymieszać jajko i mąkę kokosową, a następnie dodać pozostałe składniki i ponownie wymieszać.
3. Wlać ciasto do natłuszczonej kokilki. Jeżeli używana jest kuchenka mikrofalowa, ustawić wysoką moc i podgrzewać przez minutę lub do chwili, gdy na wbitej w babeczkę wykałaczce nie zostanie ciasto. Jeżeli używany jest opiekacz, piec przez 12 minut lub do chwili, gdy na wbitej w babeczkę wykałaczce nie zostanie ciasto.
4. Poczekać 5 minut. Wyjąć babeczkę z kokilki i zostawić do całkowitego wystygnięcia. Przekroić na pół.
5. Żeby uzyskać chrupiącą skórkę, rozgrzać olej kokosowy na patelni, położyć na niej połówki babeczki płaską stroną do dołu i smażyć, aż brzegi staną się chrupiące.

M
L H
KETO

WARTOŚCI ODŻYWCZE (w 1 porcji)				
kalorie	tłuszcz	białka	węglowodany	błonnik
188	16.7g	6.7g	3.3g	2g
	79%	14%	7%	

Szybkie
BUŁECZKI Z CYNAMONEM

OPCJA NIE ZAWIERA ORZECHÓW · NIE ZAWIERA NABIAŁU · OPCJA WEGETARIAŃSKA

Czas przygotowania: 3 minuty

Czas gotowania: 1½ do 15 minut w zależności od metody

Liczba porcji: 5 babeczek (1 na porcję)

5 łyżeczek oleju kokosowego do natłuszczenia foremek

½ szklanki mąki kokosowej

¼ szklanki słodzika cukierniczego Swerve albo odpowiednia ilość innego słodzika w proszku lub w płynie (patrz: s. 37)

1 łyżeczka tartego cynamonu + szczypta do obsypania (opcjonalnie)

1 łyżeczka sody oczyszczonej

szczypta drobnoziarnistej soli morskiej

4 duże jaja

¼ szklanki roztopionego, ale nie gorącego oleju kokosowego

½ szklanki niesłodzonego bezsmakowego mleka migdałowego kupionego w sklepie lub domowego (s. 131) albo niesłodzonego bezsmakowego mleka konopnego lub pełnotłustego mleka kokosowego (jeżeli przepis ma nie zawierać orzechów)

1 łyżeczka ekstraktu waniliowego lub nasiona z 1 laski wanilii o długości około 15 cm

LUKIER (OPCJONALNIE):

3 łyżki oleju kokosowego

3 łyżki słodzika cukierniczego Swerve albo odpowiednia ilość innego słodzika w proszku lub w płynie (patrz: s. 37)

¾ łyżeczki ekstraktu z syropu klonowego lub kropla olejku klonowego

Te bułeczki również można przygotować w opiekaczu lub kuchence mikrofalowej. Jeżeli jednak waszym głównym celem jest schudnięcie, radzę zrezygnować z pieczonych potraw przyrządzonych z mąki kokosowej.

1. Jeżeli używany jest opiekacz lub piekarnik, rozgrzać do 175°C.
2. Ponieważ babeczki najlepiej smakują na ciepło, lepiej nie przygotowywać zapasu. Nasmarować olejem kokosowym pięć 120-mililitrowych foremek lub kokilek nadających się do podgrzewania w kuchence mikrofalowej (jeżeli pieczemy w piekarniku, można użyć zwykłych kokilek). Jeśli chcemy przygotować mniejszą porcję, należy postępować zgodnie z sugestią zamieszczoną poniżej.
3. W średniej misce wymieszać mąkę kokosową, słodzik, cynamon, sodę oczyszczoną i sól. Następnie dodać jajka, olej kokosowy, mleko migdałowe i ekstrakt waniliowy. Wymieszać.
4. Rozlać masę do foremek lub kokilek do ¾ wysokości. Można posypać cynamonem.
5. Przy zastosowaniu kuchenki mikrofalowej podgrzewać babeczki pojedynczo przez 1,5 minuty do chwili, gdy na wbitej w nie wykałaczce nie będzie zostawać ciasto.
6. Przy zastosowaniu opiekacza piec babeczki pojedynczo przez 8 do 12 minut do chwili, gdy na wbitej w nie wykałaczce nie będzie zostawać ciasto.
7. Przy zastosowaniu piekarnika piec babeczki przez 15 minut lub do chwili, gdy na wbitej w nie wykałaczce nie będzie zostawać ciasto.
8. W międzyczasie wymieszać składniki na lukier (opcjonalnie).
9. Wyjąć babeczki z kuchenki mikrofalowej, opiekacza lub piekarnika i polukrować. Wyjąć z foremki lub kokilki i podawać na ciepło.

JEDNA PORCJA

Można wlać masę do foremek lub kokilek, nakryć folią spożywczą i przechowywać w lodówce, a potem upiec tylko tyle, ile przyda się na szybkie śniadanie. Masa wytrzyma w lodówce przez 3 dni.

KETO: L M H

WARTOŚCI ODŻYWCZE (w 1 porcji)				
kalorie	tłuszcz	białka	węglowodany	błonnik
311	28.1g	7.7g	8.4g	5.3g
	81%	9%	10%	

Bezmleczne batoniki proteinowe
O SMAKU MLECZNEJ CZEKOLADY

NIE ZAWIERA JAJ · NIE ZAWIERA ORZECHÓW · NIE ZAWIERA NABIAŁU · OPCJA WEGETARIAŃSKA

Czas przygotowania: 5 minut + 30 minut na schłodzenie

Czas gotowania: 2 minuty

Liczba porcji: 8 batoników (1 na porcję)

½ szklanki oleju kokosowego lub niesolonego masła (dla osób tolerujących laktozę)

¼ szklanki masła kakaowego

¼ szklanki drobno pokruszonej niesłodzonej czekolady piekarniczej

¼ szklanki białka serwatkowego o smaku czekoladowym lub białka jajecznego o smaku czekoladowym (dla osób nieuczulonych na jajka)

¼ szklanki słodzika cukierniczego Swerve albo odpowiednia ilość innego słodzika w proszku lub w płynie (patrz s. 37) – można dodać więcej

1 łyżeczka ekstraktu waniliowego lub ziaren z 1 laski wanilii o długości około 15 cm

1 łyżka syropu z korzenia yacon (opcjonalnie, jeśli batonik ma się bardziej ciągnąć)

Jeżeli szukacie potrawy, którą można wziąć ze sobą w podróż lub na wycieczkę, te batoniki nadadzą się idealnie. Jeśli użyjecie oleju kokosowego, nie trzeba nawet trzymać ich w lodówce! Są nie tylko wygodne, lecz także dostosowane do ketogenicznego stylu życia w przeciwieństwie do podobnych produktów dostępnych w sklepach.

Wielu moich klientów kupuje sobie gotowe batoniki proteinowe, ja jednak mam co do nich pewne wątpliwości:

- Wszystkie zawierają tak dużo białka, że osoby z upośledzonym metabolizmem nie będą w stanie pozostać w ketozie.
- Do ich produkcji używa się białka serwatkowego, czyli nabiału. Przez to nie nadają się dla osób mających problemy z jego trawieniem.

Batoniki przygotowane według mojego przepisu pozwalają utrzymać organizm w stanie ketozy i nie zawierają nabiału.

1. Wyłożyć szklane naczynie o powierzchni około 50 cm² papierem do pieczenia.
2. Umieścić olej kokosowy i masło kakaowe w misce nadającej się do używania w kuchence mikrofalowej. Ustawić wysoką moc i podgrzewać do chwili całkowitego rozpuszczenia masła, to jest około 2 minuty, mieszając co minutę.
3. Umieścić rozpuszczoną mieszankę i pozostałe składniki w blenderze i ucierać do chwili otrzymania gładkiej masy. Można też ręcznie wymieszać białko w proszku, słodzik, ekstrakt waniliowy i syrop z korzenia yacon (jeżeli jest używany) z rozpuszczoną mieszanką.
4. Wlać masę do naczynia lub pojemnika. Wstawić odkryte naczynie do lodówki na około 30 minut w celu schłodzenia. Pociąć zastygłą masę na 8 batoników o wymiarach 5 × 10 cm.
5. Przechowywać w temperaturze pokojowej, w szczelnie zamkniętym pojemniku, nie dłużej niż 2 tygodnie (lub w lodówce, jeżeli w przepisie użyto masła zamiast oleju kokosowego). Można je układać jeden na drugim.

M
L H
KETO

WARTOŚCI ODŻYWCZE (w 1 porcji)				
kalorie	tłuszcz	białka	węglowodany	błonnik
238	23g	4g	2.5g	1.5g
	89%	7%	4%	

SERNIK TRUSKAWKOWY
SERNIK TRUSKAWKOWY
BEZMLECZNA CZEKOLADA
BEZMLECZNA CZEKOLADA

Batoniki proteinowe
O SMAKU SERNIKA TRUSKAWKOWEGO

NIE ZAWIERA JAJ · NIE ZAWIERA ORZECHÓW · OPCJA WEGETARIAŃSKA

Czas przygotowania: 5 minut + 30 minut na schłodzenie

Czas gotowania: 2 minuty

Liczba porcji: 8 batoników (1 na porcję)

½ szklanki (1 kostka) niesolonego masła lub oleju kokosowego

½ szklanki masła kakaowego

125 g (½ szklanki) serka śmietankowego

¼ szklanki białka serwatkowego o smaku truskawkowym lub białka jajecznego o smaku truskawkowym (dla osób nieuczulonych)

¼ szklanki słodzika cukierniczego Swerve albo odpowiednia ilość innego słodzika w proszku lub w płynie (patrz: s. 37) — można dodać więcej

1 łyżeczka ekstraktu truskawkowego

1 łyżka syropu z korzenia yacon (opcjonalnie, jeśli batonik ma się bardziej ciągnąć)

Bardzo często testuję moje przepisy, prosząc o ich przygotowanie wiele różnych osób, żeby upewnić się, że poradzą sobie z nimi nawet nowicjusze oraz że potrawy wszystkim smakują. Jednym z moich ulubionych królików doświadczalnych jest moja klientka Stacey. Zawsze szczerze mówi to, co myśli, i ma dwoje dzieci, które również stosują dietę ketogeniczną. Kiedy poprosiłam ją o przetestowanie tej receptury, prawie natychmiast dostałam odpowiedź: „Nieschłodzona masa była tak dobra, że od razu zrobiłam ją drugi raz. Moje ketodziecko uwielbia ten przepis, tak jak moja córka, której niezwykle ciężko zaimponować i która nigdy nie lubiła batoników proteinowych dostępnych w sklepach. Najlepsze jest to, że twój przepis nie zawiera orzechów, więc mój syn może wziąć je do szkoły w swoim pudełku śniadaniowym".

1. Wyłożyć papierem do pieczenia naczynie lub pojemnik o powierzchni około 50 cm².
2. Umieścić masło i masło kakaowe w misce nadające się do używania w kuchence mikrofalowej. Ustawić wysoką moc i podgrzewać do chwili całkowitego rozpuszczenia masła, to jest około 2 minuty, mieszając co minutę.
3. Umieścić roztopioną mieszankę i pozostałe składniki w blenderze i ucierać do chwili uzyskania gładkiej masy. Można też ręcznie wymieszać serek śmietankowy, białko, słodzik, ekstrakt truskawkowy i syrop z korzenia yacon (jeśli jest używany) z roztopionym masłem.
4. Wylać masę do wyłożonego papierem pojemnika. Wstawić odkryte naczynie do lodówki na około 30 minut w celu schłodzenia. Pociąć na 8 batoników o wymiarach 5 × 10 cm.
5. Przechowywać w lodówce, w szczelnie zamkniętym pojemniku, nie dłużej niż 2 tygodnie. Batoniki można układać jeden na drugim.

UWAGA:

Osoby, które chcą przygotować batoniki bezmleczne, powinny sprawdzić przepis na bezmleczne batoniki proteinowe o smaku mlecznej czekolady (s. 154).

L M H KETO

WARTOŚCI ODŻYWCZE (w 1 porcji)				
kalorie	tłuszcz	białka	węglowodany	błonnik
280	30.6g	2.7g	0.7g	0g
	97%	3%	1%	

Płatki
NIEZBOŻOWE

NIE ZAWIERA ORZECHÓW | NIE ZAWIERA NABIAŁU | OPCJA WEGETARIAŃSKA

Czas przygotowania: 2 minuty

Czas gotowania: 4 minuty

Liczba porcji: 1

2 duże jajka

$^1/_3$ szklanki pełnotłustego mleka kokosowego lub śmietany kremówki (dla osób tolerujących laktozę)

2 łyżki słodzika cukierniczego Swerve albo odpowiednia ilość innego słodzika w proszku lub w płynie (patrz: s. 37)

1 łyżeczka ekstraktu z syropu klonowego

$^1/_8$ łyżeczki drobnoziarnistej soli morskiej

1 łyżka oleju kokosowego lub niesolonego masła (dla osób tolerujących laktozę)

SOS:

2 łyżki oleju kokosowego lub niesolonego masła (dla osób tolerujących laktozę)

2 łyżki słodzika cukierniczego Swerve albo odpowiednia ilość innego słodzika w proszku lub płynie (patrz: s. 37)

1 łyżeczka ekstraktu z syropu klonowego

$^1/_8$ łyżeczki drobnoziarnistej soli morskiej

1. W małej misce wymieszać jajka, mleko kokosowe, słodzik, ekstrakt z syropu klonowego i sól.
2. Postawić średniej wielkości rondel na średnim ogniu i rozpuścić 1 łyżkę oleju kokosowego. Dodać zmieszane składniki i gotować do chwili zgęstnienia masy. Cały czas skrobać po dnie rondla, żeby zapobiec tworzeniu się dużych grudek (dobrze sprawdza się tu trzepaczka do jajek). Cały proces zajmie około 4 minut. Wlać zgęstniałą mieszankę do miski.
3. Umieścić składniki na sos w misce nadającej się do używania w kuchence mikrofalowej i podgrzewać przez 20 sekund lub do chwili, gdy masło kokosowe się rozpuści.
4. Tuż przed podaniem zalać mieszankę w misce.

M L H KETO *Ze śmietaną kremówką*

WARTOŚCI ODŻYWCZE (w 1 porcji)				
kalorie	tłuszcz	białka	węglowodany	błonnik
645	65.5g	13.4g	2.4g	0g
	91%	8%	1%	

M L H KETO *Z mlekiem kokosowym*

WARTOŚCI ODŻYWCZE (w 1 porcji)				
kalorie	tłuszcz	białka	węglowodany	błonnik
691	69.8g	14.4g	5g	1.8g
	90%	7.5%	2.5%	

Budyń CZEKOLADOWY

OPCJA

NIE ZAWIERA JAJ · NIE ZAWIERA ORZECHÓW · NIE ZAWIERA NABIAŁU

Czas przygotowania: 4 minuty + godzina, żeby budyń się ściął

Czas gotowania: 1 do 3 minut w zależności od metody

Liczba porcji: 4 porcje

2 szklanki pełnotłustego mleka kokosowego lub śmietany kremówki (dla osób tolerujących laktozę)

1 łyżka sproszkowanej żelatyny ze zwierząt wypasanych naturalnie

1 szklanka niesłodzonego (bezsmakowego lub waniliowego) mleka migdałowego, kupionego w sklepie lub domowego (s. 131) albo niesłodzonego (bezsmakowego lub waniliowego) mleka konopnego (jeżeli przepis ma nie zawierać orzechów)

½ szklanki słodzika cukierniczego Swerve albo odpowiednia ilość innego słodzika w proszku lub płynie (patrz: s. 37)

½ szklanki niesłodzonego kakao w proszku

1 łyżeczka ekstraktu waniliowego lub nasiona z 1 laski wanilii o długości około 15 cm

⅛ łyżeczki drobnoziarnistej soli morskiej

M
L H
KETO

WARTOŚCI ODŻYWCZE (w 1 porcji)				
kalorie	tłuszcz	białka	węglowodany	błonnik
474	50.3g	3.7g	4.3g	0g
	94%	3%	3%	

Proponuję przygotować go wieczorem, żeby zaoszczędzić czas rano.

1. Do średniej miski wlać ¼ szklanki mleka kokosowego. Dosypać żelatynę i zostawić, żeby się rozpuściła. W międzyczasie przygotować resztę składników.
2. Podgrzać mleko migdałowe i pozostałe 1¾ szklanki mleka kokosowego w rondlu na średnim ogniu. Można też użyć kuchenki mikrofalowej ustawionej na wysoką moc. Mleko należy wtedy podgrzewać w odpowiednim naczyniu przez 1 minutę.
3. Dodać słodzik i kakao do schłodzonego mleka z żelatyną. Dokładnie wymieszać.
4. Wlać gorące mleko kokosowe do mieszanki z żelatyną, cały czas mieszając. Dodać ekstrakt waniliowy i sól. Przelać budyń do czterech 120-mililitrowych kubeczków.
5. Wstawić do lodówki na godzinę lub do chwili ścięcia się budyniu. Najlepiej podawać w temperaturze pokojowej, ale można również schłodzony. Pozostałe porcje przechowywać w lodówce, w pojemniku szczelnie zamkniętym lub zasłoniętym folią spożywczą, nie dłużej niż 4 dni lub w zamrażarce maksymalnie przez miesiąc. Zamrożony budyń rozmrażać w temperaturze pokojowej.

Kotlety mielone Z CHORIZO

NIE ZAWIERA JAJ · NIE ZAWIERA ORZECHÓW · NIE ZAWIERA NABIAŁU

Czas przygotowania: 8 minut

Czas gotowania: 10 minut na partię

Liczba porcji: 12 kotletów (1 na porcję)

około 1,15 kg mielonego chorizo lub kiełbasy chorizo wyjętej z osłonek (patrz: uwaga)

około 225 g mielonej słoniny (patrz: uwaga)

2 łyżeczki drobnoziarnistej soli morskiej

2 łyżeczki świeżo zmielonego czarnego pieprzu

½ łyżeczki mielonego kminu

smalec lub olej kokosowy do natłuszczenia patelni

ketogeniczny sos wedle uznania (s. 122–127) — opcjonalnie

1. W dużej misce umieścić chorizo, mieloną słoninę, sól, pieprz i kmin. Dokładnie wymieszać w celu połączenia składników. Uformować dwanaście około 8-centymetrowych kotletów.
2. Na dużej patelni rozpuścić na średnim ogniu łyżkę smalcu lub oleju kokosowego. Smażyć kotlety przez 3 do 5 minut z każdej strony. W razie potrzeby dodać więcej tłuszczu.
3. Wedle uznania podawać z ketogenicznym sosem.

UWAGA:

Jeśli używacie kiełbasy chorizo, po wyjęciu mięsa z osłonek włóżcie je do robota kuchennego i zetrzyjcie na drobno, ale nie do postaci purée.

Poproście w sklepie mięsnym o zmielenie słoniny lub jeśli chcecie zmielić ją samodzielnie, pokrójcie ją w kostkę i wstawcie na godzinę do zamrażarki. Następnie zetrzyjcie ją w robocie kuchennym.

RADA:

Przygotujcie podwójną partię i przechowujcie gotowe kotlety w lodówce lub zamrażarce. Będą świetne na szybkie śniadania. W lodówce wytrzymają maksymalnie 5 dni, w zamrażarce nawet pół roku.

JEDNA PORCJA

Można uformować kotlety i przechowywać je w lodówce przez maksymalnie 3 dni. Smażcie naraz tylko tyle, ile wam potrzeba.

M L H KETO

WARTOŚCI ODŻYWCZE (w 1 porcji)				
kalorie	tłuszcz	białka	węglowodany	błonnik
602	55.1g	22.8g	2g	0g
	83%	15%	1%	

Babeczki

O SMAKU PIZZY

NIE ZAWIERA ORZECHÓW · OPCJA WEGETARIAŃSKA

Czas przygotowania: 15 minut

Czas gotowania: 15 minut

Liczba porcji: 12 zwykłych lub 24 miniaturowe babeczki (1 zwykła lub 2 miniaturowe babeczki na porcję)

7 dużych jajek

1 szklanka kwaśnej śmietany

1 łyżka suszonego oregano

½ łyżeczki proszku do pieczenia

½ łyżeczki drobnoziarnistej soli morskiej

170 g porwanej na kawałki mozzarelli

3 łyżki tartego parmezanu

¼ szklanki siekanej cebuli

¼ łyżeczki drobno posiekanego czosnku

DODATKI (OPCJONALNIE):

od ¼ do ½ szklanki oliwek pokrojonych w plasterki

¼ szklanki zielonej papryki pokrojonej w kostkę

¼ szklanki grzybów pokrojonych w plasterki

½ szklanki posiekanej lub porwanej ugotowanej włoskiej kiełbasy (pominąć, jeżeli babeczki mają być wegetariańskie)

przyprawa do pizzy **(s. 111)**

podgrzany sos marinara

Bardzo lubię przygotowywać te babeczki, ponieważ moje dzieci mogą wybrać dodatki do pizzy, na które mają w danej chwili ochotę. Świetna zabawa i posiłek według upodobań!

1. Rozgrzać piekarnik do 175°C. Nasmarować tłuszczem foremkę na 24 miniaturowe babeczki lub na 12 zwykłych.
2. Roztrzepać jajka w dużej misce. W innym naczyniu wymieszać kwaśną śmietanę, oregano, proszek do pieczenia i sól, a następnie dodać mieszankę do jajek. Miksować do chwili dokładnego połączenia się składników.
3. Dodać mozzarellę, parmezan, cebulę, czosnek i wybrane dodatki do pizzy. Dokładnie wymieszać za pomocą łyżki.
4. Wylać masę do blaszki na babeczki, wypełniając każdą foremkę do dwóch trzecich objętości. Wedle uznania posypać przyprawą do pizzy.
5. Piec do chwili, gdy babeczki odpowiednio wyrosną i nabiorą lekko brązowego koloru, czyli 10–12 minut dla babeczek miniaturowych lub 12–15 minut dla zwykłych. Babeczki są gotowe, jeżeli do wbitego w nie noża nie przyklei się ciasto. Zostawić je w blasze do ostygnięcia, a następnie przełożyć na półmisek.
6. Podawać z sosem marinara. Resztki przechowywać w lodówce, w szczelnie zamkniętym pojemniku, nie dłużej niż 3 dni. Podgrzewać w piekarniku w 175°C przez 3 minuty albo w kuchence mikrofalowej przez 30 sekund lub do chwili, gdy będą gorące w środku.

RADA:

Przygotujcie masę poprzedniego wieczoru (lub maksymalnie 3 dni przed pieczeniem) i przechowujcie w lodówce. Rano wlejcie ją do formy zgodnie z przepisem i upieczcie. Babeczki niezjedzone od razu smakują równie dobrze następnego dnia. Kto nie lubi zjeść resztek pizzy na śniadanie?

OPCJA WEGETARIAŃSKA

Te babeczki mogą być też świetną potrawą wegetariańską! Wystarczy zastąpić kiełbasę dowolnym bezmięsnym dodatkiem.

M · L · H · KETO

WARTOŚCI ODŻYWCZE (w 1 porcji)				
kalorie	tłuszcz	białka	węglowodany	błonnik
256	19.3g	17.4g	4.4g	0g
	67%	27%	7%	

Śniadaniowa zapiekanka
Z PRZYPRAWĄ TACO

NIE ZAWIERA ORZECHÓW

Czas przygotowania: 8 minut

Czas gotowania: 37 minut

Liczba porcji: 6

2 łyżki niesolonego masła

225 g mielonej wołowiny z 20% zawartością tłuszczu

½ szklanki siekanej cebuli

2 łyżki przyprawy taco (s. 110)

¼ szklanki sosu pomidorowego

8 dużych już roztrzepanych jaj

¼ szklanki bulionu na kościach wołowych kupionego w sklepie lub domowego (s. 132)

¾ szklanki porwanego sera Monterey Jack lub ostrego cheddara (około 85 g)

około 30 g (2 łyżki) serka śmietankowego

1 łyżeczka drobno posiekanego czosnku lub ząbki z ½ główki pieczonego czosnku (s. 134)

½ szklanki świeżo posiekanych liści kolendry

1 łyżeczka drobnoziarnistej soli morskiej

½ szklanki świeżo zmielonego czarnego pieprzu

pokrojony świeży szczypiorek lub świeże posiekane liście kolendry do ozdoby (opcjonalnie)

podgrzany sos marinara (opcjonalnie)

M
L H
KETO

WARTOŚCI ODŻYWCZE (w 1 porcji)				
kalorie	tłuszcz	białka	węglowodany	błonnik
301	22.4g	21.8g	2.5g	0g
	68%	29%	3%	

1. Rozgrzać piekarnik do 175°C.
2. Na dużej patelni nadającej się do używania w piekarniku rozgrzać masło na średnim ogniu. Dodać mieloną wołowinę, cebulę i przyprawę taco. Smażyć, aż mięso będzie gotowe, a cebula się zeszkli, czyli około 7 minut. Dodać sos pomidorowy i dokładnie wymieszać.
3. W dużej misce wymieszać jajka, bulion, sery, czosnek, kolendrę, sól i pieprz.
4. Dodać masę do wołowiny z sosem i dokładnie wymieszać. Gotować na średnim ogniu przez około 3 minuty do chwili lekkiego ścięcia się jajek, cały czas mieszając.
5. Wstawić patelnię do piekarnika i piec przez 27 minut lub do chwili, aż jajka całkowicie się zetną. Wyjąć z pieca i zostawić na 3 minuty do ostygnięcia, następnie pokroić i podać. Wedle uznania ozdobić liśćmi kolendry lub szczypiorkiem i podawać z sosem marinara. Resztki przechowywać w lodówce, w szczelnie zamkniętym pojemniku, nie dłużej niż 3 dni. Odgrzewać w piekarniku rozgrzanym do 175°C przez 3 minuty albo w kuchence mikrofalowej przez 30 sekund lub do chwili, gdy potrawa będzie ciepła w środku.

WARIANT: BABECZKI ŚNIADANIOWE Z PRZYPRAWĄ TACO

Aby skrócić czas przygotowania, można piec babeczki pojedynczo. Wystarczy nasmarować tłuszczem blachę na dwanaście babeczek i postępować zgodnie z przepisem aż do 4. punktu. Następnie wlać mieszankę do foremek do ⅔ wysokości. Piec 10–13 minut, aż wyrosną i nabiorą złotego koloru. Zostawić na blasze do schłodzenia, a następnie przełożyć na półmisek i podawać, zanim całkowicie wystygną. Jedna partia wystarczy na przygotowanie 12 babeczek (2 na porcję).

RADA:

Ja smażę wołowinę i mieszam z nią pozostałe składniki poprzedniego wieczoru. Rano wystarczy wstawić patelnię do piekarnika, żeby przygotować szybkie śniadanie lub brunch. Ta potrawa świetnie smakuje również jako resztki z poprzedniego posiłku!

Zdrowe
PLACKI ZIEMNIACZANE

NIE ZAWIERA ORZECHÓW NIE ZAWIERA NABIAŁU OPCJA WEGETARIAŃSKA

Czas przygotowania: 4 minuty

Czas gotowania: 10 minut na partię

Liczba porcji: 4 placki (1 na porcję)

4 szklanki porwanej kapusty

4 duże jajka

½ szklanki siekanego pora lub cebuli dymki

1 łyżeczka drobnoziarnistej soli morskiej

½ łyżeczki świeżo zmielonego czarnego pieprzu

dodatkowe przyprawy i siekane zioła takie jak pieprz cayenne, liście kolendry lub bazylii (opcjonalnie)

1 łyżka oleju kokosowego lub niesolonego masła do smażenia (lub więcej w razie konieczności)

Są tak dobre, że nigdy już nie tkniecie zwykłych placków! Najchętniej podaję je z guacamole (s. 136). To prosty przepis na śniadanie dla jednej osoby. Często robię je dla siebie, ponieważ zawsze mam w lodówce kapustę, jajka i pora lub zieloną cebulę.

1. W średniej misce wymieszać kapustę, jajka, pora, sól, pieprz i ewentualnie inne przyprawy lub zioła.
2. Rozgrzać tłuszcz na dużej patelni na niewielkim ogniu.
3. Nabrać połowę miarki ciasta, wylać na patelnię i przy pomocy szpatułki uformować placek o średnicy około 8 cm. Jeżeli patelnia jest dostatecznie duża, można smażyć więcej niż jeden naraz. Nie przykrywać.
4. Smażyć do chwili, gdy placki nabiorą złotobrązowego koloru, a kapusta będzie miękka, czyli około 5 minut. Następnie obrócić na drugą stronę i smażyć przez kolejne 3–5 minut. W ten sam sposób przygotować pozostałe placki. W razie konieczności można użyć więcej tłuszczu. Zdjąć z ognia i podawać. Najlepiej smakują prosto z patelni.

RADA:

Wymieszane składniki można przechowywać przez maksymalnie 4 dni. Przygotujcie pojedynczą lub podwójną partię w zależności od liczby osób, którym zamierzacie je podać, i smażcie z niej placki na śniadanie przez cały tydzień.

JEDNA PORCJA

Na jedną porcję wystarczą 1 szklanka porwanej kapusty, 1 duże jajko, 2 łyżki siekanego pora lub zielonej cebuli, ¼ łyżeczki drobnoziarnistej soli i ⅛ łyżeczki świeżo zmielonego czarnego pieprzu.

M L H KETO

WARTOŚCI ODŻYWCZE (w 1 porcji)				
kalorie	tłuszcz	białka	węglowodany	błonnik
204	18.5g	6.7g	5.3g	2.1g
	80%	11%	9%	

Zielone jajka
SADZONE NA SZYNCE

NIE ZAWIERA ORZECHÓW · NIE ZAWIERA NABIAŁU

Czas przygotowania: 4 minuty

Czas gotowania: 4 minuty

Liczba porcji: 1

1 łyżeczka oleju kokosowego lub niesolonego masła (dla osób tolerujących laktozę) do smażenia

2 duże jajka

2 plastry szynki

2 łyżki prostego sosu chimichurri (s. 130)

Uwielbiam pisarstwo doktora Seussa. Kiedyś na obozie wystawialiśmy sztukę na podstawie jego książki *The Lorax*, żeby opowiedzieć dzieciom o drzewach oraz by nauczyć je szacunku do matki natury. Co roku 2 marca obchodzimy w Stanach Zjednoczonych dzień poświęcony temu autorowi. Ja zawsze wtedy przygotowuję zielone jajka sadzone na szynce.

1. Rozgrzać tłuszcz na dużej patelni na średnim ogniu. Następnie wbić jajka i przykryć. Smażyć, aż białka się zetną, ale żółtka pozostaną płynne, czyli około 4 minuty.
2. Kiedy jajka będą prawie gotowe, dodać szynkę, aby się podgrzała.
3. Zdjąć szynkę z patelni i ułożyć na talerzu. Na nią wyłożyć jajka i ozdobić sosem chimichurri.

M
L H
KETO

WARTOŚCI ODŻYWCZE (w 1 porcji)				
kalorie	tłuszcz	białka	węglowodany	błonnik
278	22.7g	15.8g	2.2g	0g
	74%	23%	3%	

Śniadaniowe
BURRITO

NIE ZAWIERA ORZECHÓW

Czas przygotowania: 10 minut

Czas gotowania: 18 minut

Liczba porcji: 8 burrito (2 na porcję)

2 łyżki oleju kokosowego lub niesolonego masła

225 g kiełbasy chorizo wyjętej z osłonek lub mięsa mielonego z chorizo

½ szklanki cebuli krojonej w kostkę

5 dużych już roztrzepanych jajek

½ łyżeczki drobnoziarnistej soli morskiej

½ szklanki salsy

8 dużych plastrów pieczonej piersi z kurczaka

1½ szklanki porwanego sera Monterey Jack (około 340 g)

DODATKI DO NADZIENIA (OPCJONALNIE):

awokado pokrojone w kostkę

pokrojone na plasterki papryczki jalapeños świeże lub ze słoika

sos sriracha kupiony w sklepie lub domowy (s. 124)

salsa lub pomidory pokrojone w kostkę

kwaśna śmietana

świeże liście kolendry do przybrania

M
L H
KETO

WARTOŚCI ODŻYWCZE (w 1 porcji)				
kalorie	tłuszcz	białka	węglowodany	błonnik
596	47.7g	37.7g	3.4g	0g
	72%	25%	2%	

1. Rozgrzać piekarnik do 175°C.
2. Rozgrzać tłuszcz na dużej patelni na średnim ogniu. Dodać chorizo i cebulę. Smażyć, aż kiełbasa straci różowy kolor, czyli około 5 minut. Przy okazji podzielić ją na mniejsze kawałki. Odłożyć mięso z cebulą na oddzielny talerz do wystygnięcia, a tłuszcz zostawić na patelni.
3. Zmniejszyć ogień, dodać jajka i sól. Mieszać, aż się usmażą.
4. W międzyczasie przelać salsę na 20-centymetrową patelnię lub do 20-centymetrowego naczynia żaroodpornego.
5. Aby uformować burrito, położyć plaster piersi z kurczaka na talerzu. Wzdłuż jego środka nałożyć dwie łyżki sera, 3 łyżki chorizo i 3 łyżki jajek oraz dodatki wedle uznania. Ciasno zawinąć i umieścić na patelni lub w naczyniu żaroodpornym z salsą zawinięciem do dołu. Powtórzyć cały proces z resztą składników. Gotowe burrito przykryć serem. Wstawić do piekarnika i piec do chwili, aż ser się stopi, czyli około 8 minut.
6. Podawać na ciepło z odrobiną śmietany i kolendrą.

Przystawki
I PRZEKĄSKI

ROZDZIAŁ 7

Taca
AMUSE-BOUCHE

OPCJA

NIE ZAWIERA JAJ

NIE ZAWIERA ORZECHÓW

Czas przygotowania: 8 minut

Liczba porcji: 12

2 szklanki oliwek (zielonych, czarnych, fioletowych lub mieszanki)

półlitrowy słoik pikli kupionych w sklepie lub domowych (s. 318)

wybór wędlin (razem 0,5 kg) takich jak szynka w plasterkach, pastrami, prosciutto lub suszona wołowina teriyaki (połowa ilości podanej w przepisie na s. 186)

wybór serów (razem 0,5 kg) takich jak brie, halloumi (patrz: uwaga), świeża mozarella w plasterkach, ostry cheddar i kozi ser

6 porcji zawijanego prosciutto z kozieradką (s. 198)

6 fioletowych piklowanych jajek (s. 182) lub 6 klasycznych jajek nadziewanych (s. 194) — pominąć, jeżeli przepis ma nie zawierać jajek

surowe warzywa w plasterkach takie jak ogórki i marchewka

Umieścić oliwki i pikle oddzielnie w dwóch miskach i postawić na tacy. Zawinąć wędliny i sery, po czym również położyć je na tacy razem z jajkami i surowymi warzywami.

UWAGA:

Jak widać na zdjęciu, ser halloumi można grillować. Jak? Postępujcie zgodnie z 4. krokiem przepisu na zupę pomidorową z grillowanym serem ze s. 218.

M
L H
KETO

WARTOŚCI ODŻYWCZE (w 1 porcji)				
kalorie	tłuszcz	białka	węglowodany	błonnik
346	24g	28g	5.6g	1.6g
	62%	32%	6%	

Chipsy O SMAKU KANAPKI Z BEKONEM I DIP

NIE ZAWIERA JAJ NIE ZAWIERA ORZECHÓW

Czas przygotowania: 8 minut

Liczba porcji: 6

2 średnie główki cykorii

1 szklanka dressingu z niebieskim serem (s. 119)

2 paski bekonu usmażonego i porwanego na kawałki

1 mały pomidor pokrojony w kostkę

1. Przyciąć każdą główkę cykorii o około 1,3 cm. Wyrzucić wszystkie przywiędłe liście z zewnątrz. Oddzielić liście i ułożyć je na dużej tacy.
2. Nałożyć dressing od strony łodygi albo użyć tego końca liścia jako łyżki i nabrać na niego dressing. Następnie ozdobić bekonem i pomidorami. Najlepiej podawać zaraz po przygotowaniu, ale można przechowywać w lodówce, w szczelnie zamkniętym pojemniku, nie dłużej niż 1 dzień.

M L H KETO

WARTOŚCI ODŻYWCZE (w 1 porcji)				
kalorie	tłuszcz	białka	węglowodany	błonnik
119	10.5g	4.9g	1.9g	0.9g
	79%	16%	6%	

Zawijana papryka PO WŁOSKU

OPCJA

NIE ZAWIERA JAJ · NIE ZAWIERA ORZECHÓW · NIE ZAWIERA NABIAŁU

Czas przygotowania: 8 minut

Czas gotowania: 10 minut

Liczba porcji: 18 plasterków papryki (3 na porcję)

18 małych słodkich papryczek lub papryczek jalapeño

NADZIENIE:

1 opakowanie (225 g) serka mascarpone lub serka śmietankowego albo 1 szklanka rozgniecionego awokado (jeżeli przepis ma nie zawierać nabiału)

1 łyżka siekanego świeżego oregano (opcjonalnie)

1 łyżeczka drobnoziarnistej soli morskiej

½ łyżeczki drobno posiekanego czosnku lub 4 ząbki pieczonego czosnku (s. 134)

9 plasterków prosciutto pokrojonych na 18 pasków o szerokości około 2,5 cm

podgrzany sos marinara — opcjonalnie

M
L H
KETO

WARTOŚCI ODŻYWCZE (w 1 porcji)				
kalorie	tłuszcz	białka	węglowodany	błonnik
185	11.2g	18.5g	3.7g	1.2g
	54%	39%	7%	

To doskonała przystawka, którą można przygotować z dwudniowym wyprzedzeniem. Kiedy pojawią się goście, wystarczy wstawić ją do piekarnika. Świetnie sprawdzi się tu również opiekacz.

1. Rozgrzać piekarnik do 200°C.
2. Odciąć łodygi papryczek i naciąć każdą wzdłuż dłuższego boku. W papryczkach jalapeño usunąć membrany i nasiona za pomocą małego noża lub łyżeczki. Jeżeli danie ma być ostrzejsze, zostawić część membran i nasion.
3. W średniej misce wymieszać składniki na nadzienie.
4. Nadziać papryczki. Zawinąć każdą w plasterek prosciutto i położyć na blasze do pieczenia.
5. Piec przez 10 minut lub do chwili, gdy prosciutto zrobi się chrupiące. Przed podaniem odstawić do ostygnięcia. Polać sosem marinara, który można też podać jako dip.

Doskonałe
KULKI SEROWE

NIE ZAWIERA JAJ · NIE ZAWIERA ORZECHÓW · OPCJA WEGETARIAŃSKA

Czas przygotowania: 2 minuty

Czas gotowania: 1 minuta

Liczba porcji: 2

skórka z goudy lub parmezanu o szerokości około 9 cm i grubości około 13 mm

1 łyżeczka przyprawy do pizzy (s. 111) — opcjonalnie

Lubię wykorzystywać produkty spożywcze do końca, więc kiedy zjemy cały kawałek parmezanu, nie wyrzucam skórki, tylko robię z niej tę smakowitą przekąskę! Jest bardzo szybka i prosta w przygotowaniu. Świetnie sprawdza się w roli grzanek. Skórka z parmezanu to też doskonały dodatek do zup, dlatego zawsze ją zamrażam.

1. Pociąć skórkę sera na 3-centymetrowe kwadraty. Umieścić je na talerzu nadającym się do używania w kuchence mikrofalowej w około 5-centymetrowych odstępach. Ustawić kuchenkę na wysoką moc i podgrzewać przez 45–60 sekund do chwili, gdy kawałki skórki dwukrotnie zwiększą swoją objętość. Wyjąć i zostawić do wystygnięcia.
2. Posypać dowolną mieszanką przypraw lub jeść niedoprawione. Kulki bez przypraw świetnie smakują w sałatce przygotowanej z moim dressingiem cesarskim (s. 116).

M
L H
KETO

WARTOŚCI ODŻYWCZE (w 1 porcji) w wersji z goudą				
kalorie	tłuszcz	białka	węglowodany	błonnik
130	11g	8g	0g	0g
	76%	24%	0%	

WARTOŚCI ODŻYWCZE (w 1 porcji) w wersji z parmezanem				
kalorie	tłuszcz	białka	węglowodany	błonnik
111	8g	10.1g	0g	0g
	64%	36%	0%	

Smażone
RAVIOLI Z SEREM

NIE ZAWIERA ORZECHÓW

Czas przygotowania: 10 minut

Czas gotowania: 10 minut

Liczba porcji: 6

1 szklanka oleju kokosowego lub tłuszczu kaczego do smażenia

NADZIENIE:

1 opakowanie (225 g) serka mascarpone lub serka śmietankowego

1 duże jajko

½ szklanki tartego parmezanu (około 60 g)

½ łyżeczki drobnoziarnistej soli morskiej

½ łyżeczki świeżo zmielonego czarnego pieprzu

225 g cienko pokrojonego prosciutto

W moim mieście jest przecudna restauracja, która nazywa się Mama Maria's (to byłaby świetna nazwa dla mojej własnej restauracji). Serwują tam dania kuchni włoskiej. Bywaliśmy u nich częstymi gośćmi, zanim rozpoczęliśmy naszą ketogeniczną podróż. Robią genialne smażone ravioli. Craig i ja często zastanawiamy się, co podawalibyśmy w naszej ketogenicznej restauracji. Z całą pewnością w menu znalazłyby się smażone ravioli z tego przepisu. Tak, są aż tak dobre! Jeśli dołożymy do tego zieloną sałatkę z ketogenicznym dressingiem, wystarczy jedzenia dla 4 osób.

1. Rozgrzać tłuszcz do 175°C we frytkownicy lub w głębokiej na 10 cm (lub głębszej) żeliwnej patelni na średnim ogniu. Tłuszcz powinien być głęboki na co najmniej 5 cm, w razie konieczności można dodać więcej.
2. W międzyczasie przygotować ravioli. W małej misce dokładnie wymieszać składniki.
3. Położyć plasterek prosciutto krótszą krawędzią do siebie, a następnie drugi, tak aby układały się w kształt krzyża — zostanie w nie zawinięte nadzienie. Nałożyć łyżkę nadzienia na środek i złożyć ramiona. Przyciskając prosciutto wokół nadzienia, uformować kwadrat. W podobny sposób przygotować pozostałe ravioli.
4. Smażyć ravioli w partiach przez około 2 minuty lub do chwili, gdy będą chrupiące na zewnątrz. Podawać zaraz po przygotowaniu.

RADA:

Kiedy tłuszcz wystygnie, można go przelać do słoików i przechowywać w lodówce. Jednej partii da się bezpiecznie używać nawet 4 razy. Ravioli można złożyć na 2 dni przed smażeniem i przechowywać w lodówce jako szybką kolację.

UWAGA:

W ravioli tradycyjnie używa się mascarpone, ale serek śmietankowy sprawdzi się równie dobrze.

M L H KETO

WARTOŚCI ODŻYWCZE (w 1 porcji)				
kalorie	tłuszcz	białka	węglowodany	błonnik
315	25.5	22.5g	1.2g	0g
	72%	27%	1%	

Surowe warzywa
Z KOPERKOWYM DIPEM

NIE ZAWIERA JAJ · NIE ZAWIERA ORZECHÓW

Czas przygotowania: 15 minut + 30 minut na schłodzenie

Liczba porcji: 8

DIP KOPERKOWY:

1 opakowanie (225 g) serka śmietankowego lub serka mascarpone

1 szklanka kwaśnej śmietany albo crème fraîche

2 łyżki drobno posiekanej cebuli dymki

2 łyżki posiekanego świeżego koperku

½ łyżeczki drobnoziarnistej soli morskiej

2 łyżki bulionu na kościach kurzych kupionego w sklepie lub domowego (s. 132) — opcjonalnie

SUROWE WARZYWA:

1 obrany ogórek

1 szklanka pomidorów koktajlowych

½ szklanki czarnych oliwek bez pestek

6 małych pikli kupionych w sklepie lub domowych (s. 318)

6 cebul dymek

4 lub 5 gałązek bazylii

1 duża czerwona papryka na miseczkę

Specjalny sprzęt:

długie drewniane wykałaczki

Taka ładna aranżacja warzyw na pewno jest warta czasu poświęconego na jej przygotowanie! Poza tym to bardzo proste. Jeżeli jednak uważacie, że to zbyt pracochłonne, możecie przygotować tacę warzyw (patrz: wariant poniżej).

1. Przygotowanie dipu: w średniej misce za pomocą miksera dokładnie połączyć serek, śmietanę, koperek, cebulę i sól. Schłodzić w lodówce przez 30 minut, aby smaki się przegryzły. Jeżeli dip będzie zbyt gęsty, dodać trochę bulionu. Dip można przechowywać w lodówce nie dłużej niż 4 dni.
2. Przygotowanie warzyw: pokroić ogórek w okrągłe plasterki o grubości około 6 mm. Za pomocą małej foremki do ciastek wyciąć kształt kwiatka z każdego plasterka. Nabić po jednym kwiatku na każdą wykałaczkę. Przeciąć połowę pomidorów na pół i przyczepić po jednym kawałku do ogórkowych kwiatków za pomocą wykałaczki (należy wbić ją z drugiej strony kwiatka). Wstawić do wazonu. Pozostałe pomidory wraz z oliwkami i piklami nabić na wykałaczki i również wstawić do wazonu. To samo zrobić z całymi cebulami i listkami bazylii.
3. Przygotowanie miseczki z papryki: odciąć górną część papryki, tak aby krawędź była wycięta w ząbki. Wyciągnąć ziarenka i membrany. Wykorzystać paprykę jako miseczkę do serwowania dipu.

WARIANT: TACA WARZYW Z DIPEM KOPERKOWYM

Przyrządzić dip zgodnie z 1. krokiem. Następnie przygotować po szklance plasterków ogórka i pomidorów koktajlowych, 8 łodyg selera podzielonych na trzy części oraz szklankę cukinii w plasterkach. Umieścić dip w średniej misce, ustawić na środku tacy i ułożyć wokół kawałki warzyw.

M L H KETO

WARTOŚCI ODŻYWCZE (w 1 porcji)				
kalorie	tłuszcz	białka	węglowodany	błonnik
163	16g	3.2g	2.5g	0g
	87%	7%	6%	

Tulipany POMIDOROWE

NIE ZAWIERA JAJ | NIE ZAWIERA ORZECHÓW | OPCJA WEGETARIAŃSKA | DANIE JEDNOGARNKOWE

Czas przygotowania: 8 minut

Liczba porcji: 12

0,5 l pomidorów winogronowych

NADZIENIE:

1 opakowanie (225 g) serka śmietankowego lub koziego

1 łyżka drobno posiekanej cebuli dymki

1 łyżka drobno posiekanej świeżej bazylii

½ łyżeczki soku z cytryny

¼ łyżeczki drobnoziarnistej soli morskiej

3 cebule dymki z odciętymi korzonkami do złożenia kwiatków

To świetny sposób, żeby warzywa stały się ekscytujące! Moje dzieci na ogół nie lubią warzyw. Micah często żartuje, że jest mięsożercą jak tyranozaur! Pewnego razu jednak zauważyłam, że tak naprawdę nawet w jego ulubionym klopsie albo chili znajdują się warzywa takie jak pietruszka i oregano, sos pomidorowy lub salsa. Po chwili namysłu przyznał mi rację, ale po tej rozmowie zaczęłam się zastanawiać, w jak dużym stopniu jemy oczami. Dlatego na Wielkanoc podałam warzywa pokrojone w zabawne kształty.

1. Ostrym nożem przyciąć pomidory od strony łodyg do ¾ długości (tylko nie na wylot, bo się rozpadną). Obrócić i przeciąć jeszcze raz również do ¾ długości. Wyjąć środek.
2. W średniej misce wymieszać składniki na nadzienie.
3. Umieścić nadzienie w rękawie cukierniczym lub plastikowej torebce z wyciętym otworem. Wycisnąć porcję do każdego pomidora.
4. Położyć szczypior z cebuli na tacy tak, aby uformować wachlarz. Na jednym końcu ułożyć pomidory. Całość powinna przypominać bukiet tulipanów. Smacznego!

RADA:

Osoby, które nie mają czasu na krojenie pomidorów, mogą podać dip w misce, a warzywa ułożyć wokół niej.

M L H KETO

WARTOŚCI ODŻYWCZE (w 1 porcji)				
kalorie	tłuszcz	białka	węglowodany	błonnik
77	6.7g	2g	2.9g	0g
	77%	10%	13%	

Fioletowe PIKLOWANE JAJKA

NIE ZAWIERA ORZECHÓW · NIE ZAWIERA NABIAŁU · OPCJA WEGETARIAŃSKA

Czas przygotowania: 15 minut + 8 godzin na marynowanie

Liczba porcji: 12

12 dużych jaj

ZALEWA:

4 szklanki octu kokosowego lub jabłkowego

⅓ szklanki słodzika cukierniczego Swerve albo odpowiednia ilość innego słodzika w proszku lub w płynie (patrz: s. 37)

1 łyżka przyprawy do kiszenia

1 łyżka drobnoziarnistej soli morskiej

2 szklanki grubych kawałków czerwonej cebuli

1 szklanka porwanej czerwonej kapusty

L M H KETO

WARTOŚCI ODŻYWCZE (w 1 porcji)				
kalorie	tłuszcz	białka	węglowodany	błonnik
64	4.4g	5.6g	0.5g	0g
	62%	35%	3%	

Piklowane jajka świetnie nadają się na prowiant w czasie długich wycieczek i kempingów!

1. Umieścić jajka w dużym rondlu i zalać zimną wodą, aż będą w pełni zanurzone. Zagotować wodę, zakryć rondel i zdjąć z ognia. Zostawić na około 11 minut, aż jajka się ugotują, następnie odcedzić i płukać je w bardzo zimnej wodzie przez około 2 minuty, żeby zatrzymać proces gotowania. Obrać jajka ze skorupki.
2. Umieścić składniki na zalewę w średniej misce i dokładnie wymieszać, aż sól i słodzik się rozpuszczą.
3. Umieścić obrane jajka w wysterylizowanym słoju mason o pojemności około 1 l. Wlać zalewę i dodać kapustę oraz cebulę. Zakręcić słoik i wstawić na noc do lodówki. Przechowywać w lodówce nie dłużej niż 2 tygodnie.

Pieczone pikle
ZAWIJANE W BEKON

NIE ZAWIERA ORZECHÓW · NIE ZAWIERA NABIAŁU

Czas przygotowania: 5 minut

Czas gotowania: 30 minut

Ilość: 6 porcji

6 pokrojonych w słupki ogórków konserwowych kupionych w sklepie albo domowych (s. 318)

6 plasterków bekonu

dressing zielonej bogini (s. 117) do podania

1. Nagrzać piekarnik lub opiekacz do 220°C. Na głębokiej blasze położyć drucianą kratkę.
2. Ciasno zawinąć każdy kawałek ogórka w plasterek bekonu.
3. Zawinięte ogórki umieścić na kratce. Piec przez 20–30 minut, aż bekon będzie gotowy. Wyjąć z piekarnika i położyć do odsączenia na papierowym ręczniku.
4. Podawać gorące z zielonym dressingiem.

M L H KETO

WARTOŚCI ODŻYWCZE (w 1 porcji)				
kalorie	tłuszcz	białka	węglowodany	błonnik
106	9g	5.3g	1.1g	1.1g
	76%	20%	4%	

Klasyczne
JAJKA NADZIEWANE

NIE ZAWIERA ORZECHÓW | NIE ZAWIERA NABIAŁU | OPCJA WEGETARIAŃSKA

Czas przygotowania: 5 minut

Czas gotowania: 15 minut

Liczba porcji: 12

12 dużych jaj

½ szklanki majonezu kupionego w sklepie lub domowego (s. 112)

2 łyżeczki octu kokosowego lub jabłkowego

2 łyżeczki żółtej musztardy

½ łyżeczki drobnoziarnistej soli morskiej

wędzona papryka do ozdoby

Często przygotowuję nadziewane jajka jako prowiant na wycieczki i wypady na plażę. Trzymam je wtedy w lodówce turystycznej.

1. Umieścić jajka w dużym rondlu i zalać zimną wodą. Doprowadzić do wrzenia, a następnie zakryć rondel i zdjąć z ognia. Zostawić na około 11 minut, aż jajka się ugotują, następnie odcedzić i płukać je w bardzo zimnej wodzie przez około 2 minuty, żeby zatrzymać proces gotowania. Obrać jajka ze skorupki i przekroić na podłużne połówki.
2. Wyjąć żółtka i umieścić je w misce. Rozgnieść widelcem na bardzo drobne kawałki, dodać majonez, ocet, musztardę i sól. Mieszać do chwili połączenia się składników.
3. Włożyć mieszankę do pustych połówek białka i posypać papryką. Resztki przechowywać w lodówce, w szczelnie zamkniętym pojemniku, nie dłużej niż 3 dni.

RADA:

Zawsze mam w lodówce około 10 jaj ugotowanych na twardo. Moi synowie bardzo lubią pomagać mi w kuchni, a obieranie jajek ze skorupki to jedna z niewielu czynności, przy których nie trzeba ich pilnować, dzięki czemu ja mogę przygotować coś innego.

M
L H
KETO

WARTOŚCI ODŻYWCZE (w 1 porcji)				
kalorie	tłuszcz	białka	węglowodany	błonnik
124	11.1g	5.6g	0.4g	0g
	81%	18%	1%	

Jajka nadziewane Z SOSEM SRIRACHA

NIE ZAWIERA ORZECHÓW | NIE ZAWIERA NABIAŁU | OPCJA WEGETARIAŃSKA

Czas przygotowania: 5 minut

Czas gotowania: 15 minut

Liczba porcji: 12

12 dużych jajek

½ szklanki majonezu kupionego w sklepie lub domowego (s. 112)

2 łyżeczki żółtej musztardy

1–2 łyżeczki sosu sriracha (w zależności od pożądanego poziomu ostrości) kupionego w sklepie lub domowego (s. 124)

½ łyżeczki drobnoziarnistej soli morskiej

szczypior z 1 cebuli dymki pocięty na kawałki o szerokości 6 mm

Są bardzo podobne do klasycznych jajek nadziewanych (s. 184), ale z jedną różnicą. Sos sriracha nadaje nadzieniu soczysty pomarańczowy kolor przypominający dynię, dzięki czemu są idealne na Halloween lub jako przekąska z jesiennym motywem.

1. Umieścić jajka w dużym rondlu i zalać zimną wodą. Doprowadzić do wrzenia, a następnie zakryć rondel i zdjąć z ognia. Zostawić na około 11 minut, aż jajka się ugotują, następnie odcedzić i płukać je w bardzo zimnej wodzie przez około 2 minuty, żeby zatrzymać proces gotowania. Obrać jajka ze skorupki i przekroić na podłużne połówki.
2. Wyjąć żółtka i umieścić je w misce. Rozgnieść widelcem na bardzo drobne kawałki, dodać majonez, musztardę, sos sriracha i sól. Mieszać do chwili połączenia się składników.
3. Włożyć mieszankę do pustych połówek białka. Wedle uznania zrobić podłużne nacięcia na nadzieniu i wetknąć w nie po kawałku cebuli, żeby całość przypominała dynię. Resztki przechowywać w lodówce, w szczelnie zamkniętym pojemniku, nie dłużej niż 3 dni.

L M H
KETO

WARTOŚCI ODŻYWCZE (w 1 porcji)				
kalorie	tłuszcz	białka	węglowodany	błonnik
124	11.1g	5.6g	0.4g	0g
	81%	18%	1%	

Suszona
WOŁOWINA TERIYAKI

NIE ZAWIERA JAJ | NIE ZAWIERA ORZECHÓW | NIE ZAWIERA NABIAŁU

Czas przygotowania: 5 minut + godzina na zamrożenie i 2 godziny na marynowanie

Czas gotowania: 6–8 godzin

Liczba porcji: 8

0,5 kg sarniny lub wołowiny bez kości

MARYNATA:

½ szklanki aminokwasów kokosowych lub sosu sojowego niezawierającego pszenicy

3 łyżki oleju MCT lub oleju z orzechów makadamia

2 łyżeczki słodzika cukierniczego Swerve albo odpowiednia ilość innego słodzika w proszku lub w płynie (patrz: s. 37)

2 łyżeczki soku z limonki

1 łyżka świeżo tartego imbiru

1 łyżeczki drobno posiekanego czosnku lub ząbki z ½ główki pieczonego czosnku (s. 134)

1 łyżeczka drobnoziarnistej soli morskiej

Specjalny sprzęt (opcjonalnie):

dehydrator

L M H KETO

WARTOŚCI ODŻYWCZE (w 1 porcji)				
kalorie	tłuszcz	białka	węglowodany	błonnik
84	4g	16.9g	0g	0g
	35%	65%	0%	

Suszone mięso świetnie smakuje i doskonale nadaje się na przekąskę podczas podróży. Często bierzemy je ze sobą na kemping. Jednak w sklepach trudno znaleźć suszone mięso niezawierające glutenu i soi. Na szczęście bardzo łatwo zrobić je samodzielnie, trzeba tylko zarezerwować trochę czasu na suszenie. Zawsze można też przygotować podwójną partię i przechowywać mięso w zamrażarce.

1. Wstawić mięso do zamrażarki na godzinę, żeby skruszało. Pokroić prostopadle do włókien w długie plastry o szerokości 2,5 cm i grubości 3 mm.
2. W dużej płytkiej misce połączyć składniki na marynatę. Zanurzyć w niej plastry mięsa. Zakryte naczynie wstawić do lodówki na przynajmniej dwie godziny, a najlepiej na całą noc. Po tym czasie wyjąć mięso z marynaty i posolić.
3. Suszenie za pomocą dehydratora: umieścić mięso w urządzeniu, tak aby kawałki się nie stykały, i ustawić niską temperaturę (75°C).
4. Suszenie za pomocą piekarnika: nagrzać piekarnik do 70°C. Na dole umieścić blachę na tłuszcz. Ułożyć mięso na kratce, tak aby kawałki się nie stykały. Włożyć do piekarnika. Można też położyć kratkę na blasze i ułożyć na niej mięso.
5. Suszyć mięso przez 6–8 godzin. Im dłużej pozostanie w suszarce lub piekarniku, tym będzie twardsze.
6. Przechowywać w lodówce, w szczelnie zamkniętym pojemniku, nie dłużej niż 2 tygodnie albo w zamrażarce przez miesiąc.

Kąski
POLĘDWICY

OPCJA

NIE ZAWIERA JAJ | NIE ZAWIERA ORZECHÓW | NIE ZAWIERA NABIAŁU

Czas przygotowania: 10 minut + 2 godziny na zamarynowanie

Czas gotowania: 5 minut

Liczba porcji: 4

0,5 kg polędwicy sarniej lub wołowej pokrojonej w 5-centymetrowe kostki

1 opakowanie bekonu (450 g)

dressing zielonej bogini (s. 117) do podania (pominąć, jeżeli przepis ma nie zawierać jajek)

MARYNATA:

½ szklanki aminokwasów kokosowych lub sosu sojowego niezawierającego pszenicy

3 łyżki oleju MCT

2 łyżeczki słodzika cukierniczego Swerve albo odpowiednia ilość innego słodzika w proszku lub w płynie (patrz: s. 37)

1 łyżka świeżo startego imbiru

1 łyżeczka drobno posiekanego czosnku lub ząbki z ½ główki pieczonego czosnku (s. 134)

Jestem bardzo blisko związana z moim tatą. Robimy razem wiele rzeczy, takich jak polowanie z łukami, którego mnie nauczył. 10 lat temu, kiedy byliśmy w jego domku łowieckim, przygotował dla mnie tę prostą potrawę i do dziś jest ona murowanym hitem na przyjęciach! Zmodyfikowałam przepis i wyeliminowałam z niego cukier oraz sos sojowy. Nawet mój tata przekonał się do tej nowej wersji.

1. Wymieszać składniki na marynatę w misce. Dodać mięso, tak aby było w całości zanurzone w marynacie. Zakryć i wstawić do lodówki na przynajmniej 2 godziny, a najlepiej na całą noc.
2. Ustawić piekarnik na funkcję opiekania i nagrzać.
3. W międzyczasie złożyć kąski: pokroić plastry bekonu w poprzek, każdy kawałek mięsa zawinąć w połówkę plastra. Spiąć wykałaczką i umieścić na blasze.
4. Umieścić blachę na najwyższym poziomie w piekarniku. Piec kąski przez 5 minut, jeżeli mają być średnio wysmażone, bądź dłużej lub krócej, jeżeli mają być mniej lub bardziej wysmażone (będą się również piec przez pewien czas po wyjęciu z piekarnika). Podawać z zielonym dressingiem.

RADA:

Kąski można przygotować na 2 dni przed imprezą i upiec tuż przed podaniem.

UWAGA:

Podanie kąsków z zielonym dressingiem zwiększa poziom ketogeniczności ze średniego na wysoki.

M L H KETO

Lub wysoki, jeżeli będą serwowane z dressingiem.

WARTOŚCI ODŻYWCZE (w 1 porcji)				
kalorie	tłuszcz	białka	węglowodany	błonnik
299	18g	36g	0.4g	0g
	54%	45.5%	0.5%	

Smażone

PIECZARKI W STYLU PALEO

NIE ZAWIERA ORZECHÓW · NIE ZAWIERA NABIAŁU

Czas przygotowania: 10 minut

Czas gotowania: 10 minut

Liczba porcji: 4

1 szklanka oleju kokosowego lub kaczego tłuszczu do smażenia

16 cienkich plastrów prosciutto

32 małe pieczarki (około 0,5 kg)

bezmleczny dressing ranczerski (s. 118)

1. Rozgrzać tłuszcz do 175°C we frytkownicy lub na patelni głębokiej na około 10 cm (lub głębszej) na średnim ogniu. Tłuszczu powinno być około 4 cm. W razie konieczności można dodać więcej.
2. W międzyczasie przygotować pieczarki. Na blacie lub desce do krojenia położyć plasterek prosciutto i przekroić wzdłuż na pół. Położyć pieczarkę na środku każdej z połówek i zawinąć. Prosciutto klei się z natury, tak więc wszystko będzie się trzymać. W podobny sposób zawinąć pozostałe pieczarki.
3. Smażyć zawinięte pieczarki partiami przez około 2 minuty lub do chwili, aż prosciutto zrobi się chrupiące z wierzchu. Zdjąć z patelni i podawać z dressingiem.

L M H KETO

WARTOŚCI ODŻYWCZE (w 1 porcji)				
kalorie	tłuszcz	białka	węglowodany	błonnik
93	7.6g	4.6g	1.8g	0.6g
	73.5%	19.5%	7%	

Naturalne

KANAPECZKI

OPCJA

NIE ZAWIERA ORZECHÓW | NIE ZAWIERA NABIAŁU

Czas przygotowania: 10 minut

Czas gotowania: 16 minut

Liczba porcji: 4

1 łyżka oleju kokosowego lub kaczego tłuszczu albo niesolonego masła (dla osób tolerujących laktozę)

0,5 kg mielonej wołowiny z 20% zawartością tłuszczu

1 łyżeczka drobnoziarnistej soli morskiej lub soli z przyprawami (s. 109)

4 liście sałaty porwane na 24 kawałki

24 małe plasterki cheddara (pominąć, jeżeli przepis ma nie zawierać nabiału)

24 plasterki pikli kupionych w sklepie lub domowych (s. 318)

24 oliwki bez pestek

12 przepołowionych pomidorów koktajlowych

dressing zielonej bogini (s. 117)

1. Rozgrzać tłuszcz na dużej patelni na średnim ogniu.
2. W międzyczasie uformować 24 kotlety z wołowiny po około 17 g każdy (4 cm średnicy). Posolić z obu stron. Smażyć partiami przez około 4 minuty z każdej strony, jeżeli mają być dobrze wysmażone, lub krócej.
3. W czasie smażenia drugiej partii złożyć pierwszą partię kanapeczek: położyć kotlet na talerzu, a na nim kawałek sałaty, plasterek sera (opcjonalnie), plasterek pikla, oliwkę i połówkę pomidora. Spiąć całość wykałaczką. W podobny sposób złożyć pozostałe kanapeczki do wyczerpania składników. Przed podaniem polać niewielką ilością dressingu.

L M H
KETO

WARTOŚCI ODŻYWCZE (w 1 porcji)				
kalorie	tłuszcz	białka	węglowodany	błonnik
595	40g	55g	5g	1.4g
	62%	37%	1%	

Skrzydełka W SOSIE CHILI Z LIMONKĄ

NIE ZAWIERA JAJ · NIE ZAWIERA ORZECHÓW · NIE ZAWIERA NABIAŁU

Czas przygotowania: 5 minut

Czas gotowania: 25 minut

Liczba porcji: 4

1 kg skrzydełek z kurczaka

SOS CHILI Z LIMONKĄ:

½ szklanki oleju kokosowego albo niesolonego masła w temperaturze pokojowej (dla osób tolerujących laktozę)

1 łyżka tajskiej czerwonej pasty curry

2 łyżki słodzika cukierniczego Swerve albo odpowiednia ilość innego słodzika w proszku lub w płynie (patrz: s. 37)

¼ szklanki aminokwasów kokosowych lub sosu sojowego niezawierającego pszenicy

sok wyciśnięty z 1 limonki

DO PODANIA:

plasterki cebuli dymki — opcjonalnie

cienkie plasterki czerwonej lub sałatowej cykorii — opcjonalnie

1. Rozgrzać piekarnik do 220°C.
2. Ułożyć skrzydełka na blasze do pieczenia. Piec przez 25 minut lub do chwili, aż skrzydełka w pełni się upieką, a ich skórka będzie chrupiąca.
3. W międzyczasie w dużej misce dokładnie wymieszać olej kokosowy, pastę curry, słodzik i aminokwasy. Dodać sok z limonki i ponownie wymieszać. Po wyjęciu skrzydełek z piekarnika wrzucić je do miski i obtoczyć w sosie.
4. Ozdobić plasterkami cebuli dymki. Podawać z cykorią oraz z dodatkowym dipem.

M L H KETO

WARTOŚCI ODŻYWCZE (w 1 porcji)				
kalorie	tłuszcz	białka	węglowodany	błonnik
428	35.1g	26.4g	2.6g	0g
	74%	24%	2%	

Jajeczny sos
GRIBICHE

NIE ZAWIERA ORZECHÓW | NIE ZAWIERA NABIAŁU | OPCJA WEGETARIAŃSKA

Czas przygotowania: 5 minut

Czas gotowania: 15 minut

Liczba porcji: 4

6 dużych jajek ugotowanych na twardo (patrz: s. 184)

¼ szklanki oleju MCT lub oliwy z oliwek extra virgin

½ łyżeczki drobno posiekanego czosnku lub 4 ząbki pieczonego czosnku (s. 134)

2 łyżki drobno posiekanego świeżego szczypiorku

1 łyżka opłukanych i posiekanych kaparów

1 łyżka posiekanych korniszonów

1 łyżeczka gruboziarnistej musztardy

1 łyżeczka drobno posiekanego świeżego estragonu

½ łyżeczki drobnoziarnistej soli morskiej

M L H KETO

WARTOŚCI ODŻYWCZE (w 1 porcji) jako przystawka				
kalorie	tłuszcz	białka	węglowodany	błonnik
229	20.7g	8.5g	0.9g	0g
	82%	16%	2%	

WARTOŚCI ODŻYWCZE (w 1 porcji) jako danie wegetariańskie				
kalorie	tłuszcz	białka	węglowodany	błonnik
458	17g	17g	1.8g	0g
	82%	16%	2%	

Sos gribiche doskonale smakuje na babeczkach nowalijkowych (s. 146) lub — jak na zdjęciu — podany z kromkami ketogenicznego chleba usmażonego na oleju kokosowym (przepis na ketogeniczny chleb znajdziecie na mojej stronie internetowej MariaMindBodyHealth.com, w polu wyszukiwania trzeba wpisać *ketoadapted bread*, lub w mojej książce *The Ketogenic Cookbook*).

Obrać jajka ze skorupek i pokroić na małe kawałki. Za pomocą widelca delikatnie wymieszać składniki w małej misce.

UWAGA:

Ze składników podanych w tym przepisie można przygotować posiłek dla dwóch osób. Wystarczy rozlać sos do dwóch dużych misek i podać z 4 babeczkami nowalijkowymi (s. 146) i zieloną sałatką z ketogenicznym dressingiem (s. 116–121).

Chipsy Z CUKINII

NIE ZAWIERA ORZECHÓW | OPCJA WEGETARIAŃSKA

Czas przygotowania: 2 minuty + 21 minut na przygotowanie tortilli z cukinii

Czas gotowania: 30 minut

Liczba porcji: 4

1 partia tortilli z cukinii (s. 212)

Pewnego wieczoru, kiedy delektowaliśmy się pysznymi tacos zrobionymi z tortilli z cukinii (s. 212), zaczęłam się zastanawiać, ile partii zmarnowałam, bo się spaliły. I wtedy mnie olśniło. Jeżeli zmniejszę temperaturę i będę je piekła przez dłuższy czas, staną się chrupiące, ale się nie przypalą. Genialnie proste! Chipsy z cukinii smakują świetnie bez dodatków, ale żeby były bardziej ketogeniczne, proponuję podawać je z odpowiednim dipem, na przykład z guacamole (s. 136), dressingiem z niebieskim serem (s. 119) lub oliwkową salsą (s. 135). Można również serwować je z daniem głównym, na przykład wrapami z kurczakiem barbecue z wolnowaru (s. 207), wrapami z wołową barbacoą z wolnowaru (s. 210) lub wrapami z wieprzowiną barbecue z wolnowaru (s. 203).

1. Nagrzać piekarnik do 150°C. Wyłożyć dwie blachy papierem do pieczenia i spryskać olejem kokosowym w sprayu.
2. Pokroić tortille z cukinii na chipsy za pomocą noża do pizzy. Umieścić je na papierze i piec przez 20–30 minut, aż nabiorą ciemnobrązowego koloru.
3. Wyjąć z piekarnika i odstawić na kilka minut. Następnie zdjąć z blachy i zostawić do całkowitego wystygnięcia. Staną się wtedy chrupiące.
4. Przechowywać w lodówce, w szczelnie zamkniętym pojemniku, nie dłużej niż 4 dni.

M
L H
KETO

WARTOŚCI ODŻYWCZE (w 1 porcji)				
kalorie	tłuszcz	białka	węglowodany	błonnik
150	10.8g	10g	4.2g	1.2g
	63.5%	26.5%	10%	

Roladki

I WRAPY

ROZDZIAŁ 8

Roladki

Z PROSCIUTTO I RUKOLĄ

NIE ZAWIERA ORZECHÓW | NIE ZAWIERA NABIAŁU | DANIE JEDNOGARNKOWE

Czas przygotowania: 8 minut

Liczba porcji: 6 roladek (2 na porcję)

2 szklanki porwanej rukoli, mizuny lub innej sałaty

¼ szklanki dressingu zielonej bogini (s. 117) lub innego bezmlecznego ketogenicznego dressingu (s. 116–121)

12 cienkich plasterków prosciutto (około 115 g)

2 duże jajka ugotowane na twardo (patrz: s. 184) obrane i posiekane

1 posiekany pomidor

1. Umieścić rukolę w średniej misce i wymieszać z dressingiem.
2. Położyć plasterek prosciutto na blacie lub desce do krojenia węższą krawędzią do siebie. Nałożyć niewielką ilość rukoli z dressingiem, ½ łyżki jajka i kawałki pomidora. Zawinąć i ułożyć na tacy łączeniem do dołu. To samo zrobić z resztą składników.
3. Przechowywać w lodówce, w szczelnie zamkniętym pojemniku, nie dłużej niż 4 dni.

L M H KETO

WARTOŚCI ODŻYWCZE (w 1 porcji)				
kalorie	tłuszcz	białka	węglowodany	błonnik
116	9.6g	6.2g	1.2g	0g
	75%	21%	4%	

Miniroladki
Z PASTRAMI

OPCJA

NIE ZAWIERA JAJ | NIE ZAWIERA ORZECHÓW | NIE ZAWIERA NABIAŁU | DANIE JEDNOGARNKOWE

Czas przygotowania: 8 minut

Liczba porcji: 8 (8 małych kawałków lub jedna duża rolada na porcję)

0,5 kg cienkich plasterków pastrami

225 g serka śmietankowego ze szczypiorkiem lub szybkiego bezmlecznego serka śmietankowego (s. 138), jeżeli potrawa ma nie zawierać nabiału

8 pikli kupionych w sklepie lub domowych (s. 318)

Moje dzieci lubią te roladki tak bardzo, że najczęściej przygotowuję większą ilość, którą trzymam w lodówce. Chłopcy zwykle pałaszują całą roladę, dzięki czemu nie muszę kroić jej na kawałki.

1. Położyć plasterek pastrami na blacie lub desce do krojenia węższą krawędzią do siebie. Rozprowadzić na nim 2 łyżki serka. Położyć pikla i zawinąć pastrami wokół niego. Pokroić w 8 poprzecznych plastrów, spiąć wykałaczką i położyć na tacy. Powtarzać do wyczerpania składników (uwaga: można zaoszczędzić czas i nie kroić na kawałki, co da nam 8 rolad).
2. Przechowywać w lodówce, w szczelnie zamkniętym pojemniku, nie dłużej niż 4 dni. Nie zamrażać.

M
L H
KETO

WARTOŚCI ODŻYWCZE (w 1 porcji)				
kalorie	tłuszcz	białka	węglowodany	błonnik
197	13.5g	14.9g	4g	1.6g
	62%	30%	8%	

Sushi Z INDYKIEM

NIE ZAWIERA ORZECHÓW · DANIE JEDNOGARNKOWE

Czas przygotowania: 5 minut

Liczba porcji: 3

12 plastrów pieczonej szynki z indyka (około 115 g)

½ szklanki + 2 łyżki majonezu kupionego w sklepie lub domowego (s. 112) albo dowolnego ketogenicznego dressingu, na przykład bezmlecznego dressingu ranczerskiego (s. 118)

12 plasterków sera provolone

12 cienkich plasterków pomidora

1 szklanka rukoli, mieszanki sałat lub porwanych liści dowolnego gatunku sałaty

Ludzie jedzą oczami! Roladki można podać bez krojenia w plastry przypominające sushi, ale moje dzieci doceniają dodatkowy wysiłek włożony w to, żeby jedzenie ładnie wyglądało. Końcówki, które nie przypominają sushi, przypadają zwykle mnie.

1. Położyć plasterek szynki na blacie lub desce do krojenia krótszą krawędzią do siebie. Rozprowadzić na nim 2½ łyżeczki majonezu lub dressingu. Położyć po plasterku sera i pomidora, na wierzchu ułożyć zieleninę.
2. Począwszy od najbliższej krawędzi, zawinąć szynkę i pokroić w sposób przypominający sushi na kawałki o szerokości około 2,5 cm. Przechowywać resztki w lodówce, w szczelnie zamkniętym pojemniku, nie dłużej niż 4 dni.

WARIANT: ROLADKI Z INDYKIEM

Możecie zaoszczędzić czas i nie kroić rolady, tylko podawać ją w całości. Składników wystarczy na 12 kawałków (po 4 na porcję).

JEDNA PORCJA

Jedną porcję można przygotować z 4 plastrów szynki, 2 łyżek majonezu lub dowolnego innego ketogenicznego dressingu, 4 plasterków sera, 4 plasterków pomidora i garstki zieleniny.

KETO: L M H

WARTOŚCI ODŻYWCZE (w 1 porcji)				
kalorie	tłuszcz	białka	węglowodany	błonnik
406	31.7g	24.6g	5.4g	0.7g
	71%	24%	5%	

Roladki

ZE STEKU Z SEREM

NIE ZAWIERA JAJ
NIE ZAWIERA ORZECHÓW

Czas przygotowania: 8 minut

Czas gotowania: 10 minut

Liczba porcji: 12 roladek (2 na porcję)

NADZIENIE:

2 łyżki oleju kokosowego lub niesolonego masła

duża zielona papryka pokrojona w cienkie plasterki

½ szklanki cienkich plasterków cebuli

⅛ łyżeczki świeżo zmielonego czarnego pieprzu

12 plasterków pieczonej wołowiny (ze stoiska delikatesowego)

2 szklanki (około 225 g) porwanego sera provolone

RADA:

Zamiast zielonej papryki można użyć szklanki pieczonej czerwonej papryki kupionej w sklepie pokrojonej w cienkie paski. Cebulę należy wtedy umieścić w naczyniu nadającym się do użycia w kuchence mikrofalowej razem z łyżką oleju kokosowego lub masła i podgrzewać przez 1 minutę na wysokiej mocy lub do chwili, aż zmięknie.

M
L H
KETO

WARTOŚCI ODŻYWCZE (w 1 porcji)				
kalorie	tłuszcz	białka	węglowodany	błonnik
312	19.3g	30.5g	3.1g	0.7g
	56%	39%	4%	

Żeby uprościć przygotowanie, można użyć marynowanej papryki i pominąć smażenie (patrz: rada).

1. Nagrzać piekarnik do 150°C.
2. Przygotowanie nadzienia: rozgrzać tłuszcz na dużej patelni na średnim ogniu. Dodać pokrojoną paprykę i cebulę. Smażyć do chwili, aż papryka będzie miękka, a cebula się zeszkli, czyli około 6 minut. Doprawić solą i pieprzem. Zdjąć z ognia.
3. Położyć plasterek wołowiny na blacie lub desce do krojenia krótszą krawędzią do siebie. Posypać go mniej więcej dwiema łyżkami sera, a na wierzch położyć 2 łyżki usmażonych warzyw. Zawinąć wzdłuż dłuższej krawędzi. Umieścić rolady łączeniem do dołu w dużym naczyniu żaroodpornym. Powtórzyć z resztą składników.
4. Posypać roladki serem i piec przez 10 minut albo dopóki ser się nie roztopi. Podawać na ciepło.
5. Przechowywać resztki w szczelnie zamkniętym pojemniku nie dłużej niż 3 dni. Podgrzewać w 175°C przez 4 minuty lub w kuchence mikrofalowej przez 30 sekund albo do momentu, w którym roladki będą gorące wewnątrz.

Wrapy z wieprzowiną
BARBECUE Z WOLNOWARU

NIE ZAWIERA JAJ | NIE ZAWIERA ORZECHÓW | NIE ZAWIERA NABIAŁU | DANIE JEDNOGARNKOWE | WOLNOWAR

Czas przygotowania: 5 minut

Czas gotowania: 8 godzin

Liczba porcji: 20 wrapów z sałaty (2 na porcję) lub 10 tortilli z cukinii (1 na porcję)

WIEPRZOWINA:

1 średnia cebula pokrojona w grube krążki

1 łopatka wieprzowa bez kości (około 1,6 kg)

5 ząbków czosnku pokrojonych w plasterki

2 łyżki papryki

1 łyżeczka czosnku w proszku

1 łyżeczka chili w proszku

1 łyżeczka świeżo zmielonego czarnego pieprzu

1 łyżeczka drobnoziarnistej soli morskiej

2 łyżeczki aromatu dymu wędzarniczego w płynie

3 szklanki bulionu na kościach kurzych kupionego w sklepie lub domowego (s. 132)

WRAPY:

20 dużych liści sałaty bostońskiej lub 10 tortilli z cukinii (s. 212) do zawijania

DODATKI (OPCJONALNIE):

porwana czerwona kapusta

oliwki w plasterkach lub przepołowione

połówki lub ćwiartki pomidorów koktajlowych

1. Umieścić plasterki cebuli na dnie 4-litrowego wolnowaru. Na wierzchu ułożyć mięso, następnie dodać czosnek, przyprawy, sól, aromat dymu wędzarniczego w płynie i bulion. Zakryć i gotować na niskiej mocy do chwili, aż wewnętrzna temperatura mięsa osiągnie 70°C (mierzona termometrem do mięsa), czyli około 8 godzin.
2. Przełożyć mięso na deskę do krojenia i porwać za pomocą dwóch widelców. Pokroić ugotowaną cebulę w kostkę i dodać do wieprzowiny.
3. Podawać w liściach sałaty lub w tortillach z cukinii razem z dodatkami wedle uznania.
4. Przechowywać resztki w lodówce, w szczelnie zamkniętym pojemniku, nie dłużej niż 4 dni.

L M H
KETO

WARTOŚCI ODŻYWCZE (w 1 porcji)				
kalorie	tłuszcz	białka	węglowodany	błonnik
425	32.6g	27.8g	3.1g	1g
	70%	27%	3%	

Proste wrapy
Z SAŁATKĄ Z TUŃCZYKA

NIE ZAWIERA ORZECHÓW | NIE ZAWIERA NABIAŁU | DANIE JEDNOGARNKOWE

Czas przygotowania: 7 minut

Liczba porcji: 4 wrapy z liści sałaty (2 na porcję) lub 2 tortille z cukinii (1 na porcję)

SAŁATKA Z TUŃCZYKA:

2 puszki tuńczyka (100 g każda)

¼ szklanki + 2 łyżki majonezu kupionego w sklepie lub domowego (s. 112)

½ łyżeczki drobnoziarnistej soli morskiej

⅛ łyżeczki suszonych płatków cebuli lub 2 łyżki siekanego świeżego szczypiorku

WRAPY:

6 dużych liści sałaty bostońskiej lub 3 tortille z cukinii (s. 212)

PRZYBRANIE (OPCJONALNIE):

1 łyżka świeżego siekanego szczypiorku

6 pomidorów koktajlowych

M
L H
KETO

WARTOŚCI ODŻYWCZE (w 1 porcji)				
kalorie	tłuszcz	białka	węglowodany	błonnik
441	37.2g	23.9g	0.8g	0g
	76%	22%	1%	

Mój tata bardzo lubi łowić łososie i przyrządza z nich własne konserwy, których smak kojarzy mi się z tuńczykiem z puszki. Jeżeli wolicie użyć do tego przepisu łososia w puszce, będzie świetnym zamiennikiem (patrz: wariant poniżej). Podałam te wrapy na przystawkę na przyjęciu urodzinowym mojego syna i cieszyły się ogromnym wzięciem!

1. Przygotowanie sałatki z tuńczyka: w dużej misce wymieszać tuńczyka, majonez, sól i płatki cebuli.
2. Ułożyć liście sałaty lub tortille na desce do krojenia.
3. Na każdym liściu położyć 3 łyżki sałatki, a na każdej tortilli — 6 łyżek. Wedle uznania ozdobić świeżym szczypiorkiem i pomidorami. Zawinąć i smacznego!
4. Przechowywać resztki sałatki w lodówce, w szczelnie zamkniętym pojemniku, nie dłużej niż 4 dni.

WARIANT: PROSTE WRAPY Z SAŁATKĄ Z ŁOSOSIA

Osobiście wolę łososia zamiast tuńczyka. Łosoś w puszce jest nie tylko równie smaczny, lecz także zawiera więcej tłuszczu, przez co lepiej nadaje się na element diety ketogenicznej. Ma też mniej rtęci! Wystarczy zamienić tuńczyka na taką samą ilość łososia.

Wrapy Z SAŁATKĄ SARDYNKOWĄ

NIE ZAWIERA JAJ | NIE ZAWIERA ORZECHÓW | NIE ZAWIERA NABIAŁU | DANIE JEDNOGARNKOWE

Czas przygotowania: 5 minut

Liczba porcji: 8 wrapów z sałaty (4 na porcję) lub 4 tortille z cukinii (2 na porcję)

SAŁATKA SARDYNKOWA:

2 łyżki oleju MCT lub oliwy z oliwek extra virgin

2 łyżki siekanej cebuli dymki lub szczypiorku

1 łyżka drobno posiekanego świeżego estragonu

1 łyżka opłukanych kaparów

1 łyżka soku z limonki lub z cytryny

1 łyżeczka musztardy dijon lub gruboziarnistej

2 puszki odsączonych sardynek (125 g)

1 łyżka drobnoziarnistej soli morskiej

¼ łyżeczki świeżo zmielonego czarnego pieprzu

WRAPY:

8 dużych liści cykorii lub sałaty bostońskiej albo 4 tortille z cukinii (s. 212)

M
L H
KETO

WARTOŚCI ODŻYWCZE (w 1 porcji)				
kalorie	tłuszcz	białka	węglowodany	błonnik
386	28.5g	31.2g	0.9g	0g
	66.8%	32.3%	0.9%	

Sardynki to świetne ketogeniczne jedzenie! Podawanie ich z ościami nie tylko nadaje potrawie ciekawą teksturę, lecz także dostarcza organizmowi sporą dawkę wapnia.

1. Przygotowanie sałatki: w dużej misce wymieszać olej, cebulę, estragon, kapary, sok z limonki i musztardę.
2. Dodać sardynki i doprawić solą i pieprzem.
3. Podawać na liściach cykorii. Resztki sałatki przechowywać w lodówce, w szczelnie zamkniętym pojemniku, nie dłużej niż 4 dni.

UWAGA:

Sprawdźcie skład na puszce sardynek. Nie powinny zawierać ani oleju rzepakowego, ani sojowego.

Wrapy z kurczakiem BARBECUE Z WOLNOWARU

NIE ZAWIERA JAJ | NIE ZAWIERA ORZECHÓW | NIE ZAWIERA NABIAŁU | DANIE JEDNOGARNKOWE | WOLNOWAR

Czas przygotowania: 10 minut

Czas gotowania: 3–4 godziny

Liczba porcji: 12 wrapów z sałaty (2 na porcję) lub 6 tortilli z cukinii (1 na porcję)

SAŁATKA Z KURCZAKIEM BARBECUE:

połówka cebuli pokrojona w grube krążki

1 kg udek z kurczaka bez kości i bez skóry

drobnoziarnista sól morska

1 szklanka sosu pomidorowego

¼ szklanki bulionu na kościach kurzych kupionego w sklepie lub domowego (s. 132)

¼ szklanki słodzika cukierniczego Swerve albo odpowiednia ilość innego słodzika w proszku lub w płynie (patrz: s. 37)

1 łyżeczka aromatu dymu wędzarniczego w płynie

WRAPY:

12 dużych liści sałaty bostońskiej albo 6 tortilli z cukinii (s. 212)

12 cebuli dymek — opcjonalnie

DO PODANIA:

sos barbecue (s. 125) — opcjonalnie

L M H KETO

WARTOŚCI ODŻYWCZE (w 1 porcji)				
kalorie	tłuszcz	białka	węglowodany	błonnik
308	18.6g	29.6g	3.2g	0.9g
	55%	39%	5%	

Ten kurczak jest tak dobry, że oprócz wrapów zdarza mi się zjeść jeszcze cały talerz bez dodatków!

1. Ułożyć cebule w 4-litrowym wolnowarze. Posolić kurczaka (około ⅛ łyżeczki na każde udko) i położyć na cebuli. Dodać sos pomidorowy, bulion, słodzik i aromat dymu wędzarniczego w płynie. Zakryć i gotować na wysokiej mocy przez 3–4 godziny.
2. Wyjąć kurczaka z wolnowaru i przełożyć na deskę do krojenia. Porwać mięso za pomocą dwóch widelców. Pokroić ugotowaną cebulę w kostkę i wymieszać z kurczakiem. Przełożyć z powrotem do wolnowaru i wymieszać z sosem.
3. Mięso zawinąć w liście sałaty bostońskiej lub tortille z cukinii. Można też podawać z cebulą dymką i sosem barbecue.
4. Przechowywać resztki w lodówce, w szczelnie zamkniętym pojemniku, nie dłużej niż 4 dni.

Wrapy z kurczakiem Z WOLNOWARU I DRESSINGIEM CESARSKIM

OPCJA

NIE ZAWIERA ORZECHÓW | NIE ZAWIERA NABIAŁU | WOLNOWAR

Czas przygotowania: 10 minut

Czas gotowania: 4–6 godzin

Liczba porcji: 12 wrapów (2 na porcję)

KURCZAK:

1 kg udek z kurczaka bez kości i bez skóry

2 szklanki bulionu na kościach kurzych kupionego w sklepie lub domowego (s. 132)

1 łyżeczka drobnoziarnistej soli morskiej

1 łyżeczka świeżo zmielonego czarnego pieprzu

½ szklanki dressingu cesarskiego kupionego w sklepie (patrz: uwaga) lub domowego (s. 116) albo więcej wedle uznania

½ szklanki tartego parmezanu (około 60 g) — opcjonalnie (pominąć, jeżeli potrawa ma nie zawierać nabiału)

¼ szklanki posiekanej pietruszki

½ łyżeczki świeżo zmielonego czarnego pieprzu

WRAPY:

liście z 1 główki sałaty rzymskiej

12 cebuli dymek — opcjonalnie

M
L H
KETO

WARTOŚCI ODŻYWCZE (w 1 porcji)				
kalorie	tłuszcz	białka	węglowodany	błonnik
517	35.7g	43g	3g	0.6g
	63%	34%	3%	

1. Umieścić kurczaka w 4-litrowym wolnowarze razem z bulionem, solą i pieprzem. Zakryć i gotować na niskiej mocy przez 4–6 godzin.
2. Wyjąć kurczaka za pomocą łyżki cedzakowej i przełożyć na deskę do krojenia (bulion z wolnowaru można wylać). Porwać mięso dwoma widelcami.
3. Włożyć kurczaka do miski i polać dressingiem. Dodać parmezan (opcjonalnie), pietruszkę i pieprz. Dokładnie wymieszać.
4. Podawać mięso zawinięte w liście sałaty na tacy. Można też związać każdy wrap kawałkiem cebuli dymki.
5. Przechowywać resztki w lodówce, w szczelnie zamkniętym pojemniku, nie dłużej niż 4 dni.

UWAGA:

Jeżeli używacie dressingu cesarskiego kupionego w sklepie, upewnijcie się, że nie zawiera oleju sojowego ani żadnego słodzika.

Pudełko
ŚNIADANIOWE

Czas przygotowania: 5 minut

Liczba porcji: 1–4

Co może znaleźć się w pudełku?

twarożek

salami

oliwki

pikle kupione w sklepie lub domowe (s. 318)

miniroladki z pastrami (s. 199)

sushi z indykiem (s. 200)

jajka ugotowane na twardo lub klasyczne jajka nadziewane (s. 184)

jajka nadziewane z sosem sriracha (s. 185)

suszona wołowina teriyaki (s. 186)

surowe warzywa z koperkowym dipem (s. 178)

wędzony łosoś (s. 370)

bezmleczne batoniki proteinowe o smaku mlecznej czekolady (s. 154)

batoniki proteinowe o smaku sernika truskawkowego (s. 156)

krówki bananowe (s. 353)

Ile razy przydałby wam się gotowy lunch? A dlaczego nie zrobić go samemu dla siebie i dzieci i nie zapakować do pudełek śniadaniowych? Uważam, że warto poświęcić trochę więcej czasu, żeby jedzenie było tak pyszne, jak to tylko możliwe, i jeszcze dobrze wyglądało. Wiadomo przecież, że jemy również oczami!

Wrapy Z WOŁOWĄ BARBACOĄ Z WOLNOWARU

NIE ZAWIERA JAJ | NIE ZAWIERA ORZECHÓW | NIE ZAWIERA NABIAŁU | DANIE JEDNOGARNKOWE | WOLNOWAR

Czas przygotowania: 10 minut

Czas gotowania: 5–8 godzin

Liczba porcji: 16 wrapów z sałaty (2 na porcję) lub 8 tortilli z cukinii (1 na porcję)

WOŁOWA BARBACOA:

duża cebula pokrojona w krążki o grubości około 2,5 cm

1,5 kg rozbratlu bez kości

3–4 wędzone papryczki jalapeño z puszki

2 szklanki bulionu na kościach wołowych kupionego w sklepie lub domowego (s. 132)

⅓ szklanki octu kokosowego lub jabłkowego

¼ szklanki soku z limonki

2 łyżeczki drobno posiekanego czosnku lub ząbki z główki pieczonego czosnku (s. 134)

1 łyżeczka drobnoziarnistej soli morskiej

1½ łyżki chili w proszku

2 łyżeczki suszonych liści oregano

1½ łyżeczki tartego kminu

¼ łyżeczki świeżo zmielonego czarnego pieprzu

WRAPY:

16 dużych liści sałaty bostońskiej lub 8 tortilli z cukinii (s. 212)

1. Na dnie 4-litrowego wolnowaru ułożyć warstwę cebuli. Na wierzchu położyć mięso i papryczki. Wlać bulion, ocet i sok z limonki, a następnie dodać czosnek, sól i przyprawy.
2. Zakryć i gotować na niskiej mocy przez 6–8 godzin lub do chwili, aż wołowina będzie na tyle miękka, by można było rozerwać ją widelcem.
3. Wyjąć mięso z wolnowaru i przełożyć na deskę do krojenia. Porwać i podawać na liściach sałaty lub tortillach z cukinii razem z dodatkami wedle uznania.

DODATKI (OPCJONALNIE):

porwana czerwona kapusta

porwany ser cheddar (pominąć, jeżeli potrawa ma nie zawierać nabiału)

plasterki oliwek

pomidor pokrojony w kostkę

guacamole (s. 136)

kwaśna śmietana (pominąć, jeżeli potrawa ma nie zawierać nabiału)

łódeczki z limonki

RADA:

To danie można przygotować wcześniej i odgrzać, kiedy nie będzie czasu na gotowanie. Porwane mięso należy przełożyć z powrotem do wolnowaru, zakryć i wstawić do lodówki. Przed podaniem wyjąć z lodówki i podgrzewać na niskiej mocy przez 15–30 minut, aż mięso zrobi się ciepłe.

UWAGA:

Informacje o wartościach odżywczych dotyczą wyłącznie mięsa. Nie obejmują żadnych dodatków. Te z wyższą zawartością tłuszczu, na przykład guacamole, oliwki, kwaśna śmietana i ser, zwiększą ketogeniczność potrawy.

M L H KETO

WARTOŚCI ODŻYWCZE (w 1 porcji)				
kalorie	tłuszcz	białka	węglowodany	błonnik
388	15.2g	56.5g	2.5g	0g
	37%	60%	3%	

Tortille
Z CUKINII

NIE ZAWIERA ORZECHÓW · OPCJA WEGETARIAŃSKA · FILM

Czas przygotowania: 10 minut

Czas gotowania: 15 minut

Liczba porcji: 12 tortilli (2 na porcję)

4 szklanki tartej cukinii lub cukinii i dyni (około 4 sztuki średniej wielkości)

½ łyżeczki drobnoziarnistej soli morskiej

1 szklanka porwanego ostrego cheddara lub tartego parmezanu (około 115 g)

1 duże jajko

1 łyżka mąki kokosowej

1 łyżeczka przyprawy taco (s. 110)

Podaję te tortille do bardzo wielu potraw. Nasze ulubione to wrapy z kurczakiem barbecue z wolnowaru (s. 207), wrapy z wołową barbacoą z wolnowaru (s. 210), wrapy z wieprzowiną barbecue z wolnowaru (s. 203) i domowe tacos (s. 270). Często robię podwójną partię, żeby zostało trochę na chipsy z cukinii (s. 194). Jeżeli podobnie jak ja jesteście wzrokowcami i chcielibyście zobaczyć, jak je przygotować, odwiedźcie moją stronę internetową MariaMindBodyHealth.com (w polu wyszukiwania trzeba wpisać *video*).

1. Nagrzać piekarnik do 190°C. Wyłożyć dwie duże blachy papierem do pieczenia i spryskać go olejem kokosowym w sprayu. Odłożyć na bok.
2. Włożyć cukinię do cedzaka nad zlewem. Posolić i zostawić na 5 minut, żeby puściła soki.
3. Po 5 minutach wycisnąć wodę z cukinii. Umieścić ją razem z serem w dużej misce.
4. Dodać jajka, mąkę kokosową i przyprawę taco. Dokładnie wymieszać rękami.
5. Odmierzyć ⅓ miarki albo nabrać na oko sześć porcji tak przygotowanej masy i umieścić je na blasze w odstępach od 7 cm do 10 cm. Rękoma uformować placki o średnicy około 9 cm. Tak samo ułożyć resztę masy na drugiej blasze.
6. Piec przez 12–15 minut, aż placki przybiorą złotobrązowy kolor. Wyjąć z piekarnika i zostawić do wystygnięcia. Kiedy będą na tyle zimne, żeby można je było wziąć do ręki, zdjąć z blachy i podawać. Smacznego!

RADA:

Ten przepis świetnie sprawdza się zarówno z obraną, jak i nieobraną cukinią, tak więc można zaoszczędzić trochę czasu i nie obierać warzyw ze skórki. Ja przygotowuję podwójną porcję i trzymam w lodówce jako dodatek do kolacji. Tortille da się też zamrozić. Nadmiar można przechowywać w lodówce, w szczelnie zamkniętym pojemniku, nie dłużej niż 4 dni lub w zamrażarce przez miesiąc. Rozmrożone tortille należy podgrzewać w nagrzanym piekarniku przez 3 minuty albo w kuchence mikrofalowej przez 30 sekund lub do chwili, aż zrobią się ciepłe w środku.

L M H
KETO

WARTOŚCI ODŻYWCZE (w 1 porcji)				
kalorie	tłuszcz	białka	węglowodany	błonnik
106	7.4g	6.9g	3.6g	1.3g
	62%	26%	12%	

Zupy
I SAŁATKI

ROZDZIAŁ 9

Zupa serowa
Z MAKARONEM Z BROKUŁÓW

NIE ZAWIERA JAJ | NIE ZAWIERA ORZECHÓW | DANIE JEDNOGARNKOWE

Czas przygotowania: 12 minut

Czas gotowania: 18 minut

Liczba porcji: 6 jako przystawka lub 4 jako danie główne

1 duży brokuł

2 plastry bekonu pokrojone w kawałki o długości około 6 mm

2 łyżki niesolonego masła

¼ szklanki cebuli pokrojonej w kostkę

1 łyżeczka drobno posiekanego czosnku lub ząbki z ½ główki pieczonego czosnku (s. 134)

60 g (¼ szklanki) serka śmietankowego

3 szklanki bulionu na kościach kurzych lub wołowych kupionego w sklepie lub domowego (s. 132)

1½ szklanki porwanego na kawałki ostrego cheddara (około 180 g)

½ łyżeczki drobnoziarnistej soli morskiej

¼ łyżeczki świeżo zmielonego czarnego pieprzu

szczypta startej gałki muszkatołowej

Specjalny sprzęt:

spiralna krajalnica

M
L H
KETO

WARTOŚCI ODŻYWCZE (w 1 porcji)				
kalorie	tłuszcz	białka	węglowodany	błonnik
232	19.2g	8.7g	2.4g	0.6g
	80%	16%	4%	

Kiedy pewnego razu przygotowywałam makaron z brokułów do carbonary (s. 286), okazało się, że kupiłam trochę za dużo warzyw. Zaczęłam się więc zastanawiać, jaki jest mój ulubiony sposób na ich wykorzystanie. Odpowiedź brzmiała: brokułowa zupa serowa! Wprost uwielbiam jej smak! Bardzo lubię również zupy z makaronem, tak więc postanowiłam połączyć te dwie rzeczy. Makaron robi się z łodyg brokułów, które mają takie same wartości odżywcze jak kwiaty. Co ciekawe, jedna łodyga zawiera więcej witaminy C niż pomarańcza i ma tylko 32 kalorie. W porównywalnej ilości makaronu z pszenicy jest ich aż 180. Ponadto makaron z warzyw ma wyrazistszy smak i nie powoduje u mnie sensacji żołądkowych.

1. Odkroić kwiaty brokułu od łodygi, zostawiając jak największą część na makaron. Kwiaty odłożyć i wykorzystać w innym przepisie. Przyciąć dolny koniec łodygi, tak aby na całej długości miała jednakową średnicę.
2. Pociąć łodygę na kształt makaronu za pomocą temperówki do warzyw.
3. Usmażyć bekon na chrupko w garnku na średnim ogniu. Wyjąć i zostawić tłuszcz.
4. Dodać masło, makaron z brokułów, cebulę i czosnek. Smażyć do miękkości, czyli około 4–5 minut. Wyjąć z garnka.
5. Dodać serek śmietankowy i mieszać do chwili uzyskania jednolitej gładkiej masy.
6. Wlać bulion i gotować na wolnym ogniu, aż zacznie bulgotać. Dodać cheddar, sól, pieprz i gałkę muszkatołową. Dokładnie wymieszać, aby ser całkowicie się rozpuścił. Za pomocą miksera zanurzeniowego utrzeć składniki na krem. Można też zdjąć z ognia i utrzeć w blenderze, w razie konieczności w dwóch partiach (jeżeli słój blendera będzie przepełniony, zostaną grudki).
7. Wlać krem do misek, nałożyć makaron i cebulę, posypać kawałkami bekonu i podawać.

Zupa pomidorowa
Z GRILLOWANYM SEREM

NIE ZAWIERA JAJ · NIE ZAWIERA ORZECHÓW · OPCJA: OPCJA WEGETARIAŃSKA

Czas przygotowania: 8 minut

Czas gotowania: 15 minut

Liczba porcji: 4

ZUPA:

1 łyżka niesolonego masła lub oleju kokosowego

¼ szklanki drobno posiekanej cebuli

1 łyżeczka drobno posiekanego czosnku lub ząbki z ½ główki pieczonego czosnku (s. 134)

1 szklanka bulionu na kościach kurzych kupionego w sklepie lub domowego (s. 132) albo warzywnego dla wegetarian

115 g (½ szklanki) serka śmietankowego

1 puszka (400 g) krojonych pomidorów lub duży pomidor pokrojony w kostkę (z sokiem)

1½ szklanki sosu pomidorowego

2 łyżeczki suszonej bazylii

¼ łyżeczki zagęszczonej stewii

¼ łyżeczki świeżo zmielonego czarnego pieprzu

GRILLOWANY SER:

225 g sera halloumi

1 łyżka oleju MCT lub roztopionego niesolonego masła

PRZYBRANIE (OPCJONALNIE):

¼ szklanki kwaśnej śmietany lub crème fraîche

12 świeżych liści bazylii

Kiedy byłam mała, mój typowy lunch składał się z tosta z serem i zupy pomidorowej z puszki. Uwielbiałam tę kombinację i do dziś bardzo smakuje mi jej ketogeniczny wariant, który jest jednocześnie bardzo prosty do przygotowania. Ser halloumi jest dosyć twardy, ma gumowatą konsystencję i nieco słony smak. Ponadto ma pewną bardzo ciekawą właściwość: doskonale nadaje się do smażenia i grillowania! Po podgrzaniu nabiera kremowej konsystencji i częściowo traci słony smak, przez co staje się naprawdę pyszny. Można z niego zrobić świetne tosty nawet bez chleba!

1. Podgrzać masło w dużym rondlu na średnim ogniu. Dodać cebulę i czosnek i smażyć do miękkości, czyli około 4 minuty, często mieszając.
2. Dodać bulion, serek śmietankowy, pomidory (z sokiem), sos pomidorowy, bazylię, stewię i pieprz. Dusić przez 5 minut, od czasu do czasu mieszając, nie dopuścić do wrzenia.
3. Zdjąć z ognia i utrzeć za pomocą miksera zanurzeniowego. Postawić rondel na małym ogniu i zakryć.
4. Nagrzać patelnię, patelnię grillową lub opiekacz do panini do średniej temperatury. Pokroić ser w plasterki o grubości około 6 mm. Posmarować tłuszczem, umieścić na patelni lub w opiekaczu i smażyć przez 3 minuty z każdej strony lub do chwili uzyskania złotobrązowego koloru.
5. Zdjąć ser z patelni lub opiekacza i podawać z zupą pomidorową. Wedle uznania każdą porcję ozdobić łyżką śmietany i kilkoma listkami bazylii.

OPCJA WEGETARIAŃSKA

Bardzo łatwo można zrobić to danie w wersji wegetariańskiej, wystarczy zamienić bulion kurzy na warzywny.

M
L H
KETO

WARTOŚCI ODŻYWCZE (w 1 porcji)				
kalorie	tłuszcz	białka	węglowodany	błonnik
412	33.4g	17.3g	10.9g	1.8g
	73%	17%	10%	

Prosta

SAŁATKA NICEJSKA

NIE ZAWIERA ORZECHÓW · NIE ZAWIERA NABIAŁU

Czas przygotowania: 10 minut

Liczba porcji: 6

DRESSING:

¼ szklanki + 2 łyżki oleju MCT

¼ szklanki soku z cytryny

½ drobno posiekanej średniej szalotki

1 łyżka drobno posiekanej świeżej bazylii

1½ łyżeczki drobno posiekanego świeżego tymianku

1 łyżeczka drobno posiekanego świeżego oregano

½ łyżeczki musztardy gruboziarnistej lub dijon

drobnoziarnista sól morska i świeżo zmielony czarny pieprz

SAŁATKA:

2 główki sałaty czerwonolistnej porwanej na małe kawałki lub 680 g mieszanki sałat

3 puszki odsączonego (110 g) tuńczyka lub 2 smażone steki z łososia (po 225 g)

6 dużych jajek ugotowanych na twardo (patrz: s. 184), obranych ze skorupek i pokrojonych w ćwiartki lub w połówki

¼ szklanki czarnych lub zielonych oliwek

1 puszka (60 g) anchois — opcjonalnie

2 łyżki opłukanych kaparów — opcjonalnie

Zazwyczaj sałatkę nicejską podaje się z oliwkami nicejskimi, czyli małymi marynowanymi czarnymi oliwkami, oraz z anchois. Tradycyjnie zawiera również zielony groszek i ziemniaki, ale w ketogenicznej wersji je pomijam. Przyrządza się ją z tuńczykiem w oleju, ale można go zamienić na świeżą rybę z grilla. Sprawdza się również łosoś w puszce, którego używam, jeżeli skończy mi się tuńczyk. Najchętniej kupuję tuńczyka marki Vital Choice, ponieważ ta firma używa ryb z niską zawartością rtęci i puszek z materiału niezawierającego BPA.

1. W średniej misce wymieszać olej, sok z cytryny, szalotkę, bazylię, tymianek, oregano i musztardę. Doprawić do smaku solą i pieprzem.
2. W osobnej misce wymieszać sałatę z ¼ szklanki przygotowanego dressingu. Ułożyć na tacy.
3. Resztą dressingu polać tuńczyka. Umieścić na środku tacy z sałatą.
4. Wokół ryby ułożyć stosiki z jajek, oliwek i anchois (opcjonalnie).
5. Polać jajka dwiema łyżkami oleju MCT, całość obsypać kaparami (opcjonalnie) i podawać.

RADA:

Jajka na twardo można ugotować wcześniej i trzymać w lodówce.

M
L H
KETO

WARTOŚCI ODŻYWCZE (w 1 porcji)				
kalorie	tłuszcz	białka	węglowodany	błonnik
393	34.9g	13.4g	5g	0.8g
	80%	14%	5%	

Rosół
Z „MAKARONEM"

OPCJA

NIE ZAWIERA JAJ | NIE ZAWIERA ORZECHÓW | NIE ZAWIERA NABIAŁU | DANIE JEDNOGARNKOWE

Czas przygotowania: 10 minut

Czas gotowania: 42 minuty

Liczba porcji: 4

2 średnie cukinie lub
2 opakowania (200 g) makaronu shirataki

¼ szklanki (pół kostki) niesolonego masła lub oleju kokosowego (jeśli przepis ma nie zawierać nabiału)

4 udka z kurczaka bez kości i bez skóry pokrojone w 2,5-centymetrowe kostki

1 szklanka siekanego selera

¼ szklanki siekanej cebuli

1,4 l (6 szklanek) bulionu na kościach drobiowych kupionego w sklepie lub domowego (s. 132)

3 plasterki świeżego imbiru — opcjonalnie

1 łyżka suszonej pietruszki

1 łyżeczka drobnoziarnistej soli morskiej

½ łyżeczki świeżo zmielonego czarnego pieprzu

½ łyżeczki otartego suszonego majeranku

1 liść laurowy

Specjalny sprzęt (opcjonalnie):

spiralna krajalnica

M
L H
KETO

WARTOŚCI ODŻYWCZE (w 1 porcji)				
kalorie	tłuszcz	białka	węglowodany	błonnik
309	21.2g	22g	4.9g	0.7g
	63%	29%	7%	

1. Jeżeli makaron ma być zrobiony z cukinii, obrać je i pokroić za pomocą spiralnej krajalnicy. Jeżeli zdecydowaliście się użyć makaronu shirataki, opłukać go w cedzaku i odstawić.
2. Podgrzać masło w garnku na niewielkim ogniu. Dodać pokrojonego kurczaka, seler i cebulę. Smażyć do miękkości, czyli około 7 minut.
3. Dodać bulion, imbir (opcjonalnie), pietruszkę, sól, pieprz, majeranek i liść laurowy. Gotować na małym ogniu bez przykrycia przez 30 minut lub do chwili, aż kurczak nie będzie różowy w środku.
4. Makaron z cukinii gotować na wolnym ogniu przez około 5 minut, a makaron shirataki przez minutę.
5. Zdjąć z ognia, wyjąć liść laurowy i podawać. Przechowywać w lodówce, w szczelnie zamkniętym pojemniku, nie dłużej niż 5 dni. Jeżeli rosół ma być zamrożony, nie dodawać makaronu (żadnego rodzaju) do chwili ponownego zagrzania.

Sałatka MEKSYKAŃSKA

OPCJA

NIE ZAWIERA ORZECHÓW | NIE ZAWIERA NABIAŁU | DANIE JEDNOGARNKOWE

Czas przygotowania: 6 minut

Czas gotowania: 5 minut

Liczba porcji: 4

0,5 kg mielonej wołowiny z 20% zawartością tłuszczu

2 łyżki + 2 łyżeczki przyprawy taco (s. 110)

4 szklanki mieszanki sałat lub porwanych liści dowolnej sałaty

4 miski tacos (s. 271) — opcjonalnie (pominąć, jeżeli przepis ma nie zawierać nabiału)

½ szklanki salsy

½ szklanki pomidorów pokrojonych w kostkę

½ szklanki czarnych oliwek w plasterkach

¼ szklanki zielonej cebuli

½ szklanki dressingu do sałatek z przyprawą taco (s. 121)

M
L H
KETO

WARTOŚCI ODŻYWCZE (w 1 porcji)				
kalorie	tłuszcz	białka	węglowodany	błonnik
471	35g	32.5g	5.7g	1.7g
	67%	28%	5%	

W spiżarni trzymam duży słój z przyprawą taco, dzięki czemu mogę w łatwy sposób doprawić danie takie jak to. Sałatka meksykańska to mój awaryjny przepis, jeżeli nie zaplanowałam niczego konkretnego do jedzenia na dany dzień. Poza tym jest przepyszna!

1. Smażyć wołowinę na patelni na średnim ogniu przez około 5 minut. Za pomocą szpatułki rozdrobnić mięso na małe kawałki. Doprawić przyprawą taco, wymieszać i smażyć przez kolejną minutę.
2. Porozkładać sałatę w miskach. Do każdej nałożyć mięso, salsę, pomidory, oliwki, zieloną cebulę i dressing.

JEDNA PORCJA

Do przygotowania jednej porcji potrzeba około 115 g wołowiny z 20% zawartością tłuszczu, 2 łyżeczek przyprawy taco, 1 szklanki mieszanki sałat lub porwanych liści dowolnej sałaty, 2 łyżek salsy, 2 łyżek pomidorów pokrojonych w kostkę, 2 łyżek czarnych oliwek w plasterkach, 1 łyżki pokrojonej cebuli dymki, 2 łyżek dressingu do sałatek z przyprawą taco i 1 miski taco (dla osób tolerujących laktozę).

Sałatka Z OGÓRKÓW

NIE ZAWIERA JAJ | NIE ZAWIERA ORZECHÓW | NIE ZAWIERA NABIAŁU | OPCJA WEGETARIAŃSKA

Czas przygotowania: 5 minut + 10 minut na odsączenie

Liczba porcji: 4

2 duże ogórki pokrojone w cienkie plasterki

¼ szklanki czerwonej cebuli pokrojonej w cienkie plasterki

1½ łyżki drobnoziarnistej soli morskiej

1 szklanka octu kokosowego lub jabłkowego

¼ szklanki wody

¼ szklanki oleju MCT lub innego łagodnego oleju, na przykład z orzechów makadamia albo z awokado

¼ szklanki słodzika cukierniczego Swerve albo odpowiednia ilość innego słodzika w proszku lub w płynie (patrz: s. 37)

2 łyżki posiekanego świeżego kopru lub 2 łyżeczki suszonego

2 łyżeczki świeżego tartego imbiru — opcjonalnie

1. W cedzaku nad zlewem wymieszać ogórki i cebulę. Posolić. Odstawić na 10 minut, żeby puściły soki. Wycisnąć resztę wody z warzyw, opłukać zimną wodą i odcedzić.
2. W średniej misce dokładnie wymieszać ocet, wodę, olej i słodzik. Dodać ogórki i cebulę. Ponownie wymieszać. Wedle uznania doprawić koprem i imbirem.

M L H KETO

WARTOŚCI ODŻYWCZE (w 1 porcji)				
kalorie	tłuszcz	białka	węglowodany	błonnik
161	14.2g	1.4g	7.3g	1.1g
	79%	3%	18%	

Sałatka Z ŁÓDECZKAMI Z KAPUSTY

NIE ZAWIERA ORZECHÓW | NIE ZAWIERA NABIAŁU | DANIE JEDNOGARNKOWE

Czas przygotowania: 7 minut

Liczba porcji: 4

pokrojona w ćwiartki główka sałaty lodowej

4 łyżki octu kokosowego lub jabłkowego

1 mały pomidor pokrojony w kostkę

2 cebule dymki pokrojone w plasterki lub 1 łyżka posiekanej czerwonej cebuli (albo mieszanka obu)

2 duże jajka ugotowane na twardo (patrz: s. 184), obrane ze skorupek i drobno posiekane

2 plasterki bekonu usmażone i pokruszone

½ szklanki bezmlecznego dressingu ranczerskiego (s. 118)

L M H
KETO

WARTOŚCI ODŻYWCZE (w 1 porcji)				
kalorie	tłuszcz	białka	węglowodany	błonnik
204	18.4g	6.3g	4.2g	1g
	81%	12%	8%	

Jeżeli tak jak ja trzymacie w lodówce usmażony bekon, przygotowanie sałatki będzie jeszcze szybsze.

1. Umieścić łódeczki sałaty na tacy przeciętą stroną do góry. Każdą z nich polać 1 łyżką octu.
2. Posypać kawałkami pomidorów, cebuli, jajek i bekonu, a następnie polać dressingiem.

Szybka
SIEKANA SAŁATKA

NIE ZAWIERA ORZECHÓW · DANIE JEDNOGARNKOWE

Czas przygotowania: 7 minut

Ilość: 4 porcje

6 szklanek posiekanej sałaty rzymskiej

4 duże jaja ugotowane na twardo

1½ szklanki oliwek greckich

1½ szklanki szynki pokrojonej w kostkę

½ szklanki pokruszonego niebieskiego sera (około 85 g)

1 duży pomidor pokrojony w kostkę

1 mała czerwona cebula pokrojona w kostkę

¾ szklanki dressingu z niebieskim serem (s. 119)

Zaimponujcie swoim gościom tą szybką i pyszną sałatką!

1. Ułożyć sałatę na tacy. Na jednym końcu umieścić jajka.
2. Obok jajek ułożyć oliwki, a następnie kolejno szynkę, ser, pomidor i cebulę. Podawać z dresingiem.

RADA:

Zawsze mam w lodówce około 10 jajek ugotowanych na twardo, które wykorzystuję podczas przyrządzania posiłków.

L M H
KETO

WARTOŚCI ODŻYWCZE (w 1 porcji)				
kalorie	tłuszcz	białka	węglowodany	błonnik
331	22g	24.7g	8.4g	1.8g
	60%	30%	10%	

Ryby
I OWOCE MORZA

ROZDZIAŁ 10

Rybne
TACOS

OPCJA

NIE ZAWIERA JAJ | NIE ZAWIERA ORZECHÓW | NIE ZAWIERA NABIAŁU

Czas przygotowania: 8 minut + 13 minut na przygotowanie tacos

Czas gotowania: 20 minut

Liczba porcji: 4

RYBA:

1½ łyżeczki wędzonej papryki

1 łyżeczka czosnku w proszku

1 łyżeczka cebuli w proszku

½ łyżeczki drobnoziarnistej soli morskiej

około 680 g filetów z barramundi o grubości około 2,5 cm

2 łyżki oleju kokosowego

2 szklanki mieszanki sałat lub porwanych liści dowolnej sałaty — opcjonalnie (pominąć, jeżeli liście sałaty będą używane jako wrapy)

8 muszli do tacos (s. 271) lub 8 dużych liści sałaty bostońskiej (jeżeli potrawa ma nie zawierać nabiału)

½ szklanki sosu z kolendrą i limonką (s. 115) lub dressingu zielonej bogini (s. 117) — ten drugi zawiera jaja

1 szklanka porwanej czerwonej kapusty do ozdoby

W tym przepisie można wykorzystać dowolny gatunek ryby, o ile będzie się zgadzać liczba filetów oraz ich grubość (jeżeli użyjemy większych kawałków, należy wydłużyć czas gotowania). Zanim wybierzecie odpowiadającą wam rybę, spójrzcie na wykres na s. 55. Znajdziecie tam informacje o zawartości tłuszczu w mięsie poszczególnych gatunków, co może znacznie wpłynąć na wartość odżywczą potrawy.

1. W małej misce wymieszać wędzoną paprykę, czosnek i cebulę w proszku oraz sól. Posypać mieszanką przypraw obie strony filetów.
2. Podgrzać tłuszcz na dużej patelni z grubym dnem na średnim ogniu. Następnie położyć na niej filety (jeżeli wszystkie się nie zmieszczą, smażyć je partiami). Smażyć przez 5 minut z każdej strony lub do chwili, aż przybiorą ciemnobrązowy kolor, a mięso będzie się dało łatwo podzielić.
3. Przełożyć rybę na deskę do krojenia. Pokroić w 5-centymetrowe kawałki.
4. Na dnie każdej muszli taco umieścić garstkę mieszanki sałat (jeżeli jest używana). Na niej ułożyć kawałki ryby i polać łyżką dressingu. Ozdobić czerwoną kapustą.

RADA:

Żeby oszczędzić czas, spróbujcie krabowych tacos (przepis poniżej). Osoby, które nie lubią owoców morza, mogą też użyć pieczonego kurczaka. Wystarczy pokroić go na małe kawałki i wymieszać z dresingiem.

WARIANT: KRABOWE TACOS

Zamiast ryby można użyć mięsa krabów w puszce — nie trzeba go smażyć! Wystarczą dwie puszki po 170 g. Należy odsączyć mięso i obsypać mieszanką przypraw, a następnie przejść do 4. kroku.

M L H KETO

WARTOŚCI ODŻYWCZE (w 1 porcji)				
kalorie	tłuszcz	białka	węglowodany	błonnik
385	29.5g	31.4g	1.6g	0.4g
	68%	31%	1%	

Golec zwyczajny Z OLIWKOWĄ SALSĄ

NIE ZAWIERA JAJ | NIE ZAWIERA ORZECHÓW | NIE ZAWIERA NABIAŁU | DANIE JEDNOGARNKOWE

Czas przygotowania: 4 minuty

Czas gotowania: 6 minut

Liczba porcji: 2

2 filety z golca zwyczajnego (około 140 g każdy) o grubości około 2 cm

½ łyżeczki drobnoziarnistej soli morskiej

¼ łyżeczki świeżo zmielonego czarnego pieprzu

3 łyżki oleju kokosowego lub niesolonego masła (dla osób tolerujących laktozę)

2 łyżki drobno posiekanej cebuli

½ szklanki oliwkowej salsy **(s. 135)**

1. Osuszyć filety i doprawić solą i pieprzem.
2. Rozgrzać tłuszcz na żeliwnej patelni na średnim ogniu. Dodać cebulę i smażyć do miękkości przez kilka minut. Położyć na patelni filety skórą do dołu. Smażyć przez 3 minuty lub do chwili, gdy ryba będzie ugotowana w środku. Dokładny czas przygotowania zależy od grubości filetów.
3. Przełożyć ryby na tacę i ozdobić każdy z filetów 3 łyżkami salsy.

RADA:

Do smażenia ryb najlepiej mieć osobną patelnię. Po podgrzaniu ich mięso wydziela kwasy tłuszczowe i inne związki chemiczne o silnym zapachu, które mogą pozostać na patelni nawet pomimo zmywania i wpłynąć na smak innych potraw.

JEDNA PORCJA

Do przygotowania jednej porcji należy użyć 140-gramowego filetu o grubości około 2 cm, ¼ łyżeczki drobnoziarnistej soli morskiej, ⅛ łyżeczki świeżo zmielonego czarnego pieprzu, 1½ łyżki oleju kokosowego lub niesolonego masła, 1 łyżki drobno posiekanej cebuli i ¼ szklanki oliwkowej salsy.

L M H
KETO

WARTOŚCI ODŻYWCZE (w 1 porcji)				
kalorie	tłuszcz	białka	węglowodany	błonnik
439	33.6g	32.5g	1.1g	0g
	69%	30%	1%	

Awokado nadziewane krabami
Z SOKIEM Z LIMONKI

NIE ZAWIERA ORZECHÓW · NIE ZAWIERA NABIAŁU · DANIE JEDNOGARNKOWE

Czas przygotowania: 5 minut

Liczba porcji: 2

¼ szklanki majonezu kupionego w sklepie lub domowego (s. 112)

3 łyżki + 1 łyżeczka soku z limonki

2 łyżki cebuli pokrojonej w kostkę

2 łyżki posiekanych świeżych liści kolendry

½ łyżeczki tartego kminu

¼ łyżeczki drobnoziarnistej soli morskiej

szczypta świeżo zmielonego czarnego pieprzu

1 puszka mięsa z krabów (170 g)

1 dojrzałe awokado odmiany hass obrane ze skórki, przepołowione i z usuniętą pestką

łódeczki z limonki

dressing zielonej bogini (s. 117) — opcjonalnie

1. W średniej misce wymieszać majonez, 3 łyżki soku z limonki, cebulę, kolendrę, kmin, sól i pieprz. Następnie dodać mięso z krabów i jeszcze raz delikatnie wymieszać. Spróbować i wedle uznania dosolić i dopieprzyć.
2. Nasmarować połówki awokado pozostałym sokiem, żeby nie ciemniały.
3. Umieścić połówki awokado na talerzach przeciętą stroną do góry. Nałożyć na nie sałatkę krabową. Podawać z łódeczkami z limonki i wedle uznania polać dressingiem.

M
L H
KETO

WARTOŚCI ODŻYWCZE (w 1 porcji)				
kalorie	tłuszcz	białka	węglowodany	błonnik
434	36g	11g	12g	10g
	77%	11%	12%	

Grysik Z KREWETKAMI

NIE ZAWIERA ORZECHÓW

Czas przygotowania: 2 minuty

Czas gotowania: 10 minut

Liczba porcji: 4

GRYSIK:

8 dużych jaj

1⅓ szklanki śmietany kremówki

1 łyżeczka drobnoziarnistej soli morskiej

½ szklanki (1 kostka) niesolonego masła

½ szklanki porwanego ostrego cheddara (około 60 g)

2 łyżki oleju kokosowego do smażenia

12 dużych ugotowanych krewetek, najlepiej z ogonkami

1 łyżka dowolnych siekanych ziół do ozdoby — opcjonalnie

JEDNA PORCJA

Do przygotowania jednej porcji należy użyć 2 dużych jaj, ⅓ szklanki śmietany kremówki, ¼ łyżeczki drobnoziarnistej soli morskiej, 2 łyżek niesolonego masła, 2 łyżek porwanego ostrego cheddara, 2 łyżek oleju kokosowego oraz trzech dużych ugotowanych krewetek.

M L H KETO

WARTOŚCI ODŻYWCZE (w 1 porcji)				
kalorie	tłuszcz	białka	węglowodany	błonnik
620	53.6g	32.2g	3.1g	0g
	77.6%	20.4%	2%	

1. W średniej misce wymieszać roztrzepane jajka, śmietanę i sól.
2. W dużym rondlu roztopić masło na średnim ogniu. Dodać przygotowaną masę i gotować do chwili, aż całość zgęstnieje i zaczną tworzyć się grudki. Cały czas mieszać, skrobiąc trzepaczką po dnie rondla. Powinno to zająć około 8 minut.
3. Kiedy masa zgęstnieje i pojawią się grudki, dodać ser i mieszać do chwili dokładnego połączenia się składników. Zakryć rondel i przestawić na najmniejszy palnik, żeby mieszanka nie wystygła.
4. Rozgrzać tłuszcz na sporej patelni na dużym ogniu. Smażyć doprawione wcześniej solą i pieprzem krewetki przez około 20 sekund z każdej strony.
5. Wlać grysik do miski, a na nim ułożyć krewetki. Wedle uznania obsypać ziołami i podawać.

Paluszki
RYBNE

NIE ZAWIERA ORZECHÓW · NIE ZAWIERA NABIAŁU · DANIE JEDNOGARNKOWE · FILM

Czas przygotowania: 5 minut

Czas gotowania: 10 minut

Liczba porcji: 4

½ szklanki oleju kokosowego lub tłuszczu kaczego do smażenia

0,5 kg filetów z dorsza o grubości około 2,5 cm

1 łyżeczka drobnoziarnistej soli morskiej

115 g prosciutto w plasterkach

½ szklanki kremowego ketogenicznego sosu z estragonem (s. 122)

plasterki cytryny

1 partia grillowanej cykorii z ostrym słodko-kwaśnym dressingiem bekonowym (s. 312) — opcjonalnie

M
L H
KETO

WARTOŚCI ODŻYWCZE (w 1 porcji)				
kalorie	tłuszcz	białka	węglowodany	błonnik
362	27.4g	29.6g	0.3g	0g
	68%	32%	0%	

Jeżeli tak jak ja jesteście wzrokowcami i chcielibyście zobaczyć, jak przygotować takie paluszki, obejrzyjcie film na mojej stronie internetowej MariaMindBodyHealth.com (w polu wyszukiwania należy wpisać *video*).

1. Rozgrzać olej na dużej patelni na średnim ogniu do temperatury 175°C. Tłuszcz powinien być głęboki na około 1,5 cm, tak aby paluszki były w nim do połowy zanurzone.
2. Pokroić filety na paluszki o wymiarach 6,5 × 2 × 2 cm. Posolić z obu stron. Zawinąć każdy paluszek w plasterek prosciutto. Szynka ta jest naturalnie kleista, więc nie trzeba używać wykałaczki.
3. Smażyć partiami przez 5 minut lub do chwili, aż ryba będzie ugotowana w środku, a szynka chrupiąca. W połowie smażenia obrócić na drugą stronę.
4. Przełożyć ryby na tacę. Wedle uznania podawać z sosem, plasterkami cytryny lub grillowaną cykorią.

RADY:

Trzymam w lodówce słoiki z używanym wcześniej olejem kokosowym, który wciąż nadaje się do smażenia. Każdy z nich opisałam zgodnie z przeznaczeniem, na przykład „do ryb" albo „do deserów", żeby wypieki nie smakowały rybą!

Spróbujcie użyć różnych rodzajów soli, na przykład czarnej soli morskiej widocznej na zdjęciu. Każda z nich ma inny smak, kolor i teksturę, dzięki czemu może zmienić potrawę w subtelny, ale bardzo ciekawy sposób.

Żeby ułatwić sobie życie, przygotujcie podwójną porcję zawiniętych paluszków (nie smażcie ich!) i przechowujcie w lodówce, w szczelnie zamkniętym pojemniku, nie dłużej niż 2 dni lub w zamrażarce przez miesiąc.

Małże MASALA

NIE ZAWIERA JAJ | NIE ZAWIERA ORZECHÓW | NIE ZAWIERA NABIAŁU | DANIE JEDNOGARNKOWE

Czas przygotowania: 5 minut

Czas gotowania: 10 minut

Liczba porcji: 4

¼ szklanki oleju kokosowego

½ szklanki cebuli pokrojonej w cienkie plasterki

1 łyżka startego świeżego imbiru

1 łyżka przyprawy garam masala

1 puszka (400 ml) pełnotłustego mleka kokosowego

¾ szklanki bulionu na kościach kurzych kupionego w sklepie lub domowego (s. 132)

1 łyżeczka drobnoziarnistej soli morskiej lub soli z przyprawami (s. 109)

1,5 kg już rozmrożonych małży (na połówkach skorupek)

1 łyżka siekanej świeżej pietruszki — opcjonalnie

łódeczki z limonki do podania

Mieszkam w przepięknym regionie stanu Wisconsin tuż przy rzece Saint Croix. Jej wody są niezwykle czyste, dzięki czemu dają schronienie największej liczbie gatunków małży na świecie. Zamieściłam tutaj ten przepis jako pomysł na szybki posiłek, ale też ku przestrodze. Wielu osobom wydaje się, że owoce morza nie zawierają węglowodanów. Nie jest to prawdą. Małże, przegrzebki i inne skorupiaki są ich doskonałym źródłem. Więcej informacji na ten temat znajdziecie na s. 55. W tym przepisie używam mrożonych małży. Łatwo je przygotować (nie trzeba ich czyścić) i są dostępne w większości supermarketów. Jeżeli macie możliwość kupienia świeżych, te również się sprawdzą (patrz: uwaga poniżej).

1. Rozgrzać olej w dużym głębokim garnku na średnim ogniu. Dodać cebulę i smażyć do chwili, aż stanie się złotobrązowa, czyli około 3 minuty. Dodać imbir i garam masalę. Smażyć przez kolejną minutę. Dodać mleko kokosowe i bulion. Doprawić solą.
2. Zmniejszyć ogień i dodać małże. Gotować przez około 5 minut, aż będą ciepłe w środku.
3. Nałożyć małże do głębokich talerzy, zalać płynem z garnka i wedle uznania ozdobić pietruszką. Podawać z łódeczkami z limonki.

UWAGA:

Jeżeli w przepisie używane są świeże małże, trzeba je opłukać i oczyścić. Najpierw jednak należy sprawdzić, czy małże są żywe. W tym celu wystarczy popukać w muszlę. Jeśli się zamknie, oznacza to, że małż żyje i można go użyć. Jeżeli pozostanie otwarta, małż jest martwy i trzeba go wyrzucić. Następnie oczyścić z bisioru i wrzucić do garnka (2. krok). Dusić w mieszance bulionu i mleka kokosowego przez 6–8 minut, dopóki małże się nie otworzą. Wyrzucić wszystkie zamknięte.

M L H KETO

WARTOŚCI ODŻYWCZE (w 1 porcji)				
kalorie	tłuszcz	białka	węglowodany	błonnik
412	28.2g	28.8g	11.4g	7.4g
	62%	28%	11%	

Nogi kraba królewskiego
Z MASŁEM CZOSNKOWYM

OPCJA

NIE ZAWIERA JAJ | NIE ZAWIERA ORZECHÓW | NIE ZAWIERA NABIAŁU | DANIE JEDNOGARNKOWE

Czas przygotowania: 5 minut

Czas gotowania: 10 minut

Liczba porcji: 4

1 kg nóg krabów królewskich lub śnieżnych

½ szklanki niesolonego masła albo oleju MCT, smalcu lub tłuszczu kaczego (jeżeli potrawa ma nie zawierać nabiału)

1 łyżka drobno posiekanego czosnku lub ząbki z dużej główki pieczonego czosnku (s. 134)

⅓ szklanki posiekanej świeżej pietruszki lub 1 łyżka suszonej

¼ łyżeczki drobnoziarnistej soli morskiej

½ łyżeczki świeżo zmielonego czarnego pieprzu

4 łódeczki z limonki lub cytryny — opcjonalnie

Kiedyś byliśmy z Craigiem w restauracji serwującej owoce morza, która słynie ze świetnych dań z krabów. Zamówione przez nas dania podano z miseczką oleju roślinnego w charakterze dipu. Zapytałam kelnera, czy mogłabym zamiast tego dostać odrobinę masła, nawet jeżeli będę musiała trochę dopłacić. Nasz kelner udał się na zaplecze, a po powrocie oznajmił, że niestety nie ma masła. Stosowano tam wyłącznie olej. Nie mogłam uwierzyć, że restauracja specjalizująca się w owocach morza w ogóle nie używa masła!

1. Naciąć wzdłuż skorupę na wszystkich nogach.
2. Rozgrzać masło na dużej patelni na średnim ogniu. Dodać czosnek. Świeży należy dobrze zeszklić. Pieczony wystarczy wymieszać i rozgnieść.
3. Dodać pietruszkę, sól i pieprz. Gotować całość, aż zacznie bulgotać.
4. Dodać nogi krabów. Oblać je masłem z przyprawami i dusić, aż będą gorące w środku, czyli około 5–6 minut.
5. Przełożyć nogi krabów na tacę, a masło z czosnkiem przelać do 4 małych misek i podawać jako dip.
6. Wedle uznania serwować z łódeczkami z cytryny.

RADA:

Aby uprościć przepis, można zrezygnować z masła czosnkowego i podać nogi krabów z roztopionym solonym masłem.

JEDNA PORCJA

Do przygotowania jednej porcji należy użyć 250 g nóg krabów — mrożone trzeba wcześniej rozmrozić — 2 łyżek niesolonego masła (lub oleju MCT, smalcu albo tłuszczu kaczego, jeżeli potrawa ma nie zawierać nabiału), 1 łyżeczki drobno posiekanego czosnku lub ząbków z ¼ główki pieczonego czosnku (s. 134), 1½ łyżki siekanej świeżej pietruszki (lub ¾ łyżeczki suszonej pietruszki), 2 szczypt drobnoziarnistej soli morskiej oraz ⅛ łyżeczki świeżo zmielonego czarnego pieprzu. Podawać z 1 łódeczką z cytryny (opcjonalnie).

M
L H
KETO

WARTOŚCI ODŻYWCZE (w 1 porcji)				
kalorie	tłuszcz	białka	węglowodany	błonnik
376	30.1g	21.7g	2.8g	0.6g
	72%	24%	3%	

Kurczak

ROZDZIAŁ 11

Fajita z kurczakiem
Z WOLNOWARU

NIE ZAWIERA ORZECHÓW | NIE ZAWIERA NABIAŁU | DANIE JEDNOGARNKOWE | WOLNOWAR

Czas przygotowania: 8 minut

Czas gotowania: 6 godzin

Liczba porcji: 4

KURCZAK:

4 udka kurczaka z kością i ze skórą

2 cienko pokrojone zielone papryki

½ szklanki cebuli pokrojonej w cienkie plasterki

½ szklanki bulionu na kościach kurzych kupionego w sklepie lub domowego (s. 132)

2 łyżki przyprawy taco (s. 110)

DO PODANIA:

8 dużych liści sałaty bostońskiej lub 4 tortille z cukinii (s. 212) — te drugie zawierają nabiał

¼ szklanki posiekanych świeżych liści kolendry

2 szklanki salsy

1 szklanka prostego dressingu do sałatek z przyprawą taco (s. 121)

M
L H
KETO

WARTOŚCI ODŻYWCZE (w 1 porcji)				
kalorie	tłuszcz	białka	węglowodany	błonnik
342	27g	18g	6g	2g
	72%	21%	7%	

Resztki tej potrawy świetnie smakują w sałatce z prostym dressingiem z przyprawą taco (s. 121) i mogą być doskonałym ketogenicznym lunchem.

1. Umieścić składniki na kurczaka w 4-litrowym wolnowarze. Zakryć i gotować na niskiej mocy przez 6 godzin lub do chwili, gdy mięso będzie odchodzić od kości.
2. Porwać mięso za pomocą dwóch widelców i wyrzucić kości. Przełożyć wymieszane składniki na talerz i podawać na gorąco z liśćmi sałaty lub tortillami z cukinii. Posypać posiekanymi liśćmi kolendry i podawać z salsą i dressingiem w osobnych kubeczkach.

Kurczak chimichurri
Z WOLNOWARU

NIE ZAWIERA JAJ | NIE ZAWIERA ORZECHÓW | NIE ZAWIERA NABIAŁU | DANIE JEDNOGARNKOWE | WOLNOWAR

Czas przygotowania: 5 minut

Czas gotowania: 6 godzin

Liczba porcji: 6

prosty sos chimichurri p (s. 130)

6 udek z kurczaka z kością i ze skórą (około 1 kg)

1 łyżeczka drobnoziarnistej soli morskiej

M
L H
KETO

WARTOŚCI ODŻYWCZE (w 1 porcji)				
kalorie	tłuszcz	białka	węglowodany	błonnik
505	31,4g	49,8g	1,7g	0,7g
	58%	40,5%	1,5%	

To danie można przygotować w wolnowarze lub na patelni (patrz: wariant poniżej). W obydwu przypadkach jest przepyszne.

1. Wlać sos chimichurri do 4-litrowego wolnowaru.
2. Posolić kurczaka i włożyć go do wolnowaru. Zakryć i gotować na niskiej mocy przez 4–6 godzin lub do chwili, aż mięso będzie odchodzić od kości.

WARIANT: KURCZAK CHIMICHURRI Z PATELNI

Rozgrzać 2 łyżki oleju kokosowego na sporej patelni na dużym ogniu. Kiedy już się nagrzeje, ułożyć posolone kawałki kurczaka. Smażyć, przewracając od czasu do czasu, aż mięso zbrązowieje z każdej strony, czyli około 10 minut. Wlać sos chimichurri. Gotować, aż zgęstnieje, czyli przez około 10 minut, często mieszając. Zmniejszyć ogień i gotować do momentu, w którym kurczak zrobi się miękki i nie będzie różowy w środku, tj. około 10–15 minut.

Kurczak

Z SOSEM ALFREDO

NIE ZAWIERA JAJ | NIE ZAWIERA ORZECHÓW | OPCJA WEGETARIAŃSKA | DANIE JEDNOGARNKOWE | FILM

Czas przygotowania: 5 minut + 10–25 minut na przygotowanie makaronu z cukinii

Czas gotowania: 13 minut

Liczba porcji: 4

4 udka z kurczaka bez skóry i kości

1 łyżeczka drobnoziarnistej soli morskiej

1 łyżka oleju kokosowego

SOS ALFREDO:

½ szklanki (1 kostka) niesolonego masła

1 łyżeczka drobno posiekanego czosnku lub ząbki z ½ główki pieczonego czosnku (s. 134)

około 60 g (¼ szklanki) serka śmietankowego

⅓ szklanki bulionu na kościach drobiowych kupionego w sklepie lub domowego (s. 132)

½ szklanki tartego parmezanu (około 60 g)

DO PODANIA:

makaron z cukinii (s. 308) lub 2 paczki (około 200 g każda) makaronu shirataki przygotowane zgodnie z instrukcjami na opakowaniu

Jeżeli jesteście wzrokowcami tak jak ja i chcielibyście zobaczyć, jak przygotować to danie, obejrzyjcie film na mojej stronie internetowej MariaMindBodyHealth.com (w polu wyszukiwania należy wpisać *video*). Zobaczycie, że w pewnym momencie zamieniłam garnek na większy, kiedy zdałam sobie sprawę, że ten pierwszy będzie za mały. Trzeba było posłuchać rady Julii Child i od razu użyć większego garnka niż ten, który uznałam za odpowiedni. Na szczęście zdałam sobie sprawę z pomyłki, zanim zaczęłam smażyć kurczaka! Jeżeli podmienicie mięso na grzyby, potrawa świetnie nada się na wegetariańskie danie główne (patrz: wariant poniżej).

1. Pokroić kurczaka w 2,5-centymetrowe kawałki i posolić. Rozgrzać olej kokosowy na dużej patelni na średnim ogniu. Następnie obsmażyć kawałki mięsa, aż przybiorą złotobrązowy kolor, czyli po około 5 minut z każdej strony.
2. Dodać czosnek i masło. Smażyć do momentu, w którym kurczak nie będzie już surowy w środku, tj. około 5 minut.
3. Dodać miękki serek śmietankowy i dokładnie wymieszać. Dodać bulion i parmezan. Mieszać, aż sos uzyska jednolity kolor i teksturę. Dusić przez 3 minuty. Im dłużej będziemy gotować potrawę, tym bogatszy będzie miała smak.
4. Podawać z makaronem z cukinii lub z makaronem shirataki.

WARIANT: GRZYBOWY SOS ALFREDO

Zamienić kurczaka na 0,5 kg pieczarek. Przekroić je na połówki lub ćwiartki, jeżeli są duże. Nagrzać olej kokosowy na dużej patelni na średnim ogniu. Smażyć pieczarki sauté do miękkości przez około 7 minut i doprawić solą. Przejść do 2. kroku i postępować zgodnie z przepisem.

OPCJA WEGETARIAŃSKA

Przygotować grzybowy sos alfredo i zamiast bulionu na kościach drobiowych użyć warzywnego.

M L H KETO

Kurczak z sosem alfredo

WARTOŚCI ODŻYWCZE (w 1 porcji)				
kalorie	tłuszcz	białka	węglowodany	błonnik
468	42.4g	21.3g	1.1g	0g
	81%	18%	1%	

Grzybowy sos alfredo

WARTOŚCI ODŻYWCZE (w 1 porcji)				
kalorie	tłuszcz	białka	węglowodany	błonnik
339	33g	9.3g	4.8g	1.1g
	86%	10%	5%	

Grillowany kurczak
Z BIAŁYM SOSEM BARBECUE

NIE ZAWIERA ORZECHÓW NIE ZAWIERA NABIAŁU

Czas przygotowania: 5 minut + godzina na marynowanie

Czas gotowania: 20 minut

Liczba porcji: 4

MARYNATA:

½ szklanki oleju MCT

½ szklanki octu kokosowego lub jabłkowego

¼ szklanki siekanego świeżego tymianku lub 2 łyżeczki suszonego tymianku

3 łyżki siekanej cebuli

1 łyżeczka drobno posiekanego czosnku lub ząbki z ½ główki pieczonego czosnku (s. 134)

1 łyżeczka drobnoziarnistej soli morskiej

1 łyżeczka papryki w proszku

½ łyżeczki tartego kminu

¼ łyżeczki pieprzu cayenne

0,5 kg udek z kurczaka

½ szklanki białego sosu barbecue (s. 126)

1. Umieścić składniki marynaty w naczyniu żaroodpornym o powierzchni 50 cm^2 i dokładnie wymieszać. Dodać kurczaka i starannie pokryć go marynatą. Zakryć i wstawić do lodówki przynajmniej na godzinę, a najlepiej na całą noc.
2. Wyjąć kurczaka z marynaty i zostawić, by zagrzał się do temperatury pokojowej. Wyrzucić marynatę. W międzyczasie nagrzać grill do wysokiej temperatury.
3. W przypadku grilla na węgiel drzewny po rozgrzaniu się brykietu przesunąć go na jedną stronę. Nasmarować kratkę tłuszczem, żeby mięso nie przywierało. Piec kurczaka bezpośrednio nad węglem, aż nabierze złotobrązowego koloru, czyli około 2 minuty z każdej strony. W przypadku grilla gazowego ustawić niską temperaturę. Piec kurczaka jeszcze przez jakieś 15 minut.
4. Zdjąć z grilla i podawać z białym sosem barbecue.

M L H KETO

WARTOŚCI ODŻYWCZE (w 1 porcji)				
kalorie	tłuszcz	białka	węglowodany	błonnik
476	41.8g	20g	5.2g	2.7g
	79%	17%	4%	

Kurczak

SMAŻONY DWA RAZY

NIE ZAWIERA JAJ · NIE ZAWIERA ORZECHÓW · NIE ZAWIERA NABIAŁU

Czas przygotowania: 5 minut

Czas gotowania: 15 minut

Liczba porcji: 4

olej kokosowy do smażenia

8 udek z kurczaka

1 łyżeczka drobnoziarnistej soli morskiej

½ łyżeczki świeżo zmielonego czarnego pieprzu

8 plasterków prosciutto

dowolny ketogeniczny sos (s. 122–127)

Uwielbiam smażonego kurczaka. Zrobiony według tego przepisu będzie chrupiący z zewnątrz bez dodatku jajek, nabiału ani orzechów. Lubię podawać go ze spaghetti w kremowym sosie z kolendrą i limonką (s. 303).

1. Rozgrzać olej kokosowy do 190°C na dużej patelni głębokiej na co najmniej 7,5 cm. Warstwa oleju powinna mieć przynajmniej 2,5 cm.
2. Doprawić kurczaka solą i pieprzem. W przypadku braku termometru zanurzyć w oleju kawałek prosciutto, by sprawdzić, czy ten osiągnął właściwą temperaturę: jeżeli zacznie skwierczeć, a szynka się skurczy, jest odpowiednio gorący.
3. Położyć kurczaka na patelni i smażyć — w razie konieczności partiami — do chwili, aż zrobi się złotobrązowy, tj. około 7 minut z każdej strony.
4. Zdjąć mięso z patelni i zawinąć każdy kawałek w plasterek prosciutto. Nie musi być ciasno, szynka i tak skurczy się po ponownym usmażeniu. Znów położyć owinięte kawałki kurczaka na patelni. Smażyć z każdej strony przez 30 sekund lub do chwili, gdy prosciutto zrobi się chrupiące. Zdjąć z patelni i podawać z ketogenicznym sosem.

M
L H
KETO

WARTOŚCI ODŻYWCZE (w 1 porcji)				
kalorie	tłuszcz	białka	węglowodany	błonnik
230	18.4g	19g	0.5g	0g
	70%	29.8%	0.2%	

Kurczak laotański
Z WOLNOWARU Z ZIOŁAMI

NIE ZAWIERA JAJ · NIE ZAWIERA ORZECHÓW · NIE ZAWIERA NABIAŁU · WOLNOWAR

Czas przygotowania: 8 minut

Czas gotowania: 6–7 godzin

Liczba porcji: 6

około 1 kg udek z kurczaka z kością i ze skórą

2 łyżki oleju MCT lub oleju z nieprażonego sezamu tłoczonego na zimno

4 drobno posiekane ząbki czosnku lub główka pieczonego czosnku (s. 134)

2 łyżki drobno posiekanego świeżego imbiru

2 małe drobno posiekane papryczki chili z ziarenkami

4 drobno posiekane cebule dymki

¼ szklanki sosu rybnego

1 łyżka aminokwasów kokosowych lub sosu sojowego niezawierającego pszenicy

2 łyżki słodzika cukierniczego Swerve albo odpowiednia ilość innego słodzika w proszku lub w płynie (patrz: s. 37)

miseczki z liści czerwonej cykorii (około 2 główki)

3 łyżki posiekanej świeżej mięty do ozdoby

2 łyżki posiekanej świeżej bazylii tajskiej do ozdoby

Ten kurczak to narodowe danie Laosu. Jest podawany w formie sałatki z drobno posiekanym mięsem, na ciepło lub w temperaturze pokojowej, ze świeżymi ziołami i surowymi warzywami. Żeby uprościć przepis, nie kroję kurczaka, zamiast tego gotuję go w wolnowarze do miękkości, a następnie rwę na kawałki, mieszam z wypuszczonymi przezeń sokami i podaję w miseczkach z czerwonej cykorii ze świeżymi ziołami. Łatwizna!

1. Umieścić wszystkie składniki poza cykorią, miętą i bazylią w 4-litrowym wolnowarze. Zakryć i gotować na niskiej mocy przez 6–7 godzin do chwili, aż mięso zrobi się miękkie i będzie odchodzić od kości.
2. Wyjąć kurczaka z wolnowaru. Za pomocą dwóch widelców porwać na kawałki i wyrzucić kości. Przełożyć mięso do wolnowaru i wymieszać z pozostałościami tłuszczu i przypraw. Podawać kurczaka w miseczkach z liści cykorii ozdobionego miętą i bazylią.

L M H KETO

WARTOŚCI ODŻYWCZE (w 1 porcji)				
kalorie	tłuszcz	białka	węglowodany	błonnik
438	28.3g	39.5g	3.6g	0.8g
	59%	36%	4%	

Kurczak z wolnowaru W MAŚLE Z CHLEBEM NAAN

NIE ZAWIERA ORZECHÓW · NIE ZAWIERA NABIAŁU · WOLNOWAR

Czas przygotowania: 10 minut

Czas gotowania: 6 godzin

Liczba porcji: 8 (2 kawałki chleba naan na porcję)

Kurczak w maśle to bardzo popularne i lubiane danie kuchni indyjskiej, które często jest podawane z płaskim chlebem naan. Przedstawiona tu wersja bez nabiału należy do moich najpopularniejszych przepisów. Pewna moja klientka powiedziała o nim tak: „To jeden z najlepszych pomysłów na obiad, które miałam okazję wypróbować od dłuższego czasu. Najbardziej podoba mi się fakt, że jest prosty w przygotowaniu, a mojej rodzinie, że mięso robi się bardzo miękkie. Do tego sos jest tak dobry, że moglibyśmy go jeść jak zupę. Smak jest tak złożony, że mam wrażenie, jakbym była w drogiej restauracji". Moja wersja chleba naan jest co prawda smażona, a nie pieczona, ale i tak świetnie sprawdza się jako zamiennik sztućców. Takie posiłki to świetna zabawa, chyba że dzieci jeszcze nie mają w tym dużej wprawy, a wam przypadło w udziale sprzątanie po obiedzie.

KURCZAK W MAŚLE:

około 1,20 kg udek z kurczaka bez kości, najlepiej ze skórą

½ szklanki cebuli pokrojonej w kostkę

3 łyżki oleju kokosowego

1 słoik (170 g) koncentratu pomidorowego

1 łyżeczka drobno posiekanego czosnku lub ząbki z ½ główki pieczonego czosnku (s. 134)

2 łyżeczki kurkumy w proszku

1 łyżeczka kozieradki w proszku

1 łyżeczka papryki chili w proszku

½ łyżeczki mielonej kolendry

½ łyżeczka mielonego kardamonu

1 szklanka pełnotłustego mleka kokosowego

1 łyżeczka drobnoziarnistej soli morskiej

CHLEB NAAN:

3 duże jajka

½ łyżeczki kamienia winnego

¼ szklanki bezsmakowego białka jajecznego lub serwatkowego (dla osób tolerujących laktozę)

1 łyżeczka curry w proszku — opcja

1 łyżka oleju kokosowego do nasmarowania patelni

1. Wszystkie składniki do przygotowania kurczaka umieścić w 4-litrowym wolnowarze. Zakryć i gotować na niskiej mocy przez 6 godzin lub do chwili, gdy mięso będzie bardzo miękkie. Na około godzinę przed końcem przygotować chleb naan.
2. Za pomocą wolnostojącego miksera z odpowiednią końcówką w suchej misce z metalu o małej reaktywności ubić na wysokich obrotach białka jajek na sztywną pianę. Powinno to zająć jakieś 3 minuty. Dodać żółtka, kamień winny, białko i curry (opcjonalnie).
3. Rozgrzewać olej kokosowy na średnim ogniu do momentu, gdy kropla wody upuszczona na patelnię spowoduje skwierczenie. Nalać trzy porcje ciasta w kształcie naleśników o średnicy około 7,5 cm. Smażyć przez 3–5 minut z każdej strony do chwili, aż przybiorą złotobrązowy kolor. Zdjąć z patelni i to samo zrobić z resztą ciasta. W razie konieczności dodać więcej oleju kokosowego.
4. Podawać kurczaka z chlebem naan.
5. Resztki mięsa przechowywać w lodówce, w szczelnie zamkniętym pojemniku, nie dłużej niż 3 dni. Odgrzewać w kuchence mikrofalowej, w odpowiednim naczyniu, na średniej mocy przez 1 minutę lub w piekarniku nagrzanym do 175°C przez 5 minut albo do chwili, gdy kurczak zrobi się ciepły w środku. Resztki chleba naan przechowywać w lodówce, w szczelnie zamkniętym pojemniku, nie dłużej niż 3 dni lub w zamrażarce przez miesiąc. Odgrzewać na patelni nasmarowanej olejem kokosowym na średnim ogniu przez minutę z każdej strony lub do chwili, gdy będzie ciepły w środku, albo w piekarniku nagrzanym do 175°C przez 2 minuty.

KETO (L M H) — *Kurczak w maśle*

WARTOŚCI ODŻYWCZE (w 1 porcji)				
kalorie	tłuszcz	białka	węglowodany	błonnik
472	32.5g	37.4g	5.8g	0.9g
	63%	32%	5%	

KETO (L M H) — *Chleb naan*

WARTOŚCI ODŻYWCZE (w 1 porcji)				
kalorie	tłuszcz	białka	węglowodany	błonnik
64	4.5g	5.2g	0.6g	0.5g
	64%	32.5%	3.5%	

RADA:

Aby skrócić czas smażenia chleba naan o połowę, można użyć dwóch patelni lub patelni grillowej do przygotowania 8 placków jednocześnie.

Smażony kurczak z „MAKARONEM"

NIE ZAWIERA JAJ | NIE ZAWIERA ORZECHÓW | NIE ZAWIERA NABIAŁU | DANIE JEDNOGARNKOWE

Czas przygotowania: 12 minut

Czas gotowania: 15 minut

Liczba porcji: 4

4 plasterki bekonu pokrojone w kostkę

4 udka z kurczaka bez kości i bez skóry pokrojone na małe kawałki

¼ szklanki cebuli pokrojonej w kostkę

1 łyżeczka drobno posiekanego czosnku lub ząbki z ½ główki pieczonego czosnku (s. 134)

1 łyżeczka startego świeżego imbiru

4 szklanki cienkich pasków kapusty (około ½ główki) na makaron lub 2 opakowania (200 g) makaronu shirataki

2 łyżki słodzika cukierniczego Swerve albo odpowiednia ilość innego słodzika w proszku lub w płynie (patrz: s. 37) — opcjonalnie

¼ szklanki octu kokosowego, jabłkowego lub nieprzyprawionego octu ryżowego

½ szklanki aminokwasów kokosowych lub sosu sojowego niezawierającego pszenicy

drobnoziarnista sól morska

Wiele potraw przygotowywanych w taki sposób ma lekko słodki posmak, dlatego też niniejszy przepis zawiera odrobinę słodzika. Jeżeli jednak wolicie go nie dodawać, nic nie stoi na przeszkodzie. To danie świetnie smakuje również następnego dnia!

1. Smażyć bekon na dużej patelni na średnim ogniu do chwili, aż będzie chrupiący. Zdjąć bekon, ale zostawić cały tłuszcz.
2. Dodać pokrojonego kurczaka, cebulę, czosnek i imbir. Smażyć na średnim ogniu do chwili, aż kurczak będzie ugotowany w środku i złotobrązowy ze wszystkich stron, tj. przez około 7 minut. Makaron shirataki opłukać w cedzaku i odsączyć. Odstawić na bok.
3. Dodać makaron, słodzik, ocet i aminokwasy kokosowe. Makaron z kapusty smażyć sauté do miękkości, a shirataki na małym ogniu przez około minutę do chwili, gdy będzie ciepły w środku.
4. Doprawić solą do smaku.

JEDNA PORCJA

W celu przygotowania 1 porcji należy użyć: 1 plasterka bekonu; 1 udka z kurczaka bez kości i bez skóry; 1 łyżki cebuli pokrojonej w kostkę; ¼ łyżeczki drobno posiekanego czosnku; ¼ łyżeczki startego świeżego imbiru; 1 szklanki kapusty pokrojonej w cienkie paski lub ½ paczki (200 g) makaronu shirataki; 1½ łyżeczki słodzika cukierniczego Swerve albo odpowiedniej ilości innego słodzika w proszku lub w płynie (opcjonalnie); 1 łyżki octu kokosowego, jabłkowego lub ryżowego; 2 łyżek aminokwasów kokosowych lub sosu sojowego niezawierającego pszenicy oraz drobnoziarnistej soli morskiej.

L M H KETO

WARTOŚCI ODŻYWCZE (w 1 porcji)				
kalorie	tłuszcz	białka	węglowodany	błonnik
296	18.7g	25.6g	5.3g	2g
	58%	35%	7%	

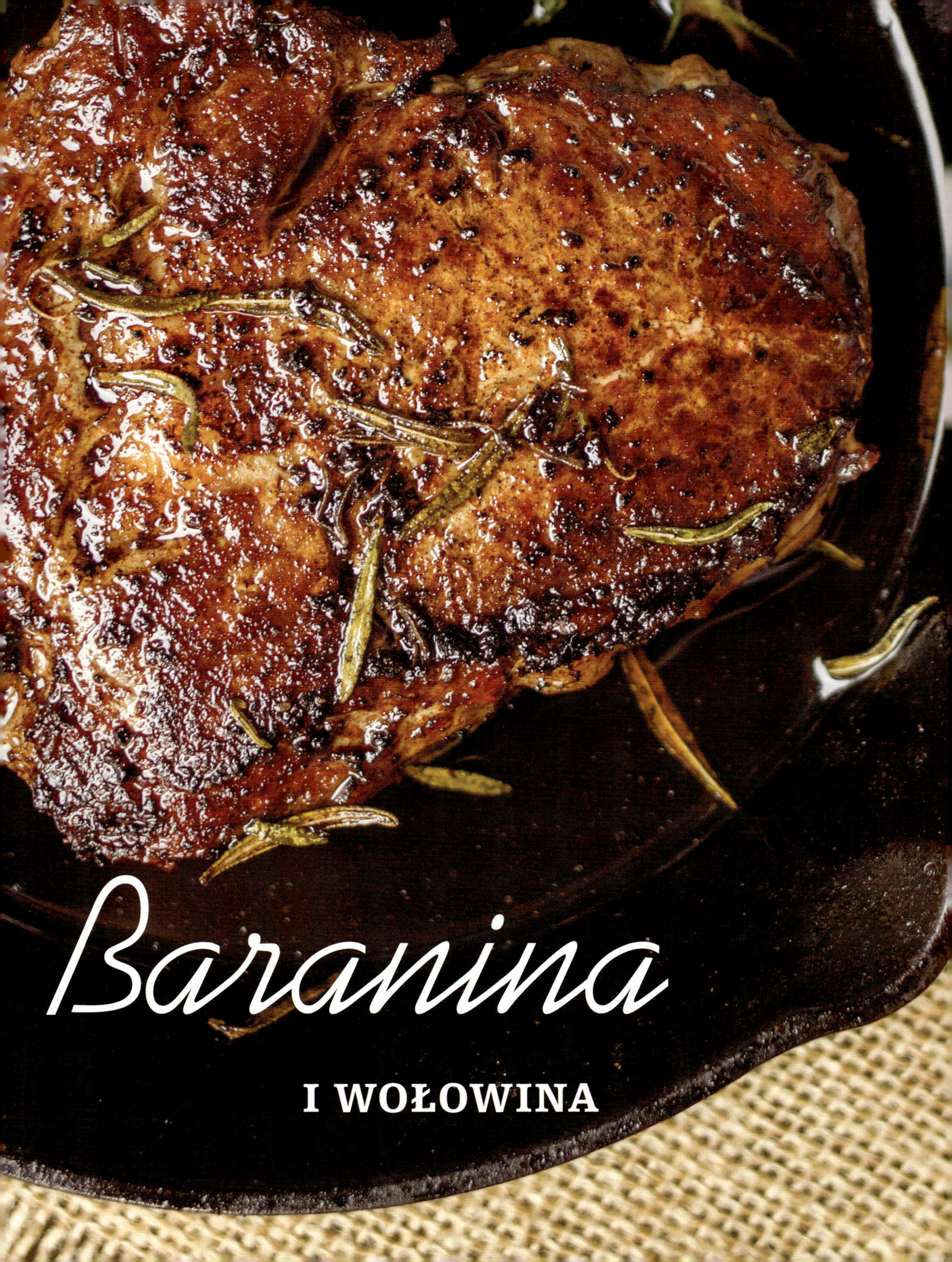

Baranina
I WOŁOWINA

ROZDZIAŁ 12

Marynowana polędwica
Z PIECZARKAMI W SOSIE BORDOSKIM

NIE ZAWIERA JAJ · NIE ZAWIERA ORZECHÓW · NIE ZAWIERA NABIAŁU

Czas przygotowania: 5 minut + godzina na zamarynowanie

Czas gotowania: 16 minut

Liczba porcji: 4

MARYNATA:

2 łyżki grubo posiekanych świeżych liści tymianku lub innego zioła, na przykład rozmarynu

2 łyżki oleju MCT

2 łyżki octu kokosowego lub jabłkowego

1 łyżeczka drobnoziarnistej soli morskiej

2 drobno posiekane ząbki czosnku lub ząbki z ½ główki pieczonego czosnku (s. 134)

4 oddzielone od kości kawałki polędwicy wołowej lub sarniej (po około 115 g)

2 łyżki oleju kokosowego lub niesolonego masła (dla osób tolerujących laktozę) do smażenia

pieczarki w sosie bordoskim (s. 310)

M L H KETO

WARTOŚCI ODŻYWCZE (w 1 porcji)				
kalorie	tłuszcz	białka	węglowodany	błonnik
344	21.1g	34.6g	0.8g	0g
	57%	42%	1%	

To proste danie, które we wrześniu, kiedy chodzimy na polowania, przygotowuje mój tata. Zamiast wołowej można użyć polędwicy sarniej.

1. Wymieszać składniki na marynatę w 50-centymetrowym naczyniu żaroodpornym. Włożyć polędwicę i dokładnie obtoczyć w marynacie. Zakryć i wstawić do lodówki na przynajmniej godzinę, a najlepiej na całą noc. W połowie marynowania przewrócić mięso na drugą stronę.
2. Rozgrzać olej kokosowy na dużej żeliwnej patelni na średnim ogniu. Wyjąć polędwicę z naczynia, a marynatę wyrzucić.
3. Umieścić jeden kawałek polędwicy na rozgrzanej patelni i smażyć przez 2 minuty. Na początku mięso może przywierać, ale odejdzie od patelni, kiedy będzie gotowe do odwrócenia. Smażyć na drugiej stronie jeszcze przez 2 minuty, jeżeli polędwica ma być średnio krwista, lub zgodnie z własnymi preferencjami. To samo zrobić z pozostałymi kawałkami. Odstawić na 7 minut, a następnie pokroić na medaliony. Podawać z pieczarkami w sosie bordoskim.

Wołowina po włosku BABCI NANCY

NIE ZAWIERA JAJ | NIE ZAWIERA ORZECHÓW | NIE ZAWIERA NABIAŁU | WOLNOWAR

Czas przygotowania: 5 minut

Czas gotowania: 4–8 godzin

Liczba porcji: 10

3 szklanki bulionu na kościach wołowych kupionego w sklepie lub domowego (s. 132)

1 słoik (350 ml) papryk bananowych

¼ szklanki cebuli pokrojonej w kostkę

2 łyżeczki drobno posiekanego czosnku lub ząbki z główki pieczonego czosnku (s. 134)

2 łyżeczki otartego suszonego oregano

2 łyżeczki suszonej bazylii

1 łyżeczka drobnoziarnistej soli morskiej

1 łyżeczka świeżo zmielonego czarnego pieprzu

1 kawałek (2,5 kg) biodrówki bez kości

1 szklanka pokrojonej pieczonej czerwonej papryki do ozdoby — opcjonalnie

Moi rodzice mają chatkę nad niewielkim jeziorem w północnej części Wisconsin. Podczas wspólnych wypadów najchętniej spędzamy czas, łowiąc ryby, kąpiąc się w jeziorze i pływając kajakiem. Lunch często schodzi na dalszy plan. Moja mama Nancy często bierze ze sobą wolnowar wypełniony wołowiną po włosku. Wystarczy tylko znaleźć czas na przerwę w zabawie, żeby zjeść coś pysznego.

1. Umieścić mięso, bulion, papryki bananowe, cebulę, czosnek, oregano, bazylię, sól i pieprz w 4-litrowym wolnowarze.
2. Zakryć i gotować na niskiej mocy przez 8 godzin lub w przypadku braku czasu przez 4 godziny na wysokiej mocy (dzięki długiemu gotowaniu na niskiej mocy mięso zrobi się naprawdę miękkie i soczyste). Pieczeń będzie gotowa, kiedy zacznie się rozpadać. Wedle uznania ozdobić pokrojoną pieczoną czerwoną papryką.

M L H KETO

WARTOŚCI ODŻYWCZE (w 1 porcji)				
kalorie	tłuszcz	białka	węglowodany	błonnik
331	12.1g	51g	1.5g	0.5g
	34%	63%	2%	

Prosta zapiekanka Z OGNISKA

OPCJA

NIE ZAWIERA JAJ | NIE ZAWIERA ORZECHÓW | NIE ZAWIERA NABIAŁU | DANIE JEDNOGARNKOWE

Czas przygotowania: 7 minut

Czas gotowania: 20 minut

Liczba porcji: 4

tłuszcz z bekonu lub inny do nasmarowania paczki

225 g mielonej wołowiny z 20% zawartością tłuszczu

½ cebuli pokrojonej w cienkie plasterki

2 opakowania (225 g) pieczarek pokrojonych w plasterki

1 zielona lub żółta papryka pokrojona w cienkie paski lub na małe kawałki

1 średni pomidor pokrojony na małe kawałki

1 średnia cukinia pokrojona w ćwiartki, a następnie w plastry

3 łyżki roztopionego niesolonego masła lub innego tłuszczu niezawierającego nabiału (dla osób nietolerujących laktozy)

1 łyżeczka soli z przyprawami (s. 109) lub drobnoziarnistej soli morskiej

½ łyżeczki świeżo zmielonego czarnego pieprzu

domowy ketchup (s. 127) lub inny ketogeniczny sos (s. 122–127)

M

L H

KETO

WARTOŚCI ODŻYWCZE (w 1 porcji)				
kalorie	tłuszcz	białka	węglowodany	błonnik
301	21.9g	19.7g	8.2g	2.5g
	65%	26%	10%	

Zaraz po ślubie jeździliśmy na wakacje pod namiot z naszym psem Tevą. Na nasz pierwszy wypad na Wyspy Apostolskie w północnym Wisconsin wzięłam gotowe jedzenie w szklanych pojemnikach. Kiedy Craig rozbijał namiot, ja odgrzewałam lazanię nad ogniskiem. W międzyczasie postanowiłam pomóc mężowi z namiotem, a niedługo potem usłyszeliśmy eksplozję. Zawsze służący pomocą Craig oznajmił mi, że nie stawia się szklanych naczyń nad ogniem. Jeśli więc szukacie przepisu na proste danie z ogniska, spróbujcie tej zapiekanki przygotowanej w odpowiednich paczkach. Bardzo łatwo je wykonać, wystarczy wyłożyć folię aluminiową niebielonym papierem do pieczenia, żeby nie przyczepiła się do jedzenia, i ciasno zawinąć. Zróbcie je przed wyjazdem, a potem odgrzewajcie nad ogniskiem. Jeśli nie wybieracie się pod namiot, podaję też metody przygotowania tego dania na kuchence i w piekarniku.

1. Przygotować po dwa arkusze folii aluminiowej i niebielonego papieru do pieczenia o powierzchni około 75 cm^2.
2. Ułożyć jeden arkusz folii aluminiowej na blacie, a na nim jeden arkusz papieru do pieczenia. Nasmarować papier sporą ilością tłuszczu.
3. Rozłożyć mięso i warzywa na całej powierzchni papieru. Polać masłem i doprawić solą z przyprawami oraz pieprzem.
4. Zakryć drugim arkuszem papieru, a na nim położyć drugi arkusz folii aluminiowej. Zawinąć ciasno krawędzie.
5. Rozpalić ognisko lub grill węglowy. Odczekać chwilę, aż brykiet dobrze się rozpali, a drewno spopieli.
6. Umieścić paczkę nad węglem lub żarem. Piec przez 10 minut, a następnie ostrożnie odwrócić na drugą stronę i piec przez kolejnych 10 minut. Zdjąć z ognia. Kiedy folia trochę przestygnie, odwinąć. Polać ulubionym sosem i smacznego!

PRZYGOTOWANIE NA KUCHENCE:

Roztopić 3 łyżki niesolonego masła lub oleju kokosowego (dla osób nietolerujących laktozy) na dużej patelni na średnim ogniu. Dodać pozostałe składniki i smażyć sauté do chwili, aż mięso będzie ugotowane w środku, a warzywa zmiękną, czyli około 15 minut.

PRZYGOTOWANIE W PIEKARNIKU:

Nagrzać piekarnik do 176°C. Nasmarować tłuszczem naczynie żaroodporne o wymiarach 22,8 × 33 cm. Rozrzucić po całej powierzchni naczynia mięso i warzywa. Polać masłem i doprawić solą z przyprawami i pieprzem. Zasłonić folią i piec przez 20 minut do chwili, aż mięso będzie ugotowane w środku, a warzywa zmiękną.

Słodko-pikantne żeberka
Z WOLNOWARU

NIE ZAWIERA JAJ | NIE ZAWIERA ORZECHÓW | NIE ZAWIERA NABIAŁU | WOLNOWAR

Czas przygotowania: 5 minut

Czas gotowania: 6–8 godzin

Liczba porcji: 8

1 szklanka bulionu na kościach wołowych kupionego w sklepie lub domowego (s. 132)

½ szklanki aminokwasów kokosowych lub sosu sojowego niezawierającego pszenicy

⅓ szklanki słodzika cukierniczego Swerve albo odpowiednia ilość innego słodzika w proszku lub w płynie (patrz: s. 37)

¼ szklanki nieprzyprawionego octu ryżowego

2 łyżki sosu sriracha kupionego w sklepie lub domowego (s. 124)

1 łyżka tartego świeżego imbiru

2 łyżeczki drobno siekanego czosnku lub ząbki z całej główki pieczonego czosnku (s. 134)

8 przednich żeberek wołowych (około 2 kg)

1 główka zielonej kapusty pokrojona w ćwiartki

½ łyżeczki gumy guar

1 łyżka wody

1 łyżka oleju z prażonego sezamu

1. Wlać bulion do 4-litrowego wolnowaru. Dodać aminokwasy kokosowe, słodzik, ocet, sos sriracha, imbir i czosnek. Wymieszać. Ułożyć jedną warstwę żeberek, a na nich położyć kapustę.
2. Zakryć i gotować na niskiej mocy przez 6–8 godzin do chwili, aż mięso zrobi się miękkie i będzie odchodzić od kości.
3. Przełożyć kapustę i żeberka na talerze. Dużą łyżką lub cedzakiem zebrać tłuszcz z pozostałego płynu i wyrzucić. Resztę zostawić w wolnowarze i ustawić go na wysoką moc.
4. W małej misce wymieszać gumę guar i wodę do chwili uzyskania gładkiej masy. Dodać do płynu gotującego się w wolnowarze i zostawić na wysokiej mocy do zgęstnienia na jakieś 2–3 minuty. Dodać olej sezamowy. Polać sosem żeberka i kapustę. Podawać.

L M H
KETO

WARTOŚCI ODŻYWCZE (w 1 porcji)				
kalorie	tłuszcz	białka	węglowodany	błonnik
609	56g	21g	1.4g	0g
	83%	14%	1%	

Prosty hash
Z PEKLOWANEJ WOŁOWINY

OPCJA
NIE ZAWIERA JAJ · NIE ZAWIERA ORZECHÓW · NIE ZAWIERA NABIAŁU

Czas przygotowania: 8 minut

Czas gotowania: 14 minut

Liczba porcji: 4

ZIOŁOWO-MUSZTARDOWY SOS WINEGRET:

¼ szklanki + 1 łyżka oleju MCT

¼ szklanki posiekanej świeżej pietruszki

2 łyżki octu kokosowego lub jabłkowego

1 łyżka drobno posiekanej cebuli lub szalotki

1 łyżka gruboziarnistej musztardy

1½ łyżeczka soku z cytryny

drobnoziarnista sól morska i świeżo zmielony czarny pieprz

¼ główki kapusty

1 łyżka oleju kokosowego lub masła (dla osób tolerujących laktozę)

1 łyżeczka drobno posiekanego czosnku lub ząbki z ½ główki pieczonego czosnku (s. 134)

peklowana sztuka mięsa wołowego (około 680 g) pokrojona na małe kawałki

1 przepołowione awokado bez pestki, obrane ze skórki i pokrojone na małe kawałki

4 jajka w koszulkach do podania — opcjonalnie (pominąć, jeżeli potrawa ma nie zawierać jaj)

M
L H
KETO

WARTOŚCI ODŻYWCZE (w 1 porcji)				
kalorie	tłuszcz	białka	węglowodany	błonnik
532	46.3g	22.8g	4.1g	2.8g
	79%	18%	3%	

Ta potrawa kryje w sobie wiele zaskakujących niespodzianek, w tym kawałki awokado. Ten owoc jest świetnym dodatkiem do ketogenicznego posiłku, a jego tekstura kojarzy mi się z miękkimi ziemniakami. Idealnie pasuje do hashu! Nadaje się również na ketogeniczne śniadanie.

1. Przygotowanie sosu winegret: umieścić wszystkie składniki w robocie kuchennym i ucierać do chwili uzyskania jednolitej masy. Odłożyć.
2. Przygotowanie hashu: pokroić kapustę na kształt makaronu. Rozgrzać olej na patelni na średnim ogniu i smażyć z czosnkiem, aż kapusta zrobi się miękka, czyli przez około 8 minut.
3. Dodać wołowinę, delikatnie wymieszać i smażyć jakieś 4 minuty. Ciągle mieszając, dodać awokado i smażyć przez kolejne 2 minuty, aż zrobi się ciepłe.
4. Wszystkie porcje polać sosem winegret i wedle uznania podawać z jajkami w koszulkach.

Odwrócona
PIZZA

OPCJA

NIE ZAWIERA JAJ · NIE ZAWIERA ORZECHÓW · OPCJA WEGETA-RIAŃSKA · DANIE JEDNOGARNKOWE

Czas przygotowania: 5 minut

Czas gotowania: 11 minut

Liczba porcji: 4

1 opakowanie (około 450 g) grudek serowych lub pokrojonego sera halloumi

½ szklanki podgrzanego sosu do pizzy

PROPOZYCJE DODATKÓW:

mielona wołowina z 20% zawartością tłuszczu z przyprawą włoską lub pokruszona i usmażona włoska kiełbasa (wegetarianie mogą pominąć)

usmażone i pokruszone plasterki bekonu (wegetarianie mogą pominąć)

oliwki w plasterkach

posiekana papryka smażona sauté

posiekana cebula smażona sauté

posiekane świeże zioła, na przykład bazylia i majeranek

Pizza marki Tombstone wywodzi się z Medford w stanie Wisconsin, mojego rodzinnego miasta. Mój tata pracował jako kucharz w knajpie, w której wszystko się zaczęło. Kiedy pizza zyskała popularność, zaproponowano mu dołączenie do firmy. Tata odmówił i poszedł w ślady mojego dziadka. Zaczął działać w branży urządzeń hydraulicznych i grzewczych. Historia ta zawsze przywodzi mi na myśl efekt motyla. Zastanawiam się, jak bardzo inne byłoby moje życie, gdyby przyjął tę propozycję. Niemniej jednak dobrze, że odmówił. Dzięki temu wiem, jak naprawić instalację hydrauliczną i jak ułożyć ogrzewanie podłogowe! Przepis na odwróconą pizzę bazuje na jednej z potraw mojego taty, ale oczywiście dostosowałam ciasto do wymogów diety ketogenicznej. Nazwa wzięła się stąd, że do jego przygotowania używam sera.

1. Umieścić grudki serowe na 40-centymetrowej żeliwnej patelni do pizzy. Smażyć na średnim ogniu do chwili, aż od dołu zrobią się złotobrązowe, tj. 3–5 minut. Dzięki temu ciasto będzie odpowiednio gumowate. Jeżeli ma być chrupiące, smażyć grudki do chwili, aż zrobią się ciemnobrązowe, czyli jakieś 8 minut. Nie zmieniać ich ułożenia, powinny stopić się w jednolitą masę.
2. Przełożyć na drugą stronę i smażyć do uzyskania brązowego koloru przez 3 minuty.
3. Zdjąć patelnię z ognia i dodać podgrzany sos oraz dodatki wedle uznania.

WARIANT: MEKSYKAŃSKA ODWRÓCONA PIZZA

Przygotować ciasto zgodnie z przepisem, następnie zamiast sosu do pizzy dodać salsę oraz podsmażoną mieloną wołowinę doprawioną przyprawą taco *(s. 110)**. Ozdobić oliwkami i świeżymi liśćmi kolendry.*

OPCJA WEGETARIAŃSKA

Aby przygotować wariant wegetariański, należy pominąć dodatki mięsne i dodać więcej warzywnych, na przykład pieczarki pokrojone w plasterki lub pieczoną paprykę pokrojoną w kostkę.

M
L H
KETO

WARTOŚCI ODŻYWCZE (w 1 porcji)				
kalorie	tłuszcz	białka	węglowodany	błonnik
458	36.3g	28.5g	2g	0.8g
	72.5%	25.5%	2%	

Pizz

Lazania
Z PATELNI

NIE ZAWIERA JAJ | NIE ZAWIERA ORZECHÓW | DANIE JEDNOGARNKOWE

Czas przygotowania: 3 minuty

Czas gotowania: 10 minut

Liczba porcji: 4

około 0,5 kg mielonej wołowiny z 20% zawartością tłuszczu

2 łyżeczki drobnoziarnistej soli morskiej

1 słoik (około 710 ml) sosu marinara

4 cienkie plasterki pieczonej piersi z kurczaka (ze stoiska z garmażerią)

1 szklanka porwanej mozzarelli (około 115 g)

1 łyżeczka siekanego świeżego oregano do ozdoby

Moi chłopcy uwielbiają moją lazanię. Gdybym tylko im pozwoliła, nie żywiliby się niczym innym. Aby sprostać tak dużemu zapotrzebowaniu, zazwyczaj przygotowuję poczwórną porcję z makaronem proteinowym (z mojej książki *The Art of Healthy Eating*) i przechowuję zapas w zamrażarce. Kiedy się wyczerpie, przygotowuję im szybką lazanię z patelni według tego przepisu. Czasami podaję ją z makaronem z cukinii (s. 308). Cały czas wymyślam nowe proste przepisy. Tego niemalże zapomniałam umieścić w książce, a przecież to jedno z ulubionych dań mojej rodziny!

1. Na 25-centymetrowej patelni smażyć wołowinę na średnim ogniu, doprawiając solą, do chwili aż będzie ugotowana w środku, czyli przez około 5 minut. Rozbić ją szpatułką na małe kawałki.
2. Dodać sos marinara i dokładnie wymieszać. Odsunąć wołowinę na jedną stronę patelni, a na drugiej ułożyć plastry piersi z kurczaka. Posypać je ½ szklanki mozzarelli. Przykryć wołowiną, tak aby utworzyła jednolitą warstwę. Wierzch posypać resztę sera i oregano.
3. Zakryć i gotować na małym ogniu do chwili, aż ser się rozpuści.

M L H KETO

WARTOŚCI ODŻYWCZE (w 1 porcji)				
kalorie	tłuszcz	białka	węglowodany	błonnik
311	16.1g	27.6g	13.3g	1.7g
	46.5%	35.6%	17%	

Hamburgery NA PIECZARKACH

NIE ZAWIERA JAJ · NIE ZAWIERA ORZECHÓW · NIE ZAWIERA NABIAŁU

Czas przygotowania : 10 minut

Czas gotowania: 12 minut

Liczba porcji: 4

KOTLETY:

około 0,5 kg wołowiny z 20% zawartością tłuszczu

½ łyżeczki drobnoziarnistej soli morskiej

½ łyżeczki świeżo zmielonego czarnego pieprzu

BUŁKI:

4 duże kapelusze pieczarek portobello bez trzonków (patrz: uwaga)

1 łyżka oleju MCT

drobnoziarnista sól morska i świeżo zmielony czarny pieprz

DODATKI:

liście sałaty

plasterki cebuli i pomidora

PROPOZYCJE SOSÓW:

ketogeniczny sos amerykański (s. 123), guacamole (s. 136), szybki bezmleczny serek śmietankowy (s. 138)

UWAGA:

Trzonki pieczarek warto zachować i wykorzystać w innym przepisie, na przykład w grzybowym ragù (s. 300).

M L H KETO

WARTOŚCI ODŻYWCZE (w 1 porcji)				
kalorie	tłuszcz	białka	węglowodany	błonnik
339	26.7g	20.5g	3g	0.9g
	71%	24%	4%	

W tym przepisie dzielę się moim sekretnym sposobem na najlepsze hamburgery na świecie (patrz: rada poniżej). Serio! Ich przygotowanie wymaga nieco więcej pracy, ale zaufajcie mi, bo naprawdę warto. Ponieważ niniejsza książka ma stanowić zbiór prostych przepisów, mój sekret jest tu tylko opcjonalnym krokiem. Jeżeli pewnego wieczoru będziecie mieli więcej czasu, spróbujcie. Gwarantuję, że będzie wam smakować!

1. Rozgrzać grill do wysokiej temperatury. Jeżeli nie jest odpowiednio duży, grillować naraz tylko 4 pieczarki i 4 kotlety. Aby upiec grzyby, rozgrzać piekarnik do 220°C.
2. Z wołowiny uformować 4 duże kotlety grubości około 2,5 cm. Z obu stron doprawić solą i pieprzem. Odłożyć na bok.
3. Gładkie części kapeluszy pieczarek posmarować olejem i z obu stron doprawić solą i pieprzem. Umieścić je na grillu (lub blasze, jeżeli będą pieczone w piekarniku) blaszkami do góry. Grillować przez 12 minut. Przełożyć na talerz. Aby usprawnić cały proces, piec wymiennie kotlety i pieczarki.
4. Piec kotlety przez około 4 minut, jeżeli mają być średnio krwiste.
5. Na każdym kapeluszu położyć kilka liści sałaty, następnie kotlet oraz plasterek cebuli lub pomidora. Polać wybranym sosem.

RADA:

Podczas grillowania kotletów można obok postawić patelnię z kilkoma łyżkami tłuszczu kaczego (lub innego) oraz łyżką siekanych szalotek. Kiedy kotlety będą prawie gotowe, przełożyć je na patelnię i obsmażyć, żeby zrobiły się chrupiące.

Jeżeli chcecie oszczędzić czas, możecie owinąć hamburgery w duże liście sałaty i w ogóle nie przygotowywać pieczarkowych bułek.

JEDNA PORCJA

Aby przygotować jedną porcję, należy użyć: około 115 g wołowiny, ⅛ łyżeczki drobnoziarnistej soli morskiej, ⅛ łyżeczki świeżo zmielonego czarnego pieprzu, 1 dużej pieczarki bez trzonka, 1 łyżeczki oleju MCT oraz wybranych dodatków i sosu.

Domowe

TACOS

OPCJA

NIE ZAWIERA JAJ | NIE ZAWIERA ORZECHÓW | NIE ZAWIERA NABIAŁU | DANIE JEDNOGARNKOWE

Czas przygotowania: 10 minut + 13 minut na muszle do tacos

Czas gotowania: 6 minut

Liczba porcji: 4

około 0,5 kg mielonej wołowiny z 20% zawartością tłuszczu

¼ szklanki przyprawy taco (s. 110)

8 muszli do tacos lub główka sałaty bostońskiej podzielonej na pojedyncze liście (jeżeli potrawa ma nie zawierać nabiału)

½ szklanki salsy

½ szklanki guacamole (s. 136)

INNE DODATKI (OPCJONALNIE):

około ⅓ szklanki posiekanej cebuli dymki

około ⅓ szklanki posiekanej czerwonej cebuli

około ⅓ szklanki liści świeżej kolendry

około ¼ szklanki czarnych oliwek w plasterkach

RADA:

Można pominąć muszle do tacos i zawinąć mięso oraz dodatki w liście sałaty.

M L H KETO

WARTOŚCI ODŻYWCZE (w 1 porcji)				
kalorie	tłuszcz	białka	węglowodany	błonnik
354	22.4g	31.7g	5g	1.8g
	57%	36%	6%	

Moja rodzina i ja uwielbiamy tacos! Zwykle przygotowuję dodatki poprzedniego wieczoru, kiedy mój mąż Craig zmywa naczynia. Dzięki temu wystarczy tylko wyjąć je z lodówki i usmażyć mięso. Obiad jest gotowy w ciągu kilku minut, a ja oszczędzam sobie stresu!

1. Umieścić wołowinę na dużej patelni na średnim ogniu. Posypać przyprawą taco i smażyć, rozbijając mięso na małe kawałki. Kiedy będzie już ugotowane w środku, przełożyć na talerz.
2. W międzyczasie ułożyć muszle do tacos lub liście sałaty na talerzach, a salsę i guacamole przelać do misek.
3. Złożyć tacos, wypełniając muszle lub liście sałaty łyżką usmażonego mięsa i wybranymi dodatkami.

Muszle DO TACOS

NIE ZAWIERA JAJ | NIE ZAWIERA ORZECHÓW

Czas przygotowania: 2 minuty

Czas gotowania: 11 minut

Liczba porcji: 12 muszli (1 na porcję)

12 okrągłych plasterków sera provolone

1. Rozgrzać piekarnik lub opiekacz do 190°C (ponieważ muszle należy piec w małych partiach, zdecydowanie lepiej sprawdzi się ten drugi). Wyłożyć blachę 2 kawałkami papieru do pieczenia i spryskać olejem kokosowym w sprayu. Przygotować muszle za pomocą wąskiego wałka do ciasta (o średnicy około 2,5 cm) lub podobnego przedmiotu (nada się również zwykły słoik). Aby muszli dało się używać jak misek, do formowania należy użyć miseczek o średnicy około 6 cm.
2. Umieścić 2 kawałki sera na blasze co najmniej 5 cm od siebie, każdy na innym kawałku papieru (zaraz po wyjęciu z piekarnika zaczną twardnieć). Piec przez 9–11 minut lub do chwili, aż przybiorą złotobrązowy kolor.
3. *Przygotowanie muszli do tacos*: w rękawicach ochronnych wyjąć blachę z piekarnika, złapać jeden koniec papieru i zawinąć rozgrzany ser na cienkim wałku do ciasta lub podobnym przedmiocie. Niezwłocznie powtórzyć z drugim plasterkiem sera. Unieść wałek z przyczepionym serem, oderwać od niego papier i zostawić do ostygnięcia na około 5 minut. Ściągnąć z wałka.
4. *Przygotowanie misek do tacos*: w rękawicach ochronnych wyjąć blachę z piekarnika, złapać jeden koniec papieru i położyć ser na misce stojącej denkiem do góry. Docisnąć ręką. Niezwłocznie powtórzyć z drugim plasterkiem. Zdjąć papier z misek i zostawić do ostygnięcia na 5 minut, żeby ser zrobił się chrupiący.
5. Powtórzyć z pozostałymi plasterkami sera i przygotować w sumie 12 muszli lub misek. Przechowywać w lodówce, w szczelnie zamkniętym pojemniku, nie dłużej niż 3 dni lub w zamrażarce przez 2 tygodnie.

L M H KETO

WARTOŚCI ODŻYWCZE (w 1 porcji)				
kalorie	tłuszcz	białka	węglowodany	błonnik
65	5g	5g	0g	0g
	69%	31%	0%	

Pieczony
SZPIK KOSTNY

NIE ZAWIERA JAJ · NIE ZAWIERA ORZECHÓW · NIE ZAWIERA NABIAŁU

Czas przygotowania: 3 minuty

Czas gotowania: 25 minut

Liczba porcji: 4
(2 kości na porcję)

8 poprzecznych kawałków kości wołowych lub cielęcych ze szpikiem o długości 5 cm

1 łyżeczka drobnoziarnistej soli morskiej

½ łyżeczki świeżo zmielonego czarnego pieprzu

JEDNA PORCJA

Do przygotowania jednej porcji należy użyć: 2 kości ze szpikiem o średnicy 5 cm, ¼ łyżeczki drobnoziarnistej soli morskiej oraz ⅛ łyżeczki świeżo zmielonego czarnego pieprzu. W przypadku tak małych ilości świetnie sprawdzi się opiekacz.

Jeżeli potrawa składająca się z pieczonego szpiku kostnego wydaje się wam szaleństwem, pozwólcie, że opowiem, jak bardzo jest zdrowa.

- Szpik kostny jest jednym z nielicznych naturalnych źródeł witaminy K2, która pomaga odwrócić zwapnienie naczyń krwionośnych i efekty choroby Alzheimera. Co więcej, wspomaga płodność, a ponadto spowalnia proces starzenia oraz ma wiele innych właściwości prozdrowotnych.
- Szpik jest jednym z najlepszych źródeł witamin rozpuszczalnych w tłuszczach.
- Jest doskonałym elementem diety ketogenicznej o wysokiej zawartości tłuszczu i średniej zawartości białka.

A jeżeli względy zdrowotne was nie przekonują, zrobią to niesamowity smak i tekstura! Można go jeść prosto z kości lub posmarować nim babeczki nowalijkowe (s. 146) albo smażone kromki mojego ketogenicznego chleba (przepis znajdziecie na mojej stronie internetowej MariaMindBodyHealth.com, w polu wyszukiwania należy wpisać *ketoadapted bread*, lub w mojej książce *The Ketogenic Cookbook*). Do bogatego smaku szpiku doskonale pasuje sałatka z zielonych warzyw i siekana pietruszka z bezmlecznym dressingiem cesarskim (s. 116). Jeżeli mimo wszystko nie jesteście przekonani, możecie ukryć go w innych potrawach. Spróbujcie dodać szpik do mielonej wołowiny, żeby była wilgotniejsza, do gulaszu lub do lazanii z patelni (s. 266).

1. Rozgrzać piekarnik do 230°C. Kości opłukać i osuszyć. Doprawić solą i pieprzem. Umieścić je w brytfannie przeciętą stroną do góry.
2. Piec przez 15–25 minut do chwili, aż szpik lekko napęcznieje i będzie ciepły w środku (czas zależy od średnicy kości: te 5-centymetrowe będą się piekły około 15 minut).
3. Aby sprawdzić, czy szpik jest gotowy, należy wbić szpikulec w środek kości. Szpik powinien zacząć wyciekać z wnętrza. Podawać zaraz po upieczeniu i jeść wąskimi łyżkami.

M
L H
KETO

WARTOŚCI ODŻYWCZE (w 1 porcji)				
kalorie	tłuszcz	białka	węglowodany	błonnik
500	56g	0g	0g	0g
	100%	0%	0%	

Ossobuco z wolnowaru

NIE ZAWIERA JAJ · NIE ZAWIERA ORZECHÓW · NIE ZAWIERA NABIAŁU · DANIE JEDNOGARNKOWE · WOLNOWAR

Czas przygotowania: 10 minut

Czas gotowania: 6 godzin

Liczba porcji: 12

BOUQUET GARNI:

2 całe goździki

1 gałązka świeżego tymianku

1 gałązka świeżego rozmarynu

1 liść laurowy

3 ukrojone poprzecznie golenie cielęce (po około 0,5 kg każdy)

2 łyżeczki drobnoziarnistej soli morskiej

1½ łyżeczki świeżo zmielonego czarnego pieprzu

½ szklanki oleju kokosowego lub niesolonego masła (dla osób tolerujących laktozę)

1 mała cebula pocięta na kawałki o grubości około 1,2 cm

1 pomidor pokrojony w kostkę

2 łyżki koncentratu pomidorowego

2 szklanki bulionu na kościach kurzych kupionego w sklepie lub domowego (s. 132)

½ szklanki octu kokosowego lub jabłkowego

Specjalny sprzęt:

etamina (płótno do przeciskania sera) lub papierowy filtr do ekspresu do kawy, nić kuchenna

M
L H
KETO

WARTOŚCI ODŻYWCZE (w 1 porcji)				
kalorie	tłuszcz	białka	węglowodany	błonnik
347	17g	44.6g	2.4g	0.8g
	45%	52%	3%	

Ossobuco to bardzo smaczne danie, tak więc uważajcie, żeby się nie przejeść! Zjedzenie zbyt dużej ilości białka wytrąci was z ketozy. Aby się przed tym uchronić, najlepiej podać to danie z makaronem z cukinii (s. 308), który nasiąknie pysznym sosem, oraz z sałatką polaną ketogenicznym dressingiem. Jako bonus polecam szpik z goleni. To elegancki i prosty przepis, w którym wykorzystuje się *bouquet garni*. Nie dajcie się jednak zniechęcić obcobrzmiącej nazwie. Oznacza to mieszankę przypraw, która nadaje potrawie niezwykły smak. Kiedy danie będzie gotowe, wystarczy wyjąć związane zioła, co oszczędzi czas, jaki trzeba by poświęcić na wyławianie pojedynczych liści laurowych, tymianku i goździków.

1. Przygotowanie *bouquet garni*: rozłożyć kawałek płótna o powierzchni około 38 cm^2 lub użyć filtra do kawy. Na środku ułożyć goździki, tymianek, rozmaryn i liść laurowy. Związać nicią (upewnić się, że zioła nie są zawinięte zbyt ciasno!).
2. Za pomocą nici przywiązać mięso do kości. Zmięknie do tego stopnia, że odpadnie.
3. Doprawić golenie solą i pieprzem. Umieścić olej kokosowy i kawałki cebuli w 4-litrowym wolnowarze. Na cebuli położyć przewiązane golenie. Dodać kawałki pomidora, koncentrat, bulion, ocet i *bouquet garni*. Upewnić się, że płyn sięga ¾ wysokości boków goleni. W razie potrzeby dolać więcej.
4. Zakryć i gotować na niskiej mocy do chwili, aż mięso będzie miękkie, czyli około 6 godzin. Delikatnie wyjąć golenie i położyć na talerzu. Zdjąć i wyrzucić nić.
5. Wyjąć i wyrzucić *bouquet garni*. Polać golenie sosem i podawać.

RADA:

Podałam ilości składników wystarczające na przygotowanie dużych porcji potrawy, ponieważ ta doskonale smakuje po odgrzaniu i będziecie ją podawać swojej rodzinie przez kilka dni, aż skończy się zapas.

Stek z antrykotu W MAŚLE

OPCJA

NIE ZAWIERA JAJ | NIE ZAWIERA ORZECHÓW | NIE ZAWIERA NABIAŁU | DANIE JEDNOGARNKOWE

Czas przygotowania: 6 minut

Czas gotowania: 8 minut

Liczba porcji: 4

1 stek z antrykotu (około 450 g) grubości około 3 cm

1 łyżeczka drobnoziarnistej soli morskiej

½ łyżeczki świeżo zmielonego czarnego pieprzu

1 łyżka oleju kokosowego lub tłuszczu kaczego

3 łyżki niesolonego masła albo oleju kokosowego lub tłuszczu kaczego (jeżeli potrawa ma nie zawierać nabiału)

1 łyżka świeżych liści rozmarynu lub estragonu albo inne zioło wedle uznania

1 łyżka drobno posiekanej cebuli

Uwielbiam zbrązowione masło i cały czas staram się znaleźć dla niego nowe zastosowania. W tym przepisie trzeba usmażyć stek, a następnie polać go takim właśnie masłem ze świeżymi ziołami. Nada mu to bogaty karmelowy smak i zwiększy ketogeniczość mięsa. Polanie steku tłuszczem niezawierającym nabiału, na przykład kaczym, daje podobny efekt.

1. Wyjąć stek z lodówki na około 20 minut przed przyrządzeniem. Osuszyć. Doprawić solą i pieprzem.
2. Rozgrzać olej kokosowy na dużej patelni na średnim ogniu. Smażyć stek przez 2 minuty, po czym przewrócić na drugą stronę i smażyć kolejne 2 minuty.
3. Dodać masło, zioła i cebulę. Przy pomocy łyżki cały czas polewać stek tłuszczem. Smażyć przez kolejne 4 minuty z każdej strony, jeżeli ma być średnio krwisty. Czas przygotowania zależy od grubości steku.
4. Zdjąć stek z patelni i zostawić w temperaturze pokojowej na 5 minut, żeby nie stracił soków podczas krojenia. Wlać masło do małej miseczki i podać jako dip.

M
L H
KETO

WARTOŚCI ODŻYWCZE (w 1 porcji)				
kalorie	tłuszcz	białka	węglowodany	błonnik
474	44g	21.3g	0.8g	0g
	82%	17%	1%	

Babeczki z klopsem
PO MEKSYKAŃSKU

NIE ZAWIERA ORZECHÓW · DANIE JEDNOGARNKOWE · FILM

Czas przygotowania: 10 minut

Czas gotowania: 20 minut

Liczba porcji: 6

około 1 kg mielonej wołowiny z 20% zawartością tłuszczu

2 duże i już roztrzepane jajka

2 szklanki (około 225 g) porwanego sera Pepper Jack lub ostrego cheddara

½ szklanki salsy

¼ szklanki posiekanych świeżych liści kolendry — opcjonalnie (patrz: uwaga)

2 łyżeczki przyprawy taco (s. 110)

1 łyżeczka drobno posiekanego czosnku lub ząbki z ½ główki pieczonego czosnku (s. 134)

1 łyżeczka oleju kokosowego lub masła do nasmarowania formy

DO PODANIA:

guacamole (s. 136) lub kwaśna śmietana

6 pomidorów koktajlowych

Ludzie jedzą oczami i jeżeli sprawicie, że jedzenie będzie zabawnie wyglądało, dzieciaki też będą miały z tego frajdę! Ten przepis jest na to świetnym przykładem. Mój syn Kai uwielbia aromatyczne dania, a nie za bardzo lubi słodycze, kiedy więc zapytałam go, co chciałby zamiast tortu na urodziny, jego odpowiedź brzmiała: klops. No więc zrobiłam dla niego babeczki z klopsem (ponieważ mój drugi syn Micah i ja kochamy słodycze, przygotowałam również zawijany sernik z cynamonem z *The Ketogenic Cookbook* i wszyscy byli zadowoleni). Jeżeli jesteście wzrokowcami tak jak ja i chcielibyście zobaczyć, jak proste jest przygotowanie tego dania, odwiedźcie moją stronę internetową MariaMindBodyHealth.com (w polu wyszukiwania trzeba wpisać *video*).

1. Rozgrzać piekarnik do 175°C. Dokładnie nasmarować formę na 6 dużych babeczek olejem kokosowym lub masłem.
2. W dużej misce rękami wymieszać wołowinę, jajka, ser, salsę, liście kolendry (opcjonalnie), przyprawę taco i czosnek. Uformować sześć 7,5-centymetrowych kulek i umieścić w foremkach.
3. Piec przez około 20 minut lub do chwili, aż wewnętrzna temperatura osiągnie 70°C.
4. Wyjąć z piekarnika i ozdobić guacamole lub śmietaną udającą polewę oraz pomidorami!

UWAGA:

Lubię używać świeżych ziół w daniach mięsnych, ponieważ zawierają wiele fitoskładników. Liście kolendry są pod tym względem superproduktem, mają ich olbrzymie ilości!

JEDNA PORCJA

Aby zrobić pojedynczą porcję, należy użyć sześciu 225-gramowych kokilek lub foremek. Umieścić w nich mięsne kulki przygotowane zgodnie z 2. krokiem. Piec partiami według potrzeb na lunch lub obiad (świetnie sprawdza się tu opiekacz elektryczny). Ozdobić guacamole lub śmietaną i pomidorami. Nieupieczone babeczki można przechowywać w lodówce pod przykryciem nie dłużej niż 5 dni.

M L H KETO

WARTOŚCI ODŻYWCZE (w 1 porcji)				
kalorie	tłuszcz	białka	węglowodany	błonnik
430	29.8g	39.2g	1.2g	0.6g
	63%	36%	1%	

20-minutowa zapiekanka
Z MIELONEJ BARANINY

NIE ZAWIERA JAJ | NIE ZAWIERA ORZECHÓW | NIE ZAWIERA NABIAŁU | DANIE JEDNOGARNKOWE | FILM

Czas przygotowania: 7 minut

Czas gotowania: 17 minut

Liczba porcji: 4

4 plasterki bekonu pokrojone w kostkę

około 0,5 kg mielonej baraniny

¼ szklanki zielonej papryki pokrojonej w kostkę — opcjonalnie

1 łyżeczka drobno posiekanego czosnku lub ząbki z ½ główki pieczonego czosnku (s. 134)

4 szklanki kapusty pokrojonej w cienkie paski (około ½ główki) lub 2 opakowania (około 200 g) makaronu shirataki

2 szklanki sosu pomidorowego

1 łyżeczka drobnoziarnistej soli morskiej

To superszybki posiłek, w którym równie dobrze sprawdzi się mięso wołowe, jeżeli akurat nie macie pod ręką baraniny. Ponadto świetnie smakuje odgrzany następnego dnia! Jeśli jesteście wzrokowcami tak jak ja i chcielibyście zobaczyć, jak proste w przygotowaniu jest to danie, odwiedźcie moją stronę internetową MariaMindBodyHealth.com (w polu wyszukiwania należy wpisać *video*).

1. Smażyć bekon na dużej patelni na średnim ogniu, aż zrobi się chrupiący, czyli około 5 minut. Dodać baraninę, paprykę (opcjonalnie), cebulę i czosnek. Smażyć przez około 7 minut, często mieszając, żeby rozbić mięso na małe kawałki, aż nabierze brązowego koloru.
2. Dodać makaron z kapusty lub makaron shirataki i sos pomidorowy. W pierwszym przypadku zakryć i dusić przez około 5 minut. Makaron shirataki wystarczy podgrzewać, aż zrobi się ciepły, czyli przez około minutę.
3. Doprawić solą i podawać.

JEDNA PORCJA

Aby przygotować jedną porcję, należy użyć małej patelni i mniejszych ilości składników, tzn. 1 plasterka bekonu pokrojonego w kostkę, około 115 g mielonej baraniny, 1 łyżki zielonej papryki pokrojonej w kostkę (opcjonalnie), 1 łyżki cebuli pokrojonej w kostkę, ¼ łyżeczki drobno posiekanego czosnku (lub 2 ząbków pieczonego czosnku), 1 szklanki kapusty pokrojonej w cienkie paski lub ½ opakowania makaronu shirataki, ½ szklanki sosu pomidorowego oraz ¼ łyżeczki drobnoziarnistej soli morskiej. Zapiekankę można jeść prosto z patelni!

M
L H
KETO

WARTOŚCI ODŻYWCZE (w 1 porcji)				
kalorie	tłuszcz	białka	węglowodany	błonnik
256	17.1g	14.6g	11g	3g
	60%	23%	17%	

Grillowane kotlety baranie

Z MIĘTOWYM SOSEM AIOLI

NIE ZAWIERA ORZECHÓW | NIE ZAWIERA NABIAŁU | FILM

Czas przygotowania: 5 minut + 30 minut na marynowanie

Czas gotowania: 4 minuty

Liczba porcji: 4

3 łyżki oleju MCT lub oliwy z oliwek extra virgin

3 łyżki octu kokosowego lub jabłkowego

1 łyżeczka drobno posiekanego czosnku lub ząbki z ½ główki pieczonego czosnku (s. 134)

posiekane liście z gałązki świeżego rozmarynu

2 łyżeczki drobnoziarnistej soli morskiej

8 kotletów z polędwicy jagnięcej o grubości około 3 cm

½ szklanki ziołowego sosu aioli z miętą (s. 114)

Początkującym kucharzom ten przepis może się wydawać zbyt skomplikowany, ale wierzcie mi, to jeden z najprostszych obiadów, jakie można przygotować, żeby zaimponować gościom. Jeśli jesteście wzrokowcami tak jak ja i chcielibyście zobaczyć, jak zrobić to danie, odwiedźcie moją stronę internetową MariaMindBodyHealth.com (w polu wyszukiwania należy wpisać *video*).

1. W naczyniu do lazanii lub innym wykonanym ze szkła dokładnie wymieszać olej MCT, ocet, czosnek, rozmaryn i sól. Włożyć mięso do marynaty, zakryć i wstawić do lodówki na przynajmniej 30 minut lub na całą noc. Przed grillowaniem wyjąć kotlety z marynaty i zostawić, by nagrzały się do temperatury pokojowej. Wyrzucić marynatę.

2. Rozgrzać grill do wysokiej temperatury. Następnie umieścić na nim kotlety i piec przez 2 minuty z każdej strony, żeby były średnio krwiste, lub wedle uznania. Jeżeli mają więcej niż 3 cm grubości, będą potrzebowały dłuższego grillowania. Zdjąć kotlety z rusztu i przełożyć na talerz. Odstawić na kilka minut. Podawać z sosem aioli z miętą.

L M H
KETO

WARTOŚCI ODŻYWCZE (w 1 porcji)				
kalorie	tłuszcz	białka	węglowodany	błonnik
862	76g	38.2g	0.4g	0g
	80%	19%	1%	

Wieprzowina

ROZDZIAŁ 13

Carbonara
Z BROKUŁÓW

NIE ZAWIERA ORZECHÓW | DANIE JEDNOGARNKOWE

Czas przygotowania: 10 minut

Czas gotowania: 10 minut

Liczba porcji: 2

1 duży brokuł

4 grube plastry bekonu pokrojone w półcentymetrowe kostki

¼ szklanki siekanej cebuli

½ łyżeczki drobno posiekanego czosnku lub 3 ząbki pieczonego czosnku (s. 134)

¼ szklanki (około 30 g) tartego parmezanu

2 duże już roztrzepane jajka

drobnoziarnista sól morska i świeżo zmielony czarny pieprz

Specjalny sprzęt:

spiralna krajalnica

1. Odciąć kwiaty brokułu od łodygi, tak aby pozostała jak największa część do zrobienia makaronu (kwiaty odłożyć do wykorzystania w innym przepisie).
2. Wyrównać dolną część łodygi. Pokroić ją na kształt makaronu przy użyciu spiralnej krajalnicy.
3. Smażyć bekon na dużej patelni na średnim ogniu, aż będzie chrupiący.
4. Zdjąć bekon i odłożyć na bok. Zostawić wytopiony tłuszcz na patelni.
5. Włożyć makaron, cebulę i czosnek na patelnię i smażyć na średnim ogniu, aż cebula się zeszkli, a makaron zmięknie, czyli około 4 minut.
6. Dodać bekon i dokładnie wymieszać, by całość się zagrzała. Posypać parmezanem i mieszać, aż się roztopi. Dodać roztrzepane jajka i smażyć do momentu, kiedy się zetną, nieustannie mieszając za pomocą szczypców lub dużego widelca. Spróbować, czy ser nadał potrawie odpowiedni smak. W razie potrzeby posolić i popieprzyć. Podawać zaraz po przyrządzeniu.

L M H
KETO

WARTOŚCI ODŻYWCZE (w 1 porcji)				
kalorie	tłuszcz	białka	węglowodany	błonnik
216	12.3g	19g	8g	2.7g
	51%	35%	14%	

Parówki
ZAWIJANE W BEKON

NIE ZAWIERA JAJ | NIE ZAWIERA ORZECHÓW | NIE ZAWIERA NABIAŁU

Czas przygotowania: 2 minuty

Czas gotowania: 5 minut

Liczba porcji: 2

4 plasterki bekonu

4 parówki (patrz: uwaga)

prosty ketchup (s. 127)

UWAGA:

Ja używam parówek marki Applegate zawierających naturalną niepeklowaną wołowinę i wieprzowinę lub domowych parówek z dziczyzny, które przyrządzam w sezonie polowań. Jeśli kupujecie parówki, unikajcie tych z dodatkiem syropu kukurydzianego oraz innych niepożądanych substancji.

L M H
KETO

WARTOŚCI ODŻYWCZE (w 1 porcji)				
kalorie	tłuszcz	białka	węglowodany	błonnik
300	24g	19.5g	1.5g	0g
	72%	26%	2%	

Lubimy całą rodziną odwiedzać festyn stanowy w Minnesocie, który jest dla mnie świetną inspiracją do opracowania nowych przepisów, ponieważ mogę tam spróbować nowych i nieraz zwariowanych potraw. Przepis na grudki serowe zawijane w bekon z *The Ketogenic Cookbook* powstał po naszej pierwszej wyprawie na taki festyn. Po ostatniej zrobiliśmy w ten sposób parówki! Przepis można łatwo dostosować do większej lub mniejszej liczby porcji w zależności od potrzeb.

1. Rozgrzać dużą patelnię na średnim ogniu.
2. Za pomocą wykałaczki przyczepić plasterek bekonu do jednego końca parówki, a następnie owinąć go spiralnie wzdłuż całej jej długości i przyczepić wykałaczką na drugim końcu. To samo zrobić z pozostałymi składnikami.
3. Umieścić zawinięte parówki na gorącej patelni i smażyć ze wszystkich stron, aż bekon będzie miękki, czyli około 5 minut. Zdjąć z patelni, usunąć wykałaczki i podawać z dodatkiem ketchupu.

Kiełbaski Z PROSTĄ SAŁATKĄ COLESLAW

NIE ZAWIERA ORZECHÓW · NIE ZAWIERA NABIAŁU · FILM

Czas przygotowania: 6 minut

Czas gotowania: 10 minut

Liczba porcji: 2

4 kiełbaski po około 115 g każda (patrz: uwaga)

1 szklanka porwanej lub pokrojonej w drobną kostkę zwykłej lub czerwonej kapusty

¼ szklanki bezmlecznego dressingu ranczerskiego (s. 118)

2 łyżki musztardy gruboziarnistej lub dijon

Jeżeli jesteście wzrokowcami tak jak ja i chcielibyście zobaczyć, jak przygotować tę potrawę, odwiedźcie moją stronę internetową MariaMindBodyHealth.com (w polu wyszukiwania trzeba wpisać *video*).

1. Nagrzać grill lub piekarnik do wysokiej temperatury.
2. Umieścić kiełbaski w garnku z wrzącą wodą i gotować przez 8 minut. Przełożyć je na grill lub blachę do pieczenia i grillować lub opiekać przez 1–2 minuty albo do chwili, gdy będą odpowiednio przyrumienione.
3. Kiedy kiełbaski będą się gotować, przyrządzić sałatkę coleslaw: umieścić kapustę w misce, dodać dressing i wymieszać.
4. Wyłożyć kiełbaski na tacę. Podawać z sałatką i musztardą.

UWAGA:

Ja używam kiełbasek bez sztucznych dodatków lub domowych z dziczyzny, które przyrządzam w sezonie polowań. Jeśli kupujecie je w sklepie, unikajcie tych z dodatkiem syropu kukurydzianego oraz innych niepożądanych substancji.

RADA:

Aby ułatwić przygotowanie tej potrawy i oszczędzić czas, można kupić pokrojoną kapustę w torebce. Jeżeli chcecie, by danie miało niemiecki charakter, podajcie kiełbaski z kiszoną kapustą (przepis znajdziecie na s. 314). Można również nie opiekać kiełbasek i podawać je prosto z wody, ja jednak wolę je w tej wersji.

JEDNA PORCJA

Do przygotowania jednej porcji należy użyć: 2 kiełbasek, ½ szklanki pokrojonej zwykłej lub czerwonej kapusty, 2 łyżek bezmlecznego dressingu ranczerskiego (s. 118) oraz 1 łyżki musztardy.

M L H KETO

WARTOŚCI ODŻYWCZE (w 1 porcji)				
kalorie	tłuszcz	białka	węglowodany	błonnik
581	47.3g	29.2g	9.9g	2.5g
	73%	20%	7%	

Słodko-kwaśne żeberka
W STYLU COUNTRY Z MAKARONEM Z CUKINII

NIE ZAWIERA JAJ | NIE ZAWIERA ORZECHÓW | NIE ZAWIERA NABIAŁU | DANIE JEDNOGARNKOWE | WOLNOWAR

Czas przygotowania: 6 minut + 10–25 minut na przyrządzenie makaronu

Czas gotowania: 5–8 godzin

Liczba porcji: 6–8

1 posiekana średnia cebula

2 sprasowane ząbki świeżego czosnku lub sprasowane ząbki z ½ główki pieczonego czosnku (s. 134)

½ szklanki aminokwasów kokosowych lub sosu sojowego niezawierającego pszenicy

⅓ szklanki słodzika cukierniczego Swerve albo odpowiednia ilość innego słodzika w proszku lub w płynie (patrz: s. 37)

¼ szklanki octu kokosowego lub jabłkowego

2 łyżki koncentratu pomidorowego

1 łyżka startego świeżego imbiru

¾ łyżeczki drobnoziarnistej soli morskiej

¼ łyżeczki świeżo zmielonego czarnego pieprzu

1 puszka (około 400 g) pomidorów pokrojonych w kostkę razem z sokiem

2 szklanki bulionu na kościach wołowych lub kurzych kupionego w sklepie lub domowego (s. 132)

około 1,3 kg żeberek wieprzowych

podwójna partia makaronu z cukinii (s. 308) lub 3 opakowania (po około 200 g) makaronu shirataki przygotowanego zgodnie z instrukcją

1. W wolnowarze o pojemności od 4 l do 6 l wymieszać cebulę, czosnek, aminokwasy kokosowe, słodzik, ocet, koncentrat pomidorowy, imbir, sól i pieprz. Dodać pomidory wraz z sokiem oraz bulion i wymieszać. Następnie dodać żeberka i ponownie wymieszać.
2. Zakryć i gotować, aż mięso zrobi się bardzo miękkie, tj. 7–8 godzin na niskiej mocy lub 5–6 godzin na wysokiej (jeżeli wolicie twardsze żeberka, skróćcie czas gotowania).
3. Wyjąć żeberka z wolnowaru, a resztę składników zostawić w środku. Za pomocą dwóch widelców porwać mięso, ponownie włożyć do wolnowaru i wymieszać. Podawać z makaronem z cukinii lub makaronem shirataki.

L M H KETO

WARTOŚCI ODŻYWCZE (w 1 porcji)				
kalorie	tłuszcz	białka	węglowodany	błonnik
476	28.1g	45.5g	7.3g	1.4g
	54%	39%	7%	

Wieprzowe ragù z wolnowaru
NA POLENCIE W STYLU PALEO

OPCJA

NIE ZAWIERA JAJ · NIE ZAWIERA ORZECHÓW · NIE ZAWIERA NABIAŁU · WOLNOWAR

Czas przygotowania: 5 minut + 28 minut na przyrządzenie polenty

Czas gotowania: 5–8 godzin

Liczba porcji: 6

1 średnia cebula

2 łyżki koncentratu pomidorowego

1 łyżeczka drobno posiekanego czosnku lub ząbki z ½ główki pieczonego czosnku (s. 134)

1 łyżeczka suszonego tymianku

1 łyżeczka suszonego oregano

¾ łyżeczki drobnoziarnistej soli morskiej

¼ łyżeczki świeżo zmielonego czarnego pieprzu

1 puszka (około 400 g) pomidorów pokrojonych w kostkę z sokiem

2 szklanki bulionu na kościach wołowych lub kurzych kupionego w sklepie lub domowego (s. 132)

około 1,5 kg żeberek wieprzowych

1 partia polenty w stylu paleo (s. 320)

posiekana natka pietruszki do ozdoby — opcjonalnie

M
L H
KETO

WARTOŚCI ODŻYWCZE (w 1 porcji)				
kalorie	tłuszcz	białka	węglowodany	błonnik
660	51g	40g	11g	4g
	69%	23%	8%	

1. W 4-litrowym wolnowarze wymieszać cebulę, koncentrat pomidorowy, czosnek, tymianek, oregano, sól i pieprz. Dodać pomidory z sokiem oraz bulion i dokładnie wymieszać. Dodać żeberka i ponownie wymieszać.
2. Zakryć i gotować, aż mięso będzie bardzo miękkie, tj. 7–8 godzin na niskiej mocy lub 5–6 godzin na wysokiej (jeżeli wolicie twardsze, skróćcie czas gotowania).
3. Wyjąć żeberka z wolnowaru, a resztę składników zostawić w środku. Za pomocą dwóch widelców porwać mięso, ponownie włożyć do wolnowaru i wymieszać.
4. Porozkładać polentę w dużych płytkich miskach i nałożyć na nią ragù. Posypać natką pietruszki (opcjonalnie) i podawać.

Boczek
Z RUKOLĄ I POMIDORAMI

NIE ZAWIERA JAJ | NIE ZAWIERA ORZECHÓW | NIE ZAWIERA NABIAŁU | FILM

Czas przygotowania: 5 minut

Czas gotowania: 16 minut

Liczba porcji: 2

1 opakowanie (około 340 g) gotowanego boczku (patrz: uwaga)

DRESSING:

½ szklanki oleju MCT

¼ szklanki octu kokosowego lub jabłkowego

1 łyżeczka drobnoziarnistej soli morskiej

½ łyżeczki sosu rybnego

½ łyżeczki zagęszczonej stewii (lub więcej wedle uznania)

2 szklanki rukoli lub porwanej sałaty rzymskiej

8 przeciętych na pół pomidorów koktajlowych

1 szklanka guacamole (s. 136) — opcjonalnie

Wzrokowcy tacy jak ja mogą odwiedzić moją stronę internetową MariaMindBodyHealth.com. Znajdą tam film pokazujący, jak łatwo i szybko przygotować ten pyszny posiłek (w polu wyszukiwania należy wpisać *video*).

1. Rozgrzać patelnię na dużym ogniu. Obsmażyć boczek ze wszystkich stron (około 4 minuty z każdej), w tym na krawędziach, aż będzie chrupiący i złotobrązowy.
2. W międzyczasie przygotować dressing: umieścić składniki w słoju i mocno potrząsnąć.
3. Wymieszać rukolę z 2 łyżkami dressingu. Przełożyć na talerz. Ozdobić połówkami pomidorów. Nałożyć guacamole (opcjonalnie).
4. Zdjąć boczek z patelni i pokroić na 2,5-centymetrowe plastry. Ułożyć na brzegu sałatki.

UWAGA:

Pakowany próżniowo gotowany boczek jest dostępny w większości supermarketów.

Z podanych składników powstanie więcej dressingu, niż potrzeba do przygotowania tego dania. Jednak dobrze go mieć pod ręką i podawać do kurczaka, sałatki coleslaw lub sałat. Dressing można trzymać w lodówce przez 4 dni. Wstrząsnąć przed użyciem. Jeżeli nie chcecie przechowywać resztek, przygotujcie ¾ podanej ilości.

RADA:

Jeżeli lubicie boczek i chcecie włączyć go do zbilansowanego posiłku, dobrym rozwiązaniem jest kimchi (przepis znajdziecie na s. 316). Wystarczy obsmażyć boczek, pokroić go w plasterki i podawać razem z tą pikantną kapustą.

M L H KETO

WARTOŚCI ODŻYWCZE (w 1 porcji)				
kalorie	tłuszcz	białka	węglowodany	błonnik
659	60.9g	26.6g	0.8g	0g
	83%	16%	1%	

Golonka WIEPRZOWA

NIE ZAWIERA JAJ · NIE ZAWIERA ORZECHÓW · NIE ZAWIERA NABIAŁU · FILM

Czas przygotowania: 5 minut

Czas gotowania: 2 godziny 50 minut

Liczba porcji: 6

6 drobno posiekanych ząbków czosnku lub ząbki z 2 główek pieczonego czosnku (s. 134)

2 łyżki kminku

2 łyżki drobnoziarnistej soli morskiej

1 łyżka świeżo zmielonego czarnego pieprzu

1 golonka wieprzowa (około 1,3 kg)

DO PODANIA:

gruboziarnista musztarda

kiszona kapusta kupiona w sklepie lub domowa (s. 314)

pikle kupione w sklepie lub domowe (s. 318)

Mój mąż i ja jesteśmy z pochodzenia Niemcami, tak więc ten przepis jest nam bardzo bliski. Pierwszy raz spróbowaliśmy golonki w położonym wysoko w niemieckich górach mieście Füssen. To bardzo smaczna potrawa, najczęściej serwowana jesienią. Jeżeli jesteście wzrokowcami tak jak ja i chcielibyście zobaczyć, jak ją przygotować, odwiedźcie moją stronę internetową MariaMindBodyHealth.com (w polu wyszukiwania trzeba wpisać *viedo*).

1. Napełnić duży garnek wodą. Dodać czosnek, kminek, sól i pieprz. Doprowadzić do wrzenia. Dodać golonkę, zakryć i gotować przez godzinę. Upewnić się, że mięso przez cały czas jest całkowicie zanurzone, w razie konieczności dolać wody.
2. Po upływie godziny wyjąć golonkę z garnka, zostawić płyn.
3. Rozgrzać piekarnik do 190°C. Ponacinać skórę golonki wzdłuż w 2,5-centymetrowych odstępach. Włożyć ją do brytfanki i wlać 2 szklanki wody, w której się gotowała. Piec przez 90 minut.
4. Zwiększyć temperaturę do 220°C i piec przez kolejne 20 minut, aż skórka zrobi się chrupiąca. Tradycyjnie potrawę podaje się na ciepło (ale nie powinna być gorąca) na drewnianym talerzu z musztardą, kapustą kiszoną i piklami.

M L H KETO

WARTOŚCI ODŻYWCZE (w 1 porcji)				
kalorie	tłuszcz	białka	węglowodany	błonnik
668	45.9g	58.1g	2.3g	1g
	63%	35%	2%	

Panna cotta z koziego sera
Z CHRUPIĄCYM PROSCIUTTO I PODSMAŻANĄ BAZYLIĄ

NIE ZAWIERA JAJ
NIE ZAWIERA ORZECHÓW

Czas przygotowania: 6 minut + 50 minut na ścięcie

Czas gotowania: 5 minut

Liczba porcji: 2 jako danie główne, 4 jako przystawka

1 szklanka śmietany kremówki

2–3 łyżki drobno posiekanej świeżej bazylii

1 łyżka słodzika cukierniczego Swerve albo odpowiednia ilość innego słodzika w proszku lub w płynie (patrz: s. 37)

½ łyżeczki drobnoziarnistej soli morskiej

¼ łyżeczki świeżo zmielonego czarnego pieprzu

¾ łyżeczki żelatyny w proszku ze zwierząt wypasanych naturalnie (patrz: rada)

około 60 g sera koziego lub brie

DODATKI:

2 plasterki prosciutto

1 łyżka oleju kokosowego

½ szklanki liści bazylii

2 łyżki porwanej czerwonej kapusty

drobnoziarnista sól morska

Do tej treściwej potrawy będziecie regularnie wracać z uwagi na jej bogaty słony i odrobinę słodki smak. Zrównoważy go prosta zielona sałatka, która podzielona na cztery porcje stanowi również świetną przystawkę.

1. W małym rondlu podgrzać śmietanę na średnim ogniu. Dodać bazylię, słodzik, sól i pieprz. Delikatnie wymieszać. Trzymać na ogniu przez kolejne 3 minuty, cały czas mieszając, a następnie zdjąć z palnika.
2. Do małej miski wlać 1 łyżkę wody, wsypać żelatynę, zamieszać i zostawić na minutę, żeby się rozpuściła.
3. Przelać śmietanę i żelatynę do blendera, dodać ser i ucierać do chwili otrzymania gładkiej masy (można też zmiksować składniki w rondlu za pomocą miksera zanurzeniowego). Wlać do dwóch 120-mililitrowych kokilek i wstawić do lodówki na 30–50 minut, żeby panna cotta się ścięła.
4. Tuż przed podaniem pokroić prosciutto w cienkie paski. Podgrzać olej kokosowy na patelni i smażyć z bazylią, aż szynka zrobi się chrupiąca. Zdjąć z patelni i odsączyć na papierowych ręcznikach, a następnie posypać panna cottę. Doprawić szczyptą soli.

RADA:

Użycie żelatyny jest prostym sposobem na przygotowanie pysznych przekąsek, jednak ich konsystencja może stać się nieco zbyt gumowata, jeżeli zostawicie je w lodówce na noc. Jeśli więc planujecie przygotować tę potrawę wcześniej i nie podawać jej tego samego dnia, sugeruję użyć o ¼ łyżeczki mniej, niż podano w przepisie. Dzięki temu panna cotta zachowa idealną kremową konsystencję nawet po kilku dniach w lodówce. W ten sposób można przygotować ją nawet 3 dni wcześniej, jednak dodatki należy przyrządzić tuż przed podaniem.

M
L H
KETO

WARTOŚCI ODŻYWCZE (w 1 porcji)				
kalorie	tłuszcz	białka	węglowodany	błonnik
264	21.6g	16.1g	1g	0g
	74%	24%	2%	

Dodatki
I POTRAWY WEGETARIAŃSKIE

ROZDZIAŁ 14

Grzybowe
RAGÙ

OPCJA OPCJA

NIE ZAWIERA JAJ | NIE ZAWIERA ORZECHÓW | NIE ZAWIERA NABIAŁU | OPCJA WEGETARIAŃSKA | DANIE JEDNOGARNKOWE

Czas przygotowania: 8 minut + 10–25 minut na przyrządzenie makaronu z cukinii

Czas gotowania: 45 minut

Liczba porcji: 4

¼ szklanki (½ kostki) niesolonego masła lub oleju MCT (jeżeli potrawa ma nie zawierać nabiału)

1 szklanka posiekanej cebuli

1 łyżeczka drobno posiekanego czosnku lub ząbki z ½ główki pieczonego czosnku (s. 134)

około 0,5 kg pokrojonych zwykłych pieczarek lub portobello

1 łyżeczka drobnoziarnistej soli morskiej

¼ łyżeczki świeżo zmielonego pieprzu

2 szklanki bulionu na kościach kurzych kupionego w sklepie lub domowego (s. 132) albo warzywnego (dla wegetarian)

½ szklanki sosu pomidorowego

½ szklanki (około 60 g) tartego parmezanu lub drożdży odżywczych (jeżeli potrawa ma nie zawierać nabiału)

⅓ szklanki śmietany kremówki lub pełnotłustego mleka kokosowego (jeżeli potrawa ma nie zawierać nabiału)

½ szklanki posiekanych świeżych liści bazylii

¼ szklanki posiekanej natki pietruszki

1 partia makaronu z cukinii (s. 331) lub 2 opakowania (po 100 g każde) makaronu shirataki przygotowanego zgodnie z instrukcją

Słowo „ragù" najczęściej oznacza długie gotowanie i danie mięsne. Jednak z uwagi na fakt, że głównym składnikiem w tym przepisie są grzyby, czas przygotowania ulega znacznemu skróceniu. Umami sosu pomidorowego i parmezanu oraz nukleotydy z pieczarek dają wyrazisty mięsny smak bez użycia mięsa!

1. Na dużej patelni podgrzać masło na średnim ogniu. Dodać cebulę i czosnek. Smażyć przez 5 minut lub do chwili, gdy cebula się zeszkli.
2. Dodać pieczarki i doprawić solą i pieprzem. Zwiększyć ogień i smażyć do momentu, gdy pieczarki będą miękkie, a cały płyn wyparuje, czyli około 10 minut.
3. Wlać bulion i sos pomidorowy. Gotować, aż ilość sosu zmniejszy się o połowę, tj. około 30 minut. Dodać parmezan i śmietanę. Wymieszać. Zdjąć z ognia i dodać zioła. Podawać z makaronem z cukinii lub z makaronem shirataki.

OPCJA WEGETARIAŃSKA

Aby przygotować opcję wegetariańską tego posiłku dla dwóch osób, należy użyć bulionu warzywnego zamiast drobiowego i podać danie z zieloną sałatką z dowolnym ketogenicznym dressingiem (s. 116–121).

M
L H
KETO

WARTOŚCI ODŻYWCZE (w 1 porcji)				
kalorie	tłuszcz	białka	węglowodany	błonnik
246	18.5g	10.6g	9.8g	2.4g
	68%	17%	15%	

Grysik

SEROWY

OPCJA

NIE ZAWIERA ORZECHÓW · OPCJA WEGETARIAŃSKA

Czas przygotowania: 2 minuty

Czas gotowania: 4 minuty

Liczba porcji: 4

8 dużych jaj

½ szklanki bulionu na kościach wołowych kupionego w sklepie lub domowego (s. 132) albo warzywnego (dla wegetarian)

1 łyżeczka drobnoziarnistej soli morskiej

½ szklanki (1 kostka) niesolonego masła

½ szklanki (około 60 g) porwanego ostrego cheddara

posiekane świeże zioła wedle uznania — opcjonalnie

1. W małej misce wymieszać jajka, bulion i sól.
2. W średnim rondlu rozpuścić masło na średnim ogniu. Wlać posolone jajka i bulion. Gotować, aż zgęstnieją. Cały czas skrobać po dnie rondla, żeby zapobiec tworzeniu się zbyt dużych grudek (najlepiej sprawdza się tu trzepaczka do jajek).
3. Kiedy masa zgęstnieje, dodać ser i mieszać do chwili dokładnego połączenia się składników. Zdjąć z ognia i przełożyć do misek. Wedle uznania posypać ziołami i podawać.

OPCJA WEGETARIAŃSKA

Aby przygotować opcję wegetariańską tego posiłku dla dwóch osób, należy użyć bulionu warzywnego zamiast kurzego i podać danie z zieloną sałatką i dowolnym ketogenicznym dressingiem (s. 116–121).

L M H KETO

WARTOŚCI ODŻYWCZE (w 1 porcji)				
kalorie	tłuszcz	białka	węglowodany	błonnik
408	37.8g	16.9g	1.1g	0g
	83%	16%	1%	

Spaghetti w kremowym sosie
Z KOLENDRĄ I LIMONKĄ

OPCJA NIE ZAWIERA JAJ · NIE ZAWIERA ORZECHÓW · NIE ZAWIERA NABIAŁU · OPCJA WEGETARIAŃSKA · DANIE JEDNOGARNKOWE

Czas przygotowania: 10 minut + 10–20 minut na przyrządzenie makaronu z cukinii

Liczba porcji: 4

1 partia makaronu z cukinii (s. 308) lub 2 opakowania (po około 200 g) makaronu shirataki przygotowane zgodnie z instrukcją

sos z kolendrą i limonką (s. 115)

To danie jest dosyć ostre z uwagi na papryczki jalapeño dodane do sosu. Osoby, które nie gustują w takich potrawach, mogą je pominąć. Jeżeli natomiast lubicie bardzo ostre jedzenie, nie wyjmujcie ziarenek.

Włożyć makaron do misek. Polać sosem i wymieszać. Użyć tylko takiej ilości, jaką zamierza się podać, ponieważ makaron po pewnym czasie wchłania sos i robi się rozmiękły. W związku z tym sos i makaron należy przechowywać w lodówce, w oddzielnych szczelnie zamkniętych pojemnikach, nie dłużej niż 5 dni. Z tego samego powodu nie zaleca się zamrażania.

RADA:

Aby przygotować opcję tego posiłku dla dwóch osób, należy podzielić makaron na dwie porcje i podawać z zieloną sałatką i dowolnym ketogenicznym dressingiem (s. 116–121).

L M H
KETO

WARTOŚCI ODŻYWCZE (w 1 porcji)				
kalorie	tłuszcz	białka	węglowodany	błonnik
388	35g	1.6g	5.7g	1.6g
	93%	2%	5%	

Paluszki O SMAKU PIZZY

NIE ZAWIERA ORZECHÓW | OPCJA WEGETARIAŃSKA | FILM

Czas przygotowania: 7 minut

Czas gotowania: 20 minut

Liczba porcji: 4

SKÓRKA:

1 opakowanie (około 230 g) serka śmietankowego w temperaturze pokojowej

2 duże jajka

1 łyżeczka drobno posiekanego czosnku

¼ szklanki (około 30 g) tartego parmezanu

DODATKI:

1 szklanka sosu do pizzy

1 szklanka (około 110 g) porwanej mozzarelli

inne dodatki wedle uznania, na przykład ¼ szklanki zielonej papryki lub cebuli pokrojonej w kostkę — opcjonalnie

2 łyżki przyprawy do pizzy (s. 111)

Jeżeli jesteście wzrokowcami tak jak ja i chcielibyście zobaczyć, jak przygotować takie paluszki, odwiedźcie moją stronę internetową MariaMindBodyHealth.com (w polu wyszukiwania trzeba wpisać *video*).

1. Rozgrzać piekarnik do 190°C. Wyłożyć 20-centymetrową blachę do ciasta papierem do pieczenia i nasmarować niewielką ilością tłuszczu (użyć blachy z bocznymi ściankami, ponieważ ciasto ma dosyć rzadką konsystencję).
2. W dużej misce wymieszać serek śmietankowy, jajka, czosnek i parmezan za pomocą ręcznego miksera. Wylać na blachę. Piec przez 10 minut lub do chwili, gdy ciasto przybierze złotobrązowy kolor. Odstawić na 2 minuty do ostygnięcia.
3. Polać ciasto sosem do pizzy. Równomiernie ułożyć na nim mozzarellę oraz inne dodatki (opcjonalnie). Posypać przyprawą.
4. Piec, aż całość zrobi się chrupiąca i przyjmie złoty kolor, czyli jakieś 10 minut. Wyjąć z piekarnika, pokroić na paluszki i podawać.

RADA:

Aby przygotować opcję tego posiłku dla dwóch osób, należy podzielić paluszki na dwie porcje i podawać z zieloną sałatką i dowolnym ketogenicznym dressingiem (s. 116–121).

L M H
KETO

WARTOŚCI ODŻYWCZE (w 1 porcji)				
kalorie	tłuszcz	białka	węglowodany	błonnik
372	30.8g	18.8g	6.2g	0.5g
	74%	20%	6%	

Prosta pizza
PORTOBELLO

NIE ZAWIERA JAJ · NIE ZAWIERA ORZECHÓW · OPCJA WEGETARIAŃSKA · DANIE JEDNOGARNKOWE

Czas przygotowania: 4 minuty

Czas gotowania: 12 minut

Liczba porcji: 2

4 duże pieczarki portobello

½ szklanki sosu marinara

1 świeża kula mozzarelli (około 225 g) pokrojona w cienkie plasterki

DODATKI:

posiekane świeże liście bazylii (zostawić trochę do przyozdobienia)

przekrojone na pół pomidory koktajlowe, oliwki pokrojone w plasterki, papryka i cebula pokrojone w kostkę

1 łyżka przyprawy do pizzy (s. 111) — opcjonalnie

1. Rozgrzać piekarnik do 200°C. Wyłożyć blachę papierem do pieczenia.
2. Odkroić trzonki pieczarek i zachować do wykorzystania w innym przepisie, na przykład grzybowym ragù (s. 300).
3. Ułożyć kapelusze pieczarek na blasze blaszkami do góry. Rozdzielić między nie sos, ser i dodatki w równych ilościach. Posypać mieszanką przypraw do pizzy (opcjonalnie).
4. Piec przez 12 minut lub do chwili, gdy ser się rozpuści, a grzyby będą miękkie. Ozdobić pozostałymi liśćmi bazylii.

JEDNA PORCJA

Aby przygotować jedną porcję, należy użyć: 2 dużych pieczarek, ¼ szklanki sosu marinara, około 115 g świeżej mozzarelli oraz dowolnych dodatków i 1½ łyżeczki mieszanki przypraw do pizzy (opcjonalnie). Przy takiej małej ilości doskonale sprawdzi się opiekacz elektryczny.

M
L H
KETO

WARTOŚCI ODŻYWCZE (w 1 porcji)				
kalorie	tłuszcz	białka	węglowodany	błonnik
392	27g	27g	10g	2g
	62%	28%	10%	

Makaron z cukinii
NA DWA SPOSOBY

NIE ZAWIERA JAJ | NIE ZAWIERA ORZECHÓW | NIE ZAWIERA NABIAŁU | OPCJA WEGETARIAŃSKA | FILM

Czas przygotowania: 5 minut + 5 minut na odsączenie posolonego surowego makaronu

Czas gotowania: 20 minut (w przypadku pieczonego makaronu)

Liczba porcji: 4 (1 szklanka na porcję)

2 średnie cukinie nie dłuższe niż 30 cm

1 łyżka drobnoziarnistej soli morskiej (jeżeli makron ma zostać odsączony)

Specjalny sprzęt:

spiralna krajalnica

RADA:

Jeśli chcecie przygotować makaron na cały tydzień, należy użyć podwójnej lub potrójnej porcji cukinii. Surowy makaron można przechowywać w lodówce, w szczelnie zamkniętym pojemniku, nie dłużej niż 5 dni. Upiec albo posolić i odsączyć potrzebną ilość tuż przed podaniem.

Wymyśliłam własny termin, którym określam makaron z cukinii, a mianowicie „zoodles" (połączenie angielskich słów *noodles* i *zucchini*). Zawsze przygotowuję go w dużych ilościach, ponieważ namiętnie hoduję te warzywa w moim ogródku, a te potrafią strasznie się tam rozplenić! Jeżeli jednak macie miejsce, naprawdę warto. Jednym ze sposobów na przygotowanie makaronu z cukinii jest użycie niezbyt dużych warzyw: maksymalnie 30-centymetrowej długości i 5-centymetrowej średnicy. Nasiona w dużych cukiniach mogą uszkodzić spiralną krajalnicę. Inny sposób polega na odprowadzeniu wody z makaronu, żeby nie rozwodnić pysznego sosu, z którym go podamy. Najprościej jest albo posolić i odsączyć surowy makaron, albo osuszyć go w piekarniku ustawionym na niską temperaturę. Aby zwiększyć ketogeniczność tej potrawy, należy podać ją z roztopionym masłem lub dowolnym sosem (s. 122–130). Jeżeli jesteście wzrokowcami tak jak ja i chcielibyście zobaczyć, jak robi się taki makaron, odwiedźcie moją stronę internetową MariaMindBodyHealth.com (w polu wyszukiwania należy wpisać *video*).

1. W przypadku pieczonego makaronu rozgrzać piekarnik do 120°C. Umieścić papierowy ręcznik na blasze do pieczenia.
2. Odkroić końcówki cukinii, tak aby krawędzie były równe. Jeżeli makaron ma być biały, obrać ze skórki.
3. Przy użyciu spiralnej krajalnicy przygotować długie nitki makaronu, delikatnie naciskając na rączkę i obracając zgodnie z ruchem wskazówek zegara.
4. W przypadku pieczonego makaronu ułożyć pokrojoną cukinię na blasze do pieczenia i piec przez 20 minut. Wyjąć z piekarnika i natychmiast podawać.
5. Jeśli chcecie odsączyć makaron, wystarczy umieścić pokrojoną cukinię w cedzaku nad zlewem i posolić. Zostawić na 5 minut, a następnie wycisnąć pozostałą wodę.
6. Makaron najlepiej podać zaraz po przygotowaniu i nie robić go na zapas. Żeby oszczędzić czas, można jednak pokroić cukinię wcześniej (patrz: rada). Jeżeli trochę zostanie, przechowywać w lodówce, w osobnym niż sos i szczelnie zamkniętym pojemniku, nie dłużej niż 5 dni. Nie polecam go zamrażać, ponieważ rozmięknie.

M L H KETO

Zajrzyj do wstępu do niniejszej książki, żeby dowiedzieć się, jak zwiększyć ketogeniczność tego posiłku.

WARTOŚCI ODŻYWCZE (w 1 porcji)				
kalorie	tłuszcz	białka	węglowodany	błonnik
18	0.2g	1.4g	3.8g	1.2g
	3%	27%	70%	

JEDNA PORCJA

Aby przygotować jedną porcję, należy użyć jednej małej cukinii lub połowy większej. W tym przypadku świetnie sprawdza się opiekacz elektryczny. Jeżeli jednak użyjecie więcej niż jednej sztuki, będziecie zmuszeni wysuszyć makaron w piekarniku na dużej blasze (około 45 × 33 cm), tak aby dało się go dobrze ułożyć.

Pieczarki
W SOSIE BORDOSKIM

NIE ZAWIERA JAJ | NIE ZAWIERA ORZECHÓW | NIE ZAWIERA NABIAŁU

Czas przygotowania: 5 minut

Czas gotowania: 50 minut

Liczba porcji: 4

¼ szklanki tłuszczu z bekonu, tłuszczu kaczego albo niesolonego masła (dla osób tolerujących laktozę)

2 łyżki drobno posiekanej szalotki

1 drobno posiekany ząbek czosnku lub 4 ząbki pieczonego czosnku (s. 134)

2 szklanki białych lub brązowych pieczarek pokrojonych w plasterki

1 szklanka bulionu na kościach wołowych kupionego w sklepie lub domowego (s. 132)

⅓ szklanki czerwonego octu winnego

1 łyżka aminokwasów kokosowych

¼ łyżeczki posiekanego świeżego tymianku (lub wedle uznania)

drobnoziarnista sól morska i świeżo zmielony czarny pieprz

⅛ łyżeczki gumy guar

1. Roztopić tłuszcz na dużej patelni na średnim ogniu. (Uwaga: jeśli używacie masła, należy ustawić duży ogień, żeby zbrązowiało. Mieszać do chwili, aż się spieni i pojawią się na nim brązowe plamki, a następnie ustawić mały ogień. Należy uważać, żeby nie przypalić masła: nie powinny pojawić się na nim czarne plamki).
2. Dodać szalotkę i czosnek. Smażyć przez 3 minuty lub do chwili, gdy szalotka się zeszkli. Dodać pieczarki, w razie konieczności w partiach, by nie przeładować patelni. Smażyć do miękkości, aż przyjmą brązowy kolor, tj. około 5 minut.
3. Dodać bulion, ocet, aminokwasy kokosowe i tymianek. Dusić przez 5 minut. Dodać sól i pieprz do smaku.
4. Zmniejszyć ogień i dusić przez kolejne 30 minut lub do chwili, gdy sos odparuje. Dodać gumę guar i mieszać, aż całość zgęstnieje, czyli przez jakieś 3 minuty.

M
L H
KETO

WARTOŚCI ODŻYWCZE (w 1 porcji)				
kalorie	tłuszcz	białka	węglowodany	błonnik
128	11.6g	1.9g	3.5g	0.7g
	82%	7%	11%	

Ogórki DUSZONE W CURRY

NIE ZAWIERA JAJ · NIE ZAWIERA ORZECHÓW · NIE ZAWIERA NABIAŁU · OPCJA WEGETARIAŃSKA

Czas przygotowania: 5 minut

Czas gotowania: 7 minut

Liczba porcji: 4

2 ogórki (po około 10 cm każdy)

2 łyżki oleju kokosowego

2 łyżeczki kurkumy w proszku

1 łyżeczka soku z limonki

1 łyżeczka drobno posiekanych liści tajskiej lub włoskiej bazylii

¼ łyżeczki drobnoziarnistej soli morskiej

Oto jedna z praktycznych rad legendarnej Julii Child: „Jeśli uważasz, że ten garnek będzie idealny do przygotowania danej potrawy, weź większy". Wiele razy plułam sobie w brodę, że się do niej nie zastosowałam! Uczcie się na moich błędach i do przyrządzenia dania z tego przepisu użyjcie największej patelni, jaką uda wam się znaleźć.

1. Przekroić ogórki wzdłuż na cztery kawałki. Przesunąć nożem po każdej ćwiartce, aby usunąć jak najwięcej nasion. Pokroić w około centymetrowe kostki.
2. Umieścić olej kokosowy, kurkumę, sok z limonki, bazylię i sól na dużej patelni na średnim ogniu. Dodać ogórki i smażyć przez 7 minut lub do chwili, gdy zrobią się miękkie, ale nie brązowe.
3. Zdjąć z ognia i podawać na ciepło lub na zimno. Resztki przechowywać w lodówce, w szczelnie zamkniętym pojemniku, nie dłużej niż 3 dni.

M L H KETO

WARTOŚCI ODŻYWCZE (w 1 porcji)				
kalorie	tłuszcz	białka	węglowodany	błonnik
78	7g	0.6g	3.5g	0.6g
	80%	3%	17%	

Grillowana cykoria z ostrym słodko-kwaśnym DRESSINGIEM BEKONOWYM

OPCJA

NIE ZAWIERA JAJ | NIE ZAWIERA ORZECHÓW | NIE ZAWIERA NABIAŁU

Czas przygotowania: 6 minut

Czas gotowania: 20 minut

Liczba porcji: 8

2 główki cykorii

DRESSING:

4 plasterki bekonu pokrojone w drobną kostkę

¼ szklanki oleju MCT

3 łyżki octu kokosowego lub jabłkowego

1 łyżeczka słodzika cukierniczego Swerve albo odpowiednia ilość innego słodzika w proszku lub w płynie (patrz: s. 37)

drobnoziarnista sól morska i świeżo zmielony czarny pieprz

½ szklanki sosu z kolendrą i limonką (s. 115) do podania — opcjonalnie

1. Pokroić główki cykorii w ćwiartki, zostawiając łodygę, aby łódki się nie rozpadły. Przez kilka minut płukać w zimnej wodzie, żeby złagodzić gorzki smak. Odsączyć i osuszyć.
2. Rozgrzać grill albo umieścić patelnię grillową na średnim ogniu.
3. W międzyczasie przygotować dressing: na dużej patelni smażyć bekon na średnim ogniu do chwili, aż będzie chrupiący i złotobrązowy, czyli 8–10 minut. Zostawić bekon i wytopiony tłuszcz na patelni. Dodać olej, ocet i słodzik. Doprowadzić do wrzenia przez 1 minutę, a następnie zdjąć z ognia. Doprawić do smaku solą i pieprzem.
4. Zanurzyć każdą ćwiartkę cykorii w dressingu, a potem umieścić przeciętą stroną do dołu na grillu lub patelni grillowej i smażyć lub grillować przez 2–5 minut w zależności od preferencji. Następnie obrócić i smażyć lub grillować z drugiej strony. Zdjąć z grilla lub z patelni i położyć na talerzu przekrojoną stroną do góry. Cykorie podawać na ciepło polane sosem (opcjonalnie).

L M H
KETO

WARTOŚCI ODŻYWCZE (w 1 porcji)				
kalorie	tłuszcz	białka	węglowodany	błonnik
126	11.6g	3.2g	2.1g	0g
	83%	10%	7%	

Karmelizowana ENDYWIA

NIE ZAWIERA JAJ · NIE ZAWIERA ORZECHÓW · NIE ZAWIERA NABIAŁU · OPCJA WEGETARIAŃSKA

Czas przygotowania: 6 minut

Czas gotowania: 22 minuty

Liczba porcji: 8

¼ szklanki tłuszczu kaczego, oleju kokosowego albo niesolonego masła (dla osób tolerujących laktozę)

1 łyżeczka drobno posiekanego czosnku lub ząbki z ½ główki pieczonego czosnku (s. 134)

2 łyżki cienkich plasterków szalotki lub cebuli pokrojonej w drobną kostkę

4 główki endywii przekrojone wzdłuż na połówki

½ łyżeczki drobnoziarnistej soli morskiej

¼ łyżeczki świeżo zmielonego czarnego pieprzu

W ten sam sposób można przygotować karmelizowaną cykorię. Wystarczy pokroić dwie główki w ćwiartki i postępować zgodnie z instrukcjami.

1. Roztopić tłuszcz na dużej patelni na małym ogniu. (Uwaga: jeśli używacie masła, należy ustawić duży ogień, żeby zbrązowiało. Mieszać do chwili, aż się spieni i pojawią się na nim brązowe plamki, a następnie ustawić mały ogień. Należy uważać, żeby nie przypalić masła: nie powinny pojawić się na nim czarne plamki).
2. Dodać czosnek i szalotkę. Smażyć, aż cebula się zeszkli, tj. około 2 minut.
3. Położyć na patelni połówki endywii przeciętą stroną do dołu. Smażyć na małym ogniu przez około 20 minut lub do chwili, aż endywia zmięknie. Doprawić solą i pieprzem. Podawać od razu.

M L H KETO

WARTOŚCI ODŻYWCZE (w 1 porcji)				
kalorie	tłuszcz	białka	węglowodany	błonnik
103	7g	3g	8g	7.8g
	60%	11%	30%	

Prosta domowa

KISZONA KAPUSTA

NIE ZAWIERA JAJ | NIE ZAWIERA ORZECHÓW | NIE ZAWIERA NABIAŁU | OPCJA WEGETARIAŃSKA

Czas przygotowania: 15 minut + 3–5 dni na fermentację

Liczba porcji: 1,5 l do 2 l (około 1 szklanka na porcję)

1 główka zielonej lub czerwonej kapusty

2 łyżki drobnoziarnistej soli morskiej

2 łyżeczki kminku — opcjonalnie

2 łyżki słodzika cukierniczego Swerve albo odpowiednia ilość innego słodzika w proszku lub w płynie (patrz: s. 37) — opcjonalnie (patrz: uwaga)

Kiszona kapusta nie jest bogata w tłuszcz, ale sfermentowane produkty to bardzo zdrowy dodatek. Aby móc ją zastosować jako element diety ketogenicznej, należy spożywać ją z wysokotłuszczowymi potrawami, na przykład z kiełbaskami (patrz: s. 288). To akurat typowe połączenie dla prawdziwych Niemców takich jak ja.

1. Wysterylizować dwa słoje mason o pojemności 1 l lub 235 ml każdy (ja używam małych, ponieważ mogę je wziąć ze sobą i otworzyć podczas lunchu). Porady, jak to zrobić, znajdziecie w tabelce Rady dotyczące piklowania i fermentacji na s. 319.
2. Usunąć głąb z kapusty, zdjąć i odrzucić zwiędłe kawałki i porwać liście. Umieścić w dużej misce i posolić.
3. Dobrze rozprowadzić sól po kapuście, aż ta zacznie puszczać sok. Powinno to zająć około 10 minut. Dodać kminek i słodzik (opcjonalnie).
4. Rozdzielić kapustę między słoiki. Docisnąć, żeby odprowadzić powietrze. Na wierzchu każdego słoika umieścić wysterylizowany obciążnik, tak aby kapusta była całkowicie zanurzona w solance (ja używam miarki obciążonej oczyszczonymi kamieniami).
5. Zakryć każdy słoik kawałkiem płótna do przeciskania sera. Odstawić na 3–5 dni w zależności od preferencji. Im dłuższy okres fermentacji, tym ostrzejszy smak kapusty. Zdjąć obciążenie, szczelnie zamknąć słoje i przechowywać w lodówce przez 3 miesiące.

UWAGA:

Kapusta w stylu bawarskim, na której się wychowałam, ma tradycyjnie słodki smak, ale osoby preferujące bardziej cierpką mogą po prostu nie dodawać słodzika.

M
L H
KETO

WARTOŚCI ODŻYWCZE (w 1 porcji)				
kalorie	tłuszcz	białka	węglowodany	błonnik
32	0.1g	1.4g	6.6g	2.8g
	2%	17%	82%	

Proste

KIMCHI

NIE ZAWIERA JAJ | NIE ZAWIERA ORZECHÓW | NIE ZAWIERA NABIAŁU | OPCJA WEGETARIAŃSKA

Czas przygotowania: 20 minut + 3–5 dni na fermentację

Liczba porcji: od 1,5 l do 2 l (około 1 szklanka na porcję)

1 główka kapusty pekińskiej

1 szklanka tartej rzodkwi japońskiej

4 posiekane cebule dymki

2–3 łyżeczki papryki chili (w zależności od pożądanego poziomu ostrości)

2 łyżki drobnoziarnistej soli morskiej

5 drobno posiekanych ząbków czosnku

3 łyżki tartego świeżego imbiru

1 łyżka sosu rybnego

1 łyżka zagęszczonej stewii — opcjonalnie (patrz: uwaga)

Specjalny sprzęt:

gumowe rękawiczki nadające się do pracy z produktami spożywczymi

Kimchi nie zawiera dużej ilości tłuszczu, jednak sfermentowane potrawy stanowią zdrowy dodatek do każdej diety. Aby przystosować to danie do ketogenicznego stylu życia, wystarczy podawać je razem z tłustymi potrawami, na przykład smażonym boczkiem (patrz: s. 292). Można też wymieszać kimchi z 2 łyżkami pikantnego majonezu (s. 113). Traktujcie to danie jak ostrą sałatkę coleslaw.

1. Wysterylizować 2 słoiki mason o pojemności 1 l lub 235 ml każdy (ja używam małych, ponieważ mogę je wziąć ze sobą i otworzyć podczas lunchu). Porady, jak to zrobić, znajdziecie w tabelce Rady dotyczące piklowania i fermentacji na s. 319.
2. Usunąć głąb z kapusty i pokroić ją na małe kawałki. Umieścić kapustę, rzodkiew i cebulę w dużej misce. Posypać chili i posolić.
3. Rękami w rękawiczkach dokładnie rozprowadzić sól po warzywach, aż zaczną puszczać soki. Potrwa to około 10–15 minut. Dodać czosnek, imbir, sos rybny i słodzik (opcjonalnie).
4. Rozdzielić kimchi między słoiki. Docisnąć, żeby odprowadzić powietrze. Na wierzchu położyć wysterylizowany obciążnik, żeby mieszanka była całkowicie zanurzona w solance (ja używam miarki obciążonej oczyszczonymi kamieniami).
5. Zakryć każdy słoik kawałkiem płótna do przeciskania sera i odstawić na 3–5 dni w zależności od preferencji. Im dłuższy okres fermentacji, tym ostrzejszy smak. Zdjąć obciążniki. Szczelnie zamknąć słoiki i przechowywać w lodówce nie dłużej niż 3 miesiące.

UWAGA:

Tradycyjnie do kimchi dodaje się odrobinę cukru, żeby złagodzić ostry smak chili.

M
L H
KETO

WARTOŚCI ODŻYWCZE (w 1 porcji)				
kalorie	tłuszcz	białka	węglowodany	błonnik
209	19.8g	2.7g	5.3g	1.9g
	85%	5%	10%	

Pikle
Z LODÓWKI

NIE ZAWIERA JAJ · NIE ZAWIERA ORZECHÓW · NIE ZAWIERA NABIAŁU · OPCJA WEGETARIAŃSKA

Czas przygotowania: 5 minut + 2 dni na fermentację

Liczba porcji: 14

3 ogórki nadające się do piklowania o długości około 10 cm

3 gałązki świeżego kopru

2 drobno posiekane ząbki czosnku

¼ szklanki białej cebuli pokrojonej w cienkie plasterki

2 szklanki octu kokosowego lub jabłkowego

¼ szklanki słodzika cukierniczego Swerve albo odpowiednia ilość innego słodzika w proszku lub w płynie (patrz: s. 37)

2 łyżeczki drobnoziarnistej soli morskiej

1 łyżeczka ziaren gorczycy

¼ łyżeczki nasion selera

niechlorowana woda

Wiedzieliście, że większość pikli dostępnych w sklepach zawiera barwniki spożywcze? Sztuczne dodatki mogą powodować nadpobudliwość, która z kolei prowadzi do niedoborów dopaminy wiążących się z zaburzeniami koncentracji. Dlatego właśnie wolę przygotować pikle w domu. Nie zawierają one co prawda zbyt dużej ilości tłuszczu, ale można je włączyć do ketogenicznego posiłku. Wystarczy podawać je z wysokotłuszczowymi daniami, takimi jak parówki zawijane w bekon (s. 287) lub miniroladki z pastrami (s. 199).

1. Wysterylizować 1 słoik mason o pojemności 1 l.
2. Oczyścić ogórki i pokroić je na kawałki — na przykład wzdłuż, w słupki, wszerz, w plasterki — lub zostawić w całości.
3. Umieścić koper, czosnek i cebulę w wysterylizowanym słoiku. Na wierzchu ułożyć ogórki. Zostawić około 5 cm wolnej przestrzeni od górnej krawędzi.
4. W szklanej lub metalowej misce wymieszać ocet, słodzik, sól, gorczycę i nasiona selera. Wlać do słoika i uzupełnić wodą, tak aby ogórki zostały całkowicie zakryte, a mieszanka sięgała do około 2,5 cm od górnej krawędzi słoika.
5. Szczelnie zamknąć i wstawić na 2 dni do lodówki. Przechowywać w lodówce nie dłużej niż 2 miesiące.

RADA:

Jeżeli kupujecie pikle, szukajcie takich, które nie zawierają cukru. Dobrym wyborem są naturalnie sfermentowane ogórki, które sklepy wystawiają w chłodziarkach.

M L H KETO

WARTOŚCI ODŻYWCZE (w 1 porcji)				
kalorie	tłuszcz	białka	węglowodany	błonnik
10	0.1g	0.4g	2.3g	(śladowe ilości)
	1%	8%	91%	

Rady dotyczące piklowania i fermentacji:

- Wysterylizować słoiki przed użyciem wrzącą wodą. Nakrętki umyć w wodzie o temperaturze pokojowej.
- Używać czystej niechlorowanej wody. Chlor hamuje rozwój zdrowych kultur bakterii i zabija smak. Nawet zbyt wysoka zawartość siarki w wodzie ze studni może popsuć efekt końcowy.
- Używać octu kokosowego. Jest bardziej odżywczy od innych pod względem zawartości aminokwasów, witamin i minerałów, stanowi też doskonałe źródło FOS (probiotyku sprzyjającego zdrowemu funkcjonowaniu układu trawiennego).
- Nigdy nie stosować soli jodowanej do przygotowania potraw piklowanych lub fermentowanych. Zabija smak warzyw i zmienia kolor ogórków na ciemniejszy.
- Używać soli o drobniejszych ziarenkach, które szybciej się rozpuszczają.
- Eksperymentować z ulubionymi ziołami i przyprawami, a najlepiej stworzyć własną mieszankę! Ja chętnie stosuję żółtą gorczycę, nasiona selera i świeży koper.

Polenta W STYLU PALEO

NIE ZAWIERA JAJ | NIE ZAWIERA ORZECHÓW | OPCJA: NIE ZAWIERA NABIAŁU | OPCJA: OPCJA WEGETARIAŃSKA

Czas przygotowania: 6 minut

Czas gotowania: 24 minuty

Liczba porcji: 4

4 szklanki bakłażana obranego ze skórki i pokrojonego w kostkę (około 0,5 kg)

4 pokrojone plasterki bekonu

1 szklanka siekanej cebuli

1 łyżka drobno posiekanego czosnku lub ząbki z dużej główki pieczonego czosnku (s. 134)

½ łyżeczki drobnoziarnistej soli morskiej

½ łyżeczki otartego suszonego oregano

½ szklanki bulionu na kościach wołowych kupionego w sklepie lub domowego (s. 132) albo wody

½ szklanki (około 60 g) tartego parmezanu — opcjonalnie (pominąć, jeżeli przepis ma nie zawierać nabiału)

Jak widać na zdjęciu obok, często podaję to danie z wieprzowym ragù z wolnowaru (s. 291), ale polenta smakuje równie dobrze z potrawami z kurczaka.

1. Położyć bakłażan i bekon na dużej patelni. Smażyć z obu stron na średnim ogniu do chwili, aż bekon będzie gotowy, a bakłażan bardzo miękki, czyli około 10 minut.
2. Za pomocą łyżki z otworami przełożyć bakłażan i bekon do robota kuchennego. Tłuszcz zostawić na patelni. Ucierać do chwili uzyskania gładkiej masy.
3. Na patelni z tłuszczem położyć cebulę i smażyć na średnim ogniu, mieszając, aż zmięknie, tj. około 3 minuty. Dodać czosnek i sól. Wciąż mieszając, smażyć jeszcze przez jakieś 45 sekund do minuty.
4. Dodać utarty bakłażan i oregano. Wymieszać. Smażyć, mieszając ciężką drewnianą łyżką, do chwili uzyskania gęstej masy, czyli jakieś 5–10 minut. Co jakiś czas dodawać po 1 łyżce bulionu lub wody, żeby polenta nie była sucha. Posypać serem (opcjonalnie) i podawać.

OPCJA WEGETARIAŃSKA

Aby nadać potrawie dymny posmak bez użycia bekonu, należy uwędzić bakłażan: poukładać kawałki pokrojonego w kostkę warzywa na dużym arkuszu folii aluminiowej wyłożonym niebielonym pergaminem. Nakłuć oba arkusze, żeby dym mógł przedostać się do bakłażana. Wędzić w wędzarni przez godzinę zgodnie z instrukcjami ze s. 374. Po wyjęciu z wędzarni postępować zgodnie z powyższym przepisem, ale w 1. kroku użyć 1 łyżki oleju kokosowego do smażenia. W 4. kroku zastąpić bulion wołowy warzywnym lub wodą.

L M H
KETO

WARTOŚCI ODŻYWCZE (w 1 porcji)				
kalorie	tłuszcz	białka	węglowodany	błonnik
136	9.2g	6.3g	8.3g	3.6g
	60%	17%	23%	

Desery

Uwaga na orzechy i mąkę orzechową w deserach! W wielu ketogenicznych potrawach się ich używa, zwłaszcza blanszowanych migdałów. To jednak drogi produkt, a ponadto orzechy są dosyć ciężkostrawne i zawierają dużo węglowodanów. Po latach pracy z klientami mającymi problemy z metabolizmem oraz cierpiącymi na cukrzycę typu 1, odkryłam, że wyeliminowanie orzechów przyspiesza proces leczenia, tak więc staram się ich unikać (z wyjątkiem niesłodzonego mleka migdałowego, które w przeciwieństwie do migdałów i mąki migdałowej nie zawiera węglowodanów i nie wpływa na poziom cukru we krwi ani na ketozę). W niniejszej książce dosyć rzadko stosuję mąkę kokosową, ponieważ jest bardzo chłonna, w związku z czym potrzebnych będzie co najwyżej kilka łyżek na przepis (w porównaniu z kilkoma szklankami mąki migdałowej). To pomaga ograniczyć udział węglowodanów w diecie.

ROZDZIAŁ 15

Prosty

CRÈME BRÛLÉE

OPCJA

NIE ZAWIERA JAJ · NIE ZAWIERA ORZECHÓW · OPCJA WEGETARIAŃSKA

Czas przygotowania: 8 minut + 25 minut na bomby tłuszczowe

Liczba porcji: 4

1 opakowanie (około 225 g) serka śmietankowego

¾ szklanki niesłodzonego (bezsmakowego lub waniliowego) mleka migdałowego kupionego w sklepie lub domowego (s. 131) albo niesłodzonego (bezsmakowego lub waniliowego) mleka konopnego

¼ szklanki słodzika cukierniczego Swerve albo odpowiednia ilość innego słodzika w proszku bądź w płynie (patrz: s. 37) lub więcej wedle uznania

1 łyżeczka ekstraktu waniliowego lub nasiona z 1 laski wanilii o długości około 15 cm

szczypta drobnoziarnistej soli morskiej

1 szklanka pokruszonych chrupiących bomb tłuszczowych z wanilią (s. 326) lub chrupiących bomb tłuszczowych z bekonem i ekstraktem z syropu klonowego (s. 328)

Ponieważ mój mąż uwielbia crème brûlée, przyrządzałam go wielokrotnie. Często jednak w musie robiły się grudki. Ponadto nie mam w domu ręcznego palnika, więc kiedy chcę uprażyć posypkę, robię to za pomocą lampy piekarnika i często przypalam wzdłuż jednej z krawędzi, ponieważ nagrzewanie jest nierównomierne. W końcu przyszło mi do głowy, że mogłabym uprościć ten przepis, a jako posypki użyć pokruszonych bomb tłuszczowych.

1. Umieścić miękki serek śmietankowy, mleko migdałowe, słodzik, wanilię i sól w blenderze i ucierać do chwili otrzymania gładkiej masy. Sprawdzić, czy ta jest dostatecznie słodka i w razie potrzeby dodać więcej słodzika.
2. Przełożyć do 4 miseczek i wygładzić na wierzchu. Każdą porcję przybrać ¼ szklanki pokruszonych bomb tłuszczowych i podawać.

RADA:

Mus i bomby tłuszczowe można przygotować 2 dni wcześniej i podać jako szybki i imponujący deser. Posypać bombami tłuszczowymi tuż przed podaniem, żeby nie rozmiękły.

M
L H
KETO

WARTOŚCI ODŻYWCZE (w 1 porcji)				
kalorie	tłuszcz	białka	węglowodany	błonnik
186	16g	7.3g	3.9g	0g
	77%	15%	8%	

Bomby tłuszczowe
O SMAKU LIKIERU GRAND MARNIER

NIE ZAWIERA JAJ | NIE ZAWIERA ORZECHÓW | NIE ZAWIERA NABIAŁU | OPCJA WEGETARIAŃSKA

Czas przygotowania: 6 minut + 30 minut na schłodzenie

Liczba porcji: 24 bomby tłuszczowe (2 na porcję)

NADZIENIE:

1 szklanka oleju kokosowego lub niesolonego masła (dla osób tolerujących laktozę)

¼ szklanki słodzika cukierniczego Swerve albo odpowiednia ilość innego słodzika w proszku lub w płynie (patrz: s. 37)

1 łyżeczka ekstraktu pomarańczowego lub 4 krople olejku pomarańczowego

1 łyżeczka wzmacniacza smaku Stur o smaku pomarańczy i mango — opcjonalnie

POLEWA CZEKOLADOWA:

¼ szklanki + 2 łyżki oleju kokosowego

¼ szklanki + 2 łyżki niesłodzonego kakao

¼ szklanki słodzika cukierniczego Swerve albo odpowiednia ilość innego słodzika w proszku lub w płynie (patrz: s. 37)

1 łyżeczka ekstraktu pomarańczowego

⅛ łyżeczki drobnoziarnistej soli morskiej

Specjalny sprzęt:

2 silikonowe foremki na trufle na 12 sztuk po około 30 g — opcjonalnie

1. Wyłożyć foremkę na 24 minibabeczki lub kupić dwie foremki na 12 trufli.
2. W średniej misce mieszać składniki na nadzienie do chwili otrzymania jednolitej pasty. Porozkładać powstałą masę do foremek, wypełniając każdą do ⅔ objętości. Wstawić do zamrażarki na około 20 minut.
3. W międzyczasie przygotować polewę. Rozpuścić olej kokosowy w małym rondlu na małym ogniu. Wymieszać kakao, słodzik, ekstrakt pomarańczowy i sól, żeby składniki się rozpuściły. Przed użyciem odstawić do ostygnięcia.
4. Polać nadzienie polewą. Ponownie wstawić do zamrażarki, żeby polewa się ścięła. Przechowywać w lodówce, w szczelnie zamkniętym pojemniku, nie dłużej niż tydzień lub w zamrażarce przez maksymalnie 3 miesiące.

L M H KETO

WARTOŚCI ODŻYWCZE (w 1 porcji)				
kalorie	tłuszcz	białka	węglowodany	błonnik
275	31g	0g	0g	0g
	100%	0%	0%	

Chrupiące
BOMBY TŁUSZCZOWE Z WANILIĄ

NIE ZAWIERA JAJ | NIE ZAWIERA ORZECHÓW | NIE ZAWIERA NABIAŁU | OPCJA WEGETARIAŃSKA

Czas przygotowania: 5 minut

Czas gotowania: 15 minut

Liczba porcji: 1 szklanka pokruszonych (¼ szklanki na porcję) lub 48 całych bomb (12 na porcję)

1 szklanka słodzika cukierniczego Swerve albo odpowiednia ilość erytrytolu lub owocu mnicha w proszku (patrz: s. 37)

1 łyżeczka ekstraktu waniliowego lub nasiona z 1 laski wanilii o długości około 15 cm

3 łyżki oleju kokosowego lub niesolonego masła (dla osób tolerujących laktozę)

Można je pokruszyć i wykorzystać jako posypkę do ketogenicznych lodów lub innych deserów albo podawać jak ciastka! Na posypkę nadają się najlepiej, jeżeli są pieczone w postaci cienkiego arkusza. Żeby zrobić z nich ciastka, będą potrzebne dwie blachy na minibabeczki. Opisałam tutaj obie metody. Ten podstawowy przepis można wykorzystać do przygotowania bomb tłuszczowych o dowolnym smaku, poniżej moje ulubione. Należy pamiętać, że bomby tłuszczowe z dodatkiem kakao są grubsze, ponieważ taką mieszankę trudniej się rozprowadza.

1. Rozgrzać piekarnik do 175°C. Jeżeli bomby mają być wykorzystane jako posypka, przygotować małą blachę do pieczenia o wymiarach około 25 × 15 cm. Jeżeli mają być podane jako ciastka, przygotować dwie blachy na minibabeczki po 24 sztuki każda.
2. W średniej misce wymieszać widelcem słodzik, wanilię i olej kokosowy, aż pojawią się niewielkie grudki.
3. Jeżeli bomby mają mieć postać pojedynczego arkusza (na posypkę), wylać masę na środek blachy. Nie trzeba jej rozprowadzać, rozpuści się podczas pieczenia.
4. Jeżeli bomby mają być podawane jako ciastka, rozłożyć masę w foremkach na babeczki. Jedna bomba to mniej więcej 1 łyżeczka.
5. Piec przez 12–15 minut, aż masa zrobi się płynna. Wyjąć z piekarnika i odstawić do wystygnięcia. W miarę stygnięcia bomby będą twardnieć.
6. Połamać wystudzony arkusz na kawałki lub wyjąć bomby z foremek. Przechowywać w lodówce, w szczelnie zamkniętym pojemniku, nie dłużej niż miesiąc lub w zamrażarce przez maksymalnie 3 miesiące.

WARIANTY:

- **Chrupiące bomby tłuszczowe o smaku malinowym.** W 2. kroku zamienić wanilię na 1 łyżeczkę ekstraktu malinowego.
- **Chrupiące bomby tłuszczowe o smaku pomarańczowym lub pomarańczy i mango.** W 2. kroku zamienić wanilię na 1 łyżeczkę ekstraktu pomarańczowego. Jeżeli mają mieć smak pomarańczy z mango, dodać odpowiedni wzmacniacz smaku Stur (patrz: s. 58).
- **Chrupiące czekoladowe bomby tłuszczowe.** W 2. kroku dodać 3 łyżki niesłodzonego kakao.
- **Chrupiące bomby tłuszczowe o smaku mokki.** W 2. kroku dodać 3 łyżki niesłodzonego kakao i 1 łyżeczkę espresso.

M L H KETO

WARTOŚCI ODŻYWCZE (w 1 porcji)				
kalorie	tłuszcz	białka	węglowodany	błonnik
89	10.8g	0g	0g	0g
	100%	0%	0%	

Chrupiące bomby tłuszczowe z bekonem
I EKSTRAKTEM Z SYROPU KLONOWEGO

NIE ZAWIERA JAJ · NIE ZAWIERA ORZECHÓW · NIE ZAWIERA NABIAŁU

Czas przygotowania: 5 minut

Czas gotowania: 20 minut

Liczba porcji: 1 szklanka pokruszonych (¼ szklanki na porcję) lub 48 całych bomb (12 na porcję)

2 plasterki bekonu pokrojone na małe kawałki

1 szklanka słodzika cukierniczego Swerve albo odpowiednia ilość erytrytolu lub owocu mnicha w proszku (patrz: s. 37)

2 łyżeczki ekstraktu z syropu klonowego

Równie dobrze smakują z prostym crème brûlée (s. 324), jak i podawane bez niczego!

1. Rozgrzać piekarnik do 175°C. Jeżeli bomby mają być wykorzystane jako posypka, przygotować małą blachę do pieczenia o wymiarach około 25 × 15 cm. Jeżeli mają być podane jako ciastka, przygotować dwie blachy na minibabeczki po 24 sztuki każda.
2. Usmażyć bekon na chrupko na dużej patelni na średnim ogniu.
3. Przełożyć bekon i 3 łyżki wytopionego tłuszczu do średniej żaroodpornej miski. W razie potrzeby można użyć tłuszczu wytopionego przy innej okazji lub oleju kokosowego. Dodać słodzik i ekstrakt z syropu klonowego. Mieszać widelcem, aż pojawią się grudki.
4. Jeżeli bomby mają mieć postać pojedynczego arkusza (na posypkę), wylać masę na środek blachy. Nie trzeba jej rozprowadzać, rozpuści się podczas pieczenia.
5. Jeżeli bomby mają być podawane jako ciastka, rozdzielić masę równo pomiędzy foremki na babeczki. Jedna bomba to mniej więcej 1 łyżeczka.
6. Piec przez 12–15 minut, aż masa zrobi się płynna. Wyjąć z piekarnika i odstawić do wystygnięcia. W miarę stygnięcia bomby będą twardnieć.
7. Połamać wystudzony arkusz na kawałki lub wyjąć bomby z foremek. Przechowywać w lodówce, w szczelnie zamkniętym pojemniku, nie dłużej niż miesiąc lub w zamrażarce przez maksymalnie 3 miesiące.

M
L H
KETO

WARTOŚCI ODŻYWCZE (w 1 porcji)				
kalorie	tłuszcz	białka	węglowodany	błonnik
137	14.1g	2.5g	0g	0g
	93%	7%	0%	

Mrożone przekąski
POMARAŃCZOWO-ŚMIETANKOWE

NIE ZAWIERA JAJ | NIE ZAWIERA ORZECHÓW | OPCJA WEGETARIAŃSKA

Czas przygotowania: 5 minut + 30 minut na zamrożenie

Liczba porcji: 6

2 szklanki śmietany kremówki (patrz: uwaga)

2–4 łyżek słodzika cukierniczego Swerve albo odpowiednia ilość innego słodzika w proszku lub w płynie (patrz: s. 37) w zależności od preferencji

½ łyżeczki ekstraktu waniliowego lub kilka kropli olejku waniliowego

½ łyżeczki ekstraktu pomarańczowego lub kilka kropli olejku pomarańczowego

2 łyżeczki tartej skórki z pomarańczy

Specjalny sprzęt (opcjonalnie):

syfon na bitą śmietanę

1. W przypadku użycia syfonu na bitą śmietanę umieścić w nim wszystkie składniki oprócz skórki pomarańczy i postępować zgodnie z instrukcją producenta.
2. W przypadku użycia miksera schłodzić dużą miskę ze stali nierdzewnej i łopatki w zamrażarce. Wlać śmietanę do miski i ubijać na sztywno. Dodać słodziki oraz ekstrakty i dalej ubijać, aż wszystkie składniki się połączą.
3. Przełożyć bitą śmietanę do rękawa cukierniczego lub dużej plastikowej torebki i odciąć około 0,5 cm z jednego rogu.
4. Wyłożyć blachę papierem do pieczenia. Wycisnąć porcje po około 2 łyżki na papier w około centymetrowych odstępach. Wedle uznania przybrać skórką pomarańczy.
5. Wstawić do zamrażarki na około 30 minut.
6. Przechowywać w zamrażarce, w szczelnie zamkniętym pojemniku, nie dłużej niż miesiąc, o ile wcześniej wszystkie nie znikną!

UWAGA:

Nie należy kupować śmietany UHT, która została poddana działaniu bardzo wysokiej temperatury, ponieważ trudniej się ją ubija.

M L H KETO

WARTOŚCI ODŻYWCZE (w 1 porcji)				
kalorie	tłuszcz	białka	węglowodany	błonnik
138	14.8g	0.8g	0.8g	0g
	96%	2%	2%	

Mrożone przekąski śmietankowe Z CYNAMONEM

NIE ZAWIERA JAJ | NIE ZAWIERA ORZECHÓW | OPCJA WEGETARIAŃSKA

Czas przygotowania: 5 minut + 30 minut na zamrożenie

Liczba porcji: 6

2 szklanki śmietany kremówki (patrz: uwaga)

2–3 łyżki słodzika cukierniczego Swerve albo odpowiednia ilość erytrytolu lub owocu mnicha w proszku (patrz: s. 37) w zależności od preferencji

1 łyżeczka ekstraktu waniliowego lub nasiona z 1 laski wanilii o długości około 15 cm

PRZYBRANIE:

1 łyżka słodzika cukierniczego Swerve albo odpowiednia ilość erytrytolu lub owocu mnicha w proszku (patrz: s. 37)

2 łyżeczki cynamonu

Specjalny sprzęt (opcjonalnie):

syfon do bitej śmietany

1. Wyłożyć blachę papierem do pieczenia.
2. W przypadku użycia syfonu na bitą śmietanę umieścić w nim śmietanę, słodzik oraz wanilię i postępować zgodnie z instrukcją producenta.
3. W przypadku użycia miksera schłodzić dużą miskę ze stali nierdzewnej i łopatki w zamrażarce. Wlać śmietanę do miski i ubijać na sztywno. Dodać słodziki oraz wanilię i dalej ubijać, aż wszystkie składniki się połączą.
4. Przełożyć bitą śmietanę do rękawa dekorującego lub dużej zamykanej plastikowej torebki i odciąć około 0,5 cm z jednego rogu.
5. Wycisnąć porcje po około 2 łyżki na papier w około centymetrowych odstępach.
6. W małej misce wymieszać 1 łyżkę słodzika i cynamon. Obficie posypać przekąski.
7. Wstawić do zamrażarki na około 30 minut.
8. Przechowywać w zamrażarce, w szczelnie zamkniętym pojemniku, nie dłużej niż miesiąc, o ile wcześniej wszystkie nie znikną!

UWAGA:

Nie należy kupować śmietany UHT, która została poddana działaniu bardzo wysokiej temperatury, ponieważ trudniej się ją ubija.

L M H
KETO

WARTOŚCI ODŻYWCZE (w 1 porcji)				
kalorie	tłuszcz	białka	węglowodany	błonnik
138	14.8g	0.8g	0.8g	0g
	96%	2%	2%	

Sernik truskawkowy
W KUBECZKU

NIE ZAWIERA JAJ · OPCJA: NIE ZAWIERA ORZECHÓW

Czas przygotowania: 5 minut + 2 godziny na ścięcie

Czas gotowania: 5 minut

Liczba porcji: 6

¼ szklanki mocnej herbaty z truskawkami lub hibiskusem (patrz: uwaga)

½ łyżki żelatyny w proszku ze zwierząt wypasanych naturalnie (patrz: rady)

1 opakowanie (około 225 g) serka śmietankowego lub mascarpone

1 szklanka niesłodzonego (bezsmakowego lub waniliowego) mleka migdałowego kupionego w sklepie lub domowego (s. 131) albo śmietany kremówki (jeżeli przepis ma nie zawierać orzechów)

¼ szklanki słodzika cukierniczego Swerve albo odpowiednia ilość innego słodzika w proszku lub w płynie (patrz: s. 37) wedle uznania

1 łyżeczka ekstraktu truskawkowego

szczypta drobnoziarnistej soli morskiej

POLEWA CZEKOLADOWA (OPCJONALNIE):

3 łyżki niesolonego masła lub oleju kokosowego

3 łyżki niesłodzonego kakao

2 łyżki słodzika cukierniczego Swerve albo odpowiednia ilość innego słodzika w proszku lub w płynie (patrz: s. 37) wedle uznania

½ łyżeczki ekstraktu pomarańczowego

Ten deser jest niesamowicie prosty w przygotowaniu, a jednocześnie pięknie wygląda serwowany w kubeczkach. Na pewno zaimponuje nawet gościom niebędącym na diecie ketogenicznej.

1. Wlać herbatę do małej żaroodpornej miski. Wsypać żelatynę i mieszać, aż się rozpuści.
2. Włożyć serek do miski i utrzeć na gładko ręcznym mikserem. Wlać herbatę z żelatyną, mleko migdałowe, dodać słodzik, ekstrakt truskawkowy oraz sól i miksować do chwili otrzymania gładkiej masy.
3. Wlać do 6 kubeczków. Zakryć i wstawić do lodówki, żeby się ścięły, na około 2 godziny.
4. W międzyczasie przygotować polewę (opcjonalnie). Rozpuścić masło na małym ogniu. Wymieszać z kakao, słodzikiem i ekstraktem, aż wszystkie składniki się rozpuszczą. Przed użyciem zostawić do ostygnięcia w temperaturze pokojowej.
5. Tuż przed podaniem każdą porcję polać 1 łyżką polewy. Przechowywać w lodówce do chwili podania. Jeść w dniu przygotowania.

UWAGA:

Jeżeli nie macie herbaty z truskawkami lub hibiskusem, można zastąpić ją ciepłym bezsmakowym lub waniliowym mlekiem migdałowym kupionym w sklepie lub domowym (s. 131) albo ciepłym bezsmakowym lub waniliowym mlekiem konopnym.

RADY:

Użycie żelatyny jest prostym sposobem na przygotowanie pysznych przekąsek, jednak potrawy z jej dodatkiem mogą stać się zbyt gumowate, jeżeli będą przez noc trzymane w lodówce. Jeśli więc planujecie przygotować to danie wcześniej i nie podawać tego samego dnia, lepiej użyć o ¼ łyżeczki mniej, niż podano w przepisie. Dzięki temu sernik zachowa gładką kremową teksturę nawet po dobie lub dwóch w lodówce. Tym sposobem można go przyrządzić nawet 3 dni wcześniej.

M L H KETO

WARTOŚCI ODŻYWCZE (w 1 porcji)				
kalorie	tłuszcz	białka	węglowodany	błonnik
220	21.3g	3.4g	5.4g	1.7g
	86%	5%	9%	

Lody
NA PATYKU

OPCJA

NIE ZAWIERA JAJ | NIE ZAWIERA ORZECHÓW | NIE ZAWIERA NABIAŁU | OPCJA WEGETARIAŃSKA

Czas przygotowania: 5 minut + 2 godziny na zamrożenie

Liczba porcji: 4 lody (1 na porcję)

1 szklanka pełnotłustego mleka kokosowego albo śmietany kremówki (dla osób tolerujących laktozę)

1 szklanka niesłodzonego (bezsmakowego lub waniliowego) mleka migdałowego kupionego w sklepie lub domowego (s. 131) albo niesłodzonego (bezsmakowego lub waniliowego) mleka konopnego (jeżeli przepis ma nie zawierać orzechów)

¼ szklanki słodzika cukierniczego Swerve albo odpowiednia ilość innego słodzika w proszku lub w płynie (patrz: s. 37)

1 łyżeczka ekstraktu truskawkowego, pomarańczowego, waniliowego lub innego wedle uznania

1 łyżeczka wzmacniacza smaku Stur o smaku owocowym (patrz: s. 58) lub więcej, jeżeli lody mają być słodsze (opcjonalnie)

Specjalny sprzęt:

4 foremki do lodów

M L H KETO

Z mlekiem kokosowym

WARTOŚCI ODŻYWCZE (w 1 porcji)				
kalorie	tłuszcz	białka	węglowodany	błonnik
156	15.2g	1.6g	3.2g	0g
	88%	4%	8%	

Ze śmietaną kremówką

WARTOŚCI ODŻYWCZE (w 1 porcji)				
kalorie	tłuszcz	białka	węglowodany	błonnik
114	12g	0.9g	1.3g	0g
	92%	3%	4%	

Te lody wywodzą się z Ameryki Łacińskiej. Tradycyjnie przygotowuje się je z soku owocowego i kawałków owoców. Można je również zrobić z mlekiem. Ja użyłam kokosowego i migdałowego, co nadało lodom wspaniałą kremową teksturę.

1. Dokładnie utrzeć wszystkie składniki w blenderze. Wlać mieszankę do 4 foremek na lody.
2. Wstawić do zamrażarki na przynajmniej 2 godziny przed podaniem. Przechowywać w zamrażarce pod przykryciem nie dłużej niż miesiąc.

Śmietankowo-pomarańczowe

LODY W TUBCE

OPCJA OPCJA

NIE ZAWIERA JAJ | NIE ZAWIERA ORZECHÓW | NIE ZAWIERA NABIAŁU | OPCJA WEGETARIAŃSKA | FILM

Czas przygotowania: 5 minut + 2 godziny na zamrożenie

Liczba porcji: 4 lody (1 na porcję)

1 łyżeczka ekstraktu waniliowego lub ziarna z 1 laski wanilii o długości około 15 cm

około 115 g (½ opakowania) serka śmietankowego lub ½ szklanki śmietanki kokosowej (jeżeli przepis ma nie zawierać nabiału)

1¼ szklanki niesłodzonego waniliowego mleka migdałowego kupionego w sklepie lub domowego (s. 131) albo niesłodzonego waniliowego mleka konopnego (jeżeli przepis ma nie zawierać orzechów)

¼ szklanki słodzika cukierniczego Swerve albo odpowiednia ilość innego słodzika w proszku lub w płynie (patrz: s. 37)

1 łyżeczka ekstraktu pomarańczowego lub 2 krople olejku pomarańczowego

¼ łyżeczki drobnoziarnistej soli morskiej

Specjalny sprzęt:

4 foremki na lody w tubce

KETO: L M H

WARTOŚCI ODŻYWCZE (w 1 porcji)				
kalorie	tłuszcz	białka	węglowodany	błonnik
99	9.9g	2.1g	0.8g	0g
	90%	7.8%	2.2%	

W naszym domu nie wyobrażamy sobie okresu letniego bez tych lodów. Wieczorami często wybieramy się na przejażdżki rowerowe, a chłopcy usadowieni w specjalnych wózkach raczą się nimi do woli. Jeżeli chcecie zobaczyć, jak łatwo można je przygotować, odwiedźcie moją stronę internetową MariaMindBodyHealth.com i obejrzyjcie film, który nakręciłam z moimi synami (w polu wyszukiwania należy wpisać *video*).

1. Umieścić składniki w blenderze i utrzeć na gładko.
2. Wlać mieszankę do 4 foremek na lody i wstawić do zamrażarki na przynajmniej 2 godziny przed podaniem. Przechowywać w zamrażarce pod przykryciem nie dłużej niż miesiąc.

Twaróg
Z LIMONKĄ

OPCJA

NIE ZAWIERA ORZECHÓW · NIE ZAWIERA NABIAŁU · OPCJA WEGETARIAŃSKA

Czas przygotowania: 5 minut

Czas gotowania: 10 minut

Wielkość porcji: 2¾ szklanki (¼ szklanki na porcję)

1 szklanka słodzika cukierniczego Swerve albo odpowiednia ilość innego słodzika w proszku lub w płynie (patrz: s. 37)

½ szklanki soku z limonki

4 duże jajka

½ szklanki (1 kostka) niesolonego masła lub oleju kokosowego (jeżeli przepis ma nie zawierać nabiału)

1 łyżka tartej skórki z limonki do przybrania — opcjonalnie

RADA:

Można przygotować z jednodniowym wyprzedzeniem.

To danie jest wprost niezastąpione. Podaję je w miseczkach jako dekadencką kremową przekąskę albo w formie lodów limonkowych (s. 342) lub limonkowych lodów na patyku (s. 342). Jeżeli nie macie dostępu do świeżych owoców, można je zastąpić sokiem.

1. Umieścić słodzik, sok z limonki i jajka w średnim rondlu z grubym dnem i wymieszać. Dodać masło i postawić na średnim ogniu.
2. Kiedy masło się rozpuści, mieszać do chwili, aż całość zgęstnieje i będzie przywierać grubą warstwą do tylnej strony łyżki, tj. około 10 minut. Nie doprowadzać do wrzenia.
3. Przelać mieszankę przez drobne sito do średniej miski. Wstawić ją do większej miski wypełnionej wodą z lodem i od czasu do czasu mieszając, poczekać, aż całkowicie wystygnie, czyli około 15 minut.
4. Podawać w miseczkach, wedle uznania przybrać skórką z limonki.

WARIANT: TWARÓG Z CYTRYNĄ

Zastąpić sok z limonki sokiem z cytryny oraz skórkę z limonki skórką z cytryny (opcjonalnie).

M
L H
KETO

WARTOŚCI ODŻYWCZE (w 1 porcji)				
kalorie	tłuszcz	białka	węglowodany	błonnik
94	9.4g	2g	0.4g	0g
	90%	8.5%	1.5%	

Bomby tłuszczowe Z LIMONKĄ

OPCJA

NIE ZAWIERA ORZECHÓW | NIE ZAWIERA NABIAŁU

Czas przygotowania: 5 minut + 30 minut na schłodzenie

Liczba porcji: 24 bomby (2 na porcję)

½ szklanki soku z limonki

2 łyżeczki żelatyny w proszku ze zwierząt wypasanych naturalnie

1 szklanka słodzika cukierniczego Swerve albo odpowiednia ilość innego słodzika w proszku lub w płynie (patrz: s. 37)

4 duże jajka

½ szklanki (1 kostka) niesolonego masła lub oleju kokosowego (jeżeli przepis ma nie zawierać nabiału)

1 łyżka tartej skórki z limonki do przybrania — opcjonalnie

Specjalny sprzęt (opcjonalnie):

silikonowa foremka na trufle z dużymi wgłębieniami o średnicy około 3 cm

Podstawę tej smacznej przekąski stanowi twaróg z limonką (s. 338), różni się ona jednak od niego dodatkiem żelatyny, która pomaga bombom zachować odpowiedni kształt. Dzięki temu można brać je ze sobą, na przykład na wycieczkę. Jeżeli nie macie dostępu do świeżych owoców, zastąpcie je sokiem.

1. Przygotować foremkę na trufle z 24 dużymi wgłębieniami lub wyłożyć blachę papierem do pieczenia.
2. Wlać sok z limonki do małej miski. Zmieszać z żelatyną i zostawić na minutę, aż się rozpuści.
3. W średnim rondlu o grubym dnie wymieszać słodzik, jajka i sok. Dodać masło i wstawić na średni ogień.
4. Kiedy masło się rozpuści, mieszać do chwili, aż masa zgęstnieje i będzie przywierać grubą warstwą do tylnej strony łyżki, czyli około 10 minut. Nie doprowadzać do wrzenia.
5. Przelać mieszankę przez drobne sito do średniej miski. Wlać ciepły twaróg do foremek na trufle lub wyłożyć porcje po 2 łyżki na blachę w około centymetrowych odstępach. Wedle uznania przybrać tartą skórką z limonki.
6. Wstawić do zamrażarki, żeby bomby się ścięły, na około 30 minut. Aby wyjąć je z foremki, wygiąć brzegi i wypchnąć przekąskę na talerz.
7. Przechowywać w lodówce, w szczelnie zamkniętym pojemniku, nie dłużej niż tydzień lub w zamrażarce przez maksymalnie miesiąc.

M
L H
KETO

WARTOŚCI ODŻYWCZE (w 1 porcji)				
kalorie	tłuszcz	białka	węglowodany	błonnik
98	9.4g	3.3g	0.3g	0g
	86%	13%	1%	

Lody LIMONKOWE

OPCJA

NIE ZAWIERA ORZECHÓW | NIE ZAWIERA NABIAŁU | OPCJA WEGETARIAŃSKA

Czas przygotowania: 5 minut + 15 minut na twaróg i kręcenie lodów (w zależności od maszynki)

Wielkość porcji: 4¾ szklanki (⅓ szklanki na porcję)

1 partia twarogu z limonką (s. 338) przygotowana z mlekiem kokosowym (jeżeli przepis ma nie zawierać nabiału)

2 szklanki śmietany kremówki lub śmietanki kokosowej (jeżeli przepis ma nie zawierać nabiału)

słodzik cukierniczy Swerve albo odpowiednia ilość innego słodzika w proszku lub w płynie (patrz: s. 37) wedle uznania

1 łyżeczka tartej skórki z limonki — opcjonalnie

Specjalny sprzęt:

maszynka do lodów

1. Umieścić twaróg i śmietanę w blenderze i ucierać do chwili otrzymania gładkiej masy. Spróbować i dodać słodzik wedle uznania.
2. Przelać do maszynki do lodów i kręcić zgodnie z instrukcją producenta do chwili ścięcia. Wedle uznania przybrać skórką z limonki i podawać od razu lub przełożyć do pojemnika i przechowywać w zamrażarce nie dłużej niż miesiąc.

WARIANT: LIMONKOWE LODY NA PATYKU

Jeżeli nie macie maszynki do lodów, przelejcie masę z blendera do 14 foremek na lody i wstawcie je do zamrażarki na przynajmniej 3 godziny lub do chwili ścięcia. Przechowujcie pod przykryciem w zamrażarce przez maksymalnie miesiąc.

M L H KETO

WARTOŚCI ODŻYWCZE (w 1 porcji)				
kalorie	tłuszcz	białka	węglowodany	błonnik
212	22.7g	2g	0.4g	0g
	95%	4%	1%	

Lody

KAWOWE

NIE ZAWIERA ORZECHÓW | NIE ZAWIERA NABIAŁU | OPCJA WEGETARIAŃSKA

Czas przygotowania: 5 minut + czas na kręcenie lodów (w zależności od maszynki)

Wielkość porcji: 2¾ szklanki (około ⅓ szklanki na porcję)

¾ szklanki + 2 łyżki oleju kokosowego lub niesolonego masła (dla osób tolerujących laktozę)

½ szklanki mocnego espresso lub schłodzonej kawy

¼ szklanki słodzika cukierniczego Swerve albo odpowiednia ilość innego słodzika w proszku lub w płynie (patrz: s. 37)

¼ szklanki oleju MCT

4 duże jajka

4 żółtka dużych jajek

1 łyżeczka ekstraktu waniliowego lub nasiona z 1 laski wanilii o długości około 15 cm

½ łyżeczki drobnoziarnistej soli morskiej

Specjalny sprzęt:

maszynka do lodów

M L H KETO

WARTOŚCI ODŻYWCZE (w 1 porcji)				
kalorie	tłuszcz	białka	węglowodany	błonnik
332	35.3g	4.1g	1.1g	0g
	95%	4%	1%	

Lody z olejem MCT i solą mogą wydawać się nietypowe, ale te składniki odgrywają ważną rolę: olej nadaje lodom kremową teksturę, a sól sprawia, że są miękkie.

1. Umieścić składniki w blenderze i ucierać do chwili otrzymania gładkiej masy.
2. Przelać do maszynki do lodów i kręcić zgodnie z instrukcją producenta, aż się zetną. Podawać natychmiast albo przełożyć do pojemnika i przechowywać w zamrażarce nie dłużej niż miesiąc.

WARIANT: KAWOWE LODY NA PATYKU

Jeżeli nie macie maszynki do lodów, przelejcie masę z blendera do 8 foremek na lody i wstawcie do zamrażarki na przynajmniej 3 godziny lub do chwili ścięcia. Przechowujcie pod przykryciem w zamrażarce przez maksymalnie miesiąc.

Lody O SMAKU HIBISKUSA

NIE ZAWIERA ORZECHÓW · NIE ZAWIERA NABIAŁU · OPCJA WEGETARIAŃSKA

Czas przygotowania: 5 minut + czas na kręcenie lodów (w zależności od maszynki)

Wielkość porcji: 2¾ szklanki (około ⅓ szklanki na porcję)

¾ szklanki + 2 łyżki oleju kokosowego lub miękkiego niesolonego masła (dla osób tolerujących laktozę)

½ szklanki mocnej herbaty z hibiskusa

¼ szklanki słodzika cukierniczego Swerve albo odpowiednia ilość innego słodzika w proszku lub w płynie (patrz: s. 37)

¼ szklanki oleju MCT

4 duże jajka

4 żółtka dużych jajek

2 łyżeczki ekstraktu malinowego

½ łyżeczki drobnoziarnistej soli morskiej

Specjalny sprzęt:

maszynka do lodów

L M H KETO

WARTOŚCI ODŻYWCZE (w 1 porcji)				
kalorie	tłuszcz	białka	węglowodany	błonnik
331	35.3g	4.1g	1.1g	0g
	95%	4%	1%	

Herbata z hibiskusa nadaje lodom piękny kolor i słodki smak.

1. Umieścić składniki w blenderze i ucierać do chwili otrzymania gładkiej masy.
2. Przelać do maszynki do lodów i kręcić zgodnie z instrukcją producenta, aż się zetną. Podawać natychmiast albo przełożyć do pojemnika i przechowywać w zamrażarce nie dłużej niż miesiąc.

WARIANT: LODY NA PATYKU O SMAKU HIBISKUSA

Jeżeli nie macie maszynki do lodów, przelejcie masę z blendera do 8 foremek na lody i wstawcie do zamrażarki na przynajmniej 3 godziny lub do chwili ścięcia. Przechowujcie pod przykryciem w zamrażarce przez maksymalnie miesiąc.

Lody O SMAKU HERBATY

NIE ZAWIERA ORZECHÓW · NIE ZAWIERA NABIAŁU · OPCJA WEGETARIAŃSKA · FILM

Czas przygotowania: 5 minut + czas na kręcenie lodów (w zależności od maszynki)

Wielkość porcji: 2¾ szklanki (około ¼ szklanki na porcję)

¾ szklanki + 2 łyżki oleju kokosowego lub niesolonego masła (dla osób tolerujących laktozę)

½ szklanki schłodzonej mocnej herbaty korzennej

¼ szklanki słodzika cukierniczego Swerve albo odpowiednia ilość innego słodzika w proszku lub w płynie (patrz: s. 37)

¼ szklanki oleju MCT

4 duże jajka

4 żółtka dużych jajek

1 łyżeczka ekstraktu waniliowego lub nasiona z 1 laski wanilii o długości około 15 cm

1 łyżeczka cynamonu

½ łyżeczki drobnoziarnistej soli morskiej

Specjalny sprzęt:

maszynka do lodów

M
L H
KETO

WARTOŚCI ODŻYWCZE (w 1 porcji)				
kalorie	tłuszcz	białka	węglowodany	błonnik
225	23.5g	2.8g	1.7g	0g
	94%	4%	2%	

Jeżeli jesteście wzrokowcami tak jak ja, możecie zobaczyć na mojej stronie internetowej MariaMindBodyHealth.com, jak przygotowuję lody według tego przepisu (w polu wyszukiwania należy wpisać *video*).

1. Umieścić składniki w blenderze i ucierać do chwili otrzymania gładkiej masy.
2. Przelać do maszynki do lodów i kręcić zgodnie z instrukcją producenta, aż się zetną. Podawać natychmiast albo przełożyć do pojemnika i przechowywać w zamrażarce nie dłużej niż miesiąc.

WARIANT: LODY O SMAKU HERBATY NA PATYKU

Jeżeli nie macie maszynki do lodów, przelejcie masę z blendera do 8 foremek na lody i wstawcie do zamrażarki na przynajmniej 3 godziny lub do chwili ścięcia. Przechowujcie pod przykryciem w zamrażarce przez maksymalnie miesiąc.

Shake
HERBACIANY

NIE ZAWIERA ORZECHÓW | NIE ZAWIERA NABIAŁU | OPCJA WEGETARIAŃSKA | FILM

Czas przygotowania: 5 minut + czas na zrobienie lodów

Liczba porcji: 1

¼ szklanki słodzika cukierniczego Swerve albo odpowiednia ilość innego słodzika w proszku lub w płynie (patrz: s. 37)

1 szklanka gorącej mocnej herbaty korzennej

2 małe kulki lodów o smaku herbaty (s. 345)

1 szklanka wody gazowanej

M
L H
KETO

WARTOŚCI ODŻYWCZE (w 1 porcji)				
kalorie	tłuszcz	białka	węglowodany	błonnik
225	23.5g	2.8g	1.7g	0g
	94%	4%	2%	

Jeżeli jesteście wzrokowcami tak jak ja i chcielibyście zobaczyć, jak przygotować te lody, obejrzyjcie film na mojej stronie internetowej MariaMindBodyHealth.com (w polu wyszukiwania trzeba wpisać *video*).

1. Rozpuścić słodzik w gorącej herbacie, a następnie schłodzić (przepis wymaga sporej ilości słodzika, ponieważ wywar zostanie rozcieńczony wodą gazowaną).
2. Włożyć lody do wysokiej szklanki. Zalać je schłodzoną i posłodzoną herbatą. Dopełnić wodą gazowaną.

Wytrawne lody
O SMAKU PIZZY

NIE ZAWIERA ORZECHÓW · NIE ZAWIERA NABIAŁU · OPCJA WEGETARIAŃSKA

Czas przygotowania: 7 minut + czas na kręcenie lodów (w zależności od maszynki)

Wielkość porcji: 2¾ szklanki (około ¼ szklanki na porcję)

¾ szklanki + 2 łyżki oleju kokosowego lub niesolonego masła (dla osób tolerujących laktozę)

¼ szklanki oleju MCT

4 duże jajka

4 żółtka dużych jajek

½ szklanki sosu do pizzy

½ łyżeczki drobnoziarnistej soli morskiej

¼ łyżeczki drobno posiekanego czosnku lub 2 ząbki pieczonego czosnku (s. 134)

PROPONOWANE DODATKI DO PIZZY:

1 łyżka posiekanej świeżej bazylii

1 łyżka posiekanego świeżego oregano

1 szklanka czarnych oliwek w plasterkach

Specjalny sprzęt:

maszynka do lodów

L M H KETO

WARTOŚCI ODŻYWCZE (w 1 porcji)				
kalorie	tłuszcz	białka	węglowodany	błonnik
225	23.9g	2.9g	0.8g	0g
	95%	4%	1%	

Jeżeli wytrawny deser wydaje się wam dziwnym pomysłem, pomyślcie o tradycji podawania sera po obiedzie w niektórych kulturach. Ja po prostu zamiast sera zrobiłam przekąskę, która naprawdę smakuje jak kawałek pizzy. Wymyśliłam ten przepis w odpowiedzi na prośby moich klientów o wytrawną bombę tłuszczową lub deser, które wprowadziłyby ich w ketozę i nie zawierały słodzików, dzięki czemu mogliby rzucić słodycze.

1. W blenderze wymieszać olej kokosowy, olej MCT, jajka, żółtka, sos do pizzy, sól i czosnek. Utrzeć na gładko.
2. Wlać masę do maszynki do lodów i kręcić zgodnie z instrukcjami producenta. Stopniowo dodawać dodatki do pizzy i mieszać do chwili dokładnego połączenia się składników. Podawać natychmiast lub przełożyć do pojemnika i przechowywać w zamrażarce nie dłużej niż miesiąc.

Lody BEZJAJECZNE

OPCJA

NIE ZAWIERA JAJ | NIE ZAWIERA ORZECHÓW | OPCJA WEGETARIAŃSKA | FILM

Czas przygotowania: 5 minut + czas na kręcenie lodów (różny w zależności od maszynki)

Wielkość porcji: 5½ szklanki (½ szklanki na porcję)

2 awokado przepołowione, bez pestek i obrane ze skórki

1 szklanka niesłodzonego (bezsmakowego lub waniliowego) mleka migdałowego kupionego w sklepie lub domowego (s. 131) albo niesłodzonego (bezsmakowego lub waniliowego) mleka konopnego (jeżeli danie ma nie zawierać orzechów)

1 szklanka śmietany kremówki

½ szklanki słodzika cukierniczego Swerve albo odpowiednia ilość innego słodzika w proszku lub w płynie (patrz: s. 37)

1 łyżka soku z cytryny lub limonki

1 łyżeczka ekstraktu miętowego lub kilka kropli olejku miętowego (lub innego wedle uznania)

½ łyżeczki drobnoziarnistej soli morskiej

Specjalny sprzęt:

maszynka do lodów

Najczęściej dodaję do tych lodów ekstrakt miętowy, ale mogą mieć dowolny smak: wystarczy zamienić ekstrakt lub olejek na inny. Jeżeli jesteście wzrokowcami tak jak ja, możecie obejrzeć film, na którym przygotowuję ten deser na mojej stronie internetowej MariaMindBodyHealth.com (w polu wyszukiwania należy wpisać *video*).

1. Umieścić wszystkie składniki w blenderze i utrzeć na gładko.
2. Wlać do maszynki do lodów i kręcić zgodnie z instrukcjami producenta, aż masa się zetnie. Podawać natychmiast lub przełożyć do pojemnika i przechowywać w zamrażarce nie dłużej niż miesiąc. Mrożone lody ogrzewać przed podaniem przez 15 minut w temperaturze pokojowej.

WARIANT: BEZJAJECZNE LODY NA PATYKU

Jeżeli nie macie maszynki do lodów, wlejcie masę do 16 foremek i wstawcie do zamrażarki na co najmniej 3 godziny lub do chwili ścięcia. Przechowujcie w zamrażarce przez maksymalnie miesiąc.

M L H KETO

WARTOŚCI ODŻYWCZE (w 1 porcji)				
kalorie	tłuszcz	białka	węglowodany	błonnik
225	20.9g	1.9g	8.7g	6.8g
	83%	3%	14%	

Bezmleczna
CZEKOLADOWA POLEWA DO LODÓW

NIE ZAWIERA JAJ | NIE ZAWIERA ORZECHÓW | NIE ZAWIERA NABIAŁU | OPCJA WEGETARIAŃSKA

Czas przygotowania: 4 minuty

Wielkość porcji: ½ szklanki (2 łyżki na porcję)

¼ szklanki + 2 łyżki oleju kokosowego

¼ szklanki + 2 łyżki niesłodzonego kakao

¼ szklanki słodzika cukierniczego Swerve albo odpowiednia ilość innego słodzika w proszku lub w płynie (patrz: s. 37)

1 łyżeczka ekstraktu waniliowego lub nasiona z 1 laski wanilii o długości około 15 cm

½ łyżeczki drobnoziarnistej soli morskiej

Ten przepis kojarzy mi się z wizytami w miejscowej lodziarni. Kiedy byłam mała, zawsze zamawiałam tam lody w pysznej czekoladowej polewie.

Roztopić olej kokosowy w małym rondlu na małym ogniu. Dodać kakao, słodzik, wanilię i sól. Mieszać do chwili rozpuszczenia się składników. Zostawić do ostygnięcia i polać lody. Przechowywać w lodówce nie dłużej niż 2 tygodnie lub w zamrażarce przez maksymalnie miesiąc.

WARIANTY SMAKOWE:

- **Mięta.** Zastąpić wanilię 1 łyżeczką ekstraktu miętowego lub kilkoma kroplami olejku miętowego.
- **Migdały.** Zastąpić wanilię 1 łyżeczką ekstraktu migdałowego lub kilkoma kroplami olejku migdałowego.
- **Pomarańcze.** Pominąć kakao i dodać 1 łyżeczkę ekstraktu pomarańczowego lub kilka kropli olejku pomarańczowego.
- **Limonka.** Pominąć kakao i dodać 1 łyżeczkę ekstraktu z limonki lub kilka kropli olejku z limonki

WARIANT: BATONIKI CZEKOLADOWE

Przelać mieszankę do foremek w kształcie batoników o pojemności około 30 ml i wstawić do lodówki na jakieś 15 minut, żeby się ścięły. Przechowywać w lodówce nie dłużej niż 2 tygodnie lub w zamrażarce przez maksymalnie miesiąc.

M
L H
KETO

WARTOŚCI ODŻYWCZE (w 1 porcji)				
kalorie	tłuszcz	białka	węglowodany	błonnik
139	14g	1g	3g	1.6g
	90%	2%	8%	

Mus
KARMELOWY

NIE ZAWIERA JAJ | NIE ZAWIERA ORZECHÓW | OPCJA WEGETARIAŃSKA

Czas przygotowania: 5 minut

Liczba porcji: 4

½ szklanki śmietany kremówki

około 115 g (½ szklanki) serka śmietanowego lub mascarpone

¼ szklanki słodzika cukierniczego Swerve albo odpowiednia ilość innego słodzika w proszku lub w płynie (patrz: s. 37) wedle uznania

1 łyżeczka ekstraktu karmelowego

1. Schłodzić miskę ze stali nierdzewnej i trzepaczkę w zamrażarce. Wlać śmietanę i ubić na sztywno.
2. Dodać miękki serek śmietankowy, słodzik i ekstrakt karmelowy. Mieszać do chwili otrzymania bardzo gładkiej masy. Przełożyć do 4 kubeczków. Przechowywać pod przykryciem w lodówce nie dłużej niż 5 dni.

RADA:

Mus można przygotować z 5-dniowym wyprzedzeniem.

M L H KETO

WARTOŚCI ODŻYWCZE (w 1 porcji)				
kalorie	tłuszcz	białka	węglowodany	błonnik
129	12.9g	1.9g	0.9g	0g
	90%	7%	3%	

Aksamitny
MUS FRANCUSKI

NIE ZAWIERA ORZECHÓW | NIE ZAWIERA NABIAŁU | OPCJA WEGETARIAŃSKA

Czas przygotowania: 7 minut + 2 godziny na schłodzenie

Liczba porcji: 12

½ szklanki oleju kokosowego lub niesolonego masła w temperaturze pokojowej (dla osób tolerujących laktozę)

¾ szklanki słodzika cukierniczego Swerve albo odpowiednia ilość innego słodzika w proszku lub w płynie (patrz: s. 37)

2 rozpuszczone kostki (około 30 g) niesłodzonej czekolady do pieczenia

1 łyżeczka ekstraktu waniliowego lub nasiona z 1 laski wanilii o długości około 15 cm

2 duże jajka

1. Umieścić olej kokosowy w misce i utrzeć go za pomocą ręcznego miksera.
2. Stopniowo dodawać słodzik, aż mieszanka nieco zmieni kolor.
3. Dodać roztopioną czekoladę i wanilię. Ucierać do chwili dokładnego połączenia się składników.
4. Dodawać po jednym jajku i ucierać na średniej mocy przez 5 minut po wbiciu każdego z nich.
5. Przełożyć mus do 6 miseczek. Chłodzić przez co najmniej 2 godziny przed podaniem. Przechowywać w lodówce, w szczelnie zamkniętym pojemniku, nie dłużej niż 5 dni.

L M H
KETO

WARTOŚCI ODŻYWCZE (w 1 porcji)				
kalorie	tłuszcz	białka	węglowodany	błonnik
218	21.5g	3.4g	2.8g	0.8g
	89%	6%	5%	

Żelki MISIE

NIE ZAWIERA JAJ | NIE ZAWIERA ORZECHÓW | NIE ZAWIERA NABIAŁU

Czas przygotowania: 5 minut + 2 godziny na ścięcie

Liczba porcji: 50 żelków (10 na porcję)

1 torebka owocowej herbaty, na przykład jagodowej, wiśniowej lub truskawkowej

½ szklanki wrzącej wody

2 łyżki żelatyny w proszku ze zwierząt wypasanych naturalnie

½ szklanki pełnotłustego mleka kokosowego

2 łyżki słodzika cukierniczego Swerve albo odpowiednia ilość innego słodzika w proszku lub w płynie (patrz: s. 37)

1 łyżeczka ekstraktu owocowego (o tym samym smaku co herbata)

¼ łyżeczki stewii w płynie o smaku owoców tropikalnych lub innym

Specjalny sprzęt:

foremka na żelki (50 sztuk)

Moi chłopcy uwielbiają te żelki, więc często je robię. Lubię eksperymentować z różnymi smakami. Naszym najnowszym odkryciem jest odrobina zagęszczonej stewii o smaku owoców tropikalnych. Wszystkie naturalne aromaty i herbaty, których używam, można kupić w moim sklepie na stronie MariaMindBodyHealth.com.

1. Zaparzyć bardzo mocną herbatę o wybranym smaku. Wyjąć torebkę z kubka, dodać żelatynę i mieszać do chwili jej całkowitego rozpuszczenia.
2. W misce połączyć mleko kokosowe, słodzik, ekstrakt, stewię i herbatę z żelatyną.
3. Wlać do foremki na żelki i wstawić do lodówki, aż masa się zetnie, czyli na jakieś 2 godziny. Przechowywać w lodówce, w szczelnie zamkniętym pojemniku, nie dłużej niż 5 dni lub w zamrażarce przez maksymalnie miesiąc. Przed podaniem rozmrozić.

M
L H
KETO

WARTOŚCI ODŻYWCZE (w 1 porcji)				
kalorie	tłuszcz	białka	węglowodany	błonnik
44	4.3g	0.5g	0.9g	0g
	88%	4%	8%	

Krówki

BANANOWE

OPCJA

NIE ZAWIERA JAJ | NIE ZAWIERA ORZECHÓW | OPCJA WEGETARIAŃSKA | FILM

Czas przygotowania: 5 minut – 8 godzin na schłodzenie

Czas gotowania: 8 minut

Liczba porcji: 24 kawałki (2 na porcję)

1 szklanka (2 kostki) niesolonego masła

¼ szklanki słodzika cukierniczego Swerve albo odpowiednia ilość erytrytolu lub owocu mnicha w proszku (patrz: s. 37)

1 opakowanie (około 225 g) serka śmietankowego lub mascarpone

1½ łyżki niesłodzonego (bezsmakowego lub waniliowego) mleka migdałowego kupionego w sklepie lub domowego (s. 131) albo niesłodzonego (bezsmakowego lub waniliowego) mleka konopnego (jeżeli przepis ma nie zawierać orzechów)

1 łyżeczka ekstraktu bananowego lub kilka kropli olejku bananowego

¼ łyżeczki drobnoziarnistej soli morskiej

M
L H
KETO

WARTOŚCI ODŻYWCZE (w 1 porcji)				
kalorie	tłuszcz	białka	węglowodany	błonnik
202	21.9g	1.6g	0.5g	0g
	96%	3%	1%	

Jeżeli jesteście wzrokowcami tak jak ja, możecie obejrzeć, jak przygotowuję ten deser, na mojej stronie internetowej MariaMindBodyHealth.com (w polu wyszukiwania trzeba wpisać *video*).

1. W dużym rondlu roztopić masło na średnim ogniu. Doprowadzić do granicy wrzenia i cały czas mieszając, gotować do chwili, aż masło przybierze brązowy kolor, tj. około 8 minut. Nie pozwolić, by masło zrobiło się czarne.
2. Zdjąć z ognia i dodać słodzik. Dokładnie wymieszać.
3. Przy użyciu ręcznego miksera ustawionego na niską moc połączyć serek śmietankowy, mleko migdałowe, ekstrakt bananowy i sól.
4. Wyłożyć papierem do pieczenia blachę o powierzchni około 50 cm^2, tak aby wystawał poza jej brzegi, dzięki czemu łatwiej będzie go zdjąć. Wylać masę na papier i wstawić na noc do lodówki. Do rana zrobi się dużo gęstsza.
5. Wyłożyć na deskę do krojenia, odwracając blachę dnem do góry. Zdjąć papier i pokroić zastygłą masę w 2,5-centymetrowe kostki. Przechowywać w lodówce, w szczelnie zamkniętym pojemniku, nie dłużej niż tydzień lub w zamrażarce przez maksymalnie miesiąc.

Krówkowe brownie
BEZ MĄKI

OPCJA

NIE ZAWIERA ORZECHÓW · NIE ZAWIERA NABIAŁU · OPCJA WEGETARIAŃSKA

Czas przygotowania: 5 minut

Czas gotowania: 20 minut

Liczba porcji: 18

CIASTO:

½ szklanki (1 kostka) niesolonego masła lub oleju kokosowego (jeżeli przepis ma nie zawierać nabiału)

1 szklanka niesłodzonego kakao

1 szklanka słodzika cukierniczego Swerve albo odpowiednia ilość erytrytolu lub owocu mnicha w proszku (patrz: s. 37)

4 duże jajka

1 łyżeczka ekstraktu waniliowego lub nasiona z 1 laski wanilii o długości około 15 cm

¼ łyżeczki drobnoziarnistej soli morskiej

POLEWA:

6 łyżek miękkiego niesolonego masła lub oleju kokosowego (jeżeli przepis ma nie zawierać nabiału)

⅓ szklanki słodzika cukierniczego Swerve albo odpowiednia ilość erytrytolu lub owocu mnicha w proszku (patrz: s. 37)

⅓ szklanki niesłodzonego kakao

¼ szklanki śmietany kremówki lub pełnotłustego mleka kokosowego (jeżeli przepis ma nie zawierać nabiału)

1 łyżeczka ekstraktu waniliowego lub nasiona z 1 laski wanilii o długości około 15 cm

gruboziarnista sól morska

Mój brat i ja bardzo lubiliśmy odwiedzać naszą babcię Betty, bo zawsze witała nas dźwiękami muzyki i czekoladą. Zarówno ona, jak i dziadek byli muzykami. Kiedy byłam mała, zawsze prosiłam babcię, by śpiewała mi *How Much Is That Doggie in the Window*. Piekła najwspanialsze brownie na świecie. Do dziś żartujemy z bratem, że znamy tajemnicę babci: po prostu dawała więcej polewy niż ciasta!

1. Rozgrzać piekarnik do 160°C. Wyłożyć blachę o wymiarach 20 × 10 cm papierem do pieczenia i nasmarować tłuszczem.
2. W dużej misce wymieszać wszystkie składniki na ciasto na gładką masę. Wylać na blachę i piec przez 20 minut lub do chwili, gdy na wbitej w nią wykałaczce nie zostanie surowe ciasto. Przed podaniem zostawić do wystygnięcia w temperaturze pokojowej.
3. W międzyczasie przygotować polewę: umieścić masło, słodzik i kakao w misce i utrzeć za pomocą ręcznego miksera. Dodać śmietanę i ekstrakt waniliowy i ponownie utrzeć.
4. Polać wystudzone brownie polewą i posypać solą. Pokroić na 18 kawałków i podawać w temperaturze pokojowej w dniu przygotowania. Przechowywane w lodówce należy podgrzać przed podaniem. Można też piec pojedyncze porcje (patrz: jedna porcja).
5. Jeżeli planujecie przechowywać brownie w lodówce, zostawcie je bez polewy. Ciasto i polewę należy trzymać w oddzielnych pojemnikach nie dłużej niż 5 dni. Przed podaniem wyjąć polewę z lodówki i zostawić w temperaturze pokojowej, by się zagrzała. Następnie wyjąć brownie i podgrzewać w kuchence mikrofalowej przez 20 sekund, żeby były ledwo ciepłe. Polać polewą i posypać solą.

JEDNA PORCJA

Jeżeli cała blacha brownie stanowi dla was zbyt dużą pokusę, pieczcie je partiami. Dzięki temu nie stracicie nad sobą kontroli. Wystarczy nasmarować tłuszczem kokilkę o pojemności około 115 g i wypełnić ciastem do ⅔ wysokości. Piec przez 10–13 minut lub do chwili, gdy na wbitej w masę wykałaczce nie zostanie surowe ciasto. Zostawić do wystygnięcia i polać 2 łyżkami polewy w temperaturze pokojowej. Przechowywać pozostałe ciasto w lodówce nie dłużej niż 5 dni. Do pieczenia małych porcji brownie doskonale nada się opiekacz elektryczny!

M L H KETO

WARTOŚCI ODŻYWCZE (w 1 porcji)				
kalorie	tłuszcz	białka	węglowodany	błonnik
250	27.8g	1.5g	0.2g	0g
	98%	2%	0%	

Maślane

CUKIERKI MIĘTOWE

OPCJA

NIE ZAWIERA JAJ | NIE ZAWIERA ORZECHÓW | NIE ZAWIERA NABIAŁU | OPCJA WEGETARIAŃSKA

Czas przygotowania: 5 minut + godzina na schłodzenie

Liczba porcji: 12 cukierków (2 na porcje)

½ szklanki (1 kostka) miękkiego niesolonego masła lub oleju kokosowego (jeżeli przepis ma nie zawierać nabiału)

¼ szklanki słodzika cukierniczego Swerve albo odpowiednia ilość erytrytolu lub owocu mnicha w proszku (patrz: s. 37) wedle uznania

½ łyżeczki ekstraktu miętowego lub ¼ łyżeczki olejku miętowego (lub więcej wedle uznania)

szczypta drobnoziarnistej soli morskiej

Kiedy byłam mała, często odwiedzaliśmy moich pradziadków. Wizyty zawsze wiązały się z grą na fortepianie i cukierkami po wspólnym obiedzie. Wtedy mój brat i ja woleliśmy czekoladę. Dziś jednak takie cukierki przywołują wiele miłych wspomnień.

1. Wyłożyć blachę papierem do pieczenia.
2. Umieścić składniki w misce i utrzeć na gładko mikserem ręcznym. Spróbować i wedle uznania dodać więcej słodzika oraz ekstraktu lub olejku miętowego.
3. Wlać mieszankę do rękawa cukierniczego lub plastikowej torebki i odciąć około 0,5 cm z jednego rogu. Wycisnąć na papier około centymetrowe miętówki. Wstawić na godzinę do lodówki. Przechowywać w lodówce, w szczelnie zamkniętym pojemniku, nie dłużej niż 2 tygodnie lub w zamrażarce przez maksymalnie miesiąc.

M
L H
KETO

WARTOŚCI ODŻYWCZE (w 1 porcji)				
kalorie	tłuszcz	białka	węglowodany	błonnik
136	15.3g	0.2g	0g	0g
	99%	1%	0%	

Potrawy wędzone

ROZDZIAŁ DODATKOWY

Nie wszyscy lubią spędzać czas w kuchni. Ja z całą pewnością wolę przebywać na dworze. Gotowanie może nie być waszą mocną stroną, ale gorąco zachęcam do wypróbowania wędzenia! Tak, to dosyć czasochłonne, ale jeżeli poświęcimy niedzielne popołudnie i przygotujemy odpowiednio duży zapas jedzenia, wystarczy na kolacje przez cały tydzień. Ja często robię trzy razy więcej, niż podaje przepis. Zapas trzymam w zamrażarce i wykorzystuję do przygotowywania obiadów. Kiedy wychodzę do pracy, wstawiam zamrożone mięso do piekarnika i ustawiam zegar. Po powrocie w całym domu unosi się wspaniały zapach i możemy siadać do stołu!

Jeżeli jesteście wzrokowcami tak jak ja, obejrzyjcie film o wędzeniu na mojej stronie internetowej MariaMindBodyHealth.com (w polu wyszukiwania trzeba wpisać *video*). Opowiadam w nim o wędzeniu żeberek, ale ogólne zasady mają zastosowanie do wszystkich przepisów w tym rozdziale.

Kwestia wędzarni

Przed rozpoczęciem wędzenia należy rozważyć kilka kwestii. Poniżej zamieszczam wskazówki, dzięki którym dokonacie najlepszych wyborów.

Typy wędzarni

Pierwszą decyzją, którą należy podjąć, jest wybór typu wędzarni. Te dzielą się na opalane drewnem, węglem drzewnym, gazem oraz elektryczne. Wszystkie mają swoje plusy i minusy.

- **Wędzarnie opalane drewnem** nadają potrawom najlepszy smak, ale wymagają sporo uwagi, utrzymywania stałej temperatury i dorzucania drewna.
- **Wędzarnie opalane węglem drzewnym** wymagają pewnych nakładów pracy, by ustawić i utrzymać odpowiednią temperaturę i dorzucić węgla. Niemniej jednak potrawy w nich przygotowane są niezwykle smaczne.
- **Wędzarnie gazowe** pozwalają łatwo kontrolować temperaturę: wystarczy wprowadzić odpowiednią wartość. Nie trzeba im więc poświęcać tyle uwagi co wcześniej wspomnianym typom. Wystarczy tylko co jakiś czas dołożyć nieco drewna.
- **Wędzarnie elektryczne** są niezwykle proste w użyciu. Nie ma potrzeby ustawiać temperatury, wystarczy podłączyć urządzenie do prądu i co jakiś czas uzupełniać drewno. Tańsze modele mają tylko jedno ustawienie (najczęściej około 120°C). Ja używam wędzarni wysokiej jakości, w której mam możliwość zmiany temperatury. Polecam ją zajętym osobom. Ponadto takie wędzarnie są na ogół tańsze niż pozostałe typy.

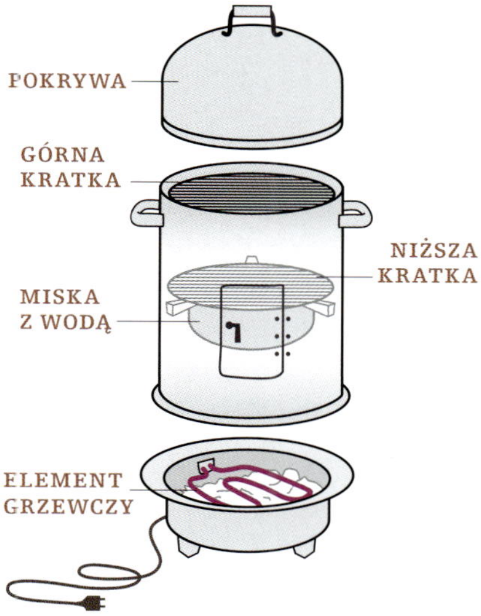

Używam wędzarni elektrycznej, ponieważ jest łatwa w obsłudze i relatywnie tania (można kupić ją za mniej niż 400 złotych). Wystarczy moczyć kawałki drewna w wodzie przez 30 minut. Następnie ułożyć kamienie wulkaniczne wokół elementu grzewczego, a na nich mokre drewno, po czym podłączyć wędzarnię do prądu. Napełnić miskę dołączoną do zestawu wodą, a na górnej lub dolnej kratce położyć produkty do uwędzenia i zakryć. Dalej wędzenie wymaga już tylko sprawdzania mniej więcej co godzinę, czy nie brakuje drewna.

Drewno

Od rodzaju użytego drewna będzie zależał smak wędzonych produktów. Poniżej znajdziecie przewodnik po niektórych najczęściej wykorzystywanych gatunkach:

- **Olcha** nadaje produktom słodki dymny smak i jest najlepsza do wędzenia drobiu i ryb.
- **Jabłoń** nadaje mięsu nieco owocowy słodki smak. Świetnie nadaje się do wędzenia szynek.
- **Cedr** nadaje potrawom charakterystyczny aromat pasujący do ryb i drobiu.
- **Wiśnia**, tak jak jabłoń nadaje mięsu lekko owocowy słodki smak. Pasuje do indyka, kurczaka oraz drobnych ptaków łownych.
- **Orzesznik** jest często używany na południu Stanów Zjednoczonych. Nadaje mięsu silny dymny aromat i doskonale pasuje do wieprzowiny, kurczaka i żeberek. Poza tym jest klasycznym drewnem do wędzenia bekonu.
- **Jadłoszyn baziowaty** pali się bardzo długo i nadaje mięsu bardzo silny aromat dymu. Temperatura jego spalania może jednak okazać się zbyt wysoka dla niektórych mięs. Świetny do wołowiny.
- **Dąb** jest bardzo popularny i pasuje do wszystkiego. Jednak w przeciwieństwie do innych gatunków nie ma wyróżniającego się smaku, dlatego można go użyć do wędzenia dowolnych produktów.
- **Pekan** nadaje wędzonym produktom podobny smak co orzesznik, jednak nie tak intensywny. Najczęściej wykorzystuje się go w stanach położonych na wybrzeżu Zatoki Meksykańskiej.

Ja najczęściej używam kombinacji orzesznika i wiśni lub jabłoni, co daje doskonale zrównoważony smak dymu i owoców. Zachęcam was jednak do poeksperymentowania i odnalezienia swojego ulubionego zestawu.

Wędzony
MOSTEK WOŁOWY

NIE ZAWIERA JAJ · NIE ZAWIERA ORZECHÓW · NIE ZAWIERA NABIAŁU · FILM

Czas przygotowania: 5 minut + 30 minut na namoczenie drewna

Czas gotowania: 7–9 godzin

Liczba porcji: 20

1 mostek wołowy (około 4,5 kg)

1 szklanka przyprawy do żeberek (s. 108)

ocet kokosowy do skropienia uwędzonego mięsa przed pieczeniem

1 partia domowego sosu barbecue (s. 125) do podania

Specjalny sprzęt:

wędzarnia

4 szklanki zrębków dowolnego gatunku drewna

1. *Opcjonalnie:* by otrzymać najlepszy możliwy smak, należy dzień przed wędzeniem lub rano tego dnia wmasować w mięso przyprawę do żeberek. Następnie zawinąć je ciasno w niebielony pergamin i szczelnie w folię. Wstawić do lodówki na przynajmniej 8 godzin lub na noc, by smak przypraw wniknął w mięso. Jeżeli wolicie pominąć ten krok, nic straconego, aromat i tak będzie bogaty.
2. 30 minut przed rozpoczęciem wędzenia namoczyć zrębki w wodzie i wyjąć mięso z lodówki. Jeżeli nie zostało przyprawione wcześniej, położyć je na desce do krojenia i wmasować dużą ilość przyprawy do żeberek. Zostawić w temperaturze pokojowej i przygotować wędzarnię.
3. Przed rozpoczęciem wędzenia zapoznać się z instrukcją obsługi wędzarni. Każdy z typów — opalany węglem, opalany drewnem, elektryczny i gazowy — działa nieco inaczej. Uruchomić wędzarnię. Jeżeli w zestawie znajduje się miska na wodę, napełnić ją. Powolne gotowanie wymaga użycia termometru, by kontrolować temperaturę urządzenia. Kiedy ta osiągnie od 110°C do 120°C, można zacząć wędzenie.
4. Umieścić mięso w wędzarni i zamknąć pokrywę, tak aby z urządzenia nie wydostawał się dym. Wędzić przez 3 godziny, co jakiś czas sprawdzając temperaturę. Zmieniać ustawienie otworów wentylacyjnych, by utrzymać ją w zakresie od 110°C do 120°C. W razie potrzeby dołożyć paliwa oraz zrębków, jeżeli ilość dymu nie będzie wystarczająca.
5. Po 3 godzinach wyjąć mięso z wędzarni. Upiec w wyższej temperaturze na grillu lub w piekarniku. Można od razu wykorzystać całość lub podzielić mostek na porcje i używać w miarę potrzeb (patrz: rada / jedna porcja).
6. Aby przygotować mięso do pieczenia, należy ułożyć mostek na dużym arkuszu folii wyłożonym niebielonym pergaminem. Skropić sporą ilością octu kokosowego, po czym ciasno i szczelnie zawinąć. Uwaga: należy upewnić się, że folia nie jest dziurawa, w przeciwnym razie mięso będzie suche.
7. Rozgrzać grill do średniej temperatury (175°C) lub piekarnik do 175°C. Umieścić zawinięty mostek na kratce i piec lub grillować przez 4–6 godzin do chwili, gdy temperatura mięsa wyniesie od 90°C do 96°C (jeżeli używany jest grill, należy zamknąć pokrywę). Podawać z sosem barbecue.

M
L H
KETO

WARTOŚCI ODŻYWCZE (w 1 porcji)				
kalorie	tłuszcz	białka	węglowodany	błonnik
410	14.1g	68.8g	0g	0g
	32%	68%	0%	

RADA / JEDNA PORCJA:

By mieć zapas mięsa na szybkie obiady, należy je po wyjęciu z wędzarni podzielić na porcje. Skropić octem kokosowym i szczelnie zawinąć w folię wyłożoną niebielonym pergaminem. Przechowywać w lodówce nie dłużej niż 3 dni lub w zamrażarce przez maksymalnie miesiąc. Przygotować posiłek zgodnie z 7. krokiem. Ja najczęściej wyjmuję porcję z zamrażarki rano, wstawiam do piekarnika i ustawiam zegar tak, aby mięso było gotowe, kiedy siadamy do stołu.

Wędzone

TYLNE ŻEBERKA WOŁOWE

NIE ZAWIERA JAJ · NIE ZAWIERA ORZECHÓW · NIE ZAWIERA NABIAŁU · FILM

Czas przygotowania: 10 minut + 30 minut na namoczenie zrębków

Czas gotowania: 2½ godziny

Liczba porcji: 12

¾ szklanki wędzonej papryki

¼ szklanki słodzika cukierniczego Swerve albo odpowiednia ilość stewii lub erytrytolu w proszku (patrz: s. 37)

2 łyżki cebuli w proszku

2 pełne tylne żeberka wołowe, grzbietowe lub inne (około 3,5 kg)

ocet kokosowy do skropienia uwędzonego mięsa przed pieczeniem

Specjalny sprzęt:

wędzarnia

4 szklanki zrębków dowolnego gatunku drewna

M
L H
KETO

WARTOŚCI ODŻYWCZE (w 1 porcji)				
kalorie	tłuszcz	białka	węglowodany	błonnik
748	61.7g	45.5g	4.4g	2.4g
	74%	24%	2%	

1. W małej misce wymieszać paprykę, słodzik i cebulę w proszku.
2. *Opcjonalnie*: by otrzymać najlepszy możliwy smak, należy dzień przed wędzeniem lub rano tego dnia przyprawić mięso. Opłukać je i osuszyć, a następnie ułożyć na desce do krojenia. Wmasować sporą ilość przypraw z każdej strony. Następnie ciasno zawinąć w niebielony pergamin i szczelnie w folię. Wstawić do lodówki na przynajmniej 8 godzin lub na noc, by smak przypraw wniknął w mięso. Jeżeli wolicie pominąć ten krok, nic straconego, aromat i tak będzie bogaty.
3. 30 minut przed rozpoczęciem wędzenia namoczyć zrębki w wodzie, wyjąć żeberka z lodówki i zostawić w temperaturze pokojowej. Przygotować wędzarnię. Jeżeli mięso nie zostało przyprawione wcześniej, opłukać je, osuszyć, położyć na desce do krojenia i wmasować dużą ilość mieszanki przypraw.
4. Przed rozpoczęciem wędzenia zapoznać się z instrukcją obsługi wędzarni. Każdy z typów — opalany węglem, opalany drewnem, elektryczny i gazowy — działa nieco inaczej. Uruchomić wędzarnię. Jeżeli w zestawie znajduje się miska na wodę, napełnić ją. Powolne gotowanie wymaga użycia termometru, by kontrolować temperaturę urządzenia. Kiedy ta osiągnie od 110°C do 120°C, można zacząć wędzenie.
5. Umieścić mięso w wędzarni i zamknąć pokrywę, tak aby z urządzenia nie wydostawał się dym. Wędzić przez 2 godziny, co jakiś czas sprawdzając temperaturę. Zmieniać ustawienie otworów wentylacyjnych, by utrzymać ją w zakresie od 110°C do 120°C. W razie potrzeby dołożyć paliwa oraz zrębków, jeżeli ilość dymu nie będzie wystarczająca.
6. Po 2 godzinach wyjąć mięso z wędzarni. Upiec w wyższej temperaturze na grillu lub w piekarniku. Można od razu wykorzystać całość lub podzielić żeberka na porcje i używać w miarę potrzeb (patrz: rada / jedna porcja).
7. Aby przygotować mięso do pieczenia, należy ułożyć żeberka na dużym arkuszu folii wyłożonym niebielonym pergaminem. Skropić sporą ilością octu kokosowego, po czym ciasno i szczelnie zawinąć. Uwaga: należy upewnić się, że folia nie jest dziurawa, w przeciwnym razie mięso będzie suche.
8. Rozgrzać grill do średniej temperatury (175°C) lub piekarnik do 175°C. Umieścić zawinięte żeberka na kratce i piec lub grillować przez 30 minut do chwili, gdy mięso zrobi się bardzo miękkie (jeżeli używany jest grill, zamknąć pokrywę). Podawać od razu lub po wykonaniu 9. kroku, po którym żeberka będą chrupiące na zewnątrz.

9. Opcjonalnie: żeby mięso było chrupiące z zewnątrz, ustawić grill lub opcję opiekania w piekarniku na wysoką temperaturę. Odwinąć żeberka z folii i piec lub grillować przez 5 minut.

RADA / JEDNA PORCJA:

By mieć zapas mięsa na szybkie obiady, należy je po wyjęciu z wędzarni podzielić na porcje. Skropić octem kokosowym i szczelnie zawinąć w folię wyłożoną niebielonym pergaminem. Przechowywać w lodówce nie dłużej niż 3 dni lub w zamrażarce przez maksymalnie miesiąc. Przygotować posiłek zgodnie z 8. i 9. krokiem. Ja najczęściej wyjmuję porcję z zamrażarki rano, wstawiam do piekarnika i ustawiam zegar tak, aby mięso było gotowe, kiedy siadamy do stołu.

Wędzone ŻEBERKA GRZBIETOWE

NIE ZAWIERA JAJ | NIE ZAWIERA ORZECHÓW | NIE ZAWIERA NABIAŁU | FILM

Czas przygotowania: 10 minut + 30 minut na namoczenie zrębków

Czas gotowania: od 4 godzin do 5½ godziny

Liczba porcji: 8

4 pełne żeberka grzbietowe

1 szklanka przyprawy do żeberek (s. 108)

ocet kokosowy do skropienia uwędzonych żeberek przed pieczeniem

Specjalny sprzęt:

wędzarnia

4 szklanki zrębków dowolnego gatunku drewna

1. 30 minut przed rozpoczęciem wędzenia namoczyć zrębki w wodzie i wyjąć żeberka z lodówki, położyć na desce do krojenia i wmasować w nie dużą ilość mieszanki przypraw.
2. Przed rozpoczęciem wędzenia zapoznać się z instrukcją obsługi wędzarni. Każdy z typów — opalany węglem, opalany drewnem, elektryczny i gazowy — działa nieco inaczej. Uruchomić wędzarnię. Jeżeli w zestawie znajduje się miska na wodę, napełnić ją. Powolne gotowanie wymaga użycia termometru, by kontrolować temperaturę urządzenia. Kiedy ta osiągnie od 110°C do 120°C, można zacząć wędzenie.
3. Umieścić mięso w wędzarni i zamknąć pokrywę, tak aby z urządzenia nie wydostawał się dym. Co jakiś czas sprawdzać temperaturę i zmieniać ustawienie otworów wentylacyjnych, by utrzymać ją w zakresie od 110°C do 120°C. Wędzić przez 2–3 godziny w zależności od preferencji. Im dłuższe wędzenie, tym intensywniejszy smak. W razie potrzeby dołożyć paliwa oraz zrębków, jeżeli ilość dymu nie będzie wystarczająca.
4. Po 2–3 godzinach wyjąć mięso z wędzarni. Upiec w wyższej temperaturze na grillu lub w piekarniku. Można od razu wykorzystać całość lub podzielić żeberka na porcje i używać w miarę potrzeb (patrz: rada / jedna porcja).
5. Aby przygotować mięso do pieczenia, należy ułożyć żeberka na dużym arkuszu folii wyłożonym niebielonym pergaminem. Skropić sporą ilością octu kokosowego, po czym ciasno i szczelnie zawinąć. Uwaga: należy upewnić się, że folia nie jest dziurawa, w przeciwnym razie mięso będzie suche.
6. Rozgrzać grill do niezbyt wysokiej temperatury (135°C) lub piekarnik do 175°C. Umieścić zawinięte żeberka na kratce i piec przez 2–2½ godziny do momentu, aż mięso zrobi się miękkie. Zdjąć z kratki i wyjąć z folii. Ustawić wysoką temperaturę. Z powrotem położyć żeberka na kratce mięsną stroną w kierunku źródła ciepła (na grillu kośćmi do góry, w piekarniku — do dołu) i piec przez 5 minut, żeby brzegi zrobiły się chrupiące.

M L H KETO

WARTOŚCI ODŻYWCZE (w 1 porcji)				
kalorie	tłuszcz	białka	węglowodany	błonnik
562	47.4g	31.6g	0g	0g
	76%	23%	0%	

RADA / JEDNA PORCJA:

By mieć zapas mięsa na szybkie obiady, należy je po wyjęciu z wędzarni podzielić na porcje. Skropić octem kokosowym i szczelnie zawinąć w folię wyłożoną niebielonym pergaminem. Przechowywać w lodówce nie dłużej niż 3 dni lub w zamrażarce przez maksymalnie miesiąc. Przygotować posiłek zgodnie z 6. krokiem. Ja najczęściej wyjmuję porcję z zamrażarki rano, wstawiam do piekarnika i ustawiam zegar tak, aby mięso było gotowe, kiedy siadamy do stołu.

Wędzona ŁOPATKA WIEPRZOWA

NIE ZAWIERA JAJ · NIE ZAWIERA ORZECHÓW · NIE ZAWIERA NABIAŁU · FILM

Czas przygotowania: 10 minut + 30 minut na namoczenie zrębków

Czas gotowania: 6–7 godzin

Liczba porcji: 16

¾ szklanki wędzonej papryki

¼ szklanki słodzika cukierniczego Swerve albo odpowiednia ilość stewii lub erytrytolu w proszku (patrz: s. 37)

2 łyżki cebuli w proszku

1 łopatka wieprzowa z kością (około 3,6 kg)

ocet kokosowy do skropienia uwędzonego mięsa przed pieczeniem

Specjalny sprzęt:

wędzarnia

4 szklanki zrębków dowolnego gatunku drewna

Resztki tej potrawy świetnie smakują zawinięte w liście sałaty lub tortille z cukinii (s. 212).

1. W małej misce wymieszać paprykę, słodzik i cebulę w proszku.
2. *Opcjonalnie*: by otrzymać najlepszy możliwy smak, należy dzień przed wędzeniem lub rano tego dnia przyprawić mięso. Opłukać je i osuszyć, a następnie ułożyć na desce do krojenia. Wmasować sporą ilość przypraw z każdej strony. Następnie ciasno zawinąć w niebielony pergamin i szczelnie w folię. Wstawić do lodówki na przynajmniej 8 godzin lub na noc, by smak przypraw wniknął w mięso. Jeżeli wolicie pominąć ten krok, nic straconego, aromat i tak będzie bogaty.
3. 30 minut przed rozpoczęciem wędzenia namoczyć zrębki w wodzie, wyjąć łopatkę z lodówki i zostawić w temperaturze pokojowej. Przygotować wędzarnię. Jeżeli mięso nie zostało przyprawione wcześniej, opłukać je, osuszyć, położyć na desce do krojenia i wmasować dużą ilość mieszanki przypraw.
4. Przed rozpoczęciem wędzenia zapoznać się z instrukcją obsługi wędzarni. Każdy z typów — opalany węglem, opalany drewnem, elektryczny i gazowy — działa nieco inaczej. Uruchomić wędzarnię. Jeżeli w zestawie znajduje się miska na wodę, napełnić ją. Powolne gotowanie wymaga użycia termometru, by kontrolować temperaturę urządzenia. Kiedy ta osiągnie od 110°C do 120°C, można zacząć wędzenie.
5. Umieścić mięso w wędzarni i zamknąć pokrywę, tak aby z urządzenia nie wydostawał się dym. Wędzić przez 5–6 godzin, co jakiś czas sprawdzając temperaturę. Zmieniać ustawienie otworów wentylacyjnych, by utrzymać ją w zakresie od 110°C do 120°C. W razie potrzeby dołożyć paliwa oraz zrębków, jeżeli ilość dymu nie będzie wystarczająca.
6. Po 5–6 godzinach (lub jeżeli mięso osiągnie idealną dla wieprzowiny temperaturę wewnętrzną od 80°C do 85°C) wyjąć łopatkę z wędzarni. Upiec w wyższej temperaturze na grillu lub w piekarniku. Można od razu wykorzystać całość lub podzielić łopatkę na porcje i używać w miarę potrzeb (patrz: rada / jedna porcja).
7. Aby przygotować mięso do pieczenia, należy ułożyć łopatkę na dużym arkuszu folii wyłożonym niebielonym pergaminem. Skropić sporą ilością octu kokosowego, po czym ciasno i szczelnie zawinąć. Uwaga: należy upewnić się, że folia nie jest dziurawa, w przeciwnym razie mięso będzie suche.

L M H
KETO

WARTOŚCI ODŻYWCZE (w 1 porcji)				
kalorie	tłuszcz	białka	węglowodany	błonnik
599	46.8g	38.9g	3.3g	1.8g
	71%	27%	2%	

8. Rozgrzać grill do średniej temperatury (175°C) lub piekarnik do 175°C. Umieścić zawiniętą łopatkę na kratce i piec przez godzinę do chwili, gdy mięso zrobi się bardzo miękkie (jeżeli używany jest grill, należy zamknąć pokrywę). Podawać od razu lub po wykonaniu 9. kroku, który sprawi, że łopatka będzie chrupiąca na zewnątrz.
9. Opcjonalnie: żeby mięso było chrupiące z zewnątrz, ustawić grill lub opcję opiekania w piekarniku na wysoką temperaturę. Odwinąć łopatkę z folii i piec lub grillować przez 5 minut.

RADA / JEDNA PORCJA:

By mieć zapas mięsa na szybkie obiady, należy je po wyjęciu z wędzarni podzielić na porcje. Skropić octem kokosowym i szczelnie zawinąć w folię wyłożoną niebielonym pergaminem. Przechowywać w lodówce nie dłużej niż 3 dni lub w zamrażarce przez maksymalnie miesiąc. Przygotować posiłek zgodnie z 8. i 9. krokiem. Ja najczęściej wyjmuję porcję z zamrażarki rano, wstawiam do piekarnika i ustawiam zegar tak, aby mięso było gotowe, kiedy siadamy do stołu.

Wędzony ŁOSOŚ

NIE ZAWIERA JAJ | NIE ZAWIERA ORZECHÓW | NIE ZAWIERA NABIAŁU | FILM

Czas przygotowania: 5 minut + 2 godziny na marynowanie i 30 minut na namoczenie zrębków

Czas gotowania: od 1¼ do 1½ godziny

Liczba porcji: 12

około 2,2 kg filetów z łososia ze skórą

MARYNATA:

½ szklanki aminokwasów kokosowych lub sosu sojowego niezawierającego pszenicy

3 łyżki oleju MCT

2 łyżeczki słodzika cukierniczego Swerve albo odpowiednia ilość innego słodzika (patrz: s. 37)

3 łyżeczki tartego świeżego imbiru

2 drobno posiekane ząbki czosnku

1 łyżeczka drobnoziarnistej soli morskiej

½ łyżeczki mielonego czarnego pieprzu

Specjalny sprzęt:

wędzarnia

4 szklanki zrębków dowolnego gatunku drewna

M
L H
KETO

WARTOŚCI ODŻYWCZE (w 1 porcji)				
kalorie	tłuszcz	białka	węglowodany	błonnik
250	11.7g	36.7g	0g	0g
	42%	58%	0%	

Wyznaję zasadę: nigdy nie mów nigdy. Myślałam, że nigdy nie polubię łososia, do chwili gdy spróbowałam wędzonego mięsa tej ryby. Co więcej, sam proces pozwala zachować zdrowotne właściwości kwasów omega-3, które utleniają się w wysokiej temperaturze (patrz: ramka na następnej stronie). Niemniej jednak za każdym razem, kiedy pytam rzeźnika lub sprzedawcę w sklepie z artykułami wędzonymi, jakich składników dodają do swojego wędzonego łososia, dowiaduję się, że cukru i sosu sojowego zawierającego pszenicę. Dlatego właśnie wolę sama wędzić ryby! Nie tylko sama dobieram przyprawy, lecz także kontroluję cały proces. Im dłużej się coś wędzi, tym intensywniejszy będzie smak potrawy.

1. Pokroić rybę na kawałki o wymiarach 10 × 7,5 cm.
2. Wymieszać składniki marynaty w dużej misce ze szkła lub niereaktywnego metalu. Włożyć do niej łososia, zakryć i wstawić do lodówki na 2 godziny lub całą noc.
3. 30 minut przed wędzeniem namoczyć zrębki drewna w wodzie. Odsączyć.
4. Przed rozpoczęciem wędzenia zapoznać się z instrukcją obsługi wędzarni. Każdy z typów — opalany węglem, opalany drewnem, elektryczny i gazowy — działa nieco inaczej. Uruchomić wędzarnię. Jeżeli w zestawie znajduje się miska na wodę, napełnić ją. Kiedy temperatura osiągnie 80°C, można zacząć wędzenie.
5. Spłukać marynatę i osuszyć rybę papierowymi ręcznikami. Włożyć filety do wędzarni skórą do dołu. Zamknąć pokrywę, tak aby z urządzenia nie wydostawał się dym. Wędzić przez 30 minut.
6. Zwiększyć temperaturę do 110°C i wędzić przez 45 minut do godziny.
7. Wyjąć łososia z wędzarni, zostawić do ostygnięcia i zakryć do chwili podania. Przechowywać w lodówce nie dłużej niż 10 dni. Jeżeli zapakujecie rybę próżniowo, wytrzyma nawet 3 tygodnie. Można również przechowywać ją w zamrażarce przez maksymalnie miesiąc.

JEDNA PORCJA *Podzielić łososia na pojedyncze porcje. Przechowywać w zamrażarce przez maksymalnie miesiąc i rozmrażać w miarę potrzeb.*

UWAGA:

Tą samą metodą można wędzić inne gatunki ryb. Moje ulubione to pstrąg i golec zwyczajny.

JAK UZYSKAĆ MAKSYMALNE KORZYŚCI Z JEDZENIA PRODUKTÓW BOGATYCH W KWASY OMEGA-3

Łosoś to doskonałe źródło kwasów omega-3. Należy jednak pamiętać, że wysoka temperatura ma na nie negatywny wpływ. Omega-3 to wielonienasycone kwasy tłuszczowe (PUFA), które łatwo się utleniają. Proces ten powoduje stany zapalne w organizmie, które są źródłem różnorodnych schorzeń. Moje własne badania doprowadziły mnie do wniosku (to duża zmiana w podejściu do opieki zdrowotnej), że kwas eikozapentaenowy (EPA) oraz w jeszcze większym stopniu kwas dokozaheksaenowy (DHA) utleniają się w temperaturze pokojowej oraz w organizmie. Dlatego też przyjmowane w formie suplementów wywołują stany zapalne.

Najprościej myśleć o PUFA jak o bardzo niestabilnych substancjach, które łatwo ulegają oksydacji na skutek ciepła, promieni słonecznych, temperatury ciała i tym podobnych czynników. Najlepsze ich źródło stanowią świeże produkty (zwłaszcza surowe). Dobrze również spożywać ich tylko tyle, ile potrzebuje organizm. Jeżeli kwasów będzie zbyt dużo, ich nadmiar przez pewien czas pozostanie w organizmie, a to z kolei wywoła wiele szkód i doprowadzi do stanów zapalnych. Z tego powodu przestałam zalecać suplementy na bazie oleju rybnego. Zbyt duża część kwasów ulega oksydacji podczas przechowywania, a wysokie dawki intensyfikują te procesy w organizmie.

Dlatego właśnie wędzenie ryb jest doskonałą metodą: niska temperatura nie powoduje utleniania delikatnych tłuszczów!

Wędzone
STEKI KALAFIOROWE Z PATELNI

OPCJA

NIE ZAWIERA ORZECHÓW | NIE ZAWIERA NABIAŁU | OPCJA WEGETARIAŃSKA | FILM

Czas przygotowania: 10 minut + 30 minut na namoczenie zrębków

Czas gotowania: 1 godzina i 10 minut

Liczba porcji: 4

1 główka kalafiora

1 łyżka oleju MCT

1 łyżeczka drobnoziarnistej soli morskiej

½ łyżeczki świeżo zmielonego pieprzu

2 łyżki oleju kokosowego do smażenia

DO PODANIA:

1 szklanka pomidorów pokrojonych w kostkę, świeżych lub z puszki (z sokiem)

1 szklanka dressingu zielonej bogini (s. 117)

Specjalny sprzęt:

wędzarnia

4 szklanki zrębków dowolnego gatunku drewna

1. 30 minut przed wędzeniem namoczyć zrębki drewna w wodzie. Odsączyć.
2. Przed rozpoczęciem wędzenia zapoznać się z instrukcją obsługi wędzarni. Każdy z typów — opalany węglem, opalany drewnem, elektryczny i gazowy — działa nieco inaczej. Uruchomić wędzarnię. Jeżeli w zestawie znajduje się miska na wodę, napełnić ją. Kiedy temperatura osiągnie 80°C, można zacząć wędzenie.
3. Za pomocą dużego noża pokroić kalafior od góry do dołu na steki o grubości około 2,5 cm. Natrzeć je olejem, posypać solą i pieprzem. Ułożyć na dużym arkuszu folii wyłożonym niebielonym pergaminem (żeby kawałki nie wpadły do komory grzewczej lub miski z wodą). Nakłuć folię i pergamin, by dym miał swobodny dostęp do warzywa.
4. Włożyć kalafiora do wędzarni. Zamknąć pokrywę, tak aby z urządzenia nie wydostawał się dym. Wędzić przez godzinę. W międzyczasie przygotować pomidory i dressing.
5. Po upływie godziny wyjąć kalafior z wędzarni.
6. Rozgrzać olej kokosowy na dużej patelni na średnim ogniu. Smażyć steki i mniejsze kawałki kalafiora do chwili, aż zrobią się miękkie i złotobrązowe, tj. około 5 minut z każdej strony. W razie potrzeby przyrządzać w partiach i dodać więcej oleju. Przyprawić solą i pieprzem. Podawać na pomidorach i polane dressingiem.

RADA:

Aby przygotować posiłek dla dwóch osób, należy podzielić steki na dwie porcje i podawać z zieloną sałatką z dowolnym ketogenicznym dressingiem (s. 116–121).

M
L H
KETO

Z ¼ szklanki dressingu zielonej bogini

WARTOŚCI ODŻYWCZE (w 1 porcji)				
kalorie	tłuszcz	białka	węglowodany	błonnik
121	10.4g	1.9g	6g	3g
	77%	6%	17%	

Wędzony bakłażan Z PATELNI

NIE ZAWIERA ORZECHÓW · NIE ZAWIERA NABIAŁU · OPCJA WEGETARIAŃSKA · FILM

Czas przygotowania: 10 minut + 30 minut na namoczenie zrębków

Czas gotowania: 1 godzina i 10 minut

Liczba porcji: 4

1 duży bakłażan (około 680 g)

1 szklanka oleju MCT

1 łyżeczka drobnoziarnistej soli morskiej

½ łyżeczki świeżo zmielonego czarnego pieprzu

2 łyżki oleju kokosowego do smażenia

DO PODANIA:

1 szklanka pomidorów pokrojonych w kostkę, świeżych lub z puszki (z sokiem)

1 szklanka bezmlecznego dressingu ranczerskiego (s. 118)

Specjalny sprzęt:

wędzarnia

4 szklanki zrębków dowolnego gatunku drewna

1. 30 minut przed wędzeniem namoczyć zrębki drewna w wodzie. Odsączyć.
2. Przed rozpoczęciem wędzenia zapoznać się z instrukcją obsługi wędzarni. Każdy z typów — opalany węglem, opalany drewnem, elektryczny i gazowy — działa nieco inaczej. Uruchomić wędzarnię. Jeżeli w zestawie znajduje się miska na wodę, napełnić ją. Kiedy temperatura osiągnie 80°C, można zacząć wędzenie.
3. Za pomocą dużego noża pokroić bakłażan na steki o grubości około 2,5 cm. Natrzeć je olejem, posypać solą i pieprzem. Ułożyć na dużym arkuszu folii wyłożonym niebielonym pergaminem (żeby kawałki nie wpadły do komory grzewczej lub miski z wodą). Nakłuć folię i pergamin, by dym miał swobodny dostęp do warzywa.
4. Włożyć bakłażan do wędzarni. Zamknąć pokrywę, tak aby z urządzenia nie wydostawał się dym. Wędzić przez godzinę. W międzyczasie przygotować pomidory i dressing.
5. Po upływie godziny wyjąć bakłażan z wędzarni.
6. Rozgrzać olej kokosowy na dużej patelni na średnim ogniu. Smażyć steki z bakłażana do chwili, aż zrobią się miękkie i złotobrązowe, tj. około 5 minut z każdej strony. W razie potrzeby przyrządzać w partiach i dodać więcej oleju. Przyprawić solą i pieprzem. Podawać na pomidorach i polane dressingiem.

RADA:

Aby przygotować posiłek dla dwóch osób, należy podzielić steki na dwie porcje i podawać z zieloną sałatką z dowolnym ketogenicznym dressingiem (s. 116–121).

L M H KETO

Z ¼ szklanki bezmlecznego dressingu ranczerskiego

WARTOŚCI ODŻYWCZE (w 1 porcji)				
kalorie	tłuszcz	białka	węglowodany	błonnik
316	30.6g	2.2g	9.1g	4.7g
	87%	2%	11%	

Podziękowania

Wdzięczność otwiera pełnię życia. Sprawia, że to, co mamy, wystarcza. Zamienia opór w akceptację, chaos w porządek, konfuzję w klarowność. Może zamienić posiłek w ucztę, mieszkanie w dom, obcego w przyjaciela. Wdzięczność nadaje sens przeszłości, przynosi pokój dzisiaj i tworzy wizję jutra.

—Melody Beattie

Uwielbiam ten cytat, ponieważ przypomina mi, że życie pełne jest wzlotów i upadków. Mniej więcej osiem lat temu mój mąż Craig stracił pracę, przez co musieliśmy na jakiś czas zrezygnować z adopcji. Był to dla nas bardzo smutny okres. Wiele razy nie chciało mi się nawet wstać z łóżka, jednak wymyślanie przepisów i dzielenie się nimi na moim blogu sprawiało mi radość i pomagało się zmotywować. Kochałam wstawać przed wschodem słońca i czytać komentarze zostawiane przez odwiedzających. Nie miałam zamiaru składać broni i dać się pokonać okolicznościom. Przyjaciółka pozwoliła mi korzystać ze swojego studia tańca. Mogłam organizować tam lekcje jogi. Zaczęłam sprzedawać karty perforowane i prowadziłam zajęcia w porze lunchu i w weekendowe poranki. Craig przychodził na każdą sesję, którą zawsze kończyłam powyższym cytatem.

Ostatnio dostałam od osoby biorącej kiedyś udział w moich zajęciach zdjęcie jednej z poduszek z oczami, które sprzedawałam, żeby trochę dorobić. Przypomniało mi ono, jak ciężkie były to czasy. Produkowałam nawet zdrowe przekąski dla zwierząt i rękawiczki ze starych swetrów, które później wystawiałam na sprzedaż. Na randki z Craigiem chodziliśmy do biblioteki, gdzie wybieraliśmy książki i filmy, które później czytaliśmy i oglądaliśmy w domu, bo nie stać nas było na wyjście na miasto. Nowy styl życia okazał się nie tylko mniej kosztowny, lecz także zdrowszy! Dzięki tym trudnościom zdałam sobie sprawę, jak bardzo jestem wdzięczna za to, co już mam.

Chciałabym również podziękować wam, moi czytelnicy! Bez was być może w dalszym ciągu prowadziłabym zajęcia jogi!

Jestem wdzięczna Craigowi, mojej miłości i najlepszemu przyjacielowi, który nigdy się nie skarży, nawet jeżeli zrobię bałagan w kuchni zaraz po tym, jak ją posprzątał. Mój mąż ma również swój wkład w niniejszą książkę, ponieważ przygotował szczegółowe plany posiłków, zebrał informacje o wartościach odżywczych oraz zamieścił na mojej stronie internetowej wykresy i filmy, które stanowią jej uzupełnienie.

Jestem wdzięczna moim synom, Micahowi i Kaiowi, którzy uwielbiają towarzyszyć mi w kuchni. Nawet jeżeli z ich pomocą przygotowanie obiadu trwa dwukrotnie dłużej, jest ona zawsze mile widziana. Byłam zdruzgotana na wieść, że trzeba będzie odłożyć adopcję na później. Wtedy moja mama powiedziała mi, że po prostu moje dzieci jeszcze się nie urodziły. Piszę to ze łzami w oczach, bo miała absolutną rację. Tych dwóch chłopców było mi przeznaczonych!

Jestem wdzięczna Rebecce Oberle, która zawsze służy mi pomocą, by deser pięknie wyglądał. To właśnie ona jest autorką części przecudnych potraw, które można podziwiać na moim blogu!

Jestem wdzięczna Jamie Schultz, która pomogła mi z pisaniem bloga i robiła zdjęcia do moich wydawanych własnym sumptem książek. Dzięki temu chciało mi się wstawać z łóżka w jednym z najtrudniejszych okresów mego życia! Nie jestem pewna, czy bez niej moje przepisy w ogóle ujrzałyby światło dzienne.

Jestem wdzięczna Jimmy'emu Moore'owi. Ciągle pamiętam, kiedy pierwszy raz zaprosił mnie do swojego podcastu siedem lat temu. Byłam w szoku. Zawsze podziwiałam jego pracę i zaangażowanie. Kiedy zaprosił mnie do wspólnego napisania książki kucharskiej, byłam zaskoczona, że wybrał właśnie mnie. Jimmy, jesteś błogosławieństwem nie tylko dla mnie, lecz także dla wszystkich osób będących na diecie, które w twojej osobie mają zaufanego i szanowanego przewodnika.

Chciałabym również podziękować całemu zespołowi Victory Belt. Otrzymałam od was mnóstwo wsparcia i dobroci.

Erich, twoja pomoc i radosne spojrzenie na świat uczyniły tę podróż absolutnie niezwykłą i wartą całej ciężkiej pracy w nią włożonej! Doceniam twoje telefony, żeby sprawdzić, jak sobie radzę. Jesteś bardzo troskliwy.

Sean i Michele, nie potrafię wyrazić, jak wdzięczna jestem za czas, który mi poświęciliście. Wspaniale było móc was bliżej poznać i wisieć z Michele na telefonie, dyskutując o dzieciach, hobby i naszej silnej antypatii do zimy!

Holly, Pam i Erin, słowa nie wyrażą, jak bardzo jestem wdzięczna za wysiłek, który włożyłyście w zredagowanie moich przepisów. Dziękuję za pomoc w stworzeniu tak pięknej książki!

Bill i Haley, jestem zaszczycona, że mogłam umieścić zdjęcie waszego autorstwa na okładce niniejszej książki. Zawsze byłam wielką fanką waszych prac. Pierwszą książką wydaną przez Victory Belt, którą kupiłam, była wasza *Gather*. Od samego początku się zakochałam. Dziękuję za czas poświęcony na przygotowanie moich przepisów i zdjęcie na okładkę.

Susan, jestem wdzięczna za entuzjazm, z jakim promujesz moje książki! Uśmiecham się za każdym razem, gdy dostaję od ciebie e-mail. Twoja radość jest niesamowita!

SKŁADNIKI

Założyłam sklep internetowy, w którym można znaleźć wszystkie składniki zastosowane w niniejszej książce po najniższych cenach. Wystarczy wejść na moją stronę internetową MariaMindBodyHealth.com i kliknąć na Maria's Amazon Store albo skorzystać z tego linku:

astore.amazon.com/marisnutran05-20

AROMAT DYMU WĘDZARNICZEGO W PŁYNIE
Wright's Liquid Smoke, www.wrightsliquidsmoke.com

BIAŁKO W PROSZKU, SERWATKA I BIAŁKO JAJ
Jay Robb, www.jayrobb.com

BULION W KARTONIE
Home Goodness, www.homegoodness.net

DRESSINGI DO SAŁATEK
Bragg's, www.bragg.com

DŻEMY
Nature's Hollow, www.natureshollow.com

EKSTRAKTY I OLEJKI
Best Flavors, www.bestflavors.com
Frontier, www.frontiercoop.com

ERYTRYTOL W PROSZKU
Sukrin Granulated and Icing Sugar, www.sukrinusa.com
Swerve, www.swervesweetener.com
Wholesome! All-Natural Zero, www.wholesomesweet.com

GHI
Shamim's Pantry, shamimspantry.com

GUMA GUAR
NOW, www.nowfoods.com

KETCHUP
Nature's Hollow, www.natureshollow.com

KISZONA KAPUSTA
Bubbies, www.bubbies.com

MAJONEZ
Primal Kitchen Mayo, www.primalblueprint.com/shop/#PB-PrimalKitchen

MAKARON
Miracle Noodles, www.miraclenoodle.com
Sea Tangle Kelp Noodles, www.kelpnoodles.com

MĄKA KOKOSOWA I OLEJ KOKOSOWY
Tropical Traditions, www.tropicaltraditions.com

MLEKO KOKOSOWE NIESŁODZONE
Tropical Traditions, www.tropicaltraditions.com

MLEKO KONOPNE NIESŁODZONE
Pacific Foods, www.pacificfoods.com

MLEKO MIGDAŁOWE NIESŁODZONE
Silk, www.silk.com

OCET KOKOSOWY
Coconut Secret, www.coconutsecret.com

OLEJ MCT
SKINNYFat, www.caltonnutrition.com/skinnyfat
(kod $5KetoOil daje 5 dolarów zniżki)

ORZECHY I MĄKI ORZECHOWE
Nuts.com

OSTRE SOSY
Marie Sharp's, www.mariesharps-bz.com
Xyla Brand Xylitol Buffalo Wing Sauce, xylitolusa.com/xylitol-condiments

PIKLE
Bubbies Pickles, www.bubbies.com

RYŻ
Miracle Rice, www.miraclenoodle.com

SOS BARBECUE
Nature's Hollow, www.natureshollow.com

SOS POMIDOROWY EKOLOGICZNY

Middle Earth Organics tomato sauces, www.tropicaltraditions.com

SOS RYBNY

Red Boat Fish Sauce, www.redboatfishsauce.com

SUSZONE MIĘSO

Epic Meats, www.epicbar.com (więcej informacji na mariamindbodyhealth.com/epic-meats-giveaway)
Sophia's Survival Food, www.grassfedjerkychews.com (więcej informacji na mariamindbodyhealth.com/sophias-survival-food)
Thousand Hills Cattle, www.thousandhillscattleco.com

SYROP Z KORZENIA YACON

Sunfood Superfoods, www.sunfood.com

TŁUSZCZE

Fatworks, www.fatworks.com

TUŃCZYK W PUSZCE

Vital Choice, www.vitalchoice.com

WZMACZNIACZ SMAKU NA BAZIE WODY

Stur, www.sturdrinks.com

ZAGĘSZCZONA STEWIA

NOW, www.nowfoods.com

ŻELATYNA ZE ZWIERZĄT WYPASANYCH NATURALNIE

Great Lakes Gelatin, www.greatlakesgelatin.com

RÓŻNE

Leaf & Love Organic Zero Sugar Lemonade Boxes, www.leafandlove.com
Low Carb Adapt Bars, www.adaptyourlife.com
Mikey's Muffins, www.mikeysmuffins.com
Pure Wraps, www.thepurewraps.com

Suplement z ketonami egzogennymi

Ketogeniczny styl życia można wspomóc za pomocą suplementu z ketonami egzogennymi. Podniesie to poziom ciał ketonowych w ciągu kilku minut. Ja preferuję KETO//OS marki Pruvit (więcej informacji na mariamindbodyhealth.pruvitnow.com).

Książki z dodatkowymi informacjami

Keto Clarity, Jimmy Moore i dr Eric C. Westman (Victory Belt Publishing, 2014)

The Ketogenic Cookbook, Jimmy Moore i Maria Emmerich (Victory Belt Publishing, 2015)

Strony internetowe z dodatkowymi informacjami

Dr Richard Bernstein, www.diabetes-book.com

Dr William Davis, www.wheatbellyblog.com

The Eating Academy, eatingacademy.com

Jimmy Moore, www.livinlavidalowcarb.com

Strony internetowe z przepisami

All Day I Dream About Food, alldayidreamaboutfood.com

Carb Wars Blog, carbwars.blogspot.com

Ditch the Carbs, ditchthecarbs.com

Fluffy Chix Cook, fluffychixcook.com

Holistically Engineered, holisticallyengineered.com

I Breathe I'm Hungry, ibreatheimhungry.com

KetoDiet App, ketodietapp.com

Low Carb Maven, lowcarbmaven.com

Low Carb Yum, lowcarbyum.com

Maria Mind Body Health, mariamindbodyhealth.com

The Nourished Caveman, thenourishedcaveman.com

Peace + Love + Low Carb, peaceloveandlowcarb.com

Sugar-Free Mom, sugarfreemom.com

Więcej przepisów i wsparcie w ketogenicznym stylu życia

Tu możecie śledzić postępy, zyskać dostęp do przepisów i materiałów edukacyjnych oraz znaleźć odpowiedzi na nurtujące was pytania: www.keto-adapted.com.

Indeks przepisów

Podstawy: sosy, dipy, dressingi i więcej

Śniadanie

Przystawki i przekąski

Roladki i wrapy

Zupy i sałatki

Ryby i owoce morza

Kurczak

Baranina i wołowina

Wieprzowina

Dodatki i potrawy wegetariańskie

Desery

Potrawy wędzone

Diety specjalne

Przepis	Strona	Wegetariański	Bez jajek	Bez orzechów	Bez nabiału
Przyprawa do żeberek	108	◆	◆	◆	◆
Sól z przyprawami	109	◆	◆	◆	◆
Przyprawa taco	110	◆	◆	◆	◆
Przyprawa do pizzy	111	◆	◆	◆	◆
Spalający tłuszcz majonez	112	◆		◆	◆
Pikantny majonez	113	◆		◆	◆
Ziołowy sos aioli	114	◆		◆	◆
Sos z kolendrą i limonką	115	◆	◆	◆	◆
Dressing cesarski	116	◆		◆	◆
Dressing zielonej bogini	117	◆		◆	◆
Bezmleczny dressing ranczerski	118	◆		◆	◆
Dressing z niebieskim serem	119	◆	◆	◆	
Prosty dressing francuski	120		◆	◆	◆
Prosty dressing do sałatek z przyprawą taco	121	◆		◆	◆
Kremowy ketogeniczny sos z estragonem	122	◆		◆	◆
Ketogeniczny sos amerykański	123	◆		◆	◆
Domowy sos sriracha	124	◆	◆	◆	◆
Sos barbecue	125	◆	◆	◆	◆
Biały sos barbecue	126	◆		◆	◆
Prosty ketchup	127	◆	◆	◆	◆
Sos alfredo	128	◆	◆	◆	
Szybki sos holenderski	129	◆		◆	◆
Prosty sos chimichurri	130	◆	◆	◆	◆
Domowe mleko migdałowe	131	◆	◆		◆
Prosty bulion na kościach z wolnowaru	132		◆	◆	◆
Pieczony czosnek z wolnowaru	134	◆	◆	◆	◆
Oliwkowa salsa	135	◆	◆	◆	◆
Guacamole	136	◆	◆	◆	◆
Szybki bezmleczny serek śmietankowy	138	◆		◆	◆
Marmolada pomarańczowa	139		◆	◆	◆
Shake śmietankowo-pomarańczowy	142	◆	◆	◆	
Shake z likierem miętowym	144	◆	◆	◆	◆
Bezmleczny shake czekoladowy	145	◆	◆	◆	◆
Babeczki nowalijkowe	146	◆		◆	◆
Jajka w czyśćcu	148			◆	◆
Teksańsko-meksykański sos śniadaniowy	149		◆	◆	
Szybkie angielskie babeczki	150	◆		◆	◆
Szybkie bułeczki z cynamonem	152	◆		◆	◆
Bezmleczne batoniki proteinowe o smaku mlecznej czekolady	154	◆	◆	◆	◆
Batoniki proteinowe o smaku sernika truskawkowego	156	◆	◆	◆	
Płatki niezbożowe	157	◆		◆	◆
Budyń czekoladowy	158		◆	◆	◆
Kotlety mielone z chorizo	160		◆	◆	◆
Babeczki o smaku pizzy	162	◆		◆	
Śniadaniowa zapiekanka z przyprawą taco	164			◆	
Zdrowe placki ziemniaczane	166	◆		◆	◆
Zielone jajka sadzone na szynce	168			◆	◆
Śniadaniowe burrito	169			◆	
Taca amuse-bouche	172		◆	◆	
Chipsy o smaku kanapki z bekonem i dip	173		◆	◆	
Zawijana papryka po włosku	174		◆	◆	◆
Doskonałe kulki serowe	175	◆	◆	◆	
Smażone ravioli z serem	176			◆	
Surowe warzywa z koperkowym dipem	178		◆	◆	
Tulipany pomidorowe	180	◆	◆	◆	

Przepis	Strona	Wegetariański	Bez jajek	Bez orzechów	Bez nabiału
Fioletowe piklowane jajka	182	◆		◆	◆
Pieczone pikle zawijane w bekon	183			◆	◆
Klasyczne jajka nadziewane	184	◆		◆	◆
Jajka nadziewane z sosem srirarcha	185	◆		◆	◆
Suszona wołowina teriyaki	186		◆	◆	◆
Kąski polędwicy	188		◆	◆	◆
Smażone pieczarki w stylu paleo	190			◆	◆
Naturalne kanapeczki	191			◆	◆
Skrzydełka w sosie chili z limonką	192		◆	◆	◆
Jajeczny sos gribiche	193	◆		◆	◆
Chipsy z cukinii	194	◆		◆	
Roladki z prosciutto i rukolą	198			◆	◆
Miniroladki z pastrami	199		◆	◆	◆
Sushi z indykiem	200			◆	
Roladki ze steku z serem	202		◆	◆	
Wrapy z wieprzowiną barbecue z wolnowaru	203		◆	◆	◆
Proste wrapy z sałatką z tuńczyka	204			◆	◆
Wrapy z sałatką sardynkową	206		◆	◆	◆
Wrapy z kurczakiem barbecue z wolnowaru	207		◆	◆	◆
Wrapy z kurczakiem z wolnowaru i dressingiem cesarskim	208			◆	◆
Wrapy z wołową barbacoą z wolnowaru	210		◆	◆	◆
Tortille z cukinii	212	◆		◆	
Zupa serowa z makaronem z brokułów	216		◆	◆	
Zupa pomidorowa z grillowanym serem	218	◆	◆	◆	
Prosta sałatka nicejska	220			◆	◆
Rosół z „makaronem"	222		◆	◆	◆
Sałatka meksykańska	223		◆	◆	◆
Sałatka z ogórków	224	◆	◆	◆	◆
Sałatka z łódeczkami z kapusty	225			◆	◆
Szybka siekana sałatka	226			◆	
Rybne tacos	230		◆	◆	◆
Golec zwyczajny z oliwkową salsą	232		◆	◆	◆
Awokado nadziewane krabami z sokiem z limonki	234			◆	◆
Grysik z krewetkami	235			◆	
Paluszki rybne	236			◆	◆
Małże masala	238		◆	◆	◆
Nogi kraba królewskiego z masłem czosnkowym	240		◆	◆	◆
Fajita z kurczakiem z wolnowaru	244			◆	◆
Kurczak chimichurri z wolnowaru	245		◆	◆	◆
Kurczak z sosem alfredo	246	◆	◆	◆	
Grillowany kurczak z białym sosem barbecue	248			◆	◆
Kurczak smażony dwa razy	249		◆	◆	◆
Kurczak laotański z wolnowaru z ziołami	250		◆	◆	◆
Kurczak z wolnowaru w maśle z chlebem naan	252			◆	◆
Smażony kurczak z „makaronem"	254		◆	◆	◆
Marynowana polędwica z pieczarkami w sosie bordoskim	258		◆	◆	◆
Wołowina po włosku babci Nancy	259		◆	◆	◆
Prosta zapiekanka z ogniska	260		◆	◆	◆
Słodko-pikantne żeberka z wolnowaru	262		◆	◆	◆
Prosty hash z peklowanej wołowiny	263		◆	◆	◆
Odwrócona pizza	264	◆	◆	◆	
Lazania z patelni	266		◆	◆	
Hamburgery na pieczarkach	268		◆	◆	◆
Domowe tacos	270		◆	◆	◆
Pieczony szpik kostny	272		◆	◆	◆
Ossobuco z wolnowaru	274		◆	◆	◆
Stek z antrykotu w maśle	276		◆	◆	◆
Babeczki z klopsem po meksykańsku	278			◆	

Przepis	Strona	Wegetariański	Bez jajek	Bez orzechów	Bez nabiału
20-minutowa zapiekanka z mielonej baraniny	280		◆	◆	◆
Grillowane kotlety baranie z miętowym sosem aioli	282			◆	◆
Carbonara z brokułów	286			◆	
Parówki zawijane w bekon	287		◆	◆	◆
Kiełbaski z prostą sałatką coleslaw	288			◆	◆
Słodko-kwaśne żeberka w stylu country z makaronem z cukinii	290		◆	◆	◆
Wieprzowe ragù z wolnowaru na polencie w stylu paleo	291		◆	◆	◆
Boczek z rukolą i pomidorami	292		◆	◆	◆
Golonka wieprzowa	294		◆	◆	◆
Panna cotta z koziego sera z chrupiącym prosciutto i podsmażaną bazylią	296		◆	◆	
Grzybowe ragù	300	◆	◆	◆	◆
Grysik serowy	302	◆		◆	
Spaghetti w kremowym sosie z kolendrą i limonką	303	◆	◆	◆	◆
Paluszki o smaku pizzy	304	◆		◆	
Prosta pizza portobello	306	◆	◆	◆	
Makaron z cukinii na dwa sposoby	308	◆	◆	◆	◆
Pieczarki w sosie bordoskim	310		◆	◆	◆
Ogórki duszone w curry	311	◆	◆	◆	◆
Grillowana cykoria z ostrym słodko-kwaśnym dressingiem bekonowym	312		◆	◆	◆
Karmelizowana endywia	313	◆	◆	◆	◆
Prosta domowa kiszona kapusta	314	◆	◆	◆	◆
Proste kimchi	316	◆	◆	◆	◆
Pikle z lodówki	318	◆	◆	◆	◆
Polenta w stylu paleo	320	◆	◆	◆	◆
Prosty crème brûlée	324	◆	◆	◆	
Bomby tłuszczowe o smaku likieru Grand Marnier	325	◆	◆	◆	◆
Chrupiące bomby tłuszczowe z wanilią	326	◆	◆	◆	◆
Chrupiące bomby tłuszczowe z bekonem i ekstraktem z syropu klonowego	328		◆	◆	◆
Mrożone przekąski pomarańczowo-śmietankowe	330	◆	◆	◆	
Mrożone przekąski śmietankowe z cynamonem	332	◆	◆	◆	
Sernik truskawkowy w kubeczku	334		◆	◆	
Lody na patyku	336	◆	◆	◆	◆
Śmietankowo-pomarańczowe lody w tubce	337	◆	◆	◆	◆
Twaróg z limonką	338	◆		◆	◆
Bomby tłuszczowe z limonką	340			◆	◆
Lody limonkowe	342	◆		◆	◆
Lody kawowe	343	◆		◆	◆
Lody o smaku hibiskusa	344	◆		◆	◆
Lody o smaku herbaty	345	◆		◆	◆
Shake herbaciany	346	◆		◆	◆
Wytrawne lody o smaku pizzy	347	◆		◆	◆
Lody bezjajeczne	348	◆	◆	◆	
Bezmleczna czekoladowa polewa do lodów	349	◆	◆	◆	◆
Mus karmelowy	350	◆	◆	◆	
Aksamitny mus francuski	351	◆		◆	◆
Żelki misie	352		◆	◆	◆
Krówki bananowe	353	◆	◆	◆	
Krówkowe brownie bez mąki	354	◆		◆	◆
Maślane cukierki miętowe	356	◆	◆	◆	◆
Wędzony mostek wołowy	362		◆	◆	◆
Wędzone tylne żeberka wołowe	364		◆	◆	◆
Wędzone żeberka grzbietowe	366		◆	◆	◆
Wędzona łopatka wieprzowa	368		◆	◆	◆
Wędzony łosoś	370		◆	◆	◆
Wędzone steki kalafiorowe z patelni	372	◆		◆	◆
Wędzony bakłażan z patelni	374	◆		◆	◆

Indeks ogólny

C

L

Ł

M

Ś